概説 ジェンダーと人権
〔第 2 版〕

辻村みよ子　糠塚康江　谷田川知恵　髙佐智美

信 山 社

はじめに〔第2版〕

　本書は，人権論の視点からジェンダー問題を広く学ぶための概説書『概説ジェンダーと人権』（2021年，辻村＝糠塚＝谷田川共著）の改訂版である。このたび，新たに4人の共著書として改訂したもので，2021年版に比して，③「国際社会におけるジェンダー平等」，⑬「ストーカー，セクシュアル・ハラスメント」，⑭「ポルノグラフィ，買売春」が全面改訂されたほか，近年の民法改正（2022年・2024年），刑法改正（2023年），DV法改正（2023年）ほかの諸改正や，新判例，新データ（ジェンダー・ギャップ指数2024，男女共同参画白書令和6年版）等を加えて，ほぼ全章にわたって改訂が施されている。

　本書の基底には，男女共同参画社会基本法制定（1999年）から四半世紀を経て「男女共同参画」や「ジェンダー」の語の周知度が高くなり，ジェンダー平等の推進が，国連をはじめ全世界の共通課題になった今日でも，日本のレベルが国際的にみても非常に低いという現実がある。本書でも繰り返し概説されるように，世界経済フォーラムのジェンダー・ギャップ指数（GGI）は2023年度146カ国中125位，2024年度146カ国中118位で，列国議会同盟（IPU）調べの衆議院の女性議員比率のランキングでは2024年9月1日現在，185カ国中163位の地位にある（本書第4章・第7章参照）。その原因は，性差についての固定観念（ステレオタイプ）や偏見（ジェンダー・バイアス），性別役割分業等に由来する不合理な差別が，男女の平等な社会参画を阻み続けてきたことにある。このことは司法や法学の領域でも例外ではなく，判例・学説や法曹実務家の意識のなかにもジェンダー・バイアスが現存する例が認められる。

　例えば，不幸にして女児が交通事故で死亡した場合，その逸失利益（得べかりし利益）は，男性の70％程度しかない女性の平均賃金を基礎に将来の収入額を計算することで，男児よりも相当低く見積もられる。この格差を縮小するため，男女別ではなく全労働者の平均賃金を基礎とする算定がなされたり，女子平均賃金を基礎としつつも，生活費（生きていた場合に支出していたはずの生活費）控除割合を男性と差を設けることで賠償額を調整したり，家事労働分を加算して慰謝料を増額するなどの下級審の対応が見られる。とはいえ，この対応自体がジェンダー・バイアスを含むものであり，男女の賃金格差が得べかり

iii

はじめに

し利益の差を生んでいる構造を変えるものではない。逆に，顔の傷に対する労災の等級認定基準が男女間で異なり，「外貌の著しい醜状」について女性は第7級，男性は第12級と差がつけられて男性の障害補償額が低かったことに対して，2010〈平成22〉年5月27日京都地裁判決で憲法違反の判断が下され，厚生労働省令（労災保険法施行規則）が翌年改正された例もある（本書106-107頁参照）。

　このような憲法違反の疑いが強い法令は，他にも数多く存在してきた。例えば，女性のみに婚姻解消後6カ月の再婚禁止期間を課していた旧民法733条の規定は，「父性の推定の重複を回避する目的」のために，妊娠していない女性についても一律に6カ月間再婚を禁止するものであった。これに対して，2015〈平成27〉年12月16日の最高裁大法廷判決は100日を超える期間について違憲の判断を下し，これを踏まえた民法改正が行われたが，国連の女性差別撤廃委員会はこの条項自体の廃止を勧告し，実際に，2022年の民法改正で廃止された。また，夫婦の一方に，婚姻の際に改正を強制する民法750条の夫婦同氏原則についても，95％の女性（妻）が改姓していることから憲法13条，14条，24条に反するとして訴訟で争われたが，2015〈平成27〉年12月16日の（第一次別姓訴訟）最高裁大法廷判決や（第二次別姓訴訟の）2021〈令和3〉年6月23日の最高裁大法廷決定は，夫婦の氏の問題は国会の裁量によって定めるべきであるとして違憲の主張を退けた。しかし，2023年の民間の世論調査では，女性，若年層で割合が高くなる傾向にあるが，概ね70〜90％が選択的夫婦別姓制を導入することに賛成している。

　ジェンダー平等と人権を直接破壊する性暴力については，諸外国ではその処罰規定の改正が1970年代から始まったが，日本が1907〈明治40〉年刑法制定時のままにしていた強姦罪の構成要件をようやく見直して刑法を改正したのは，110年後の2017年であった。世界的な胎動から半世紀近く遅れたうえ，改正された規定も国際的な水準からはなお径庭があり，2023年に再度改正された。また，国際社会では前世紀に否定された性暴力の被害者・女性への思い込みが，日本では21世紀の最高裁判例にも現れており，下級審では性暴力の無罪判決が続出した。このため，被害者支援の市民運動が活発化するとともに，性暴力処罰規定のさらなる見直しが求められている（本書第12章参照）。

　このように，一般人にも，また国際機関から見ても疑問だと思える条文がな

ぜ改正されないのか。判例は，なぜ立法府の裁量を尊重して法律の違憲判断を避けるのか。日本の司法界にも，ジェンダー・バイアスがあるのではないか。裁判官の女性比率が諸外国に比して著しく低いことが原因ではないのか（本書第1章参照）。法律や実務のなかに不合理な差別や個人の尊厳を害する規定等が存在するようでは，国民一般にも責務を課した男女共同参画社会基本法の実現は，ほど遠いのではないか。

　これらの疑問から，司法や法学におけるジェンダー・バイアスを明らかにするために，既存の法律・学説・判例・実務等を再検討し，ジェンダーの視点にたった法学（ジェンダー法学）や人権論（ジェンダー人権論）を構築することが，2000年代初頭から課題として強く意識されるようになった。2018年頃からは＃MeToo運動などの世界的な高まりによって，とくに社会全体のジェンダー問題への関心が強まっているようにみえる。COVID-19（新型コロナウイルス）パンデミックが女性や社会的弱者により多くの困難を強いているなか，2021年のオリンピック組織委員会の不祥事等を契機に，日本のジェンダー平等意識や人権意識が世界標準に遅れをとっていることが露呈した。法曹実務家や政策担当者・研究者・学生・市民等に求められるジェンダーや人権に敏感な問題意識を養うことが，急務となっているといえよう。とくに最近では，性的マイノリティの人権についても関心が高まり，多くの自治体で実施されているパートナーシップ制度の法制化や同性婚を認めるための下級審違憲判決が続いており喫緊の検討課題になっている（本書第5・第9章参照）。

　このような問題意識のもとで，最新の問題状況や判例動向をふまえて執筆された本書が，大学・法科大学院，あるいは市民グループや企業の研修等で広く活用されることを期待している。ジェンダー平等と多様性（ダイバシティー）を尊重して，真の男女共同参画社会を築くために役立てれば幸いである。

　2024年10月1日

辻　村　みよ子
糠　塚　康　江
谷田川　知　恵
髙　佐　智　美

● 目　次 ●

はじめに〔第 2 版〕

1　ジェンダー法学の目的と課題 ……………………………………… 1
2　人権と女性の権利の展開 ………………………………………… 10
3　国際社会におけるジェンダー平等 ……………………………… 38
4　日本の男女共同参画政策の展開 ………………………………… 56
5　LGBTQ／SOGI ……………………………………………………… 71
6　ジェンダー平等と憲法 14 条 …………………………………… 93
7　政治とジェンダー ………………………………………………… 109
8　雇用・社会保障とジェンダー …………………………………… 131
9　家族とジェンダー ………………………………………………… 162
10　リプロダクティブ・ライツ ……………………………………… 186
11　女性に対する暴力とドメスティック・バイオレンス ……… 210
12　性　暴　力 ………………………………………………………… 226
13　ストーカー，セクシュアル・ハラスメント ………………… 250
14　ポルノグラフィ，買売春 ………………………………………… 264
15　教育・学術とジェンダー ………………………………………… 281

資料編
　　1　女性差別撤廃条約 …………………………………………… 302
　　2　男女共同参画社会基本法 ………………………………… 310
　　略年表（『概説ジェンダーと人権〔第 2 版〕』関連年表）………… 316
事項索引 …………………………………………………………………… 323
判例索引 …………………………………………………………………… 328

vii

概説 ジェンダーと人権
〔第 2 版〕

1 ジェンダー法学の目的と課題

1 「ジェンダー」概念の形成と展開

　最初に「ジェンダー（gender）」や「ジェンダー法学」等の基礎的な概念を整理しておこう。

　日本では，1960年代末ころから「ウーマン・リブ」や「フェミニズム」の言葉が流布され，1980年代後半に“フェミニズムの終焉”が囁かれるようになった後に，「ジェンダー」論が主流を占めた。

　ジェンダーとは，生物学的な性差ないし性別を意味するセックス（sex）と区別して，社会的・文化的に形成された性差ないし性別を意味する言葉として，今日まで定着してきた。「男らしさ」とか「女らしさ」のように，社会的・文化的に作り上げられた区別といってもよい。ジェンダー概念は，もともと，「『性別を最終的に決めるのは生物学的性別』であるという性別観に異議を唱えるために創設された」概念であり，創出当初は，「セックス／ジェンダー」という概念対のなかで位置づけられていた（江原，2007，17頁）。

　しかし，「性別現象の多元性や変革可能性という問題を考えてゆく途中で，多くの研究者は『知の歪み』は単に『性別のとらえ方』の問題に限定されるのではなく，あらゆる社会認識・世界認識・科学的認識活動にも存在することに気付かざるを得なかった。……ここから，ジェンダーという概念は，具体的な人間の男性・女性という性別や性差を認識対象とする概念ではなく，人間の知的活動の視点や知的活動の所産である知識が持つ視点の歪み（バイアス）全てを認識対象とする概念に変わってゆく。すなわち，『セックス／ジェンダー』という概念対ではなく，『ジェンダー・ブラインド／ジェンダー・センシティブ』という概念対からなる問題のもとで知識を批判的にみなおしてゆくジェンダー概念が，うまれた」（江原，2007，18頁）とされる。

　実際，社会的・文化的に構築された性別・性差だけを問題にして生物学的な性別・性差（セックス）については自然的で所与のものとする考え方に対して，強力な批判が提起されてきた。生物学的性別・性差の観念自体も社会的・文化

1

① ジェンダー法学の目的と課題

的に形成されたものであり，異性愛主義に根ざした社会的なバイアスが含まれていることから，性別違和・性別不合の人々や同性愛者の差別につながる，などの批判がそれである（LGBTQ の問題については本書第5章参照）。そこで，従来の生物学的性差と社会的・文化的性差の（セックス／ジェンダー）二分論を克服し，ジェンダーの語を「性差や性別についての観念・知識」のように広く定義する用法が採用されてきた。また，性別についても，男女の二分法を克服し，身体的性別，性自認，セクシュアリティ，狭義の（女らしさ・男らしさなどの）ジェンダーなど，多様な要素を組み合わせて捉えるようになった。

とくに法学分野では，生物学的性差を所与のものとして社会的・文化的性差だけを問題にすることには疑問が多い。それは，従来から，あたかも生物学的性差（女性のみが妊娠・出産するという差異）を理由とする合理的な区別として正当化されてきたものが，実は，性別についてのステレオタイプに依拠する特性論や性別役割分業論に基づくなど，ジェンダーにねざす不合理な差別〔＝人権侵害〕であった，という事例が数多く存在するからである。そこでは，生物学的性差と区別された社会的・文化的性差だけを問題にするのではなく，この区別自体を問題にし，両者の関係を問い直すことこそが課題となる。

このため 2003 年 12 月に設立されたジェンダー法学会では，設立の趣旨について次のように記している。「ジェンダー法学会で取り上げるジェンダーの問題は，『生物学的性差（身体）』と『社会的文化的性差』の双方を含みます。両者が密接に結びついて，固定的な性別役割分業システムが再生産され，社会における『ジェンダー・バイアス』が継続する現状があるからです。」（ジェンダー法学会ウェブサイト http://jagl.jp/?page_id=398 参照）。

そこで本書では，ジェンダーの語を「性差についての観念」として広い意味で捉えたうえで，「生物学的（身体的）性差」と「社会的文化的性差」の双方を対象として，とくにジェンダーの視点に立った人権論（「ジェンダー人権論」）の視点から，具体的な問題をみてゆくことにする。

例えば，「はじめに」でも言及した改正前民法 733 条の再婚禁止期間規定（女性は妊娠・出産する性であるという理由で女性だけ離婚後 6 カ月間も再婚が禁止されるという規定）は，1996 年の民法改正草案要綱で改正が予定されたにもかかわらず 20 年間も改正が実現されなかったが，2015 年 12 月 16 日の最高裁一部違憲判決後 2016 年の法改正で禁止期間が 6 カ月から 100 日に短縮された。こ

1 「ジェンダー」概念の形成と展開

の問題は，一見，女性が産む性であるという生物学的性差にもとづく合理的な区別的取扱いのようにみえながら，実は女性や男性の再婚（婚姻）の自由を侵害するものであり，明らかな憲法違反であったと考えられる（憲法学界でも100日を超える部分について違憲と解する見解が多数であったが，100日であれ，禁止期間の存続自体が憲法違反ではないか，という見解も少なくなかった。その後，再婚禁止期間規定は削除されている。本書第9章，辻村『憲法〔第7版〕』2021年，172頁参照）。

このようにジェンダー・バイアスが構造的に介在していると思われる例は，枚挙にいとまがない。選択的夫婦別姓訴訟や女性労働事件など，現実に憲法違反や女性差別撤廃条約違反として訴訟で争われている問題の殆どが，現行法制度に存在するジェンダーに由来する（gender-based）人権侵害や現代法の矛盾を如実に示している。

欧米では，1960年代後半からの第二波フェミニズム（本書18頁以下参照）の影響が法学教育にも及び，1970年代後半から，"フェミニスト・ジュリスプルーデンス（Feminist Jurisprudence）"（フェミニズム法学）が盛んになった。性差別の問題を法学理論的に解明することを課題とするこの学問領域は米国をはじめとする諸国の大学で認知され，1978年創刊のハーバード大学 Harvard Women's Law Journal など，一般の法学専門誌とは別に女性法学雑誌が刊行された。

しかしその後，1980年代後半から1990年代にかけて「ジェンダーと法」雑誌に変わる傾向が認められる。例えば，1989年創刊のコロンビア大学の雑誌は，Columbia Journal of Gender and Law と命名され，1993年以降のアメリカン大学，ミシガン大学，デューク大学のものも「ジェンダーと法」ジャーナルと銘打っている。

こうして1990年代からは，女性問題だけでなく男女の性差そのものを問題にし，性差別を他の種々の差別との関係において論じるために，フェミニズム法学や女性法学にかえて，ジェンダー法学（Gender Law または Gender & Law）という用法が主流になった。上記の Harvard Women's Law Journal も2004年に Harvard Journal of Law & Gender に引き継がれた。

これに対して日本の法学分野では，1990年代までは，フェミニズム法学ないしフェミニスト法学も，ジェンダー法学も殆ど発展してこなかった。その理由は，日本社会全体の性別役割分業構造によって，政治，行政，労働分野の

3

1 ジェンダー法学の目的と課題

みならず，学術・教育分野における女性の参画も極めて低調であったことによる（本書第 15 章参照）。ようやく 1999 年に男女共同参画社会基本法が制定され，政府の男女共同参画推進本部，内閣府男女共同参画局をナショナル・マシーナリーとする機構が整備された。学術分野でも，日本学術会議や各大学の男女共同参画委員会等で積極的な取組みを進めた。とくに法学分野では，2003 年 12 月に法学研究者と法曹が連携してジェンダー法学会を設立したことにより，ジェンダー法学の確立と実践が期待される段階になった。

男女共同参画社会基本法でも明示されるように，男女共同参画（ジェンダー平等な）社会とは「男女が，互いにその人権を尊重しつつ責任も分かち合い，性別にかかわらず，その個性と能力を十分に発揮することのできる社会」であり，同法の目的は，「男女の人権が尊重される男女共同参画社会」の形成である。このように，人権の観点にたってジェンダー平等な社会を確立するため，ジェンダー法学の役割は大きいといわなければならない。そのため，ジェンダー法学の目的と課題を改めて明確にしておこう。

法学分野では，社会と法における性差別や偏見の分析概念・ツールとして「ジェンダー」の概念を用いることにより，旧来の法学理論や判例に対する批判的再検討を可能としてきた。

このことは，フェミニズム法学（Feminist Jurisprudence）からジェンダー法学（Gender Legal Studies）へ，という展開過程を前提とした場合にはいっそう重要なものとなる。前者では女性のための学問というニュアンスがあるが，後者では男女をこえた性差に関する研究であり，研究対象もフェミニズム法学よりも広くなる。

こうしてフェミニズム法学からジェンダー法学への展開が顕著になるなかで，ジェンダー法学の意義・目的も明確になってきた。それは，下記の 6 つにまとめることができる。

第 1 は，司法や法学，公共政策，立法等におけるジェンダー・バイアスを発見して批判的に検討することである。具体的な判例や事例の検討を通して，いかに性差についての固定観念や偏見が存在しているかを発見し，探し出した問題を批判的に検討することが，最も基本的な目的となる。

第 2 は，発見した種々のジェンダー・バイアスを中心に，広く一般的に今日のジェンダー問題について検討を加え，日本や世界の男女共同参画（ジェン

ダー平等）の現状，あるいは性差別等の現状を把握した上で，理論的課題を分析し，「理論化」することである。

第3は，上記の分析結果を従来の法学や人権論等，既存の学問のあり方を改善するために用いて，ジェンダーの視点から既存の学問研究を再検討・再構築することである。

第4は，上記と並行して，ジェンダー視点からの研究成果を，ひとつのジェンダー法学，ジェンダー人権論のように，新たな学問分野として確立することである。

第5に，単に知識としてジェンダー問題を学び，あるいは，ジェンダー・センシティブな問題意識や素養を養うという消極的な姿勢ではなく，より積極的かつ主体的に訴訟支援などの法実践に活かすとともに，男女共同参画促進のために必要な政策や法改正のあり方について具体的に検討し，政策や立法の提案に至ることが求められる。

第6に，上記の過程を通して，ジェンダー・センシティブな法曹を養成・教育することであり，そのための制度や教材等の整備を行うことである。

こうして，法学や司法・行政・立法等におけるジェンダー・バイアスの発見・分析・批判，ジェンダー視点による法構造の再構築・理論化，法実践への理論提供・政策提言・立法提案などのすべてがジェンダー法学の目的となるとともに，ジェンダー・センシティブな法曹の養成・教育をめざすジェンダー法学教育の重要性が明らかになる。

すでにみたようなフェミニズム法学（女性の視点を中心に据えて，女性の解放や女性の救済という目的を持つ）とジェンダー法学（性差自体を問題にして，セクシュアリティやジェンダー・バイアスを明らかにする学問）との相違点にも注意を払いつつ，社会と法のなかに現存するジェンダー・バイアスを問い直し，ジェンダー法学教育を推進することによって，男女の人権を尊重しあう男女共同参画社会の構築を急がなければならない。

本書では，ジェンダー法学の諸問題を人権論の観点から検討するが，はじめに日本の司法におけるジェンダー・バイアスについて概観しておこう。

1 ジェンダー法学の目的と課題

2 司法におけるジェンダー・バイアス

(1) 司法分野の男女共同参画状況

日本では，司法や法学の分野，判例・学説あるいは法曹実務家の意識のなかにもジェンダー・バイアス（性にもとづく差別や偏見）が存在し，男女の平等な社会参画を阻んでいる。このような司法におけるジェンダー・バイアスの克服が今後の重要な課題となるが，その背景に，司法界自体が男性社会で女性の比率がきわめて低いという事情があることも指摘しておかなければならない。

日本の司法分野における女性比率をみると，裁判官が24.3％（2022年12月現在），検察官（検事）が27.2％（2023年3月末現在），弁護士が19.9％（同年9月末現在）となっている。司法試験合格者の女性割合は，2023年度は29.4％であり前年に引き続き増加している。法科大学院の女子学生比率は，2020年で34.0％と3割以上を占めていることから，今後の女性の参画拡大が期待されている（図表1－1参照）。

図表1－1 司法分野における女性の割合の推移

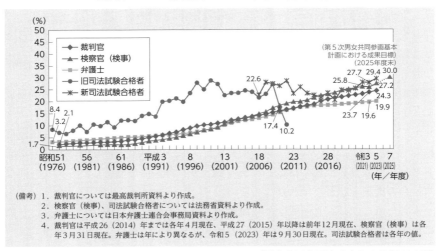

（備考）1．裁判官については最高裁判所資料より作成。
2．検察官（検事），司法試験合格者については法務省資料より作成。
3．弁護士については日本弁護士連合会事務局資料より作成。
4．裁判官は平成26（2014）年までは各年4月現在，平成27（2015）年以降は前年12月現在，検察官（検事）は各年3月31日現在。弁護士は年により異なるが，令和5（2023）年は9月30日現在。司法試験合格者は各年の値。

（男女共同参画白書令和6年版114頁）

なお，最高裁判所の女性裁判官は日本国憲法施行後長い間 15 人中 0 〜 1 人であったが，2010 年 4 月に初めて 2 人（櫻井龍子・岡部喜代子判事）となり，2013 年 2 月に（鬼丸かおる判事を加えて）3 人になった。第 5 次男女共同参画基本計画（2020 年 12 月閣議決定）でも，最高裁判事を含む裁判官全体に占める女性の割合を高めることが目標とされているが（同基本計画 25 頁），2024 年 10 月現在では，最高裁の女性裁判官は 3 人（岡村和美・渡邉惠理子・宮川美津子判事）であり，女性比率は 20.0 ％に過ぎない。

諸外国の女性の最高裁判所裁判官比率は，2022 年現在，ドイツ連邦憲法裁判所 16 人中 9 人（56.3 ％），フランス憲法院 9 人中 4 人（44.4 ％）韓国憲法裁判所 9 人中 3 人（33.3 ％），アメリカ連邦最高裁判所 9 人中 3 人（33.3 ％），イタリア憲法裁判所 15 人中 4 人（26.7 ％）であった（男女共同参画白書令和 4 年版 113 頁参照。令和 5・6 年版には記載なし）。

今後は，女性法曹を増やすだけでなく，男性の法曹についても，法曹実務家に強く要求されるジェンダー・センシティブな問題意識を養うこと，そして，ジェンダーの視点から従来の判例や司法手続を見直すことが求められる。

（2） 諸外国における女性裁判官比率

日本における女性裁判官比率が，国際的に見てどのような位置にあるのかについては，従来は必ずしも明らかにされてこなかった。このたび調査した結果によれば，日本は OECD 諸国の中でほぼ最下位，世界的にみても女性裁判官が極めて少ない国であることが判明した。

OECD の調査によれば，OECD 加盟国の裁判官の女性割合は図表 1 − 2 のとおりであり，OECD 平均は，2020 年度のデータでは約 57.2 ％（2014 年度より 3.9 ％上昇）とされている。

1　ジェンダー法学の目的と課題

図表1－2　OECD 諸国における女性裁判官の割合（2014/2020 年度）

12.7. Gender equality of professional judges, 2014 and 2020

◇ 2014　　■ 2020

% of women

LVA SVN LUX HUN FRA LTU EST PRT SVK FIN NLD CZE BEL OECD ITA SWE ESP ISR AUT TUR NOR CHE ISL IRL GBR

Source: Council of Europe, European Commission for the Efficiency of Justice (CEPEJ), CEPEJ-STAT (database).

StatLink ■□■ https://stat.link/3ujl0m

Government at a Glance 2023, pp.187, https://www.oecd-ibrary.org/docserver/3d5c5d31-en.pdf?expires=1719273540&id=id&accname=guest&checksum=6E1DA6371CCF2BDBF87967D07814B92C

　ここには日本は含まれていないが，上記の日本の女性裁判官比率（2020 年 21.3 ％，2022 年度 24.3 ％）を追加してみれば，日本は最下位であることは明らかであろう。日本は，2020 年 12 月の時点で 21.3 ％であるのに対して，OECD 諸国平均では 57.3 ％，比率の高い国ではラトビア 81 ％，最下位が英国 31 ％のようになっている。

　なお，OECD の統計によれば，2019 年の女性国会議員比率の比較では日本は最下位であり，女性閣僚の比較では日本は最下位から 2 番目の低さである（https://data.oecd.org/inequality/women-in-politics.htm 参照）。

（3）　司法におけるジェンダー・バイアス

　日本の司法におけるジェンダー・バイアスを明らかにするため，実際の事件取調べ中や公判過程における問題点を検証する試みが，弁護士を中心とした法曹実務家自身の手によって進められてきた。

　1）　日本弁護士連合会両性の平等に関する委員会では，2002 年に『司法における性差別──司法改革にジェンダーの視点を』（明石書店）という書物を刊行した。ここでは，「裁判官，検察官，弁護士，調停委員，調査官，書記官，そして警察官等の司法に携わる者が，ジェンダー・バイアスを持っていることで，司法作用すなわち現実の裁判や調停の場で，さまざまな性差別が起きてい

8

る」（同書 22 頁参照）と指摘してきた。

2）　上記の共著から 20 年を経た 2023 年には，同委員会は，弁護士 48 人の共著として『ジェンダー平等の実現と司法――弁護士実務から見る課題と論点』（日本加除出版）を刊行した。ここでは，日弁連において，副会長・理事のクオータ制等を実現し，政策・方針決定過程への女性会員の参画を拡大してきたことが報告されている。2024 年 2 月の会長選挙で，初の女性会長が誕生した。

また同書では，民法・刑法が明治憲法下で家父長制社会を支えるものとして制定されたことが指摘されている（角田由紀子「司法過程のジェンダー平等の遅れの根源――民法・刑法等に見る家父長制度の残滓」）。家制度は廃止されても，内実は慣習・慣行として公私にわたり脈々として生活を支配し，再生産されている（本書第 4 章参照）。

このように，司法手続や判例に含まれたジェンダー・バイアスを発見し，批判的に検討することが，ジェンダー問題解決の第一歩である。本書第 7 章以下の各論的検討では，具体的な事例を通して，ジェンダー・バイアスが克服されてきたか否かを検証しつつ，今後の課題を明らかにすることをめざす。

［参考文献］

江原由美子「ジェンダー概念の有効性について」辻村みよ子編『ジェンダーの基礎理論と法』21 世紀 COE ジェンダー法・政策研究叢書第 10 巻（東北大学出版会，2007）

ジェンダー法学会編『講座ジェンダーと法』〔全 4 巻〕（日本加除出版，2012）

日本弁護士連合会両性の平等に関する委員会編『司法における性差別――司法改革にジェンダーの視点を』（明石書店，2002）

同『ジェンダー平等の実現と司法――弁護士実務から見る課題と論点』（日本加除出版，2023）

第二東京弁護士会　両性の平等に関する委員会，司法におけるジェンダー問題諮問会議編『（事例で学ぶ）司法におけるジェンダー・バイアス〔改訂版〕』（明石書店，2009）

辻村みよ子『概説　ジェンダーと法〔第 2 版〕』（信山社，2016）

三成美保 = 笹沼朋子 = 立石直子 = 谷田川知恵『ジェンダー法学入門〔第 3 版〕』（法律文化社，2019）

※本書引用の URL の最終閲覧は 2024 年 10 月 20 日である（各章共通）

2 人権と女性の権利の展開

 人権と女性の権利の展開

1 人権と女性の権利の史的展開

　フェミニズムやジェンダー論，女性の権利の展開に注目しつつ人権の歴史を検討する場合に，どの時代が出発点になるだろうか。ここでは，それぞれ出発点が異なることに留意しつつ，(1)人類と女性の歴史，(2)人権と女性の権利の歴史，(3)女性の権利要求（先駆的な女性解放思想）の歴史，(4)フェミニズム（理論・運動）の歴史（第一波フェミニズムから現代の第三波フェミニズムへの展開）を概観しておくことにしよう（本書316頁以下の略年表参照）。

(1) 人類の歴史と女性の歴史

　人類の歴史や女性の歴史がテーマであれば，人類（原人）の生存が認められた紀元前60万年前からの先史時代から説き起こす必要がある。例えば，旧石器時代や中石器時代に母権制社会が成立していたかどうかなどが考古学や文化人類学等の分野で議論されてきたが，今日では，男性は狩猟，女性は採取という性による分業が始まるのが新石器時代からであったと推定されている。しかし，性による分業が不平等の起源になるのは，農耕が始まって，定住生活が営まれるようになってからである。農耕の開始時期は，南西アジアで紀元前1万1000年頃の中石器時代から，メソポタミアでは紀元前8500年，中国では紀元前7000年，ギリシアでは紀元前6500年からである。

　このような農耕と定住の開始後，農耕技術の革新や大規模化によって次第に農耕が男性の仕事となり，紀元前3000年頃から，例えばメソポタミアでは前3100－2500年の間に，男性支配制度としての家父長制が成立すると解されている。共同体のあり方も，概ね母系制・妻方居住制から，父系制・夫方居住制に変化したとされる。

(2) 人権と女性の権利（法的地位）の歴史

　次に女性の権利ないし法的地位についての歴史を見る場合には，当然ながら

法律の制定が条件になる。そこで，世界最古の法典といわれるバビロニアのハムラビ法典（紀元前1700年頃）を出発点として，前15～11世紀に制定されたアッシリア法やヒッタイト法における女性の地位が問題となる。これらの規定では，女性は子を産む財産としてのみ評価され，婚姻自体が，この財物を夫婦の父親たちの間でやり取りするための手段となり，嫁資（持参金）の処理が重要な問題とされ，妻が夫の財産であるという考えに基づいて，貞操義務が一方的に妻に課され，妻の処罰や奴隷化が定められた。このように，奴隷制の上に古代家父長制というべき制度が確立され，ギリシア・ローマの時代にも引き継がれた。

　ローマ時代には，ローマ最古の法典としての十二表法が紀元前5世紀に制定され，家父長制が強化された。婚姻の2つの形態のうち，マヌス婚と呼ばれる形態では，夫権の成立によって，妻は子どもと同様に家長であるの夫の「生殺与奪の権利」を含む支配権のもとに置かれた。もう1つの自由婚でも，娘の父が婚姻において娘を売り渡すという考えの下で，妻が父からもらった「嫁資」をもち，婚姻解消後には父の支配下にもどるというシステムであった。

　このような考え方は，中世のゲルマン法にも認められた。ゲルマン慣習法では，婚姻は娘に対する父親の支配権（ムント）を夫が買い取るという考え方が支配しており，紀元5世紀ころに成文化されたサリカ法典は，20世紀まで（例えばスウェーデンでは1979年まで），ヨーロッパの王位継承権から女性を締め出す根拠として用いられたことで有名である。

　近代になって初めて，1776年ヴァージニア宣言や1789年フランス人権宣言（人および市民の権利宣言）において，すべての人が生まれながらにして，不可侵・不可譲で平等な権利をもっていることを宣言し，人権の普遍性が宣言された。しかし，このような自然法思想に基づく近代人権法のもとでも女性の権利が排除されたことから，男性と同等な権利を要求する理論と運動が始まった。

（3）　女性の権利要求（女性解放思想）の歴史

　古代・中世において，女性の地位について改善を求める動きがなかったわけではない。しかし，政治的・社会的権力が（一部の例外を除いて）男性の手中に独占されていて時代には，被抑圧者である女性の中から解放運動を起こすことは困難であった。

② 人権と女性の権利の展開

平等思想については，ギリシアのアリストテレスなど著名な理論が知られているが，一般に先駆的思想家として紹介されるのは，17世紀フランスのプーラン・ドゥ・ラ・バールである。彼は，性役割と教育問題に言及して制度的な男性支配構造を明らかにした。しかし，学問的関心から論文を執筆したにすぎず，女性解放思想家としての位置を与えることはできない。

これに対して，フランス大革命前夜から大革命期にかけて，女性解放と諸権利の実現を要求する先駆的なフェミニズムの胎動が認められ，一般には，革命期の展開は4つの時期に区分される。最初は，コンドルセやオランプ・ドゥ・グージュによって両性の平等が唱えられた黎明期である。ついで，民衆協会やクラブで現実に女性によって活動が実践された絶頂期，ロベスピエールやジャコバン・クラブとの反目が始まる斜陽期，最後が国民公会において女性のクラブが閉鎖され，ナポレオン法典への基礎がつくられた終焉期である。このうち黎明期を代表するコンドルセは，女性の参政権を要求したことでフェミニストの先駆者として後代に名を残した。

以下，18～19世紀のフランス，アメリカ，イギリスにおける先駆的な女性の権利要求の展開をみておこう。

① オランプ・ドゥ・グージュと「女性および女性市民の権利宣言」

「女性 (femme) および女性市民 (citoyenne) の権利宣言」を著したオランプ・ドゥ・グージュは，1789年の「人権宣言」が，女性の諸権利を保障していないことを最初に批判したことで有名である。1791年9月に公刊されたグージュのこの宣言は，1789年の「人権宣言」を模して17カ条からなり，各条文の権利主体を，女性・女性市民あるいは両性に変更する形で構成されていた。王妃マリー・アントワネットへのよびかけではじまり，宣言の前後に，前文と後書きが付されていた。

宣言1条前段は，「女性は自由なものとして生まれ，かつ，権利において男性と平等なものとして生存する」と規定し，2条で，「あらゆる政治的結合の目的」として保障される諸権利（自由・所有・安全・圧政に対する抵抗）を「男性と女性の自然的権利」と明記した。自由の定義に関する4条は，「女性の自然的諸権利の行使は，男性が女性に対して加える絶えざる暴虐以外の限界をもたない。その限界は，自然と理性の法によって修正されなければならない」とされ，従来の女性の権利の侵害が男性の暴虐によるものであるという認識が表

1 人権と女性の権利の史的展開

明された。精神的自由に関する 10-11 条では，「女性は，処刑台にのぼる権利をもつ。同時に女性は，……演壇にのぼる権利をもたなければならない」，「思想および意見の自由な伝達は，女性の最も貴重な権利の一つである。それは，この自由が，子どもと父親の嫡出関係を確保するからである」という文言は有名である。後者の，子の父親を明らかにする権利については，婚外子とその母親たる女性の法的救済を要求し，ひいては性の自由の保障を要求するものとして注目される。

さらに，17 条は「財産は，結婚していると否とにかかわらず，両性に属する。財産権は，そのいずれにとっても，不可侵かつ神聖な権利である」として，両性の所有権を保障した。これは婚姻中の妻の財産，および婚姻していない女性（離婚後の女性も含む）の財産を保障し，女性の経済的独立をめざすと共に，夫婦財産制度の改善を要求する立場に出ている。このことは，グージュが，「男女の社会契約の形式」と題するパンフレットのなかで，夫婦財産の共有を基調とする夫婦財産契約の締結を主張していることにも示される。

一方，女性市民の権利については，6 条で「すべての女性市民と男性市民は，みずから，または，その代表者によって法律の形成に参加する権利をもつ」と定めたほか，男女平等な公職就任権，租税負担の平等，公吏に対する報告請求権などを要求した。さらに「人権宣言」で「権利の保障が確保されず，権力の分立が定められてないすべての社会は，憲法をもたない」と定められた 16 条では，「国民を構成する諸個人の多数が憲法の制定に協力しなかった場合は，その憲法は無効である」という一文を追加して，民主的な憲法制定参加手続きを要請した。ここには，グージュの宣言が，当時の革命指導者が制定した「人権宣言」を超える内容をもっていたことが示されていた。しかし彼女は，皮肉にも，反革命の

オリヴィエ・ブラン著 辻村みよ子監訳『オランプ・ドゥ・グージュ――フランス革命と女性の権利』（信山社，2010 年）

② 人権と女性の権利の展開

容疑で1793年11月に処刑台の露と消えた（辻村監訳『オランプ・ドゥ・グージュ──フランス革命と女性の権利宣言』（信山社，2010年）参照。女性の権利宣言については，辻村『ジェンダーと人権』（日本評論社，2008年）322頁以下，辻村『著作集第2巻・人権の歴史と理論』（信山社，2021年）資料505頁以下に掲載）。

② メアリ・ウルストンクラフトと『女性の権利の擁護』

産業革命の進展による深刻な社会問題を抱えて激動していた18世紀末のイギリスでは，フランス革命の影響に対する反発が強く，エドモンド・バークが，まずその『フランス革命に対する省察』（1790年）のなかで，ルソーの教義や1789年人権宣言の形而上学的性格・抽象的性格を批判した。さらに，功利主義の立場にたつベンタムは，自然権という考えかた自体が全くのナンセンスであるとして，その『詭弁論』（1796年）のなかでフランスの人権宣言に対する痛烈な批判を展開した。このような「人権」批判は，当時のイギリスの保守主義的傾向によって歓迎されたが，これに対して真っ向から反対して，最初に『人間の権利の擁護』（1790年）を書いたのが，『女性の権利の擁護』を著したことで有名なメアリ・ウルストンクラフトである。

中産階級出身のメアリ・ウルストンクラフトは，ロンドンに出て女子教育等に関して研究する際，バークの人権批判に反対して『人間の権利の擁護』を執筆した。さらに2年後に『女性の権利の擁護』を執筆し，当時の女子教育論を批判した。彼女は，女性が束縛に従うように強いられてきた習慣や教育の欠如・偏見を見破り，男女共学による女子教育の構想を具体的に提示した。このような彼女の議論は当時では殆ど反響がなかったが，英米で女性参政権が獲得された20世紀前半に彼女の再評価がおこり女性解放思想史上で高く評価されることになった。反面，近代合理主義の立場に含まれていた限界（一貫して「理性の覚醒」を追求し，女性の解放には理性の進歩・教育の徹底と理性にもとづく社会改革が必要であることを主張したが，近代市民社会における女性の従属とその労働の搾取という本質についての認識を欠いていた），ブルジョア女性解放論の限界（女性解放の論理や原動力を中産階級のなかに求め，性差別と階級差別の二重性の問題に到達していなかった）などの限界が指摘される。

③ ルクレシア・モット，エリザベス・スタントンと「女性の所信宣言」

アメリカ大陸では17世紀初頭からイギリス人によって開拓が始まり，女性と奴隷が上陸し始めた。以来アメリカでは，女性は労働力とその再生産のため

になくてはならない存在であったが，家庭内ではイギリスの状況と同様に家父長的支配が強かった。1776年のアメリカ独立宣言やヴァージニア州人権宣言などでも，すべての人間の自然権が保障され，普遍的な「人権」が宣言されたが，実際には人身売買された黒人奴隷や女性は無権利状態にあり，アメリカの近代革命は，専ら白人男性の権利を保障したにすぎなかった。

　これに対して，1830年代から，奴隷制の撤廃を掲げる女性の結社が作られ，女性と奴隷の解放を結びつける運動が展開された。西部出身のクェーカー教徒ルクレシア・モットは，メアリ・ウルストンクラフトの影響をうけて，エリザベス・スタントンとともに，1848年ニューヨーク州の革新的な工業都市セネカ・フォールズで「女性の権利獲得のための集会」を開き，「女性の所信宣言（Declaration of Sentiment）」を発表した。

　「女性の所信宣言」は，「独立宣言」の文言を踏襲して起草され，専制君主ジョージ1世の悪業を列挙した部分の主語をすべて「男性」に改めて，女性の権利侵害を告発した。さらにセネカ・フォールズ大会では，12項目にわたる決議文を採択し，女性参政権も要求した。その後，女性参政権運動が本格化して憲法修正案が連邦議会に出されるのは，南北戦争を経た1868年，アメリカ合衆国で男女平等な普通選挙権が実現するのは，1920年のことである（女性の所信宣言については，辻村『ジェンダーと人権』326頁以下，辻村『著作集第2巻・人権の歴史と理論』（信山社，2021年）巻末資料507頁以下に掲載）。

　④　J.S.ミルと女性参政権運動の展開

　一方，イギリスでは，1866年にジョン・スチュワート・ミルが議会に女性参政権実現の請願を提出していた。彼は，当時の女性参政権反対論に対して，逐一反論を試みる形で女性参政権実現のメリットを説いたが，フランス革命期のコンドルセと同様に，上流階級の女性を念頭において女性の政治的能力を認めようとした。さらに，性別役割分業論を前提としていたことなどにも限界が認められる。実際，ミルが1869年に出版した『女性の隷従』（邦訳名は『女性の解放』）は，両性間の不平等（女性の男性への従属）の不当性を明らかにして女性解放の指針を提示したことで後世に多大な影響を与えたが，男女の性役割分担と家庭内の男性支配を前提とした議論を展開し，女性の特性を認めた点などに限界があった。

　議会外では，女性参政権論議が盛んになり，ミリセット・G.フォーセット

② 人権と女性の権利の展開

などを中心に「女性参政権協会」などの結社が各地で組織された。第1次大戦後の1918年に，第4次選挙法改正によって「30歳以上」の制限付の女性参政権が認められたのち，1927年にようやく21歳以上の男女同等な選挙権・被選挙権を認める改正案が可決され，翌28年に第5次選挙法改正として男女の完全な普通選挙制が施行された。

⑤　サン＝シモン，フーリエ，ルイーズ・ミッシェル

19世紀のフランスでは，産業革命の本格化と労働者の抑圧，階級意識の萌芽が認められた1830年代以降，男子普通選挙権や女性の諸権利の要求が展開された。1848年の二月革命前夜には，空想的社会主義者によって社会問題がとりあげられ，シャルル・フーリエ，アンリ・ドゥ・サン＝シモンなどの初期社会主義フェミニズム思想が形成された。さらに，サン＝シモン主義の影響を受けていたフローラ・トリスタンがすべての働く男女の完全な平等と女性の権利を主張したが，性別役割分業論の枠を出なかった点にも限界があった。

その後，1871年のパリ・コミューン期に，労働者の政府を確立するための社会主義運動のなかで，ルイーズ・ミッシェルらが女性同盟 等を組織して闘った。彼女らは，コミューン評議会に対して孤児院や女子専門学校の設立等を要求し，男女同権を戦闘のなかで身をもって示そうとした。

しかしフランスでは，ナポレオン民法典の「夫権」が廃止されて妻の法的能力が認められたのは1938年のことにすぎない。女性の参政権についても，1870年代からユベルティーヌ・オークレールらの活躍によって運動の組織化が図られたが，その実現は第二次大戦後まで待たなければならない。

2　フェミニズム（理論・運動）の歴史

（1）　第一波フェミニズム

上記の展開は，フェミニズムの観点からみると，第一波フェミニズムに含まれる。このうち，①〜④はリベラル・フェミニズムの潮流，⑤は社会主義フェミニズムにつながってゆく。

1）　リベラル・フェミニズム（男性なみ平等・権利の要求）

18世紀のオランプ・ドゥ・グージュやメアリ・ウルストンクラフト以来，19世紀を通じて女性の権利を求める思想や運動が展開された。これらの自由

主義的な女権拡張論は，いずれも国家に対して，男性と同等の女性の権利を要求した点で，リベラル・フェミニズムの潮流のなかに位置づけられる。ただし第一波フェミニズムという場合には，フェミニズムという用法や観念が成立した後をさすことから，一般には，アメリカではセネカ・フォールズ大会以降，イギリスではジョン・スチュワート・ミル以降を対象とし，総じて，19世紀後半から20世紀前半にかけての女性の権利要求に関して構築された女性解放理論や女性の権利要求運動をさしてこれを定義している。この時期には，性別役割分業や女性の特性論，さらには女性差別を生み出す社会・経済的要因について十分な理論的検討を行うことなく，男性と同等の権利を要求した点で，大きな限界を伴っていた。そこで20世紀後半には，これらの点について修正を施しつつ，第二波フェミニズムの諸潮流が有力となった。

2) 社会主義フェミニズム

女性解放の理論を社会主義的な体制変革と結びつけたのが社会主義フェミニズムである。カール・マルクスは，1844年の『ユダヤ人問題によせて』のなかで，フランスの人権宣言のブルジョワ性を鋭く批判し，『資本論』において，女性労働者の搾取問題を説くとともに，『ドイツ・イデオロギー』の中で，家族の廃止論などを提示した。

ドイツでは，1879年にアウグスト・ベーベルが『女性と社会主義』（邦訳『婦人論』）を著し，ついで1884年にフリードリヒ・エンゲルスが『家族，私有財産，国家の起源』を著して，いわゆる社会主義フェミニズムの理論が築かれた。ベーベルが，プロレタリア女性の二重の従属の構造を明らかにして，労働者の解放と体制の変革による女性の解放を説き，エンゲルスが，家父長制家族の解消と家事労働の社会化の課題を理論化するなかで，社会主義革命による女性解放の実現が叫ばれたのである。ベーベル自身も1895年には議会で男女同権を要求し，第一次大戦後のワイマール憲法によって女性の選挙権などが憲法上の保障を得ることになった。社会主義による女性解放は，1919年のベルリン蜂起の失敗，ローザ・ルクセンブルグらの弾圧によってドイツでは実現をみず，ソビエト連邦など社会主義国で実践されてゆくことになる。

実際，1917年のロシア10月革命の成果として成立した1918年憲法等の諸法制では，「人権」にかえて「社会主義的基本権」が保障され，生産労働に従事する勤労女性と家事労働に従事する女性は，労働資格者として選挙権・被選

２　人権と女性の権利の展開

挙権を獲得した。また，男女同一賃金原則のもとで，種々の経済的諸権利が保障された。さらに十月革命直後の家族制度改革は，婚姻の世俗化と自由意思の原則，夫婦の平等，離婚の自由化などを断行し，ロシア社会で温存されてきた強固な家父長制を変革することを企図した。このような新たな社会主義的改革としての家族制度改革は，マルクス，エンゲルスのプロレタリア家族観やベーベルの家事労働社会化構想に依拠して，コロンタイらが実践した。続く1936年ソ連憲法でも，女性に対して男性と平等な労働・賃金・休息・社会保障および教育に対する権利が与えられること，母と子の利益が国家的に保護されること等が詳細に定められた。しかし，これらの規定とは別に，スターリン体制のもとで，しだいに家族制度が強化され，1930年代後半から家族が国家の統制下におかれるようになった。人工妊娠中絶は禁止され，1944年の婚姻・家族法によって離婚事由も制限されて，婚姻観や家族観も転換した。実際には，社会主義革命以前のいわば半封建社会の〔前近代型〕家父長制の遺物と男性の意識変革の欠如によって，事実上の男女不平等が残存することにもなった。その後の第二次大戦後の展開のなかで，欧米のいわゆるラディカル・フェミニズムが意識変革の課題を強調してくる背景には，体制変革を意識変革に先行させた社会主義国での実態に対する批判があったといえる。

(2)　第二波フェミニズム（1960年代後半以降）

フランスでは，1949年にボーヴォワールの『第二の性』が刊行され，歴史上一貫して，男性によって，女性が他者として，「第二の性」にされてきたことが明らかにされた。「人は女として生まれるのではなく，女になる」ことが指摘され，実存主義哲学のアンガージュマン（人間社会への投企）によって女性が自立すべきことが主張された。この流れが，1960年代後半以降の女性解放運動（MLF）にひきつがれ，クリスティーヌ・デルフィーらのフェミニズム運動につながっていった。

一方，アメリカでは，1963年に出版されたベティ・フリーダンの『フェミニン・ミスティーク』（女らしさの神話，邦題（新しい女性の創造））が，性別役割分業を批判し，ウーマン・リブの火付け役となった。フリーダンは1966年に全米女性機構（NOW）を組織し，初代会長となって，アメリカのフェミニズムの進展に貢献した。この理論は決して新しいものではなく，リベラル・

フェミニズムの枠内にあったが，従来のそれが，男並み平等の要求に終始した
のに対して，ここでは，女性の自立がめざされた（フェミニズムの主要な著作に
ついては，江原由美子＝金井淑子編後掲『フェミニズムの名著50』参照）。

1）ラディカル・フェミニズム

　全米女性機構（NOW）の運動が拡大するにつれて，他方で1968年の反体制
運動に参加していた女性たちを中心に，よりラディカルな運動が進められた。
ラディカル・フェミニズムは，女性の抑圧を，女性の性ゆえに，劣った階層と
して区分する根本的な政治抑圧と解し，社会システムとしての女性抑圧，す
なわち性支配の構造を暴露し，根底的な改革をめざした。ファイアーストーン
は，男性主義の左翼運動から分離して，男性優越の意識の改革を迫って，意識
改革を重視した。そこでは，近代的核家族や社会の男女関係の中になお存在す
る男性優位主義・性支配の構造を「家父長制」の言葉で呼んで，階級抑圧以上
に本質的な社会的抑圧形態であることを主張した。また，もうひとつの問題と
して，これまでタブー視されてきた性の問題にメスを入れ，女性の自己決定権
を理論化して人工妊娠中絶の自由化キャンペーンを展開した。ジュリエット・
ミッチェルの「女性論──もっとも長い革命」も女性抑圧の原因を，生産・再
生産・セクシュアリティ・育児の４つの面から分析した。さらに1970年に刊
行されたケイト・ミレットの『性の政治学』は，１つの集団が他を支配すると
き，そこに政治がある，として，権力関係としての男女関係を明らかにした。
「個人的なことは，政治的である」というスローガンに示されるように，家族
間の個人的な関係は，実は政治的な支配構造の一環でもあることを明らかにし
た。

　ラディカル・フェミニズムは，家父長制と性支配を問題にして，中立にみえ
るシティズンシップ等の概念が実は深くジェンダーと結びついていたことを示
すとともに，公私二元論による公的領域重視について批判を加えた。ここでは，
正義が存在するのは公的領域のみで私的領域の家族には平等を含まないとする
考えや，平等を形式的に捉える普遍主義・平等主義，さらに問題を能力に還元
して差異の根源をみない能力主義などのもとで，女性が二級市民として序列化
されたことを批判した。

2）マルクス主義フェミニズム

　マルクス主義フェミニズムは，家父長制等に関するラディカル・フェミニズ

ムの理論とマルクス主義を結合させて，公私分離の結果隠されてきた女性の抑圧構造を，家事労働の発見やアンペイド・ワークの批判によって理論化しようとした。

アメリカでは，ハイジ・ハートマン（『マルクス主義とフェミニズムの不幸な結婚』の著者）や，ナタリー・ソコロフ（『お金と愛情の間』の著者）などの理論が，二元的マルクス主義フェミニズムといわれて支持を広げた。これは，家父長制と資本制を相互に独立した2つの（並列的な）制度として位置づけつつ，史的唯物論の方法を援用して，女性の解放の方向性をこの2つの関係に求めた。1980年代以降は，ハートマンらの二元主義を批判して，明確にマルクス主義とフェミニズムの統一に求める潮流が出始める。アイリス・ヤングが，マルクス主義とラディカル・フェミニズムを踏まえて，資本主義的家父長制を女性抑圧の中心的特長とする単一のシステムと理解した。とくに，家事が労働であることから，史的唯物論にしたがって，女性抑圧の物質的基盤を明らかにするものとして家事労働論争を展開し，「家父長的搾取」の形態として位置づけた。

3）ポストモダン・フェミニズムほか

このほか，レズビアニズムの一形態であるレズビアン・フェミニズムや，エコロジーと結合させたエコロジカル・フェミニズム，多文化主義・差異主義の潮流を基礎に女性の差異や文化的特色を強調しようとする立場に，カルチュラル・フェミニズムがある。

また，ポストモダンの主張と結びついてポストモダン・フェミニズムが登場した。この立場は，フランスの精神分析派フェミニズムの流れに属し，バトラーなど，レズビアン・フェミニズムがその一翼を担った。さらに，スーザン・ヘックマンが『ジェンダーと知』のなかで，現代思想のポスト構造主義やポストモダン・フェミニズムの中心を「近代知の二項対立パラダイム批判」におく議論を展開した。その背後には，第一波フェミニズムが依拠していた男性中心主義的な理論パラダイムに対する批判と，男女の差異に注目したパラダイム転換への要請があった。

以上のような，第二波フェミニズムの諸理論は，第一波フェミニズムで見落とされていた私的領域における家父長制や性支配の構造を重視しつつ，リベラリズム批判・普遍主義批判や近代主義批判，近代人権論批判を展開してきた。

実際，近代的な人権の観念は，近代国民国家形成の過程において，諸個人の

差異を捨象して強引に抽象的人間像を前提として確立した形而上学的なフィクションである以上，個人間の差異や文化の多様性などが明らかになり，人権から排除されてきた女性やマイノリティなどから批判をうけることは必然的な結果であった。第二波フェミニズムからの近代人権批判については，マルクス主義フェミニズムは，ブルジョア的人権を否定するマルクス主義を基礎におく以上，また，ポストモダン・フェミニズムは，反近代主義を標榜する以上，近代人権批判に到達したことも，一面では当然のことといえる。

　第二波フェミニズムには，国家と個人の二極対立構造に対する批判，さらに公私二分論批判，シティズンシップ論批判でも重要な問題を提起した。すなわち従来のシティズンシップ論には，いずれもジェンダーの視点が欠落しているとして，女性の特性を強調し，差異化されたジェンダー，性別に応じた社会・政治参加，多元主義を主張する女性中心のフェミニズム理論（woman-centered feminism）が，差異化されたシティズンシップ（gender-differentiated citizenship）論と結合してこれを批判したことが特徴的である。近代の人権原理や国民主権原理に対するフェミニズムからの批判は，今日の法哲学や憲法学にも大きな影響を与えている。

（3）　第三波フェミニズム

　第二波フェミニズムの潮流の中で，ポストモダン・フェミニズムは，社会的・文化的性差としてジェンダーを捉える議論が生物学的性差（セックス）を所与のものとして扱い，それさえも社会的に構築された点を看過したことを批判するに至った。ジュディス・バトラーは『ジェンダー・トラブル』のなかで「ジェンダー・アイデンティティは存在しない。アイデンティティは，その結果だと考えられる『表象』によって，まさにパフォーマティヴに構成されるものである」（ジュディス・バトラー［竹村和子訳］『ジェンダー・トラブル』（青土社，1999年）58-59頁）と主張して，既存の男性・女性の二分論やアイデンティティ論を批判し，アイデンティティが多様であるべきことを主張した。

　このような議論は，フェミニズムにおける女性アイデンティティそのものを批判し，第二波フェミニズムによって発見されたジェンダーの視点をも疑問視することにつながった。それゆえ，レズビアン・フェミニズムを基礎とするバトラーなどの異論によって，従来のフェミニズム論が根底から批判を受けてき

たことから「第三波フェミニズム」や「ポスト・フェミニズム」のことばも出現した。もっとも，「ポスト・フェミニズム」は，「フェミニズムは終わった」とする反フェミニズムの主張であり，これをフェミニズムの中に含めることが妥当でないことからすれば，「第三波フェミニズム」という用法のほうが，まだしもふさわしいであろう（竹村和子編『"ポスト"フェミニズム』（作品社，2003年）1頁以下，竹村『フェミニズム』（岩波書店，2000年）18-46頁参照）。

最近では，「第三波フェミニズム」や「ポスト・フェミニズム」という考え方が日本にも影響を及ぼしていると思われるが，それによっても，1970年代以降の「フェミニズムにおけるジェンダー（社会的・文化的性差）の発見」（紙谷雅子「フェミニズムの展開とジェンダー」高橋他編『岩波講座現代の法，11巻，ジェンダーと法』（岩波書店，1997年））の歴史的意義は消え去るものではない。実際，2010～20年代では，第四波フェミニズムといわれる潮流が続いている。その特徴は，現段階では，第一波，第二波にいうような「波」といえるかどうか判断を留保するが，#MeToo運動にみられるように，オンラインアクティビズムが世界的に広がり，ジェンダー平等を促進する政治的影響力を発揮している。特に，性暴力に対する社会的意識が高まり，暴力に対する社会の許容度が急速に低下している。新しい特徴として，ジェンダーだけでなく人種，民族，国籍，障害，セクシュアリティなど，多様な差別構造が交差する問題に対する配慮が強調されている。こうした背景から，複合差別が可視化されている。

3　世界各国のジェンダー平等政策の進展

(1)　西欧先進諸国での展開

本書第3章で検討する国連の女性差別撤廃施策に促されて，世界各国は条約批准に際して法整備を進めた。各国とも，宗教や慣習に基礎づけられた社会全体の性別役割分業論の強固な壁に阻まれて困難があったが，いずれも，政府の強力なリーダーシップで，これを乗り越え，男女共同参画政策を推進している。

2024年6月に世界経済フォーラムが発表したジェンダー・ギャップ指数（Gender Gap Index: GGI, Gender Gap Report 2024）では，146カ国中，アイスランド，フィンランド，ノルウェーが上位1～3位を占め，ニュージーランド4位，スウェーデン5位，ニカラグア6位，ドイツ7位，ナミビア8位，アイル

ランド9位，スペイン10位，リトアニア11位，イギリス14位，フランス22位，アメリカ43位，韓国94位，日本118位となっている（https://www.weforum.org/reports/global-gender-gap-report-2024，p.12 日本については，本書58頁，図表4－1参照）。また，UN Women が IPU（Inter Parliament Union）と共同で公表した Women in Politics（2024年1月1日現在190カ国中）では，世界の議会での女性議員比率は（一院または下院）26.9％，アジア全体では21.7％，日本は10.3％，186カ国中165位，女性閣僚比率は，日本は25.0％76位（190カ国中）であった（https://www.unwomen.org/sites/default/files/2024-06/Poster-Women-political-leaders-2024-en.pdf，2024年6月24日公表，以下同様）。

1）イギリス

イギリスでは1945年の家族手当法，1967年の妊娠中絶法，1969年の離婚法改正法，1970年の男女同一賃金法などについで，1975年に性差別禁止法が制定され，後二者が雇用を中心とする男女平等二法として機能してきた。また，女性差別撤廃条約批准（1981年）に続いて社会保障法や教育改革法が改正され，1989年には雇用法が制定されて両性平等のための法整備が計られた。政治参画の面では，1928年の第5次選挙法改正によって男女平等な普通選挙権が確立されたが，伝統的に小選挙区制を採用してきたこともあり，女性の議員率は，サッチャー政権下の1980年代前半まで3～4％台にとどまっていた。これに対して，1997年の総選挙では，労働党が，一定の選挙区について「女性のみの候補者リスト政策」（All Women Short Lists: AWS〔女性指定選挙区制〕）を採用した結果，全体で120人（18.2％）の女性議員が選出され，1992年の60人を2倍にするという大きな成果をみた。世界のランキングでも一躍26位となった。その後1996年に上記の「女性のみの候補者リスト政策」が性差別禁止法に違反するという判決が下されたことから，イギリス政府は，政党の候補者選定における女性に対するポジティブ・アクションを可能にする目的で1975年の性差別禁止法改正を実施し，2002年2月26日 Sex Discrimination (Election Candidates) Act 2002 を採択した。ここでは，性差別禁止法に定められていた性別による別異取扱の例外規定（スポーツ競技，職業訓練等）に42A条が追加され，2015年までの時限立法によって公職候補者についてのポジティブ・アクションが合法化され，各政党の女性候補者増加のための特別措置が認められることになった。その後も労働党は AWS 政策を継続し，2024年選挙

② 人権と女性の権利の展開

では女性議員が史上最高の 263 名選出された。最新の統計では（2024 年 9 月 1 日現在）40.5 %，世界 185 カ国中 27 位である（IPU 調査結果，https://data.ipu.org/women-ranking/?date_month=8&date_year=2024 参照，以下同様）。女性閣僚比率は，2024 年 1 月 1 日現在，33.3 %，41 位である。

2006 年には，包括的な平等法（Equality Act 2006）が制定され，従来の人種平等委員会（the Commission for Racial Equality），機会均等委員会（the Equal Opportunities Commission），障害者の権利委員会（the Disability Rights Commission）が新たに平等と人権委員会に統合されたほか，性的指向による差別禁止等も規定された（The Sexual Orientation Regulations 2006）。

イギリスの性差別禁止法では間接性差別禁止が明記され，判例によって，間接差別禁止の法理が確立されたことが特筆される。間接差別禁止の法理とは，基準が性中立的であるにもかかわらず一方の性に差別が生じている場合に，使用者に対して性差別的効果の有無や正当化理由の有無に関する説明を求めることで差別を是正しようとする考え方である。イギリスでは，性差別禁止法のもとで，身長・体重・体力・年齢等を要件としたりシングル・マザーの差別をもたらす事例について，機会均等委員会（EOC）がガイドラインを作成したり訴訟を提起することで判例理論が確立された。

世界経済フォーラムの 2024 年のジェンダー・ギャップ指数 GGI2024（以下，GGI2024）でも 14 位（総合ポイント 0.789）とハイスコアであった（Global Gender Gap Report 2024, pp.357-358）。

2）フランス

フランスでは，1946 年憲法前文で男女同権と家族の保護等を宣言して以来，社会国家理念にもとづく法改革が促進された。現行の 1958 年憲法下では，1965 年からの一連の民法改正で 1975 年に協議離婚制度も確立し，1987 年法で親権の共同行使が保障されるなど，ナポレオン法典以降の民事上の女性差別法が一掃された。また，1973 年の国籍法改正（父母両系主義の導入），1975 年の妊娠中絶自由法制定から 1994 年の生命倫理法に至る一連の法制化によって妊娠・出産にまつわる女性の身体の自由と自己決定権が確立された。雇用についても，1971 年の男女同一賃金原則確立から公職における差別撤廃（1982 年），労働法改正（男女雇用平等法・1983 年），育児休業法制定（1984 年），セクシュアル・ハラスメト禁止（1992 年）など一連の法改革が実現された。

3　世界各国のジェンダー平等政策の進展

　政治参画の点では，1996 年の下院の女性議員率は 6.4 ％（世界 166 カ国中 98位）と欧州先進国のなかではほぼ最下位に属していたため，1990 年代後半に公職上の男女同数を目指すパリテ要求が高まった。フランスでは，地方議会選挙の 25 ％クオータ制を憲法違反とする憲法院判決（1982 年）があったことから，パリテの導入には憲法改正を余儀なくされた。ジョスパン首相のリーダーシップにより 1999 年 7 月に憲法が改正され，憲法 3 条 5 項に「法律は，選挙によって選出される議員職と公職への男女の平等なアクセスを促進する」，4条 2 項に「政党および政治団体は，法律の定める条件にしたがって，第 3 条最終項で表明された原則の実施に貢献する」という項目が追加された。これをうけて，2000 年 6 月に「公職における男女平等参画促進法」（通称，パリテ parité法）が制定された。この法律では，ア比例代表（1 回投票）制選挙（上院議員選挙等）では候補者名簿の順位を男女交互にする，イ比例代表（2 回投票）制選挙（市町村議会議員選挙等）では名簿登載順 6 人毎に男女同数とする，ウ小選挙区制選挙（下院議員選挙等）では，候補者数の男女差が 2 ％を超えた政党・政治団体への公的助成金を減額すること等が定められた（本書 122 頁以下参照）。その結果，女性議員率が，イの 2001 年 3 月市町村議会選挙では 25.7 ％から47.5 ％に，アの 2001 年 9 月上院議員選挙では 6.9 ％から 21.6 ％に増えた。ウの 2002 月 6 月下院選挙では，主要政党が女性候補者擁立に消極的で，女性候補者率 38.9 ％，女性議員率は 12.3 ％（10.9 ％から微増）にとどまり，小選挙区制におけるパリテ原則実施手段の困難性が示された。しかし 2012 年からのオランド政権，2017 年からのマクロン政権のもとで閣僚の半数に女性が任命され，女性閣僚比率は，2024 年 1 月 1 日現在 47.1 ％（17 人中 8 人）世界第17 位である。下院議会の女性議員比率は，2024 年 9 月 1 日現在で，36.1 ％185 カ国中 44 位である。また，最後まで改革が困難であった県議会選挙についても，2013 年 5 月の法改正によって「男女ペア立候補制（パリテ 2 人組小選挙区 2 回投票制）」が導入され，2015 年 3 月の選挙で女性県議会議員比率 50 ％を達成した（本書 122 頁参照）。

　雇用面でも，男女給与平等法が 2006 年 2 月に採択されて私企業の取締役会にも 20 ％クオータ制を導入する規定が盛られた。しかし，憲法院がこれを違憲と判断したことから，2008 年 7 月 23 日の憲法の大改正によって，前述の男女平等参画促進規定のなかに「職業上および社会的な責任において」という文

25

②　人権と女性の権利の展開

言が追加され，憲法1条に移されて，政治のみならず雇用面での男女平等参画
促進が憲法上に明示された（フランス憲法改正については，辻村『フランス憲法
と現代立憲主義の挑戦』有信堂 2010 年第Ⅱ章，辻村＝糠塚康江『フランス憲法入門』
（三省堂，2012 年）参照）。その後 2011 年の法改正によって女性取締役に 40 ％
クオータ制が導入された。これらの各方面での取組みの成果として，世界経済
フォーラムの GGI では，2014 年度に前年の 45 位から 16 位に急上昇し，2015
年度に 15 位，2024 年度には 22 位になった。これらのフランスの取組みを成
功裏に進展させた要素として，「パリテ監視委員会」やこれを引き継いだ「女
男平等高等評議会（HCE）」の活動がある。これらは首相の諮問機関であるが
政府から独立して活動し，多くの法案や意見書・提言等を発出している点で注
目される。

　3）ドイツ

　1919 年のワイマール憲法で男女同等の普通選挙権が実現されたドイツでは，
この憲法のもとで，婚姻における両性の同権など女性の権利が保障された。第
二次世界大戦後は，第一次世界大戦前の第 1 期女性運動に続く第二波フェミニ
ズム運動が，他の諸国と同じく 1970 年代から活発となった。ドイツ連邦共和
国（西ドイツ）では，家族・職場等における女性の自立を求める運動が多くの
法制改革の成果を生んだ。とりわけ 1980 年の雇用における男女同権法や 1986
年の育児休業法等の労働法制の進展によって，女性労働者の地位が欧州で上位
に位置するまでになった。さらに東西ドイツ統一後の 1994 年男女同権法（い
わゆる第 2 次男女同権法）では，公的機関における女性の雇用促進のための特
別措置を導入しており，多くの州で女性雇用促進計画が実行された。2001 年
には連邦平等法が制定され，とくに行政部門において，ほとんどの州で，男女
の人的構成上過少代表である性に属する者のために 50 ％クオータ制が導入さ
れつつある。政治参画の面でも，政党の自発的クオータ制が実施され，2021
年 10 月の下院選挙の結果，女性議員率は 35.3 ％（2024 年 9 月 1 日現在，世界
190 カ国中 47 位），上院（連邦参議院）では，37.7 ％となった（IPU 調査）。GGI2024
も 7 位である。

　4）北欧諸国

　世界でもっとも女性の社会進出が進んでいるのが北欧諸国である。

　①　スウェーデンでは，1919 年に 23 歳以上の男女の普通選挙権が実現し，

3　世界各国のジェンダー平等政策の進展

1970年代から女性の政治参画が進んで長く世界トップの座を占めてきた（2024年9月1日現在，女性下院議員率は46.7％，世界185カ国中第10位である）。閣僚の女性比率も1994年に50％となり，2024年1月現在，47.8％，世界第16位，GGI2024第5位である。女性の就労率も1960年代の高度経済成長期から飛躍的に高まり，1992年には82.6％となった。これらの背景には，1974年に世界に先駆けて導入した男女平等な育児休暇法による性別役割分業の克服にある。女性差別撤廃条約の審議時にも示されたように，スウェーデンでは，女性に対する保護をいわゆる「母性保護」だけに制限して平等の観点を強める考え方が強く，そのことが雇用平等政策推進の基本原理となった。1991年に新たな機会均等法が制定され，1995年に導入されたパパ・クオータ制（父親の育児休暇取得促進のための法的措置で，2002年以降父親の育児休業期間60日）により父親の育児休業取得率は2002年に41.6％になった。さらにセクシュアル・ハラスメントの禁止や平等オンブズマン制度の強化がはかられ，2003年末以来の「女性をトップに」という政府のプロジェクトなどにより，徹底した平等化が推進された。

②　ノルウェーでは，1913年の憲法改正によって23歳以上の男女に普通選挙権が与えられ，さらに2年後に女性の被選挙権が確立された。その後，1945年から1970年までは概ね5％から9％の女性議員が選出されたが，他の北欧諸国と比較して女性の政治参加がとくに活発であったわけではない。しかし，1960年代から社会福祉や教育などの政策課題が拡大されるにつれ，女性の公的活動の場面がしだいに拡大し，1970年代には公務員の過半数が女性になった。1978年制定（翌年施行，2003・2005年改正）の男女平等法によって，男女平等オンブッドが設置され，男女平等法が遵守されているかどうかを監視し，職場での差別等について申立てをうける役割が担われた。2005年に一般会社法を改正し，2007年12月末までに，株式会社の取締役会の女性比率を40％にするクオータ制の規定を満たすことを義務づけた。賃金格差もしだいに解消して，2005年には，男性を100とした場合の女性の平均賃金も86.8になった。また，1993年に出産休暇の拡大とともにパパ・クオータ制が導入された。これは出産に際して両親に有給（本来の給与の80％）で52週間の休暇（あるいは100％の給与で42週間の休暇）が与えられ，そのうち4週間は父親専用に割り当てられるものである。父親が休暇を取得しない場合，この権利を母親に譲る

②　人権と女性の権利の展開

ことはできないため，男性の育児休暇取得率が上昇して 2001 年には 80 ％になった。政治面では，選挙の候補者名簿等には，強制的クオータ制は採用されていない。ノルウェーでは，少なくとも 19 に及ぶといわれる多様な政党が存在し，比例代表制が採用されている。とくに社会左翼党・労働党などの左翼政党では任意のクオータ制をすすんで採用して女性の当選を促進したことが高率（2024 年 9 月 1 日現在 44.4 ％，185 カ国中 18 位），GGI2020 第 2 位，GGI2024 第 3 位につながった。さらに，地方議会でも，たえず 30 〜 40 ％の女性議員が存在する。政府の女性閣僚比率は，2024 年 1 月現在 52.6 ％，世界 8 位であるが，全体として政治における女性の役割が定着しており他国の追従を許さないものがある。

③　フィンランドでは，ノルウェーとともに男女共学制度が早くから普及し，女性の高等教育も進んでいた。1860 年代から女性参政権運動がおこり 1863 年には地方の自治体で女性選挙権が実現した。1905 年の独立運動に多くの女性労働者が参加し，1906 年の普通選挙実施に際して 24 歳以上の女性が男性と同等の選挙権・被選挙権を獲得した。1950 年代には 10 ％台であった女性議員比率もしだいに上昇し，2000 年以降には女性大統領も輩出して，女性閣僚比率は，2024 年 1 月現在 63.2 ％，世界 1 位である。議会では，2023 年 4 月選挙では 46.0 ％（2024 年 9 月 1 日現在，185 カ国中第 13 位），GGI2024 第 2 位になった。その背景には，フィンランドにおける女子教育の水準やジェンダー平等意識の高さがあった。このことは 1930 年代初頭に大学生の 32 ％を女性が占めていたことにも示されるが，男女平等法制定以後，男女平等教育が積極的に推進されたことも大きく作用したといえよう。

④　デンマークでも，1871 年に女性参政権運動団体が創設され，1888 年には女性地方選挙権について下院を通過した（上院で否決）。この年にスカンジナビア女性大会がコペンハーゲンで開催されたのを機に，しだいに女性の事業への進出が進み，1908 年に地方自治体の選挙権，1915 年に 25 歳以上の男女に国政選挙権・被選挙権が認められた。2022 年 11 月選挙の結果，女性議員率 45.3 ％（2024 年 9 月 1 日現在，185 カ国中第 16 位）となっている。デンマークでは，すでに特別措置は不要であるとして 1996 年にクオータ制が廃止されたことが注目される。女性閣僚比率は，2024 年 1 月現在 30.0 ％，世界 57 位，GGI2024 は 15 位となっている。

（2） アメリカ合衆国

アメリカでは，女性参政権を認めた合衆国憲法第 19 修正が 36 州の批准を得て 1920 年に発効した。その後，NWP（National Woman's Party）などの団体が各州法上の女性の諸権利の確立や両性平等法の確立をめざした。1960 年代初頭からの公民権運動の成果として，1963 年の同一賃金法，1964 年の公民権法第 7 篇によって差別的諸規定が是正された。公民権法第 7 篇は，賃金以外のあらゆる雇用上の性・人種・宗教・国籍等の差別をなくすことを目的とし，雇用機会均等委員会（EEOC）を設置してその実効性を担保しようとした（1972 年に権限強化のための改正が行われ，1978 年には，妊娠・出産による差別も性差別になることが明らかにされた）。

1960 年代後半には，人工妊娠中絶の自由化や雇用機会均等などをめざしてウーマン・リブ運動が展開され，ラディカル・フェミニズムが台頭した。1972 年には連邦憲法第 27 修正案として「法の下の権利の平等は，性別を理由として，合衆国または州により拒否または制限されてはならない」とする ERA（Equal Rights Amendment）が採択されたが，必要な 38 州の批准が得られずに未成立に終わった。その背景には，離婚増加による家庭崩壊に対する反動的機運や人工妊娠中絶反対運動の展開があった。その後，1991 年に公民権法が改正されて新公民権法とよばれる法制度が成立した。これによって差別禁止が徹底され，男女別ではなく一見中立的な基準が間接的に性差別にあたる場合が明示され，人種差別事件に適用される懲罰的な賠償金支払いが企業の性差別事件についても認められるようになった。また，「不利益効果の法理（disparate impact theory）」が合衆国裁判所判例のなかで確立されたことも間接差別禁止法理の確立にとって功を奏した。職場でのセクシュアル・ハラスメントに対する公民権法の救済やアファーマティブ・アクション（AA）の採用も定着した。とくに公民権法第 7 篇 706 条では，違法な雇用行為に対する救済のために，適切な AA を命ずることができるものとし，大統領命令 11246 号も，政府の下請企業の雇用差別をなくすために AA を講じることを明示した。しかし，それにもかかわらず，なお厳しい現実も認めざるをえない。例えば，女性の政治参加についてみれば，2022 年 11 月選挙の結果，女性下院議員率は 28.9 ％（2024 年 9 月 1 日現在 185 カ国中 75 位），上院で 25.0 ％である。選挙制度が小選挙区制であり，比例代表制におけるクオータ制導入などの可能性がないことに

も原因があるが，ここには，性差別にくわえて人種差別・階級差別が存在するために黒人女性が三重の差別を被っている，という複合差別問題の深刻さが示されている。ただし，2008年11月の大統領選挙の指名選挙で善戦した民主党のヒラリー・クリントン氏が国務長官に任命され，2016年には指名選挙で勝利して合衆国初の女性大統領誕生の道筋をつけるなど，女性の参画が促進された。2021年の大統領選挙では民主党のバイデン大統領が選出され，副大統領に，初の有色人種女性のカマラ・ハリス氏が選出されて，今後の女性大統領誕生も期待された。女性閣僚比率も2021年1月の新内閣では，46.2％になり，世界16位に上昇した（トランプ政権下の2020年1月には，17.4％，世界104位，バイデン政権下2024年1月1日では，33.3％，世界41位であった）。また，GGI2024では43位となった。2024年の大統領選では，副大統領のハリス氏が民主党の大統領候補となったが，共和党トランプ前大統領が返り咲く結果となった。

　女性の就業率は2014年に46.9％，管理職に占める女性割合は43.7％と世界でもトップクラスになったが，男女間の賃金格差（男性を100とした場合の女性の平均賃金の比率）は82.4と高いものの，スウェーデン（88.0）やフランス（84.9）よりは下回っているのが現状である。

　家庭面では性別役割分担意識などの課題が残り，婚姻・離婚の自由が保障された結果，世界で最も離婚率が高い国になっている。女性の自立や社会的進出が進んだ反面，離婚女性や単親家族の貧困と社会保障の課題が生じており，ドメスティック・バイオレンスやレイプなどの性暴力問題が「9・11」（2001年）以降とくに深刻となった。2017年からセクシュアル・ハラスメントの被害を訴える女性の告発が相次ぎ，＃MeToo運動が世界に広がる契機となった。

（3）　アジア・アフリカ・中南米諸国

　20世紀後半の男女共同参画の展開は，アジア・アフリカ・中南米諸国などのいわゆる新興国において顕著である。世界の議会（両院）の女性議員比率平均は2024年9月1日現在27.0％であるのに対して，アジア諸国（21.5％），アフリカは27.2％でほぼ平均である（IPU調査結果）。太平洋地域（22.5％），中東・北アフリカ諸国（16.6％），とくに日本が平均を引き下げているのが現状である。

3 世界各国のジェンダー平等政策の進展

　世界ランキングについても，これらの新興国が上位 30 カ国中に 19 カ国がランク入りしており，過半数を占めている。これらはいずれも，クオータ制などを導入した成果である。

1) 中華人民共和国

　中国では，1949 年 10 月の中華人民共和国成立，1954 年憲法施行によって社会主義国家の建設がめざされ，1950 年には婚姻法が制定されて封建的家族制度の一掃が企図された。その後，この 1950 年婚姻法は 1980 年に廃止されて新たな「中華人民共和国婚姻法」が採択された（婚姻の自由，一夫一婦制，両性平等などの原則に加えて，国家の保護と管理，第二子の抑制，多子の禁止・処罰など一人っ子政策が定められたが，2015 年 10 月に一人っ子政策は廃止された）。雇用面では，1978 年憲法が男女同一賃金原則を明示し，1982 年憲法が女性幹部の育成に関する規定をおいて，女性労働の保護を推進した結果，就業人口が 43.7 ％，労働能力ある女性の 80 ％が就労している状態になり，日本のような M 字型とは異なって完全な台形を描いている。1995 年の世界女性会議後は，1995 年の「中国女性発展要綱」，2001 年の「中国女性発展要綱（2001 年〜 2010 年），「婚姻法」改正（ドメスティック・バイオレンスの禁止を明示し DV を離婚原因として認めた），2004 年中華人民共和国憲法改正（「国家は人権を尊重し，保障する」と人権条項を補強），2005 年「女性の権利・利益の保護に関する法律」改正など，女性差別撤廃条約の遵守，北京行動綱領の実現にむけて取組みを強化した。政治参加についても，全国人民代表大会における女性の比率は 2023 年 3 月選挙の結果 26.5 ％（2024 年 9 月 1 日現在，185 カ国中 90 位）であり，アジア地域の平均を上回る水準を保っている。GGI2024 は，146 カ国中 88 位である。

2) 大 韓 民 国

　1945 年の解放後の南北分立を経て，1948 年に近代的な憲法を成立させた韓国では，アメリカの占領と朝鮮戦争，軍事独裁政権下の政治的不安定のなかで種々の苦難を強いられてきた。高度経済成長が顕著になる 1970 年代以降は，女性の就業率も飛躍的に高まり，1990 年代 47 ％にも達した。女性差別撤廃条約を 1984 年に批准したのち，1987 年に「男女雇用平等法」が制定されたが，依然として M 字型労働の形態が変わらないため，育児休職制度や職場保育所増加などの政策がとられた。家族についても，家父長制下の父権血統の標識である姓に関する「同姓同本不婚の原則」や戸主制度が，1990 年施行の改正家族

31

2 人権と女性の権利の展開

法でも廃止されずに維持された。

　これに対して，金大中大統領のもとで，2001 年に女性政策担当組織を「女性部（省）」に昇格させ，「女性発展基本法」（1995 年）の改正によるジェンダー主流化，ポジティブ・アクションの強化など積極的施策が実施された。2000年には政党法改正により国会議員比例代表選挙候補者名簿に 30 ％クオータ制を導入し，2002 年には，地方議会選挙の候補者名簿について 50 ％クオータ制を導入した。その後 2004 年 3 月に政党法を改正して国会議員の比例代表選挙に 50 ％クオータ制を実現した。また，小選挙区選挙についても候補者の 30 ％以上を女性にする努力義務を課し，遵守した政党には政治資金助成金を追加支給することを定めた。この政党法改正直後の 2004 年 4 月の総選挙では，比例代表選挙区について全政党が候補者名簿に男女交互に登載し，56 名中 29 名の女性議員が選出され，小選挙区選挙では 10 名が選出され 299 名中 39 名の女性議員が当選して 5.9 ％から 13.4 ％になった。（その後比例選挙権区の定数が 47名に減らされ，クオータ制の効果も多少薄まった。実態につき，後掲「報告書 2020」［申執筆］127 頁以下参照）。

　また，2005 年 8 月 4 日の法改正によって，上記の規定は公職選挙法に移され，2006 年 4 月 28 日の政治資金法改正など，法整備が進められた。2024 年 4 月選挙の結果は，女性議員比率 20.0 ％（2024 年 9 月 1 日現在 185 カ国中 116 位），とくに女性閣僚比率の上昇が特徴的であり，2024 年 1 月現在では 29.4 ％，190カ国中 60 位である。〔GGI2024 は，94 位〕である。また，憲法裁判所の戸主制違憲決定（2005 年 2 月 3 日）を経て，同年 3 月 31 日の民法改正によって戸主制が全面廃止された。男性戸主を基準として家族の出生・婚姻等を管理してきた従来の戸籍法も廃止され，個人別（一人一籍）編制に変更されて 2008 年 1月から「家族関係登録に関する法律」が施行された。さらに女性のみに対する6 カ月間の再婚禁止期間規定（民法旧 811 条）も，2005 年 3 月の民法改正時に削除された。韓国の一連の改革には目を見張るものがあり，これらの政策の実効性や国民の意識改革を含めた今後の展開について，大きな注目が集まっている。

　3）インド

　インドでは，独立後の 1950 年制定のインド憲法が，法の下の平等や性別・カースト等による差別の禁止を明文で定めた。しかし，ヒンドゥー教の影響力

32

は強く，1955 年〜56 年のヒンドゥー婚姻法やヒンドゥー相続法等制定後にも，女性隷属の機能は基本的に変わってはいない。法的には無遺言で死亡した男性の財産を妻・母・息子・娘が相続できるようになり，女性にも男性と同等の相続権が確立されたが，現実には「合同家族」の伝統がなお理想とされ女性の家庭内での従属的地位が長く維持されてきた。しかし，1993 年の第 74 回憲法改正により，地方議会議員の 33 ％を女性に割り当てたことから，女性地方議会議員が 100 万人を超え，2010 年には，国政選挙権についても 33 ％クオータ制を導入する憲法改正案が上院を通過した。2024 年 4 月選挙の結果，下院の女性議員比率は 13.7 ％（2024 年 9 月 1 日現在 185 カ国中 149 位）であるが，憲法改正が実現すれば，40 位程度に上昇するため，今後の展開が注目されている。女性閣僚比率は，2024 年 1 月現在 6.5 ％，世界 171 位，GGI2024 は 146 カ国中 129 位と低位にとどまっている。

4）アフリカ諸国

　1960 年代から 1970 年代にかけて欧州の植民地支配から脱して多くが独立を果たしたアフリカ諸国は，今日ではジェンダー平等政策を語る上で避けて通ることができない。サハラ以南のアフリカ（Sub-Saharan Africa）全体では，クオータ制採用率は，45 カ国中 18 カ国で 40 ％にのぼっている。南部アフリカ開発共同体（Southern African Development Community）は 1997 年に宣言を発し 2005 年までに意思決定過程の女性比率を 30 ％にする目標を掲げた。

　①　ルワンダは，ドイツとベルギーの植民地であったが 1961 年に国民投票で共和制を樹立し翌年独立した。ツチ族とフツ族の抗争から 1990 年に内戦がおこり国連が介入して停戦となったが，100 万人近いツチ族等の虐殺が行われた。現行憲法は，2003 年 6 月に施行されたもので，大統領を元首とする共和制を採用し，議会は二院制で下院の任期は 5 年，定数は 80 である。この憲法では女性議員について 30 ％クオータ制を採用しているが，その他の青年，障害者などのカテゴリーに含まれる女性を加えて，2008 年 9 月選挙において史上初の 56.3 ％の女性議員が選出された。2024 年 7 月選挙の結果，女性議員比率は 63.8 ％となり，2024 年 9 月 1 日現在世界第 1 位である（ルワンダの選挙制度については，辻村『憲法とジェンダー』2009 年，201-203 頁参照）。女性閣僚比率も，2024 年 1 月現在 30.0 ％，世界 57 位であり，ジェンダー・ギャップ指数でも，2021 年に 7 位であったが，2024 年には，（GGI2024）世界 39 位に下って

33

② 人権と女性の権利の展開

いる。

　②　南アフリカ共和国の場合は，ルワンダとは違って，憲法や法律によって
強制されたクオータ制を採用しているわけではないが，女性議員比率は 2024
年 5 月選挙の結果 45.3 ％（2024 年 9 月 1 日現在）185 カ国中 17 位である。女
性閣僚比率も，2024 年 1 月現在 50.0 ％，世界 9 位，GGI2024 も 18 位である。
南アフリカでは，1990 年代のアパルトヘイトの崩壊後，1996 年に新憲法が制
定され，女性の権利確立がもたらされた。この過程で支配政党 ANC（アフリ
カ国民会議）が，自発的クオータ制を採用し女性議員を 30 ％に増加させたこ
とが大きな意味をもった。ANC を中心とする国民統一政府は，ジェンダー平
等委員会や，女性の地位局を設置して積極的な政策を展開した。政党による自
発的クオータ制という緩やかな手段のもとでも，現在では 50 ％の候補者ク
オータ制が導入されており，民主化や政権交代などの制度改革の機を捉えて実
施された場合には大きな成果が得られることが実証されたといえるであろう。

4　諸国の法制度の進展 —— ポジティブ・アクションの定義と諸類型

　上記のように，各国では，イギリス 1975 年性差別禁止法（1986 年，2002 年
等改正），ドイツ 1980 年雇用男女同権法・1994 年第 2 次男女同権法，オースト
ラリア 1984 年性差別禁止法，スウェーデン 1986 年男女雇用平等法，アメリカ
1991 年新公民権法などが制定された。

　これらの諸法律が，男女平等や性差別禁止の観点から制定され，伝統的な差
別の積極的是正のためのポジティブ・アクション（positive action，以下 PA と
略記）やアファーマティブ・アクション（affirmative action，以下 AA と略記）
が導入されたことが特徴的である。

　これに対して日本では，1985 年に男女雇用機会均等法を制定し，1997 年の
改正で雇用面での採用等の差別を禁止したほかは，1999 年の男女共同参画社
会基本法制定まで，欧米のような統括的な性差別禁止法や男女平等法を制定す
ることはなかった。国連や各国がたどってきた過程を経ずに，すなわち，女性
差別撤廃と女性の人権論についての十分な理論化も，条約を実効化する担保も
なしに，いわば 1 周遅れで，日本は男女共同参画社会基本法を制定して追いつ
いたわけである。その点は，第 4 章 2 で考察することにして，ここでは，PA

34

の現状と課題を指摘しておくことにする（憲法14条とPAの関係については，第6章で検討する）。PAの語は日本では積極的格差（差別）是正措置とも訳されるが，すでにECの男女均等待遇指令（76/207/EEC，以下EC指令）や理事会勧告（84/635/EEC）など，国際機関やヨーロッパ諸国で通用している観念である。これに対してAAは，1961年大統領命令10925号以後アメリカで確立され，アメリカ・カナダ・オーストラリア等で用いられる。

　女性差別撤廃条約4条1項は，「締約国が男女の事実上の平等を促進することを目的とする暫定的な特別措置をとることは，この条約に定義する差別と解してはならない」と定めて，暫定的特別措置（Temporary Special Measures）を認めている。各国では，AAやPAの用法のほか，ポジティブ・ディスクリミネーション（positive discrimination），積極的措置（positive measures）など種々の語を用いており，一部の国で違憲判決等もでていることから多くの議論があった。そこで，国連女性差別撤廃委員会は，2004年1月に「女性差別撤廃条約4条1項の暫定的特別措置に関する一般的勧告25号」を提示し，締約国は，この暫定的特別措置の用法に従って，事実上の平等をめざした一時的な特別措置を活用するように奨励した。実際，PA／AAは，歴史的に形成された構造的差別を解消し社会の多様性を確保するための積極的格差是正措置として各国で実施され，とくに人種差別や性差別に対応する措置として発展してきた。さまざまな形態があるが，性別に由来する差別の是正措置について，下記の①－⑤のような分類が可能である。①根拠規定について，a 国際協約・勧告・指令など，b 憲法，c 法律，d 行政命令，e 政党規則，f その他の規範（内規等），g 事実上のもの，②実施形態について，a 宣言，b 法律上の制度，c 政策綱領，d 規則・内規，e その他，③強制の有無について，a（法律等で）強制力を認められたもの，b 強制ではなく自発的なもの，④局面・分野について，a 政治参画（議員・閣僚等），b 公務（公務就任，昇進，審議会委員等），c 雇用（採用，昇進・昇格，公契約・補助金等），d 教育・学術（入学・進学，教員任用，研究費支給，学会役員等），e 社会保障・生活保護・家族生活（リプロダクティブ・ライツ，育児・ケア，税制など），f その他，に区別できる。

　さらに，⑤措置の態様・内容については，諸国でさまざまな形態があるが，概ね次の3タイプに区別できる。i 厳格なPA／AAとしてのクオータ制［割当制］，パリテ［男女同数制］，交互名簿方式，ツイン方式，別立て割当制など，

② 人権と女性の権利の展開

ⅱ中庸な PA ／ AA としてのタイム・ゴールまたはゴール・アンド・タイムテーブル方式［time-goals，目標値設定方式］，プラス要素方式［plus-factor としてジェンダーを重視する制度］等，ⅲ穏健な PA ／ AA としての両立支援策，環境整備などである（但し，いずれも法的強制の有無等によって，厳格度に幅が生じる）。

上記のうち，日本の企業等でも奨励されているⅲの穏健な措置については，殆ど法的には問題がない。これに対して，入学試験時の割当制度や公契約の補助金支出などがアメリカで訴訟になったほか，ⅰのクオータ制のうちの法律よる強制型については，フランス・イタリア・スイスで違憲判決も出されていて法的にも問題がある（後述）。また，欧州司法裁判所では，ドイツにおける州の公務員等の EC 指令適合性が問題となる判決が相次いでいる。例えば，1995年のカランケ判決（Eckhaed Kalanke v. Freie Hansestadt，Case C-450/93）では，昇格候補者である男女が同等の資格を有する場合に女性が少ない部門では自動的に女性に優先権を付与するとするブレーメン州の公務員男女平等法の規定は，EC 指令違反であるとした。他方 1997 年のマーシャル判決（Hellmunt Marchall v. Land NordrheinWestfalen，Case C-409/95）では，「男性候補者が特に自己に有利に働く事由を示さない限り」という留保条項を付して，上位ポストに女性が少ない場合には，資格・適格性・能力が同一であるときは女性が昇進につき優先権を有する，とするノルトライン・ヴェストファーレン州の公務員法は，EC 指令に反しないと判示した。両判決が異なった理由は，女性優位を覆す機会を付与した前記留保条項の有無と「機会の平等」の捉え方にあり，同裁判所は，以後も 2000 年のバテック判決等で同種の PA 規定を EC 指令違反ではないとした。このようにヨーロッパ型の PA についても，女性優遇措置の是非や条件をめぐるきわどい議論が存在している。この点を直視した上で，積極的格差是正措置の必要性と存在意義が，1997 年のアムステルダム条約改正によるローマ条約上の PA 規定新設などを経て，加盟国間で認知されている。

上記の国連女性差別撤廃条約や動向等については，次章第 3 章「国際社会におけるジェンダー平等」で検討し，第 4 章で日本のジェンダー平等政策の展開について検討する。また，PA・AA の合憲性や憲法の平等原則との関係については，第 6 章「ジェンダー平等と憲法 14 条」で検討する。さらに，政治分野の PA（本書第 1 版，第 3 章 2(2)51 頁）については，第 7 章「政治とジェン

ダー」のなかで検討するため，参照されたい。

［参考文献］

天野正子ほか編集『新編日本のフェミニズム10　女性史・ジェンダー史』（岩波書店，2009）

国際女性の地位協会編（編集委員山下泰子＝辻村みよ子＝浅倉むつ子＝戒能民江）『コンメンタール女性差別撤廃条約』（尚学社，2010）

辻村みよ子『ジェンダーと人権──歴史と理論から学ぶ』（日本評論社，2008）

辻村みよ子『概説　ジェンダーと法〔第2版〕』（信山社，2016）

辻村みよ子『人権の歴史と理論（辻村みよ子著作集第2巻）』（信山社，2021）

林陽子『女性差別撤廃条約と私達』（信山社，2011）

山下泰子＝辻村みよ子＝浅倉むつ子＝二宮周平＝戒能民江編集『ジェンダー六法〔第2版〕』（信山社，2015）

③ 国際社会におけるジェンダー平等

---

3 国際社会におけるジェンダー平等

1 女性差別撤廃条約とジェンダー平等

(1) 女性差別撤廃条約の意義

1) 前 史

国際社会において，女性の権利を保護するための取り組みは，第一次世界大戦後の国際連盟の時代に遡る。1888年に設立された国際女性評議会（the International Council of Women；ICW）や1904年に設立された国際女性同盟（the International Alliance of Women；IAW）といった国際女性団体の働きにより，1937年に，国際連盟の中に，世界中の女性の地位を調査することを目的とする「女性の法的地位の調査のための専門家委員会」が設立され，後に国際連合における「女性の地位委員会」の基礎を築くこととなった。また，1919年に設立されたILO（国際労働機関）により，妊産婦の保護や女性の深夜労働を制限する条約などが制定され，さらに1921年には，国際連盟により「婦人及児童ノ売買禁止ニ関スル国際条約」が採択された。ただし，これらは，女性を社会的弱者として保護するための条約であり，女性を包括的な権利主体として扱うものではなかった。

2) 女性差別撤廃条約の採択

国際社会においては，原則として各国の人権保障は国内管轄事項とされていたが，ナチスドイツによるユダヤ人の大量虐殺を招いた反省から，第二次世界大戦以降は，人権の国際的保障に向けての取り組みが本格的に行われるようになった。女性の権利についても，1945年の国連憲章で男女平等が謳われ（前文，1条3項，8条），1946年には国連経済社会理事会に対して，女性の権利に関し，勧告や提言を行うことを目的として，女性の地位委員会が設置された。同委員会により，1967年に女性差別撤廃宣言が起草され，同年，国連総会で採択された。続いて同委員会は，この宣言を，法的拘束力を有する条約へと発展させるため，1974年から草案作成を開始した。そして1979年に，国連総会で「女性に対するあらゆる形態の差別撤廃に関する条約（女性差別撤廃条約）」が採択

された（2024 年 7 月現在，締約国は 189 カ国）。

3）女性差別撤廃条約の特徴

女性差別撤廃条約は，女性を保護の対象としてではなく，権利の主体であると位置づけ，女性の権利の実現の障害となっているものを撤廃することを国家の国際法上の義務としており，「世界の女性の権利憲章」とも呼ばれている。この条約の特に重要な点として，次 5 つを指摘することができる。

ⅰ）第一に，性差別の本質や性差別撤廃の方策についての広範でかつ厳格な視野にたった「包括的・体系的な」性差別禁止条約となっていることである。まず，性差別が「性に基づく区別，排除又は制限」であって，「政治的，経済的，社会的，文化的，市民的その他のいかなる分野においても」，女性が「男女の平等を基礎として人権及び基本的自由を認識し，享有し又は行使することを害し又は無効にする効果又は目的を有するもの」（1 条）と定義されているが，女性の人権や自由を害する「目的」をもつ行為ばかりでなく，「効果」をもつ行為も含まれていることから，直接差別だけでなく，間接差別（詳しくは第 8 章参照）も条約の対象となっていることがわかる。

一方，「締約国が男女の事実上の平等を促進することを目的とする暫定的な特別措置」（4 条 1 項）をとることは，条約の定義する差別にあたらないとすることで，ポジティブ・アクションなどの積極的差別是正措置を容認している。と同時に「締約国が母性を保護することを目的とする特別措置」（同条 2 項）をとることも差別にはあたらないとして，母性保護を差別と区別する視点を明確にしている。

ⅱ）第二に，性差別の根本的な撤廃のためには，性別役割分担論の克服が必要であるという認識，すなわち，「社会及び家庭における男性の伝統的役割を女性の役割とともに変更することが男女の完全な平等の達成に必要である」（前文 14 段）という理解のもと，「両性いずれかの劣等性，若しくは優越性の観念又は男女の定型化された役割に基づく偏見及び慣習その他あらゆる慣行の撤廃を実現するため，男女の社会的及び文化的な行動様式を修正すること」（5 条 a）を締約国に求めていることである。

ⅲ）第三に，性差別撤廃のための措置について「あらゆる形態の差別」が対象とされ，差別の主体が，国や公的機関にとどまらず，個人や団体・企業といった社会的権力も含めて，私人間の差別にまで拡大されている（2 条 e）。

③　国際社会におけるジェンダー平等

また，差別の形態として，法律や規則だけでなく慣習・慣行（同条 f）も対象
となっていることから，法律上の平等のみならず，事実上の平等も目的とされ
ていることである。

　iv）　第四に，単なる男女平等・性差別撤廃という目的をこえて，政治的・
経済的・社会的活動における諸権利を女性に対して明瞭な形で保障したことで
ある。特に，男性と「同等ないし平等な」権利という観点だけでなく，男性と
「同一」の権利として，教育に関する諸権利（10 条）や雇用上の諸権利（11 条），
そしていわゆる公私二分論を超越して，婚姻・家族関係における諸権利（16
条）が明示されたことは，女性の権利の歴史的展開からしても重要な意義をも
つ。

　v）　第五に，男女平等の促進と男女の権利の享有の目標を達成するための
条件として，前文でアパルトヘイトや植民地主義等の根絶や軍備縮小等，広義
の「平和」の必要性が強調され，平和と人権（ないし男女平等，女性の人権）の
相互依存関係について，従来の国際文書を超える広い視野に立った認識が示さ
れていることである。これは，国際女性年の「平等・発展（開発）・平和」と
いう目標をふまえたもので，後述の 1985 年「ナイロビ将来戦略」での平和と
開発をめぐる提言につながってゆくものである。

　4）　女性差別撤委員会の役割

　一般に人権条約は，締約国における条約の実施状況を検討するために，監督
機関（委員会）を設置する。女性差別撤廃条約は，23 人の委員からなる女性差
別撤廃委員会の設置を定めている（17 条 1 項）。委員の選出にあたっては，「委
員の配分が地理的に衡平に行われること」が要求される（同）。委員の職業は
元公務員（国連職員を含む），法律の専門家，ジェンダー問題の専門家等である。
委員会の主な役割は，締約国による条約の国内実施の監視と，一般的勧告の採
択を通じて条約を発展的に解釈し，条約を国際社会における人権問題の変化に
適応させていくことである。以下，この 2 つについて概略する。

　i）　国家報告制度

　締約国は，4 年ごとに，あるいは委員会が要請する場合，「条約の実施のた
めにとった立法上，司法上，行政上，その他の措置及びこれらの措置によりも
たらされた進歩に関する報告」を提出しなければならない（18 条）。委員会は，
締約国から提出された報告書の審査を，年に 3 回開催される定期会合において，

締約国の代表者と対面で行う。この審査は，委員会が条約上の義務の不履行について締約国を批判することを目的とするものではなく，委員会にとっては締約国内の人権状況を理解し，検討することを，締約国にとっては条約の求める人権基準と国内の実際の人権状況との乖離をより良く理解し，その乖離を埋めるために専門家の助言を受けることを目的とするものであり，いわば，委員会と締約国との「建設的対話」を目指すものである。委員会は，締約国の報告書の他に，国連諸機関や人権 NGO からも締約国内の人権状況に関する報告書（政府の報告書に対するカウンターレポート）が寄せられるので，それらの情報も参考にしながら，条約の実施状況を中立かつ公平に審査する。審査は，主査にあたる国別報告者が中心となって 10 人前後の委員が国別タスクフォースを構成し，条約の実体条項である第 1 条から第 16 条を，一人あたり 1 条から 3 条を担当して審査にあたる。

　委員会は，審査後に，締約国における条約の実施状況に対する評価と改善勧告を内容とする最終見解（concluding observation：総括所見ともいう）を示す。最終見解はあくまでも「勧告」であるため，締約国がこれに従う法的義務はない。しかし，勧告を履行しなければ，次回の審査で再び同じことが指摘され，勧告が繰り返されることになる。さらに，最終見解の中で，特にその国にとって重要課題とされる事項については，2 年以内に進捗状況の報告を求めるフォローアップ制度もある。

　ⅱ）　一般的勧告の採択

　委員会のもう 1 つの主な役割は，「締約国から得た報告及び情報の検討に基づく提案及び一般的な性格を有する勧告（一般的勧告）」を行うことである（21条）。一般的勧告は，条約の特定の条文または問題に関する締約国の法的義務の内容に関する委員会の解釈を示すものであり，2024 年までに 40 の一般的勧告が採択されている。委員会は，条約に基づいて条約の解釈権限を与えられており，その解釈は専門家によるものである。したがって，一般的勧告には法的拘束力はないものの，有権解釈であるから，締約国にはそれらを尊重すべきであると解されている。

　条約そのものは，40 年以上前に採択されたものであるから，その後の国際社会における人権規範の発展や人権問題の多様化に対応する必要がある。たとえば，女性に対する暴力について，条約そのものは何ら言及していない。しか

③ 国際社会におけるジェンダー平等

し，まず 1989 年に採択された一般的勧告 12 で，締約国の報告書の中に，女性を保護するための現行法制，暴力を根絶するための措置，女性のための支援サービス，暴力の犠牲となった女性に関する統計データを記載することが勧告され，次に 1992 年に採択された一般的勧告 19 で，ジェンダーに基づく暴力は，男性との平等を基礎とする権利及び自由を享受する女性の能力を著しく阻害する差別の一形態であるから，ジェンダーに基づく暴力は，条約が暴力について明示的に述べているか否かを問わず，条約 1 条が定義する性差別に該当することが確認された。さらに，2017 年に採択された一般的勧告 35 では，あらゆる形態のジェンダーに基づく暴力を犯罪化し，法的制裁を与えることが勧告された。実際，個人通報制度（後述）において，最も多い事例はジェンダーに基づく暴力となっている。

　このように，一般的勧告の採択を通じて，条約を発展的に解釈することにより，条約は，常に「生ける文書（a living instrument）」として，「女性の権利章典」としての役割を果たすことができるのである。

(2) 選択議定書

　国際人権条約には，より直接的に，締約国に対して条約上の権利を実現させる手段として，個人通報制度と調査制度がある。個人通報制度とは，権利を侵害された個人が，国内での救済手段を尽くした後に，条約の監督機関（女性差別撤廃条約では女性差別撤廃委員会）に救済を求めて通報できる制度であり，調査制度とは，重大または組織的な権利侵害の情報を得た委員会が，締約国内での調査を実施する制度である。これらの制度は，条約本体で定められる場合と，条約に附帯する選択議定書で定められる場合とがある。女性差別撤廃条約については，条約採択から 20 年後の 1999 年に採択された選択議定書で，これらの制度が導入されることとなった（2024 年 7 月現在，選択議定書の締約国は 115 カ国）。以下，これらの制度について概略する。

1) 個人通報制度

　まず通報できるのは，条約上の権利を侵害された個人または集団で，本人の同意があれば，代理の NGO が通報することも可能である（選択議定書 2 条）。しかし，通報が受理されるためには，第一に，すべての国内救済措置を尽くしている必要がある（日本の場合は，最高裁まで争っても救済されなかった事案となる）。ただし，国内で救済される可能性がほとんどない場合や，長い期間が費

やされている場合には受理されることがある（同4条1項）。第二に，同一事案が他の国際機関ですえに審議されている場合，通報が条約の規定に抵触する場合，明白に根拠を欠いている場合，通報が権利濫用である場合，選択議定書の効力発生前に生じた事案である場合には受理されない。ただし，効力発生前に生じた事案であっても，違反の効果が現に継続している場合には，通報の対象となりうる（同4条2項）。通報を受けた女性差別撤廃委員会は，締約国にそれを通知し，国は6カ月以内にその事案について情報を提供する（同6条）。

　通報の受理が認められると，委員会は審議により当該事案について検討し，条約違反を認定すると，締約国に対し，救済のための勧告を内容とする「見解」を出す（同7条3項）。「見解」には，通報者個人に対する救済措置（たとえば補償金の支払命令など）や公益に資する措置（たとえば司法従事者への研修や法制度の改正など）が含まれる。

　2024年7月現在，40カ国に対して186件の個人通報が登録されており，そのうち46件が条約違反と認定されている。これらの事案の中で最も多いものはジェンダーに基づく暴力であり，それ以外にも雇用や社会保障に関するものなど，様々な人権侵害が通報されている。

　委員会が出す「見解」に対して，締約国は「十分な考慮を払い」，そのためにとった措置を，書面で，6カ月以内に回答することとされている（7条4項）。「見解」が実施されない場合，委員会は，その理由について当該国と対話を行い，追加の情報を提出するよう要請することができる（同条5項）。その後もフォローアップとして，6カ月毎の協議が進行する。これまでに「見解」を出された国の大半は，誠実に委員会との協議に応じ，概ねその内容を受け入れて，国内の施策を改善している。たとえば，2014年にスペイン政府に対して，DVを理由に別居していたにもかかわらず，娘が面会交流中に父親に殺害された事件につき，母親に適切な賠償を行うこと，DV被害者の安全を害さないような適切で効果的な手段をとることを勧告する「見解」が出されたのに対し，2018年にスペイン最高裁判所は，母親に対して，60万ユーロ（約7000万円）の損害賠償の支払いを命じる判決を下している。

2）調査制度

　委員会は，締約国が，条約上の権利の「重大な又は組織的な侵害を行っていることを示す信頼できる情報」を受理した場合，当該締約国の同意を経て，訪

③　国際社会におけるジェンダー平等

問調査を行い，その結果を勧告することができる（8条）。性差別が，基本的に社会構造的な差別であることに鑑みると，女性差別撤廃条約において，大規模な人権侵害に対応できる調査制度が導入された意義は大きいといえる。2024年7月現在，メキシコ（フェミサイド），フィリピン（避妊薬の不承認），カナダ（先住民のフェミサイド），イギリス（北アイルランドにおける中絶禁止），キルギスタン（略奪婚），マリ（女性性器切断），南アフリカ（ジェンダーに基づく暴力）の7カ国について調査が行われ，報告書が公開されている。この調査制度においても，イギリスが2019年に中絶を合法化するなど，成果も見られている。

(3)　国連の取り組み

1)　世界女性会議

　上述のように，第二次世界大戦後，国連憲章の他，世界人権宣言（1948年）や女性差別撤廃宣言において，性差別の禁止が謳われたが，それらはあくまでも公的領域における女性の地位を男性並みに引き上げることを目的とするものであり，ジェンダーバイアスを免れていてはいなかった（たとえば，女性差別撤廃宣言は，その前文で「家族，特に子の養育における女性の役割に留意し」と定めている）。

　こうした中，1960年代にアメリカで発生した，性別役割分担論を批判する女性解放運動，いわゆる「ウーマン・リヴ」が契機となり，国際的にも女性解放運動が広がり，1972年の国連総会で，1975年を「国際女性年」とすることが決議され，第1回の世界女性会議がメキシコ・シティで開催され，133カ国が参加し，男女平等実現の国際的共同行動として世界行動計画が定められた。さらに国連は翌1976年から1985年を「国連女性の10年」とし，各国内の諸制度や慣習の改善，法律整備への取り組みが始まった。そして，1979年に，上述のように，性別役割分担論の克服を課題とする女性差別撤廃条約が採択され，その署名批准式が，1980年にデンマークのコペンハーゲンで開催された第2回世界女性会議で行われた。その後，「国連女性の10年」の最終年となる1985年に，第3回世界女性会議がケニアのナイロビで開催され，女性の地位向上をめざした「2000年にむけての将来戦略」（ナイロビ将来戦略）が採択され，各国での履行の報告が義務づけられた。

　さらに，1993年にウィーンで開催された世界人権会議では，世界のあらゆる人権侵害に対処するための，国際人権法や国際人道法に関する原則や国際連

合の役割，全ての国々に対する要求を総括した「ウィーン宣言及び行動計画」が採択されたが，その中でも「女性及び女児の権利は奪うことのできない，不可欠にして，不可分な，普遍的人権の一部である」であることが確認されるとともに，上述のように，女性差別撤廃条約本体には明文のないジェンダーに基づく暴力とあらゆる形態のセクシュアル・ハラスメントおよび性的搾取を撤廃することが強調され，この問題に関する宣言の起草が国連総会に勧告された。これを受けて，1993年12月に国連総会は「女性に対する暴力の撤廃に関する宣言」を採択し，女性に対する暴力について次のような定義を行われた。

「"女性に対する暴力"とは，ジェンダーに基づくすべての暴力行為を意味する。その行為は，公的または私的生活のいずれで起きたかにかかわらず，女性に対し，身体的，性的，精神的危害や苦痛を与えるもの，あるいはその可能性のあるものであり，そのような行為の脅迫，強制または不当に自由を剝奪することもここに含まれる」。(第1条)

さらに，1994年にカイロで開催された国際人口・開発会議において採択された「カイロ行動計画」では，「人々は安全で満ち足りた性生活を営むことができ，生殖能力を持ち，子どもを産むか産まないか，いつ産むか，何人産むかを決める自由を有する」というリプロダクティブ・ヘルス／ライツの概念が確立された。

続いて，1995年に北京で開催された第4回世界女性会議では，貧困，教育，健康，女性への暴力，紛争，経済構造政策，権力，女性の進出，人権，メディア，環境，少女の12分野に関する行動綱領（「北京宣言」及び「行動綱領」）が策定され，この綱領を実現するため女性のエンパワーメントの必要性が強く主張され，社会主義国にも影響を及ぼした。また，「ジェンダー」という語が初めて公式に使われ，あらゆる政策にジェンダーの視点を取り入れることが提唱された。5年後の2000年には，国連の特別総会として，ニューヨークで「女性2000年会議」が開催され，北京宣言及び行動綱領の実施状況の検討及び評価と，それらの完全実施に向けた今後の戦略について協議が行われた。その後も，国連女性の地位委員会において，2005年に「北京＋10」閣僚級会合，2010年に「北京＋15」記念会合，2015年に「北京＋20」記念会合，そして，2020年に「北京＋25」記念会合が開催され，それまでの取り組みを審査するとともに，広報及び啓発活動を行っている。

45

③ 国際社会におけるジェンダー平等

一方，2010 年の国連総会決議により，国連女性開発基金（UNIFEM），経済社会局女性の地位向上部（DAW），国連国際女性調査訓練研修所（INSTRAW）ジェンダー問題と女性の地位向上に関する事務総長特別顧問室（OSAGI）の 4 組織を統合して，UN Women（United Nations Entity for Gender Equality and the Empowerment of Women；ジェンダー平等と女性のエンパワーメントのための国連機関，国連女性機関）が設立され，ジェンダー平等の実現を推進するために，国際基準を策定する支援等を行っている。

2）SDGs（Sustainable Development Goals；持続可能な開発目標）

SDGs とは，2015 年 9 月の国連サミットで採択された「持続可能な開発のための 2030 アジェンダ」に掲げられた国際目標のことである。2016 年から 2030 年の間に，「誰一人取り残さない」持続可能で多様性と包摂性のある社会の実現のために，17 の目標とその下に 169 のターゲットと 231 の指標が定められている。2001 年に策定された「ミレニアム開発目標（MDGs）」（2001 ～ 2015 年）は開発途上国の目標であったが，その後継である SDGs は，開発途上国も先進国も，ともに取り組むべきものとされている。

「2030 アジェンダ」では，「ジェンダー平等の実現と女性・女児のエンパワーメントは，すべての目標とターゲットにおける進展において死活的に重要な貢献をするものである」とされている。これを受けて，「ジェンダー平等を達成し，すべての女性及び女児のエンパワーメントを行う」ことが SDGs の第 5 目標に掲げられ，具体的には以下の 9 つの目標が示されている。

5.1　あらゆる場所におけるすべての女性及び女児に対するあらゆる形態の差別を撤廃する。

5.2　人身売買や性的，その他の種類の搾取など，すべての女性及び女児に対する，公共・私的空間におけるあらゆる形態の暴力を排除する。

5.3　未成年者の結婚，早期結婚，強制結婚及び女性器切除など，あらゆる有害な慣行を撤廃する。

5.4　公共のサービス，インフラ及び社会保障政策の提供，ならびに各国の状況に応じた世帯・家族内における責任分担を通じて，無報酬の育児・介護や家事労働を認識・評価する。

5.5　政治，経済，公共分野でのあらゆるレベルの意思決定において，完全かつ効果的な女性の参画及び平等なリーダーシップの機会を確保する。

5.6　国際人口・開発会議（ICPD）の行動計画及び北京行動綱領，ならびにこれらの検証会議の成果文書に従い，性と生殖に関する健康及び権利への普遍的アクセスを確保する。

5.a　女性に対し，経済的資源に対する同等の権利，ならびに各国法に従い，オーナーシップ及び土地その他の財産，金融サービス，相続財産，天然資源に対するアクセスを与えるための改革に着手する。

5.b　女性のエンパワーメント促進のため，ICT をはじめとする実現技術の活用を強化する。

5.c　ジェンダー平等の促進，ならびにすべての女性及び女子のあらゆるレベルでのエンパワーメントのための適正な政策及び拘束力のある法規を導入・強化する。

女性差別撤廃条約では，あくまで女性に対する差別解消が主眼となっているが，国連を中心とした人権保障においては，性的マイノリティの人権を含む，ジェンダー平等が主眼となっているといえる。

2　女性差別撤廃条約と日本

日本は，1980 年に女性差別撤廃条約に署名，1985 年に批准した（72 番目）。条約に批准するということは，条約上の義務を履行しなければならず，かつ，日本の国内法においては，法律よりも条約の方が上位であるため，日本政府は，批准にあたって 3 つの国内法の整備を行った。1 つめは，国籍法を改正し，それまでの父系優先血統主義から父母両系血統主義を採用することにより，父又は母のいずれかが日本国籍であれば，その子どもも日本国籍を取得できるようになった。2 つめは，1972 年に施行された「勤労福祉婦人法」を全面改正して，新たに男女雇用機会均等法を制定した。そして，3 つめは，学習指導要領を改訂し，男女で履修領域に差を設けていた中学校の技術・家庭科を男女同一の扱いとするとともに，女子のみが必修であった高等学校の家庭科を，男女ともに必修とした。

(1)　日本の審査状況

また，上述のように，締約国は 4 年ごとに，条約の実施状況を女性差別撤廃委員会に報告する義務がある。日本は，2021 年までに 9 回の定期報告を行い，

③　国際社会におけるジェンダー平等

2024年10月に6回目の審査を受けている。第1回から第6回の最終見解における主な指摘事項とそれらに対する日本政府の対応は以下の表の通りである。

審　議	主な指摘事項	日本の対応
第1回審議 （1988年）	・夫姓98％の是正 ・再婚禁止期間（6カ月）の是正 ・育児休業制度の導入	・1991年育児休業法制定
第2回審議 （1994年）	・均等法の充実 ・戦時慰安婦問題への対応	・1997年均等法改正
第3回審議 （2003年）	・間接差別の導入 ・DV法改正 ・戦時慰安婦問題への対応 ・人身売買への対応 ・女性参画の促進 ・婚外子差別の是正	・2004／2007年DV法改正 ・2005年第2次男女共同参画基本計画での数値目標設定 ・2005年人身売買罪新設（刑法） ・2005年間接差別新設（均等法）
第4回審議 （2009年）	・間接差別の定義が狭い ・民法改正（男女の婚姻適齢の統一，再婚禁止期間の廃止，選択的夫婦別姓制度の導入，婚外子差別是正）のための早急な対策	・2010年第3次男女共同参画基本計画での数値目標設定 ・2013年婚外子相続差別の撤廃（民法）
第5回審議 （2016年）	・女性に対する差別の包括的定義 ・民法改正（選択的夫婦別姓制度の導入，男女の婚姻適齢の平等化）を「遅滞なく」行う ・暫定的特別措置（クォータ制）の検討 ・刑法改正（強姦の定義拡大）	・2017年刑法改正（強姦罪を強制性交等罪に変更＝女性以外も被害対象とする，厳罰化，非親告罪化） ・2018年候補者男女均等法成立 ・2018年成年年齢を18歳に→2022年に婚姻適齢を男女とも18歳に
第6回審議 （2024年）	・選択的夫婦別姓制度の導入 ・選択議定書の批准 ・皇位継承における男女平等実現のための皇室典範の改正 ・人工妊娠中絶における配偶者同意要件の削除 ・女性について国会議員に立候補する際の供託金の一時的削減	（審査時における日本政府の回答） ・皇室典範の改正につき，「皇位継承のあり方は国家の基本に関わる事項であり，女性差別撤廃条約に照らし，取り上げることは適当ではない」と反論 ・選択的夫婦別姓制度につき，「国民の意見は分かれている」

	として，導入には「幅広い国民の理解を得る必要がある」と慎重な態度を示す
・候補者男女均等法に罰則を設ける	

　2024 年 10 月に公表された第 6 回審査における最終見解では，「女性と男性の平等を確保するために継承法を改正した他の締約国の良好な事例を参考にし，皇位継承における男女平等を保障するため，皇室典範を改正すること」が勧告され，各メディアで大きく取り上げられた。皇室典範の改正については，前回の 2016 年の最終見解に盛り込まれる予定であったが，日本側が強く抗議したため，削除されたという経緯があった。また，選択的夫婦別姓制度の導入及び選択議定書の批准は，2003 年，2009 年，2016 年に続いて 4 度目の勧告となっている。

　さらに，2 年以内に進捗状況の報告が求められる重要なフォローアップ項目として，選択的夫婦別姓制度の導入のほか，国会議員における女性の比率を増やすための一時的特別措置として女性が国会議員に立候補する際の供託金 300 万円を引き下げること，すべての女性および少女が利用できるよう，緊急避妊薬を含む手頃な価格の最新の避妊方法への適切なアクセスを提供し，特に 16 歳及び 17 歳の少女が避妊薬を利用する際の親の同意要件を撤廃すること，女性が中絶を求める際の配偶者の同意要件を撤廃するよう法改正を行うことの 4 つが挙げられている。

　これらの勧告に対する日本政府の対応，特に 4 回も勧告を受けている選択的夫婦別姓制度の導入及び選択議定書の批准にどのように取り組んでいくのか，今後の動きが注目される。

(2)　女性差別撤廃条約と日本の課題

1)　女性差別撤廃条約と司法判断

　日本において，批准された条約は，そのまま国内法上の効力を有することは，明治憲法時代から慣行である。条約は公布とともに国内法の一形式となり，特別の立法措置を有しない。そして，上述のように，国内法体系において，条約が法律に優位することについても争いはない。

　一方，条約の国内的効力を認めつつも，条約の規定が裁判において直接適用されるかどうかは，その規定に「自動執行性」があるかどうかによる，という

③　国際社会におけるジェンダー平等

考え方がある。「自動執行性」の概念は多義的であるが，一般的には，新たな立法や行政措置を待たずとも裁判所又は行政機関が適用可能であるものと解されている。そして，多くの判決は，条約の規定に「自動執行性」が認められる，すなわち，裁判規範性を有すると認められるための要件として，ⅰ）締約国が，条約に国民の権利義務を直接に定めるという意思を明確にしていること，ⅱ）条約の規定に，個々の国民の権利義務が明確かつ完全に定められていることを挙げている。たとえば，夫婦同姓を定める民法 750 条の違憲性を争う裁判で，原告らが，当該条文は女性差別撤廃条約 16 条 1 項(g)に違反すると主張したのに対して，東京高裁は，女性差別撤廃条約が「裁判所を拘束するためには，……条約に直接適用可能性ないし自動執行力があることが必要である」が，女性差別撤廃条約は「締約国の国民に対し，直接権利を付与するような文言になっておらず，国内法の整備を通じて権利を確保することが予定されている」から，当該規定は直接権利を付与するものとはいえない，と判示している（東京高判 2014 年 3 月 28 日民集 69 巻 8 号 2741 頁）。

　しかし，そもそも「自動執行性」と「直接適用可能性」は別の次元の概念であるとして，両者を混同して用いることに対する批判もある。すなわち，「直接適用可能性」とは，元来，各国の国内裁判所でそのまま適用されることが国際法的に義務づけられているかどうかという，国際法的レベルの問題であるのに対して，条約が自動執行的であるかどうかの判断は，国内法レベルの問題である，ということである。つまり，「自動執行性」の問題は，特定の規定がそのまま裁判規範として用いることができるかどうかという国内法の問題であるから，同一の規定であっても，ある国では裁判規範であるのに，別の国では裁判規範ではない，ということもあり得る。これに対して，直接適用可能とされる規定については，そのような国ごとの違いは国際法上認められない。

　そして実際，自由権規約については，多くの裁判例において「自動執行性」が認められており，「自動執行性ないし直接適用可能性」の要件を満たしているかどうかが問われることはほとんどなかった。にもかかわらず，このような基準を裁判所が用いるようになったのは，1990 年代以降，一連の戦後補償裁判において，特に国側の主張としてにわかに顕在化したものであるとの指摘もある。

　そもそも，条約が批准により国内法の一形式として国内的効力を持つに至っ

た以上，他の法律と同様に，いちいち「自動執行性」があるかどうかを判断する必要は本来なく，単に条約の規定が，ある事案において，裁判官にとって，それに依拠して司法判断を下すことができる程度に明確なものであれば，直接適用すればよいだけの話である。その際，上述の東京高裁判決にあるように，条約の規定が「締約国は……」というように締約国の義務を述べる形になっていて，個人の権利を明確に規定した形になっていないからといって，当該規定の裁判規範性が否定される根拠とはならない。なぜなら，条約が国内的効力を有する国においては，条約の規定は，国を拘束するものとして常に有効な法規範であり，そのことは，条約の規定から直ちに個人の権利を導くことができるかどうかという問題とは関係なく，裁判官は，法令よりも条約の効力が上位にあることを踏まえた上で，条約の規定に照らして，問題とされている法令ないし行政行為の条約適合性を判断すべき義務を負うからである。

　女性差別撤廃委員会も，2016年の最終見解において，上述の東京高裁判決が「条約は直接適用可能または自動執行性があると認めないと判断したこと」について懸念を表明し，「本条約の条文を完全に国内法化すること，政府官僚，国会議員，法律専門家等に対して，本条約及び委員会一般勧告並びに女性の人権についての認識を向上させるために既存のプログラムを強化すること」を勧告している。さらに，委員会は，2020年3月に出された日本の第9次定期報告に関する事前質問事項の中で，条約の規定が国内裁判で言及された事例を示すよう求めている。

　これに対し，日本の政府は，2021年9月に，女性の再婚禁止期間の違憲性が一部認められた2015年の最高裁大法廷判決における山浦善樹判事の反対意見と，夫婦同姓の合憲性を認めた2021年の最高裁大法廷決定における宮崎裕子及び宇賀克也判事の反対意見を挙げているが，2015年の山浦判事の反対意見は，再婚禁止期間の廃止につき，自由権規約委員会や女性差別撤廃委員会から繰り返し勧告を受けているという事実を指摘するにとどまっている（最大判2015年12月16日民集69巻8号2427頁）。

　一方，2021年の宮崎，宇賀両判事の反対意見は，女性差別撤廃条約の条文につき，「これらの条項は，我が国の国民に対して直接何らかの権利を付与するものではないので，国民に対する直接適用可能性はないと解されるが，そのことは，これらの条項が国内的効力を有することを否定する理由にはならない。

③ 国際社会におけるジェンダー平等

今日の国際法学においては，直接適用可能性は国内的効力の前提ではなく，逆に，国内的効力が直接適用可能性の前提と一般に解されているからである」とした上で，女性差別撤廃条約は「我が国において国内的効力を有しており，同条約16条1項は法的拘束力を有する文言で締約国の義務を規定し，同項(g)は，締約国は夫及び妻が同一の個人的権利を確保するためのすべての適当な措置をとる義務を定め，かかる個人的権利には『姓を選択する権利』を含むことまで明記している」こと，そして，日本政府が，女性差別撤廃委員会から，夫婦同氏制について最初の指摘を受けた2003年から本件処分時までの約15年の間，民法750条を改正しておらず，3回の勧告を受けていることを踏まえた上で，「夫婦同氏制が個人の尊厳と両性の本質的平等の要請に照らして合理性を欠き，国会の立法裁量の範囲を超えるものであることを基礎付ける有力な根拠の一つとなり，憲法24条2項違反とする理由の一つとなると考えられる」と述べている（最大決2021年6月23日裁時1770号3頁）。

　この反対意見は，従来の裁判例同様，条約の規定が個々の国民に直接権利を保障していることは認めなかったものの，日本政府を拘束することは認めた上で，日本政府が3回目の勧告を受けたことを，憲法24条2項違反とする理由の一つとなることを認めている。このように，憲法の解釈にあたって条約の規定の趣旨を読み込み，本来法的拘束力のない勧告を憲法24条2項違反の理由の一つとして正面から位置づけているという点で，この反対意見は画期的な意義を有すると評価されている。

　そもそも，この反対意見にもあるように，条約は国内的効力を有するのであるから，裁判所は国内法を解釈するにあたって，条約を参照してもしなくてもよいのではなく，必ず参照しなければならない。そして，裁判所は法律の条文を条約に適合するように解釈しなければならず，それが無理である場合には，法律の条約違反を認定しなければならない。条約で保障されている権利を「絵に描いた餅」にしないためにも，単に裁判官の研修のみならず，条約違反を上告理由としていない現行法の見直しも急務であろう。

2）選択議定書の批准

　上述のように，女性差別撤廃委員会は，1999年の選択議定書の採択以降，日本の報告審査のすべて（2003年，09年，16年，24年）において，選択議定書の意義を強調し，早期批准を求めている。

52

2　女性差別撤廃条約と日本

　2024 年 10 月に行われた第 9 回定期報告審査に先立ち，2020 年 3 月に出された事前質問事項では選択議定書の批准がトップに挙げられ，「前回の最終見解……に照らし，選択議定書を批准するために行った検討及び批准に対する障害」，及び「選択議定書の批准のために要する期間に関連し，国会承認に向けた計画及び見通し」についての報告が要請されていた。

　これに対し，日本政府は，「個人通報制度の受入れに当たっては，我が国の司法制度や立法政策との関連での問題の有無や，同制度を受け入れる場合の実施体制等の検討課題があると認識している」として，第 5 次男女共同参画基本計画で選択議定書の「早期締結について真剣な検討を進める」と定めていることや，2019 年 4 月及び 2020 年 8 月に「個人通報制度関係省庁研究会」を開催したことを挙げていた。

　しかし，第 3 次男女共同参画基本計画（2010 年）及び第 4 次男女共同参画基本計画（2015 年）にも「選択議定書の早期締結について真剣に検討を進める」という，ほぼ同じ文言が明記されている。また，1999 年以来，確かに，外務省と法務省で 40 回，その後は関係府省に広げて 22 回にもわたり「個人通報制度関係省庁研究会」が開催されているが，批准に向けた具体的な進捗はまったく見受けられない。そのため，2024 年の最終見解においても再び，「選択議定書の批准に向けたあらゆる障害を速やかに取り除く」ことが求められ，さらに「裁判官，弁護士，および法執行官に対し，条約，委員会の一般的勧告及び選択議定書に基づく判例を十分に考慮できるよう，能力構築を強化すること」が推奨されている（第 10 パラグラフ）。

　選択議定書を批准しない理由につき，かつて日本政府は，個人通報制度が司法権の独立を侵害することを理由に挙げていたが，上述のように，そもそも，個人通報制度における「見解」に法的拘束力はなく，その勧告は，裁判所に向けたものではなく，締約国の政府に向けられたものである。日本政府もそのことは十分理解しており，近年では「司法権の独立を侵害する」という説明は，日本政府としては行っておらず，以下のような説明を繰り返している。

　「①　個人通報制度については，条約の実施の効果的な担保を図るという趣旨から注目すべき制度と認識。
　②　個人通報制度の受入れに当たっては，我が国の司法制度や立法政策と

③　国際社会におけるジェンダー平等

の関連での問題の有無及び個人通報制度を受け入れる場合の実施体制等
の検討課題があると認識。

③　個人通報制度の受入れの是非については，各方面から寄せられる意見
も踏まえつつ，引き続き，政府として真剣に検討を進めているところ。」
（内閣府「第1回女子差別撤廃委員会最終見解への対応に関するワーキング・
グループ」外務省説明資料）

　ここで，批准しない理由を述べている部分は②のみである。要約すれば，日
本の「司法制度」「立法政策」「実施体制」に，なお検討課題があるから，とい
うことになる。「司法制度」及び「立法制度」に関する具体的な問題としては
「国内の確定判決と異なる内容の見解が出された場合にどうするのか，通報者
に対する損害賠償であったりとか補償の要請に対してどうするのか，さらには，
法改正を求める見解が出された場合に，これが我が国の司法制度であったりと
か立法制度との関係でどう対応するのか」，また，実施体制に関する具体的な
問題としては「国連の見解の窓口をどこの省庁で受けるか，それを関係の省庁
にどのように割り振って，どのようにこれを回答として女子差別撤廃委員会の
方に回答するか」といったことが挙げられている。

　しかしながら，これらの具体的な問題は，いずれも批准しない理由として正
当性があるとはいえない。最高裁の判決と異なる「見解」が出る可能性はある
が，上述のように，「見解」は政府に向けて出されるものであり，最高裁を名
宛人として判決内容の修正を迫るものではない。立法についても，これに応じ
るかどうかを決定するのは，最終的には国会である。財源の問題についても，
そもそも，通報制度開始から20余年の間に条約違反と認定された事例は全世
界でわずか46件に過ぎないことからみても，金銭賠償を求める「見解」が多
発するとは想定されず，国の財源を脅かすとは考えにくい。

　さらに，③の各方面から寄せられる意見に関しては，「女性差別撤廃条約実
現アクション」（2019年3月発足；https://opcedawjapan.wordpress.com/）によれ
ば，選択議定書の批准を求める請願署名は9万筆を超えており，80人あまり
の国会議員が紹介議員となっている。また，地方議会による選択議定書の批准
を求める意見書の採択は，2024年3月現在，都道府県10議会，政令指定都市
8議会を含む233議会にも上っている。

結局のところ日本政府は，様々な問題点を挙げて，選択議定書を批准しないことを正当化しようとしているに過ぎないといえる。しかし，選択議定書の批准は，日本が人権を尊重する国であることを世界に向けて発信することを意味するのであるから，日本にとってマイナスなことではない。実際，通報が多い国は，デンマーク，オランダ，イギリス，カナダ等であるが，このことは，これらの国における人権状況が悪いことを示しているというよりも，国民やNGOなどの人権意識が高く，国際的な人権保障メカニズムを積極的に利用していることの証左に他ならない。

また，いくら個人通報制度における「見解」に法的拘束力がなく，国内の裁判所を名宛人としているものでもないといっても，個人通報制度が導入されれば，事実上，国内の裁判所は影響を受けることになるであろう。なぜなら，裁判所は，条約上の権利侵害が，女性差別撤廃委員会の審査を受ける可能性があることを念頭に，判決を下すようになることは避けられないからである。しかしながら，上述のように，これまで日本の裁判所が，国内的効力を有する女性差別撤廃条約を等閑に付してきたことに鑑みれば，このような意識の変化は，むしろ歓迎すべきことといえる。日本国内における女性の権利を国際基準に引き上げるためにも，選択議定書の批准は急務である。

［参考文献］

浅倉むつ子「個人の尊厳とジェンダー平等を前に――女性差別撤廃条約を活用しよう：選択議定書を批准する意味」女性のひろば 541 号（2024）

林陽子「世界の女性の憲法　女性差別撤廃条約がめざすもの」世界 968 号（2023）

山元一『国境を越える憲法理論』（日本評論社，2023）

辻村みよ子『憲法とジェンダー法学』（信山社，2022）

三成美保他『ジェンダー法学入門〔第 3 版〕』（法律文化社，2022）

「特集 1・女性差別撤廃条約 40 周年」ジェンダー法研究 7 号（2020）

申惠丰『国際人権法』（信山社，2013）

女性差別撤廃委員会に対する日本政府の報告書及び最終見解等については外務省の HP（https://www.mofa.go.jp/mofaj/gaiko/josi/index.html）を参照

4 日本の男女共同参画政策の展開

1 日本における女性の権利の展開

日本では，明治維新後1870年代の自由民権期にフランス人権宣言等が翻訳・紹介され，自然権思想をもとにした天賦人権説のもとで男女平等論が導かれていた。当時の福沢諭吉や森有礼，植木枝盛などの議論が注目されるが，とくに植木は，1879年に「男女平等ニ就キテノ事」を著し，土佐の『土陽新聞』に連載した「男女平等論」では女性の被選挙権も要求していた。これに対して，明治政府は市町村制（1888年）・集会及政社法（1890年）・治安警察法（1900年）等によって女性の参政権と政談演説の傍聴・主催，政党加入等を禁止した。

大正デモクラシー期には，平塚らいてう・市川房枝ら新婦人協会等の運動によって治警法改正法案が衆議院を通過したが，1921年3月26日貴族院で否決された。その時否決に導いた藤村男爵の演説は，「それ〔婦人参政権〕は生理的から申しても心理的から申しても自然の理法に反して居る。……政治上の運動……は，女子の本分ではない。女子の本分は家庭にある」という，女性の特性論と天職論・性別役割分業論であった。また，1930年の婦人公民権案審議の場面でも，当時の反対論は，知的・体力的・道徳的不平等などの男女不平等論と天職論，実益論であった。さらに，賛成論のなかに，女性に選挙権を与えると「女子が家庭を疎かにして政治運動の為に飛び廻るかの如く考へる誤解」があるが「性能の根本問題に憂い抱くことは全く杞憂である」とする女性の家庭責任・役割分担を前提にした議論があったことは，コンドルセやミルの場合と同様であった。このように瞥見しただけでも，西欧と日本の女性の権利排除論のなかに一定の共通性（普遍的要素）が認められる。

反面，儒教精神にもとづく封建的男尊女卑思想や天皇を頂点とする家父長制国体論という，日本の特殊性も検討しておかなければならない。先の藤村演説が「我国の固有の伝説，習慣及び歴史」や「我国の社会組織の基礎である所の家族制度」に言及していたように，日本では女性の参政権が「日本古来の淳風美俗である家族制度」を破壊するという議論があった。西欧では女性の特性論

や性別役割分業論が基調であったのに対して，日本では，天皇制と結びついた家父長的家族制度の維持が前面に出てくることが特徴的である。

　その後，日本国憲法 14 条・24 条の両性平等の精神が一般化した今日にあっても，女性の特性論や性別役割分業論を前提にした議論が根強い。例えば，「マドンナ」現象と騒がれた 1989 〜 90 年でさえ，野党の女性候補者・議員がことさら性別を強調し，「大根の値段のわかる政治家」「主婦感覚のシロウト議員」をめざしたことは，一方では政治を見近なものにするために役立った反面，議会政治のなかに「男は権力，女は生活」という性別役割分担を持ち込む議論であった。これはいわば「主婦議員の陥穽」であり，女性の政治参画を補助的・二次的なものに留める点で，重大な限界が隠されていた。（その後の政治，雇用，家族，性暴力等に関する日本のジェンダー平等の現状と取組については本書第 7 章以下の各章で検討する。）

2　男女共同参画社会基本法とジェンダー平等政策の現状

（1）現　　状

　日本の女性が参政権を獲得したのは，1945 年 10 月マッカーサーが日本の民主化に関する五大改革を示し，その第 1 項目に「参政権の賦与による日本婦人の解放」を掲げたことによる。これにより女性参政権が同年 12 月に承認され，翌年 4 月の衆議院選挙では初めて 39 人の女性議員が誕生した。女性は，個人の尊重と幸福追求権，法の下の平等を定めた日本国憲法のもとでようやく個人として尊重され，男性と同等に人権をもつことを保障された。1947 年に民法の親族・相続編が全面改訂されて旧来の家制度が廃止され，刑法の姦通罪の規定も削除されて，女性が家父長的支配から脱することが可能となった。1985年に女性差別撤廃条約を批准し，1986 年の雇用機会均等法や 1990 年の育児休業法制定などを経て，1999 年に男女共同参画社会基本法が制定され取組みが進められてきた。

　ところが，憲法制定から 78 年，男女共同参画社会基本法から 25 年を経た今日でも，男女共同参画や女性の権利実現状況は極めて不十分である。第 2 章で言及したジェンダー・ギャップ指数（2024 年）では，日本は 146 カ国中 118位（100 点中 66.3 点）であり，経済・政治・教育・健康の 4 分野のうち，健康

4　日本の男女共同参画政策の展開

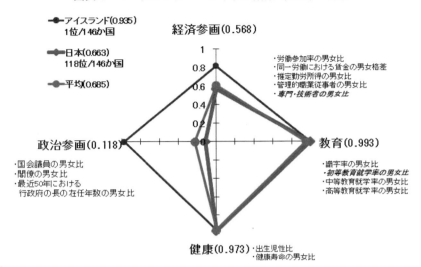

（内閣府男女共同参画局『男女共同参画に関する国際的な指数｜内閣府男女共同参画局』
（https://www.gender.go.jp/international/int_syogaikoku/int_shihyo/index.html）参照）

58位（99.3点），教育72位（99.3点）に対して，経済120位（56.8点），政治113位（11.8点）と，政治と経済のスコア著しく低い（図表4-1参照）。

とくに政治面について，女性の政治参画や政策決定過程への進出がきわめて低レベルで，衆議院の女性議員比率は2021年10月選挙後10.8％（2024年9月1日現在185カ国中163位）であり，途上国以下であることは重大な問題である。それには多くの要因があるが，a）日本の戦後政治自体の後進性と民主主義の未成熟，b）戦後政治のもとでの性別役割分業の固定化を指摘しておかなければならない。その結果，雇用面でも，女性の平均賃金が男性の74.8％にすぎない（2023年度）という現状がある（男女共同参画白書令和6年版127頁参照。詳細は，本書第8章で検討する）。2024年10月27日の衆議院議員総選挙では，女性73人が当選し（女性議員率15.7％），現行制度で最多となった。

（2）　男女共同参画社会基本法の制定と国の取組み

1）　男女共同参画社会基本法制定と「男女共同参画」の観念

　日本では，1975年の世界行動計画をうけて1977年に国内行動計画，1987年に新国内行動計画を策定した。その1991年の改定で「男女共同参画型社会づくり」を目標として以来，男女共同参画審議会答申（96年男女共同参画ビジョン）から1999年の男女共同参画社会基本法（以下，基本法と略記）まで一貫して「男女共同参画」の観念を用いてきた。その理由には2面があった。1つは，上記の差別撤廃（平等）から人権・参画へ，という世界の理論動向をふまえ，男女が社会の対等な構成員として政策・方針決定過程に参画することが重視されたという側面である。反面，差別禁止や男女平等のような文言を避けて受容されやすい表現に抑えるという側面があった（同基本法の英訳はBasic Act for Gender-Equal Society）とされ，平等の観念が用いられている点でも曖昧さが指摘された。

2）　男女共同参画社会と男女の人権

　男女共同参画社会について，同基本法は2条の定義（「男女が，社会の対等な構成員として，自らの意思によって社会のあらゆる分野における活動に参画する機会が確保され，もって男女が均等に政治的，経済的，社会的及び文化的利益を享受することができ，かつ，共に責任を担うべき社会」）のほか，「男女が，互いにその人権を尊重しつつ責任も分かちあい，性別にかかわりなく，その個性と能力を十分に発揮することができる」社会（前文），「男女の人権が尊重され，かつ，社会経済情勢の変化に対応できる豊かで活力ある社会」（1条）と表現した。抽象的でイメージが掴みにくい印象は否めないが，3条～7条の規定によって，男女の人権尊重に基づき，従来の性に由来する固定観念や偏見を排してジェンダー平等な社会を形成することがめざされていることが理解できる。そこでは，旧来の「女性問題解決・女性の地位向上」から「ジェンダーの主流化」へという1996年の審議会答申以降のパラダイム転換をうけて，社会の制度・慣行上での固定的役割分業の変革による「ジェンダーからの解放〔厳密には，ジェンダー・バイアスからの解放〕」がめざされている。

　但し，基本法では，性差別や女性の人権侵害の現状分析が示されてないため，性別役割分業構造の変革など現状克服の方向性が不明瞭になり，普遍主義的・形式的な宣言にとどまった観がある。

④ 日本の男女共同参画政策の展開

3） 男女共同参画社会の実現手段

諸国の性差別禁止法や男女平等法と異なり，日本の基本法では，性差別や平等侵害に対する制裁措置等を明記せず，国と地方公共団体に，男女共同参画社会形成促進に関する施策の総合的策定と実施の責務があり（8，9条），国民に男女共同参画社会形成に寄与する努力義務がある（10条）ことを明示するのにとどめた。国際的な要請をうけて基本法を制定して基本方針を定めることを急いだ事情は理解できるが，それだけに政府の立法・財政措置（11条）や年次報告（12条），政府と都道府県等の基本計画（14条）の策定等についての監視が重要となる。具体的な措置について，基本法では，国民の理解を深めるための措置や苦情処理・人権救済措置，調査研究，国際協力，地方公共団体および民間団体に対する国の支援（16条～20条）を定めるにすぎないが，地方公共団体の基本条例が多少とも踏み込んだ規定をおいている（後述）。

（3） 国の取組み

a） 国の機構（ナショナル・マシーナリー）

国は，中央省庁再編に関連して基本法を改正（1999年12月22日）した後，2001年1月以降，内閣府に男女共同参画会議と専門調査会，男女共同参画局を設置して「男女共同参画基本計画」（2000年）・「第2次男女共同参画基本計画」（2005年）・「第3次男女共同参画基本計画」（2010年）・「第4次男女共同参画基本計画」（2015年）・「第5次男女共同参画基本計画」（2020年）を閣議決定して具体的な施策を実施してきた。

男女共同参画会議は男女共同参画社会基本法21条以下で定められ，基本計画に関する意見具申，基本的政策及び重要事項の調査審議，施策の実施状況の監視や影響の調査のほか意見を述べることができる（22条1～4号）。議員は24人以内で，国務大臣と有識者議員（50％以上）からなり，「〔25条〕第1項第2号の議員のうち，男女のいずれか一方の議員の数は，同号に規定する議員の総数の10分の4未満であってはならない」（25条3項）と定められている（本書巻末資料②参照）。一般には殆ど知られていないが，この法律では有識者議員の女性比率について40％クオータ制が採用されているのである（日本にもすでにクオータを採用した法律が存在する）。

また，男女共同参画会議下に設置された専門調査会の数は延べ10以上に及

び，2024 年 7 月現在では，「計画実行・監視専門調査会」と「女性に対する暴力に関する専門調査会」が存在する。前者は「重点方針専門調査会」に代わって第 5 次男女共同参画基本計画を実行し監視するために新設された。後者は，DV 防止法の適用等について検討を続け，2004 年，2007 年，2013 年に改正を加えた（本書第 11 章参照）。また 2012 年には，刑法の性犯罪規定の改正に関する検討を加えて報告書を提出し，110 年ぶりの刑法改正（2017 年）につながった（本書第 12 章参照）。

このほかすでに終了した調査会には，「仕事と子育ての両立支援策に関する専門調査会」等がある。この調査会は，2001 年 6 月に報告書を提出し，2003 年 11 月公布（2002 年 4 月 1 日施行）の育児休業・介護休業法等に関する法改正や公務員・裁判官の育児休業等に関する法律制定につながった。以後，仕事と生活の調和（ワーク・ライフ・バランス）に関する専門調査会に改組され廃止された。「基本問題専門調査会」は，2003 年 4 月に報告書「女性のチャレンジ支援策について」を公表した後，「基本問題・計画専門調査会」に改組されて第 3 次男女共同参画基本計画の制定に向けて調査・検討を行った。

第 3 次基本計画では，基本法 10 年間の成果と反省点を総括したうえで，ポジティブ・アクションを重視するとともに，男性や子ども，高齢者，外国人にとっての男女共同参画など広範な視座に立った施策を盛り込んだ。また，第 2 次基本計画以来の目標（「2020 年までに指導的地位につく女性の比率を 30 ％」2020 30 の目標）が重視された。しかし，その後の多様な取組みにも拘らず 2020 年に 30 ％に到達するのは困難な状況となり，2020 年 12 月 25 日に閣議決定された「第 5 次男女共同参画基本計画」（以下，第 5 次基本計画）では，「2020 年代の可能な限り早期に 30 ％程度」を目標とするにとどまった。そこでは「その水準を通過点として……2030 年代には，誰もが性別を意識することなく活躍でき，指導的地位にある人々の性別に偏りがないような社会となることを目指す」ことを明示し，そのためのポジティブ・アクションも含む取組み強化を重視した（同 14 頁，〈https://www.gender.go.jp/about_danjo/basic_plans/5th/pdf/kihon_houshin.pdf〉）。

そのほか，2020 年の第 5 次計画では，遅れを取り戻すための具体的な指標として国会議員選挙の女性候補者比率を 2025 年までに 35 ％と定めただけでなく，統一地方選挙の女性候補者も同様に 35 ％と明記した。地方議会選挙や地

4 日本の男女共同参画政策の展開

方行政など地方の取組課題を強調したことも第5次基本計画の特徴といえる。

b）法制度の整備

基本法後の成果として，2000年7月の男女共同参画審議会の答申等をふまえて2001年4月に「配偶者からの暴力の防止及び被害者の保護に関する法律」（DV防止法）が制定・公布された（本書第11章参照）。2015年8月には「女性の職業生活における活躍の推進に関する法律（平成27年法律第64号。以下「女性活躍推進法」）が成立し，女性の採用・登用・能力開発等のための事業主行動計画の策定を事業主に義務付けるなど，種々のポジティブ・アクションの措置が規定された（本書150-151頁参照）。

また，政治分野では，2018年5月に「政治分野における男女共同参画推進法（通称，候補者男女均等法）」が制定され，選挙において男女共同参画推進は

図表4－2　各分野における「指導的地位」に女性が占める割合

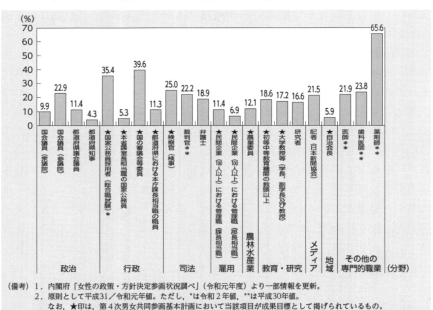

（備考）1．内閣府「女性の政策・方針決定参画状況調べ」（令和元年度）より一部情報を更新。
2．原則として平成31／令和元年値。ただし，*は令和2年値，**は平成30年値。
なお，★印は，第4次男女共同参画基本計画において当該項目が成果目標として掲げられているもの。
また，「国家公務員採用者（総合職試験）」は，直接的に指導的地位を示す指標ではないが，将来的に指導的地位に就く可能性の高いもの。

（男女共同参画白書令和2年版98頁）

2 男女共同参画社会基本法とジェンダー平等政策の現状

「男女の候補者の数ができる限り均等となることを目指して行われる」ことが明示された（詳細は，本書第 7 章参照）。議員連盟による法案策定当初は，フランスのパリテ法（本書 122 頁以下参照）のように男女同数を念頭に置いていたが，制定過程で文言が「同数」から「均等」に変更された。そのうえ拘束力のない法律であるため，各政党が候補者クオータ制などを実施するかどうかが注目されている。

2021 年 6 月には同法改正が採択され，女性政治家に対するセクシュアル・ハラスメントやマタニティー・ハラスメントが障害になっていることから，「性的な言動，妊娠または出産に関する言動などに起因する問題の発生の防止」を目指した条文を新設した。本来は，女性候補者擁立の数値目標の義務化が目指されていたが，与党内の反対によってこの改正は実現しなかった（朝日新聞2021 年 6 月 11 日朝刊参照）。

2021 年 6 月 16 日に公布・施行された同改正法の概要は下記のとおりである。①（3 条）国及び地方公共団体の責務につき，「必要な施策を実施するよう努める」の文言を「必要な施策を実施する責務を有する」に改正，②（4 条）政党等の取組につき，セクハラ等の防止措置を追加，③（セクハラ・マタハラ防止規定の新設）下記の新しい条文を新設。「国及び地方公共団体は，政治分野における男女共同参画の推進に資するよう，公選による公職等にある者及び公職の候補者について，性的な言動，妊娠又は出産に関する言動等に起因する問題の発生の防止を図るとともに，当該問題の適切な解決を図るため，当該問題の発生の防止に資する研修の実施，当該問題に係る相談体制の整備その他の必要な施策を講ずるものとする。」（9 条）（辻村 = 三浦 = 糠塚編著後掲『女性の参画が政治を変える』参照，詳細は本書第 7 章 125 頁以下を参照されたい）。

さらに日本の場合は選挙制度上の課題も多い。とくに小選挙区制の場合は女性議員を増やすことが困難であるため，政党内の候補者クオータを厳格化する方法が必要となる。政党助成金による強制など，フランス・韓国の例を参考に，法改革を伴う改革が必要かつ有効であろう。比例代表制も，参議院では非拘束名簿型であるため諸外国のようにクオータを導入しにくいため，拘束名簿式に戻すことも一案である。そもそも，日本独特の重複立候補制が障害となるため，選挙制度を改正しない前提で議論することは，ジェンダー平等を実現する本気度の低さを示している。韓国は，2005 年に比例代表選挙制に強制型のクオー

④　日本の男女共同参画政策の展開

タを世界で最初に導入したが，韓国の比例部分は定数の 6 分の 1 程度しかないため，大きな成果は得られていない。反面，政党助成金でインセンティブ をつける方法が韓国では有効に機能しているため，日本も，政党助成金との連動が必要となる（フランスのポジティブ・アクションの例は，本書第 7 章 122 頁以下参照）。全体として，金権選挙の弊害を排して民主主義のレベルを上げることが主要目標となるが，その点でも，地方の改革が重要となる。

3　地方公共団体・民間団体の取組みと課題

(1)　男女共同参画推進条例の制定

　地方自治体の男女共同参画条例制定は，2000 年 3 月公布の出雲市，埼玉県，東京都を先頭に順調に進み，2023 年 4 月 1 日現在，都道府県では 46（千葉県のみ未成立，制定率 97.9 %），政令指定都市では 20（制定率 100 %），市町村では 691（制定率 39.7 %）となっている。市町村に 1 つも制定されていない県はなくなり，制定率の低い県は，青森県（5 %），群馬県（8.6 %），山形県（8.6 %），和歌山県（10.0 %），高知県（11.8 %），徳島県（12.5 %）がこれに続く。制定率の高い県は，石川県・大分県・岡山県・鳥取県（100 %），宮崎県（96.2 %），福岡県（86.7 %），山梨県（81.5 %）などである（内閣府男女共同参画局「地方公共団体における男女共同参画社会の形成又は女性に関する施策の推進状況（令和 3 年度）」（2023 年 4 月現在），男女共同参画に関する条例の制定状況〔都道府県・政令指定都市，市町村〕参照）。

　これらの条例の多くは埼玉県・東京都などの先行の条例を参考に順次制定されたが，時間の経過と共にしだいに内容が進化し，さまざまな特徴が現れてきた。

　第 1 に，基本的な理念設定やタイトルに，男女共同参画か，男女平等参画か，という選択の結果が現れた。従来から「男女が平等に参画するまち東京」というスローガンを掲げていた東京都では男女平等参画基本条例というタイトルを掲げ，その用法は，北海道の条例や新潟県（「男女平等社会の形成の推進に関する条例」）でも参考にされた。制定時に議論が分かれていた福島県では「男女平等を実現し男女が個人として尊重される社会を形成するための男女共同参画の推進に関する条例」のように折衷的な表現を採用したが，上記以外の大多数

3 地方公共団体・民間団体の取組みと課題

の条例は，基本法にならって「男女共同参画」の語を用いている。長野県では，
「長野県男女共同参画社会づくり条例」という特徴的な名称を採用したが，こ
のようなまちづくり条例の先駆としては，東京都や埼玉県とほぼ同期の 2000
年 3 月 24 日に全国に先駆けて制定された「男女共同参画による出雲市まちづ
くり条例」が注目される。そこでは日本社会に残存する家父長制や儒教思想，
男尊女卑の性別役割意識や社会慣行について前文で言及し，日本国憲法や女子
差別撤廃条約，ILO 家族的責任条約批准の趣旨にも言及して，「男女の対等な
パートナーシップによる真に心豊かで活力ある 21 世紀都市・出雲の創造」を
目指すなど，的確な認識と意識の高さが示されている。

　第 2 に，男女の性差や性別役割分業の捉え方にも相違がある。東京都の基本
条例については，前文に「男女は互いの違いを認めつつ」という語句が挿入さ
れたことにつき，旧来の機能平等論に陥る危険があることをことから，他への影響
が危惧されていた。果たして，その後，2001 年 6 月制定の宮城県条例や 2002
年 3 月制定の大阪府条例でも，議会での審議過程で同様の表現が採用された。
このうち後者では「男女が，社会の基盤である家庭の重要性を認識し」という
語が入れられるなど，保守系有力議員の反対で草案が修正されたことが知られ
ている。これが，いわゆるバックラッシュの始まりであり，その典型は，2002
年 6 月制定の宇部市男女共同参画推進条例に認められる。この条例では，3 条
1 号で「男女が，男らしさ女らしさを一方的に否定することなく男女の特性を
認め合い」，同 2 号では「性別による固定的な役割分担意識に基づく社会にお
ける制度又は慣行が，……男女の活動の自由な選択を阻害しないよう配慮に努
める」と定めて性別役割分業変革の趣旨を弱め，同 3 号では「家庭尊重の精
神」を強調し，同 4 号では「専業主婦を否定することなく，現実に家庭を支
えている主婦を……支援するよう配慮に努める」などの文言を挿入した。この
条例は多くの点で基本法の精神を後退させるものであったが，この条例を「画
期的」「模範的」と評価する一部の言論のなかに日本の伝統と文化の尊重の名
のもとに旧来の性別役割分業や家父長制的な構造を一層固定化し基本法の精神
を否定する政治的意図や運動があった。

　第 3 に，男女共同参画を推進する根拠規範に関連して，男女共同参画社会
基本法だけではなく，国際的文書に前文等で言及している条例が増えつつある。
2000 年 3 月制定の埼玉県条例が，3 条 6 項で「男女共同参画の推進にむけた取

4　日本の男女共同参画政策の展開

組が国際社会における取組と密接な関係を有していることにかんがみ，男女共同参画の推進は，国際的な協力の下に行われなければならない」と定め，多くの自治体でも国際的協力をうたっている。なかでも，女性差別撤廃条約に前文等で言及しているものとして，2001年3月制定の北海道の条例や，同年6月制定の奈良県をはじめ，島根県・栃木県・新潟県・長野県・高知県などがある。政令指定都市では，大阪市，神戸市，さいたま市，札幌市の条例にもこのような前文での言及があり，神戸市の条例では，家族的責任を有する男女労働者の機会及び待遇の均等に関する条約の批准にも言及している。富山県では，地域的特色を活かして，「環日本海における取組を重視しつつ国際的協調の下に行う」との規定も設けている。

　そのほか，間接差別，積極的改善措置，事業主に対する規定，リプロダクティブ・ライツ，ドメスティック・バイオレンス（DV），苦情処理など，多くの項目で特徴が認められる。（諸条例の特徴については，辻村『ジェンダーと法〔第2版〕』不磨書房，2010年72頁以下参照）。

（2）　地方におけるジェンダー平等推進の課題

①　議会でのジェンダー平等推進

　日本では，地方議会議員に占める女性の割合が著しく低い。2023（令和5）年12月現在，特別区議会では36.2％である一方，都道府県議会では14.6％，市議会では19.1％，町村議会では13.6％である。

　このことは，現存する固定的な性別役割分業観や環境・教育・福祉問題への女性の関心の高さからしても，不自然なことと言える。その背景に，民主主義の遅れがあるとすれば，日本の津々浦々に国民主権と男女同権を根付かせるための根本的な改革が必要となろう。例えば，選挙や議会政治の金権体質（金権政治）の除去，三バン（カバン・看板・地盤）政治の改革，女性候補自身のエンパワーメント（意識・能力の改善），女性議員の増加を許さないような環境・意識の改革，そのための住民自身の投票行動の変革など，根底的な課題は多い。そのうえで，各政党・政治団体では，候補者に占める女性の割合を最低限35％以上にして，積極的に取り組むことが求められる。そのため，政党等における実効性のある積極的改善措置（男女共同参画社会基本法2条2号，ポジティブ・アクション）の導入が不可欠である。

3 地方公共団体・民間団体の取組みと課題

図表4－3 地方議会における女性議員の比率

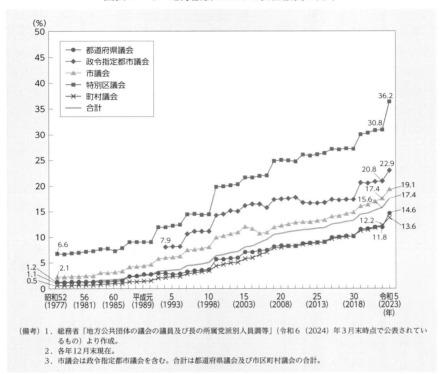

(備考) 1. 総務省「地方公共団体の議会の議員及び長の所属党派別人員調等」(令和6 (2024) 年3月末時点で公表されているもの) より作成。
2. 各年12月末現在。
3. 市議会は政令指定都市議会を含む。合計は都道府県議会及び市区町村議会の合計。

(男女共同参画白書令和6年版113頁)

　さらに，両立支援策（産休・育休の保障，候補者の財政支援等）や議員活動の環境整備，研修などの人材育成等，候補者・議員に対するハラスメントの防止策等が不可欠になる。また，女性が一人もいない地方議会も多いため，これをなくすことが急務となろう。

② 地方自治体におけるジェンダー平等の取組み
　地方自治体の男女共同参画推進条例制定率が低いのに比して，男女共同参画計画の制定率は，2023年4月1日現在，都道府県・政令指定都市100％，市町村89.3％（1,554件）である。また，都道府県の地方公務員採用試験（全体）からの採用者に占める女性の割合も比較的高くなっており，地方自治体におけ

④ 日本の男女共同参画政策の展開

る男女共同参画政策が進展していることが窺える。反面，人的側面では，都道府県職員の各役職段階に占める女性の割合は本庁係長相当職 22.2 ％，本庁課長補佐相当職 22.6 ％，本庁課長相当職 14.4 ％，本庁部局長・次長相当職 8.6 ％（2023 年 4 月現在，男女共同参画白書令和 6 年度，117 頁）であり，管理職比率を上げることが課題となる。第 5 次基本計画では，それぞれについて 2025 年度末に 30 ％，25 ％，16 ％，10 ％という目標を掲げている。そのほか，地方公務員の男性の育児休暇取得率は 8.0 ％で，第 5 次計画では 2025 年までに 30 ％という目標値を定めている（第 5 次基本計画，21 頁参照）。

　このように，行政側の男女共同参画の取組みは主体面の課題を抱えていると言えるが，取組の内容についても課題が多い。第 5 次基本計画（24 頁）では，「政治に参画しようとする女性の育成やネットワーク構築等の場の提供」「女性の人材育成に資するための啓発活動」「女性の政治参画支援に関する情報等の資料の提供」など，穏健な取組を提示するにとどまっているが，より積極的・具体的に人材育成とネットワーク形成を進める必要があるであろう。

　実際には，男女共同参画に留まらず，LGBTQ（性的少数者）の問題をも視野に入れたジェンダー平等の視点に拡大し，市民団体（女性団体や女性センターを含む）との連携が不可欠になっている。近年では，例えば，2015 年 3 月に制定された渋谷区の「渋谷区男女平等及び多様性を尊重する社会を推進する条例」（www.city.shibuya.tokyo.jp/kusei/shisaku/.../lgbt.html）は，性的少数者の人権の尊重や，同性間のパートナーシップを定めているために，「同性カップル条例」や「パートナーシップ条例」などと一般に呼ばれているが，これは，「男女平等・多様性社会推進会議」の設置や行動計画の策定を定めたもので，ジェンダー平等の視点に立っている。2018 年 4 月に「女性と男性及び多様な性の平等参画を推進する条例」を制定した国立市では，2020 年 4 月にこれを改正して 2021 年 4 月より，セクシュアル・マイノリティ及び事実婚のパートナーを対象としたパートナーシップ制度を開始している。このように，男女共同参画からジェンダー平等の視点へと拡大した取組みについては，本書第 5 章で検討する。

4　新型コロナウイルス感染下の男女共同参画の課題

　2019 年末からの新型コロナウイルスの感染拡大は世界規模で人命や経済生活に多大な影響を与えたが，とくに女性への影響は深刻であった。世界経済フォーラムのジェンダー・ギャップ・リポートは，経済分野の男女格差について特集を組み（World Economic Forum, Global Gender Gap Report, 2021, ch. 2, pp. 43-58），日本の『男女共同参画白書（令和 3 年版）』（2021 年 6 月 11 日閣議決定）でも「コロナ下で顕在化した男女共同参画の課題と未来」と題する特集を掲載している（同白書 3 頁以下参照，（https://www.gender.go.jp/about_danjo/whitepaper/r03/zentai/pdf/r03_tokusyu.pdf）。ここでは，女性の就業が多いサービス業等の接触型産業が強く影響を受けただけでなく，DV（配偶者暴力）や性暴力の増加・深刻化等が報告されている。日本では，2020（令和 2）年 4 月 7 日に 1 回目の緊急事態宣言が発出されて以降，ステイホーム，在宅ワーク，学校休校等の影響がサービス業（とくに飲食・宿泊業）等を直撃し，非正規雇用労働者を中心に雇用情勢を急速に悪化させたことが示される。また，経済的・精神的 DV，ひとり親世帯，女性・女児の窮状，女性の貧困等がコロナ下で可視化された。例えば，全国の配偶者暴力相談支援センターと「DV 相談プラス」に寄せられた DV 相談件数を合わせると，2020（令和 2）年度は 19 万 0,030 件で，前年度比で約 1.6 倍に増加した。性犯罪・性暴力被害者のためのワンストップ支援センターの相談件数も同年度は 5 万 1,141 件で，前年度比で約 1.2 倍に増加している（同白書令和 3 年版 28 頁参照）。「生理の貧困」といわれる現象や，ひとり親世帯や若年女性，単身女性など，様々な困難を抱える女性に寄り添うため，多様な支援の必要性が高い（同白書 20 頁参照）。

　さらに男女共同参画白書では，これらの就業面と生活面をめぐる環境の変化を踏まえて，「新しい働き方」や「新しい暮らし方」について考察している。そこでは，日本の実情は性別役割分業構造に由来する点が認められることから，ポストコロナ時代の良質なテレワークの推進・定着や女性の就業分野の（IT など成長分野等への）シフト，そのための人材育成，マッチング，勤務環境の改善等の必要性を指摘している。前代未聞のコロナ禍のピンチをチャンスにかえて日本の性別役割分業構造や分担意識を変革し，男女共同参画社会の実現を後押しすることができるかどうか，注視したい。

④　日本の男女共同参画政策の展開

[参考文献]

辻村みよ子『ポジティヴ・アクション――「法による平等」の技法』（岩波新書，
　2011）
辻村みよ子＝三浦まり＝糠塚康江編著『女性の参画が政治を変える――候補者均等
　法の活かし方』（信山社，2020）
内閣府『第5次男女共同参画基本計画～すべての女性が輝く令和の社会へ～』（令
　和2年12月25日閣議決定）https://www.gender.go.jp/about_danjo/basic_
　plans/5th/index.html
内閣府『地方公共団体における男女共同参画社会の形成又は女性に関する施策の
　推進状況（令和2年度）』（2021）https://www.gender.go.jp/research/kenkyu/
　suishinjokyo/2020/report.html
内閣府『男女共同参画白書（令和3年版）』（2021）https://www.gender.go.jp/
　about_danjo/whitepaper/r03/zentai/index.html
内閣府男女共同参画局ホームページ http://www.gender.go.jp

5 LGBTQ／SOGI

1 社会規範としての生物学的性別

（1） 生物学的性別の規範性

　長い間，われわれの社会は，生物学的性別をたんなる個人の識別符号として
ではなく，社会規範として扱ってきた。社会規範としての生物学的性別は，男
か女のいずれかとして「正常」と扱われたければ以下の4点を揃えよと要求し
てきた。①出生時に男女いずれかに割り当てられること，②割り当てられた生
物学的性別にしたがい自己の性別を認識すること，③割り当てられた生物学的
性別に対して社会が求める男らしさ／女らしさを備えること，④割り当てられ
た生物学的性別の「自然」な性的指向にしたがい，性愛の対象は異性であること。
これらのいずれかが欠けるとき，その人は不完全な，非常識な人として特異視
され，解剖学的・精神医学的に異常な人として疎外され，差別され，侮辱され，
暴力にさらされ，あるいは時代や国によっては犯罪者として扱われてきた。

　われわれは人として生まれたことにより，法的に人権の享有主体となるはず
だが，実際には，①を確定しなければ法的な登録（戸籍記載）が完了しないた
め，法的に不安定な存在となる。②④に反すれば治療や処罰の対象とされ，社
会的な暴力にさらされる。③に反すればとりわけ私的な関係性において暴力的
制裁を受ける。4要件のいずれかが欠けるがゆえに非難や嘲笑，侮蔑，暴力を

図表5－1　社会規範としての生物学的性別

①生物学的性別	②性別の自己認識	③性役割の受容	④性的指向
男	男	男らしい（女を従える）	女
女	女	女らしい（男に従う）	男

5 LGBTQ／SOGI

受け，その人のありのままの状態で社会に存在することが許されてこなかった。これらのうち，とくに①②④の社会規範を満たしていない人を，今日，性的少数者，セクシュアル・マイノリティ，LGBTQ 等と呼ぶ。

(2) 男性中心ジェンダー構造の内と外の差別

　男性の利益を中心に，性別に基づいて男性が女性を支配する構造を，ここでは男性中心ジェンダー構造と呼びたい。すでに紀元前 18 世紀のハムラビ法典において，女性が子を産む財産として扱われていたように（本書第 2 章参照），われわれの社会は，男性の利益を中心に男性が女性を支配する制度を，少なくとも 4 千年以上は続けてきた。男性中心ジェンダー構造は，男性が女性を必要とするがゆえに，女性の自由や権利を，法制度や暴力で否定して，男性による女性の支配を可能にする，女性差別の社会的な仕組みであり，上記③性役割の受容という規範を強化してきた。

　他方で，性的少数者に対する差別は，男または女として「正常」とされる要件のいずれかを揃えていないがゆえに，男または女しか存在しないとする男女二元論（binary, バイナリー）に依拠する男性中心ジェンダー構造にその居場所がなく，社会から排除されてきた。インド大陸に伝統的なヒジュラのように，多数派の求めによっては一時的に聖なる役割を担わされることもありながら通常は蔑視されるといった，社会的存在がある程度は認められてきた性的少数者も存在するものの，およそ性的少数者は「普通」の人々とは異なる存在として忌避されてきた。要するに，男性中心ジェンダー構造の社会では，女性はその構造の内部に組み込まれ，逃げ出すことが許されず支配される差別を受け，性的少数者は構造の外側に置かれ，存在しないかのように扱われ，迫害され，治療の対象とされ，あるいは存在自体を罪として処罰されるという差別を受けてきた。同意のある同性愛行為に死刑を科す国は現在も 10 数カ国存在している。

　だからこそ，性的少数者は自分の本来の姿を隠し，社会から居場所を追われないように自己を偽る必要に迫られることが少なくない。死刑までの処罰は無い国であったとしても，性的少数者であると知られれば，プライバシー権，婚姻する権利，労働権，教育を受ける権利などの基本的人権が尊重されず，否定され，軽視され，あるいは充分に考慮されなくなる可能性が，残念ながらいまだに残っているからである。2017 年 7 月 25 日に閣議決定された「自殺総合

対策大綱」は，「自殺念慮の割合等が高いことが指摘されている性的マイノリティについて，無理解や偏見等がその背景にある社会的要因の一つ」(11頁)とするとともに，「性的マイノリティへの支援の充実」(27頁)を掲げている。性的少数者が追い詰められない社会をつくることは急務である。

　世界的に1970年代に第二波フェミニズムが興隆し，男性中心ジェンダー構造が批判され，女性差別撤廃への取り組みが進むと，1990年代以降，ジェンダー構造から排除されてきた人々への人権にも関心が広がり，性的少数者の存在が社会的に広く可視化されるようになった。21世紀になり世界的に性的少数者の人権擁護に大きな前進が見られたことは歓迎すべきであり，この流れをさらに加速させる必要がある。そのためには，いまなお日本を含む多くの国で，いわゆる伝統的な権力者層や保守層を中心に，偏見や無知に基づく差別や反発が根強く残り，法整備も不十分な状況にある現状を，性的少数者もまたありのままで生きられる社会へと，一刻も早く変えていかなければならない。

（3）　用語の限界について

　差別を学ぶ場には，歴史的には侮蔑とされる側面を持つ表現も登場する。これらを学ぶ理由は，歴史的事実を知り，現在も根強く残る差別を克服するためであることはいうまでもない。しかし，それらの用語の不用意な使用は，歴史的差別の再生産に荷担し得ることに留意する必要がある。

　また，あからさまな蔑称ではなくとも，たとえば少数派という言葉には，多数派によるラベリング，決めつけの効果がつきまとうため，文脈によっては当事者に不快感を与え得る。つまるところ，どのような表現を用いてもそれぞれに限界がある。

　重要なことは，言葉狩りに怯えるのではなく，「そこにどのような意図があるのか」という文脈を見失わずに，発言者も，聞き手も，議論にのぞむことである。ヘイトスピーチ規制の国際的合意文書2013年ラバト行動計画（A/HRC/22/17/Add.4）は，「表現の自由と憎悪煽動の禁止の間の適切な均衡を達成することは単純な課題ではない」(パラ9)，「両者は文脈に依存する」(パラ10)として，ヘイトスピーチの定義は困難であり，文脈に依存するとしながらも，「表現の自由を制限する唯一の目的はマイノリティ集団を敵意，差別または暴力から保護すること」(パラ11)としている。

⑤　LGBTQ／SOGI

本章の目的もまた，歴史的な男性中心ジェンダー構造が作り出した被差別者を，さらなる敵意，差別または暴力から保護するとともに，人権を真に尊重する社会構築に向けた議論に裨益することにある。差別をめぐる議論ではしばしば「誤解を与えた」として炎上（ネット社会を中心とした激しいバッシング）が起きるが，発言者も，聞き手も，文脈を見失わず，被差別者への敬意を保持しながら，事実を適切に伝え，聞く努力を怠ってはならない。

2　LGBTQ／SOGI

今日，性的少数者の存在が可視化されるようになるとともに，彼女ら・彼らの多様性があらためて知られるようになった。その多様性ゆえに，用語の種類が多く，論者により異なる意味で用いられることもあるため，理解を妨げる側面があるとも指摘される。しかし，名付けは問題を顕在化させる。用語が多いのではなく，そのような個性が多くあると理解したい。

① 性的少数者を集団として表す LGBT，LGBTI，LGBTQ＋，LGBTIQA＋

L　レズビアン（女性同性愛者：性的指向が同性に向かう女性）

G　ゲイ（男性同性愛者：性的指向が同性に向かう男性）

B　バイセクシュアル（両性愛者：性的指向が男女いずれにも向かい得る人）

T　トランスジェンダー（社会から割り当てられた性別と，自認する性別が異なる人）

　　・FtM（Female to Male，女性の身体で性自認は男性）

　　・MtF（Male to Female，男性の身体で性自認は女性）

　　・GID（Gender Identity Disorder，性同一性障害）

　　・GD（Gender Dysphoria，性別違和）

　　・GI（Gender Incongruence，性別不合）

　　・トランスセクシュアル（性自認に合わせて身体の性別適合手術を望む人・受けた人）

I　インターセックス（性分化疾患：解剖学的な性別が非典型的な人）

Q　・クイア（同性愛者への蔑称だったが，当事者が自己肯定的に使用するようになった）

　　・クエスチョニング（性自認不明確）≒ non-binary　男女どちらかに

2 LGBTQ／SOGI

　　　　決めない人

　A　アセクシュアル（性的指向が誰にも向かわない人，無性愛者）

　＋　プラス（上記以外にも多様な性のあり方があり，それらすべてを合意する
　　　という意味）

　ある調査では「LGBT」は8.9％存在するとされ，左利きの人口に相当する
といわれる（電通ダイバーシティ・ラボ2018年，2020年）。なお，以下，本章で
は，当事者を示す語として，主にLGBTQを用いる。

②　SOGI, SOGI/GE, SOGIESC（だれもが持つ性的な属性を表す語）

　SO　セクシュアル・オリエンテーション（性的指向，性愛の対象がどの性
　　　別に向かっているか）

　GI　ジェンダー・アイデンティティ（性自認，性別の自己認識）

　GE　ジェンダー・エクスプレッション（性に関する自己表現：スカートを
　　　はく男等）

　SC　セックス・キャラクタリスティックス（性的な身体的特徴：たくまし
　　　い筋肉を持つ女等）

③　当事者と他者の間に関わる語

　カミングアウト　　　本人がプライバシーを自ら開示すること

　アウティング　　　　他人のプライバシーを無断で暴露すること

　アライ　　　　　　　LGBTQ+ の理解者，支援者

④　LGBTQ 差別と SOGI 差別

　LGBTQ差別は性的少数者当事者に対する差別に焦点を当てており，SOGI
差別は誰もが持つ属性に関する差別に焦点を当てている。現実には同じ行為に
対してどちらの語も用いられ得るが，それは，女性に対する差別を女性差別
（女性という当事者に対する差別）と呼ぶと同時に性差別（性別という属性に基づ
く差別）とも呼ぶことと同様である。近年，日本ではLGBTQという語の認知
が着実に広まっている。

⑤　LGBTQ/SOGI に関する用語への評価

　LGBTQ等の当事者を意味する語については，当事者から，自らの特性に名
前が付けられることで問題を可視化し，広く社会に共有できるとして歓迎す
る声がある一方で，それらは性的多数者（異性愛者：ストレート，心身の性別が
生来的に一致している人：シスジェンダー）からのラベリング，決めつけであり，

5　LGBTQ／SOGI

個性の一部に過ぎない性的特性をことさら大きくとりあげ少数者として分類されることは不愉快であるとの批判もある。一方，SOGI についても，誰もが関わる属性として多数派・少数派に関わりなく当事者とする用語であり，国際社会でも用いられることから積極的な評価がある一方，一般化され過ぎることにより当事者固有の問題が矮小化されるとする消極的評価もある。

3　性分化疾患／インターセックス（I）

(1)　グラデーションとしての生物学的性別

　性分化疾患またはインターセックスとは，生物学的な性別が非典型とされる状態であり，性腺または性染色体に何らかの医学的な異常があるときの総称である。「社会規範としての生物学的性別」の基盤となる①生物学的性別が，不明確な状態にある。

　妊娠初期の胎児は性別による違いは無く，ともにミュラー管（後に女性器となる部分）およびウォルフ管（のちに男性器となる部分）を併せ持っている。妊娠6週頃，胎児にY染色体があれば精巣が作られ，母体からアンドロゲン男性ホルモンが分泌され，男性器が形成され，ミュラー管が消失し，男の体として誕生する。胎児にY染色体がなければ卵巣が育ち，母体からアンドロゲンの分泌がなく，女性器が形成され，ウォルフ管が消失し，女の体として誕生する。男女ともにミュラー管とウォルフ管は完全には消失せず，体内にその痕跡をとどめて誕生する。性ホルモンは異性にもあり，人によって分泌量が異なるだけである。

　このように，生物学的性別の分化は，胎児がいくつもの段階を確実に経ることで「正常」に生成され，女あるいは男に分化するが，分化過程において通常とは異なる進み方をした胎児は出生後に性分化疾患とされ得る。その数は数千人に一人の割合といわれ，外性器の形状も一様ではなく，さまざまである。

　圧倒的多数の人が母体内で内性器・外性器・染色体のすべてを「正常」な女あるいは男に揃えて誕生するが，両者の間には，数は少なくとも，すべてがどちらかに揃っているわけではない，さまざまな状態の人がグラデーションのように存在している。生物学的性別は絶対的な二者択一ではなく相対的といえる。

（2）　生物学的性別の法的決定方法と法的救済方法

　法的な性別の決定は，通常，出生に立ち会った医師や助産師の視診のみによってなされる。外性器の形状を目視し，男女どちらかに割り当てられ，出生届の性別欄（例：女）に記載され，それをもとに戸籍の続柄欄（例：長女）が作成される。これが出生時に割り当てられたその人の性別であり，生涯にわたる法的性別となる。

　外性器が典型的な形状をしていないため出生時に性別を確定できないとき，出生届の届出には2方法ある。ひとつは，検査等のため届出を保留する方法である。正当な理由なく生後2週間以内に出生届を出さないと届出義務者は過料に処されるが（戸籍法49条，135条），性別確定の検査等には数週間を要することがあるため，これにより届出ができないことは正当な理由と解されている。ふたつめの方法は，性別や名前を空欄のままでひとまず届出をしておき，検査等が終了し，性別確定後に追完する方法である（同34条，45条）。

　視診のみで性別が決定されるため，外性器の形状が非典型のとき，成長につれて出生時とは異なる性別に変化することがある。このばあい，出生時に届出た性が，その後の成長過程で間違いであることがわかった（出生時の医師等の判断に錯誤があった）として，家裁に申し出ることで戸籍の法的性別の訂正（続柄をたとえば長男から長女に変更）することが可能である（同113条）。

　このように，性分化疾患については，出生時または検査により性別を指定し，戸籍記載により法的性別が確定され，確定後に錯誤が発覚すれば戸籍の訂正も可能にするという方法で，法律上の対応がなされている。この対応は，男女どちらでもない人（ノンバイナリー）の存在を認めず，人として戸籍に登録される（法的に存在する）ためには男女いずれかの性別が必要であるとする，生物学的性別の社会規範に合致した手続きとなっている。

4　性自認と身体的性別の不一致／トランスジェンダー（T）

（1）　トランスジェンダーと GID

　性自認は，心の性別とも呼ばれる。トランスジェンダーは心と体の性別が一致しない人々の総称であり，当事者が使い始めたとされる。日本では1990年代後半から，精神疾患としての性同一性障害（Gender Identity Disorder, GID）

5　LGBTQ／SOGI

が広く知られるようになった。これにより，それまでのトランスジェンダーに対する社会的偏見が，GIDという精神疾患の治療のために身体的性別を変更するのであれば法的性別変更もやむを得ないという考えに変容し，性別変更のための特例法が制定された。ただし，トランスジェンダーの全員がGIDではないうえ，GIDという精神疾患名じたいが世界的には削除されるに至っている。

　トランスジェンダーをGIDとして認知した日本の経緯は以下の通りである。日本では1948年優生保護法（96年から母体保護法）28条により，生殖不能を目的とする手術が犯罪化されている。この規定に違反したとして，1969年にいわゆる性転換を希望する患者に生殖不能手術を行った医師が有罪判決を受けた（ブルーボーイ事件）。本件は，医師が十分な検査，検討，同意を得る等の手続きを経なかった点が軽率であり，違法と判断された事案であったが，本件によりいわゆる性転換手術（性別適合手術）を行う医師は日本では犯罪者になると解されるようになったため，手術を希望する者は海外で受けるようになった。1997年に日本精神神経学会が「性同一性障害に関する答申と提言」を出し，1998年に埼玉医科大で最初の同障害による性別適合手術が実施された。議論が活発化し，同手術がGIDの治療として認められるとともに，2003年7月「性同一性障害者の性別の取り扱いの特例に関する法律」（以下，特例法またはGID特例法という）が成立し，同法により，性別適合手術を受けていることが性別変更の要件とされた（2004年7月施行）。2018年4月からは性別適合手術に保険適用が開始された。これまでに家裁で性別変更が認められた数はおよそ1万人である。日本で法的性別を変更するということは，戸籍における続柄欄の記載変更を意味しており（長女を長男に変更する等），戸籍に基づいてほかの公的文書等の性別欄が改められる。

（2）　GID特例法の要件と効果

　精神疾患として性同一性障害（GID）と診断されたとしても，ただちに特例法による性別変更が可能とはならない。特例法における性同一性障害者の定義は以下の通りである。「生物学的には性別が明らかであるにもかかわらず，心理的にはそれとは別の性別（以下「他の性別」という。）であるとの持続的な確信を持ち，かつ，自己を身体的及び社会的に他の性別に適合させようとする意思を有する者であって，そのことについてその診断を的確に行うために必要

4 性自認と身体的性別の不一致／トランスジェンダー（T）

な知識及び経験を有する二人以上の医師の一般に認められている医学的知見に基づき行う診断が一致しているもの」（2条）。このため，法的性別変更の前に，まずは2人のGID専門医から同じ診断が下されている必要がある。

診断書2通を用意するとともに，家裁に性別取り扱い変更の審判を申し立てる前に5つの要件を満たす必要がある（3条）。①18歳以上であること（成人要件），②現に婚姻していないこと（非婚要件），③現に未成年の子がいないこと（未成年子無し要件），④生殖腺を永続的に欠く状態であること（除去要件），⑤新たな性別の性器に近似する外観を備えていること（外観要件）である。

特例法により性別変更された後は，従前の戸籍，たとえば親の戸籍においてその続柄に長男と記載されていたばあい，親の戸籍から除籍され，本人を戸籍筆頭者としてあらたな戸籍が作成される。新戸籍における親との続き柄は長女となる。

法的な性別変更により，以下が可能となる。①変更された性別として異性との法律婚ができる，②生殖機能を欠くため夫婦の実子は持てないが，養子縁組により法的に親となることができる，③法的に男性に変更したFtMの場合，AID（非配偶者間人工授精）を利用して妻が出生した子は嫡出子（法律婚の夫婦の子）となる（最三決2013年12月10日および2024年4月1日施行「生殖補助医療の提供等及びこれにより出生した子の親子関係に関する民法の特例に関する法律」第10条）。

なお，一度法的性別を変更すると，変更後に再変更する規定が特例法には無いため，元の性別に戻る道は無い。元の性別に戻ることを事実上認めた事案に，「当事者が自らの性を誤信し，医師も誤診した」として変更後にその取消を認めたものが1件あるとされている（朝日新聞2017年10月29日）。

（3）　GID特例法3条の性別変更要件への批判

特例法の性別変更要件が厳しすぎるとして，以下の批判がある。①18歳以上であることについて，思春期ほど性別変更が必要であるのに成人まで待たせるのでは遅い，②非婚要件（2020年3月11日最二決合憲）について，そもそも同性婚を認めないことが間違いである，③現に未成年の子がいないことについて（2008年改正までは「現に子がいないこと」であった），子がいてもGIDの人もおり，親が性別を変更すると子の福祉に影響を及ぼすとされるための要件で

⑤　LGBTQ／SOGI

あるが，法律上の性別変更に関わりなく GID 親とその子の関係は現に存在しているので，法的性別が変更されたところで子の福祉に悪影響はない，法がGID 親に親として不適格の烙印を無意味に押しているだけである，手術要件としての④除去要件および⑤外観要件について，自己認識する性別の外性器を備えていなければ社会的に混乱が生じるとされるための要件だが，侵襲性の高い危険な手術を強いることは人権侵害であり，手術困難な人や手術をせずに性別変更を希望する人（トランスジェンダーの多数）を排除している等である。

　このような状況で，最高裁大法廷は 2023 年 10 月 25 日決定により，4 号除去要件を違憲と判断した。さらに，その差し戻し審である広島高裁は，2024年 7 月 10 日に 5 号外観要件についても違憲との判断を下した。

（4）　トランスジェンダーの脱病理化

　世界的に精神医学界で用いられている診断マニュアルとして，アメリカ精神医学会が発行する DSM（精神疾患診断・統計マニュアル）と，WHO（世界保健機関）が発行する ICD（国際疾病分類）がある。

　1980 年 DSM-Ⅲ（第 3 版）において，はじめて性同一性障害（GID）が精神疾患として定義されたが，2013 年 DSM-5（第 5 版）では削除された。しかし，GID 類似の疾患として，性別違和（Gender Dysphoria, GD）が新設された。GID は身体的性別（sex）と一致しない精神状態を障害としていたため，身体的性別こそが正しく，それに一致できない精神状態を異常とする視座に，当事者から批判が強かった。新しい GD では，身体的性別ではなく「割りあてられたジェンダー（assigned gender）」という語を用いて，それが本人の体験ないし表出するジェンダーと不一致があり社会生活に困難がある状態とした。割りあてられたジェンダーという語により，身体的性別に一致できない心の性別が異常なのではなく，社会から（多くは出生時に）割りあてられた性別こそが本人に精神的な困難をもたらしている，との理解に変化した。また，GID とされるのは性別適合手術を望む者（トランスセクシュアル）であったが，GD では，手術は望まずにホルモン治療等だけを望む者も含むことになった。このため，GID よりも GD において，多くのトランスジェンダーが含まれる。

　今回の改訂にはトランスジェンダーを脱病理化すべきとする当事者から，GID を削除しても GD として精神疾患とされるのでは意味がないとの批判もあ

るが，アメリカでは DSM に掲載されていない症例で精神科医にかかると治療が保険適用外となる可能性があるため，GID のスティグマを除去しつつも必要な当事者には医療アクセスを容易にするべく，GD として DSM-5 に残したとされている（針間克己『性別違和・性別不合へ——性同一性障害から何が変わったか』2019）。

　他方，WHO による ICD は，精神疾患に限らずあらゆる疾病を網羅する診断マニュアルである。2018 年の ICD-11（第11版）では，それまで「精神疾患の章」にあった GID が削除され，脱病理化された（2022 年 1 月実効）。同時に，新設された「性的健康関連の章」に，性別不合（Gender Incongruence, GI）という新たな疾病が登載された。その内容は，従来の性転換症（トランスセクシュアル）と同様であり，心身のジェンダー不一致により手術やホルモン治療を必要とする者を対象としている。GID は精神疾患ではないとして削除しつつも，世界的な疾病リストである ICD から完全に除去してしまうと治療を望むトランスジェンダーが医療サービスを受けられない可能性があるため，GI として「性的健康関連の章」に移された。

　このようにして両マニュアルの改訂は，当事者から批判の強かった GID（体の性別に心を合わせられない精神疾患）については削除しつつ，しかし医療的処置を望む当事者のために GD（社会から割りあてられた性別のために困難な状態にある精神疾患），あるいは GI（精神疾患ではないが性的健康のために身体的治療が必要な状態）として残した。トランスジェンダー当事者の脱病理化要求を受けとめながら，性別適合手術等を望む者と望まない者がいるトランスジェンダーの多様な実態を反映した改訂といえる。

（5）　GID 特例法に見える日本の人権後進性

　既述の通り，GID はトランスジェンダーの一部にすぎないうえ，すでに DSM-5 でも ICD-11 でも削除された精神疾患名である。日本は，廃止された名称を法律名に使用しているため，特例法の名称を GI 特例法（性別不合者の性別の取り扱いの特例に関する法律）のように変更すべきであろう。

　しかしながら，名称以上に変更すべきは，現行の GID 特例法の基盤にあるトランスジェンダーへの無関心ないし差別的視点である。特例法は精神疾患としての GID 治療にともなう性別変更に特化した法律であり，そもそもトラ

5 　LGBTQ／SOGI

ンスジェンダー全体の人権尊重の観点から制定されたわけではない。制定経緯と性別変更要件の厳しさからは，特例法が GID を「かわいそうな精神疾患者」と見たうえで，厳格な諸要件をすべて満たせるほどに治療として必要ならばやむを得ず法的な性別変更を認める，という姿勢がうかがわれる。そこでは，社会規範としての生物学的性別が自明とされている。すなわち，心身の性別が一致しない状態では社会的に割りあてられた身体的性別が優先されるのであり，手術をせず心の性別のみで法的性別変更することは認めない，という立ち位置である。特例法は，これまで差別されていたトランスジェンダーの存在を，部分的とはいえ社会的に容認したようにも見えるが，実際には，トランスジェンダーの一部にとどまる GID に対してのみ，社会規範としての生物学的性別に従い新しい性別になるのであれば既存のジェンダー構造に組み込む，とする法律にすぎないといえよう。

　最高裁が除去要件に違憲判決を下したため，国会でも法改正に向けた動きがあるが，抜本的な改正が望まれる。

　なお，心の性別だけで性別決定を認めると，男の外観のまま女子トイレに入って来て「性自認は女（MtF）だ」とする者による性犯罪が起きたらどうするのか，とする反論がしばしば出されるが，トランスジェンダーへの無知に起因する不安からとはいえ，あまりにも飛躍した見解である。まず，「トランスジェンダー＝潜在的犯罪者」とする偏見を捨てなければならない。人口比ではわずかにすぎないトランスジェンダーにも当然に犯罪者はいるであろうが，シスジェンダー（心身の性別が生来的に一致している人）の犯罪者と比較して有意に性犯罪率が高いとする大規模調査は見あたらない。また，性犯罪が発生したならば，犯人の性自認が何であれ，犯罪として厳正に，粛々と対処することは当然である。そして，実際にはトランスジェンダーではない者が MtF（あるいは FtM）に成りすまして及ぶ犯行への懸念であるとすれば，それは現在の性犯罪対策が不十分であることへの不安を，トランスジェンダーへの攻撃にすりかえているのではないかとの自問が必要であろう。その際に，批判すべきはトイレ管理者，警察，司法機関および現行刑法，刑事司法制度であって，トランスジェンダーという属性ではないはずである。また，公衆浴場への入浴にも同様の批判があるが，厚生労働省通知（薬生衛発 0623 第 1 号，2023 年 6 月 23 日）にある通り，公衆浴場は身体的特徴により混浴禁止とされているのであるから，

4　性自認と身体的性別の不一致／トランスジェンダー（Ｔ）

何人も身体的性別にしたがい入浴しなければ犯罪者と見なされうることはいうまでもない。そして，多くのトランスジェンダーはこのような社会からの性犯罪者扱いする視線を承知しており，トラブルを避けながら生活していることを想起すべきであろう。

　DSM-5 および ICD-11 の改訂からもわかる通り，生物学的性別（出生時に割りあてられた性別）と本人が自認する性別が異なるとき，起点となるのは自分が何者であるかを決定する本人の主観である。2006 年に国際的な有識者たちによって採択され，翌年国連人権理事会で承認されたジョグジャカルタ原則は，SOGI（性的指向と性自認）に関わらず，人として生まれた以上は人権を完全に享有することを確認している（第 1 原則）。

　社会から割りあてられた法的性別を，性自認に基づき法的に変更することは，性別選択権または性別訂正権として性的自己決定権に含まれると解すべきである。社会がなすべきは，本人が望めば法的性別変更や医療サービスを可能にする体制を整えておくことだけであり，差別や無知，無理解に基づき他人の自己決定を阻害することではない。性自認に従って生きる自由を，否定したり，不利益を与えたりすることが 21 世紀の人権意識に照らせば不可能であることは論を俟たない。GID 特例法は，多様なトランスジェンダーを包摂し，その法的性別変更を容易にする改正を速やかに行うべきである。

（6）　教育の場におけるトランスジェンダー

　①　2014 年文部科学省が「学校における性同一性障害に係る対応に関する状況調査」を実施し，翌年 4 月「性同一性障害に係る児童生徒に対するきめ細かな対応の実施等について」（児童生徒課長通知）を発出し，「性同一性障害に係る児童生徒についての特有の支援」および「性同一性障害に係る児童生徒や『性的マイノリティ』とされる児童生徒に対する相談体制等の充実」を求めた。2014 年調査による 606 件の報告をもとに，2016 年「性同一性障害や性的指向・性自認に係る，児童生徒に対するきめ細かな対応等の実施について（教職員向け）」が作成された。そこで示された「学校における性同一性障害に係る対応に関する現状」により，約 6 割の児童生徒が基本的に他の児童生徒・保護者には知らせずに学校生活を送っていること，GID 診断を得ている児童生徒は 2 － 3 割であること，学校が特別な配慮として行っているのは，トイレ，更

⑤ LGBTQ／SOGI

衣室，制服，修学旅行等で多いことがわかった。

②　大学等については，トランスジェンダーに限らないが，日本学生支援機構が教職員向けの理解・啓発資料として，2018 年 12 月「大学等における性的指向・性自認の多様な在り方の理解増進に向けて（教職員向け理解啓発資料）」を作成し，配布している。それによると，同機構が大学，短期大学，高等専門学校 1,172 校に行った調査で，約半数の大学等が「LGBT に関する相談」の件数について「把握していない」と回答していた。それら大学等では相談窓口が設置されていない可能性もあり，困難に直面している学生が理解や支援のないために潜在化していることが懸念される。

一方，お茶の水女子大学は，2020 年度からトランスジェンダー学生（戸籍又はパスポート上男性であっても性自認が女性である MtF）を受け入れるとしており，日本女子大学も同様に 2024 年度からの受け入れを発表した。

（7）　職場におけるトランスジェンダー

いまなお社会に偏見が根強い現状では，成人が集う職場においてこそ，児童生徒学生同様の，あるいはそれ以上の，きめこまやかな対応ないし個々のニーズに即した配慮が必要となる。

職場で SOGI をめぐる偏見やからかいもセクシュアル・ハラスメントとなることは，2016 年 8 月改正厚労省均等法 11 条指針 2 条 1 項および 2016 年 12 月改正人事院規則 10 － 10 運用通知第 2 条関係 3 に記載されている。これらは，SOGI になぞらえてソジハラとも呼ばれる。

だが，文部科学省が全国一律の取り組みを広げられる学校とは異なり，各企業の自主的な取り組みに委ねられている職場での支援実態はさまざまであり，多くは何も行っていない。厚生労働省の 2020 年「職場におけるダイバーシティ推進事業報告書」では，性的少数者への企業の関心は高まりつつあるものの，実際に性的少数者への配慮や対応を意図した取組を実施している企業は 1 割程度に過ぎないことが分かった。取り組まない理由の多くは「社内に性的少数者がいないため」であった。当事者の多くは職場でカミングアウトをしないため，「いない」のではなく，企業が性的少数者に「気づいていない」可能性がある。また，当事者への調査では，同性愛者・両性愛者よりも，トランスジェンダーに「困り事」が多くあった。

4　性自認と身体的性別の不一致／トランスジェンダー（T）

　企業の裁量任せにすると，積極的な企業が先進的に取り組みを進められる一方，消極的な企業はこのまま何もしないこととなりかねない。包括的な差別禁止法が必要であるが，それがない現状では，社内に存在する当事者に気づいていないことを前提とした，職場の SOGI 平等推進に必要な措置の検討が求められる。たとえば，女性活躍推進法に基づき企業の女性活躍の度合いに応じて厚労省から「えるぼしマーク」が付与されるように，SOGI 平等を進める企業に特化した，多様性を認定するマークを付与することも一案であろう。

　問題となる職場は民間企業だけではない。経済産業省の訴訟事案では，一審で同省職員の MtF である原告が一部勝訴したものの，控訴審では逆転敗訴となり，最高裁で最終的に勝訴した（2023 年 7 月 11 日最大判）。原告は，入省後に GID の診断を受け，性別適合手術は受けていなかったが，ホルモン投与等の身体的治療を行っていた。女性として勤務することを申し入れたところ，話し合いの結果，女性用休憩室・更衣室は使用可とされたものの，トイレについては他女性職員の違和感を理由として，2 階以上離れた女性用を使用することとされた。原告は家裁から許可を得て女性名に変更したが，上司からは，性別適合手術と戸籍変更をしなければ異動先で説明会をせよ，説明しなければ障害者用トイレを使用せよ，男に戻ってはどうか等の発言を受け，抑うつ状態となり，休職に至った。原告は，職場に近い女性用トイレ使用の許可を求めて行政措置要求をしたが退けられたため，行政措置要求判定取消訴訟，国賠訴訟（安全配慮義務違反，人格権侵害）を提起した。一審はトイレ使用制限の違法性を認めたが，二審はトイレ使用制限の違法性を否定し，原告の逆転敗訴となった。しかし，最高裁大法廷判決は，人事院のトイレの使用制限は他の職員への配慮を過度に重視し，原告の不利益を不当に軽視するものであり，違法とした。

　経産省事件に類似する事案として GID 解雇無効判決がある（2002 年 6 月 20日東京地判）。MtF の原告は GID 診断を受けており，家裁で女性名に改名後，配置転換の内示を受けたことを機に女性として就労することを認めてほしいと希望したが認められず，配転拒否等をしたために解雇された。裁判所は，解雇を無効とした。「他の従業員が X に抱いた違和感及び嫌悪感は，X の事情を認識し，理解するよう図れば時間の経過も相まって緩和する余地も十分ある」のに，会社がそれをせずに解雇したのは解雇権の濫用であるとした。

　これら事案を鑑みるに，トイレ使用について本人の希望と周囲の違和感とが

5　LGBTQ／SOGI

衝突するとき，重要となるのは事業主の対応である。全社員への安全配慮義務を尽くす観点から，それぞれの理解を得られるよう努めなければならない。トイレ使用といっても，女性用トイレは通常すべて個室化されているので，手洗い場を共有するに過ぎないだろう。公衆トイレではまったく見知らぬ，自分の気に入らない風貌をしている人と手洗い場を共有することを受忍しなければならないのに，職場のトイレでは同僚との手洗い場の共有は受忍しなくてよいとする正当な理由は見出しがたい。手洗い場を共有することで同僚が感じる性的羞恥心や性的不安があるとしても，トイレの個室を生理現象のため正当に使用する当事者の利益を凌駕するとは考えにくいからである。

　もちろん，不安を覚える同僚をないがしろにしてよい理由もない。不安は，無知，偏見，無理解に根差す部分が大きいと考えられるため，事業主によるSOGI理解と従業員への一般的な情報提供が肝要となる（アウティングは絶対にしてはならない）。そこでは，困難を抱える当事者たる従業員を排除する方向にではなく，不安を覚える同僚たる従業員の懸念を除去し，科学的知識を得てもらう方向へ導く必要がある。その前提として，まずは事業主が従業員の不安を解消させられるだけの知識を持ち，困難と不安が衝突する当事者と同僚のいずれにも共感できる力（相手の立場で理解する能力，エンパシー）を備え，両者の困難と不安を丁寧に聞きとる技術が必要となるだろう。

5　同性愛（L, G），両性愛（B）

（1）　支配としての性行為と処罰の歴史

　古代アテナイでは，性行為は支配（挿入する者）と従属（挿入される者）とされていた。支配者である成人市民男性には，女性のみならず外国人，子ども，奴隷への男性間性交も認める一方，支配者同士である成人市民男性間の性交はタブーとされていた。性が支配と従属である以上，成人市民男性はつねに支配する側にいなければならず，対等な関係性で行われる性行為はなかったのである（三成美保『同性愛をめぐる歴史と法』2015）。

　これは，現在でも男性間の支配権の誇示やいじめとして性行為の強要があることと符合する。ただし，今日では支配としての，または対等な関係性のない男性間性交と，対等な関係性における男性同性愛が同一視されている。

5 同性愛（L，G），両性愛（B）

男性間性交は聖書に基づく宗教的罪とされ，制定法により反自然的性行為（ソドミー：獣姦，男性間性交）として処罰されてきた。19世紀末ドイツでは，同性愛は生来的であるとして処罰反対が主張され，精神医学者は同性愛を病理化したが，処罰規定が廃止されたのは1994年であった。

日本でも江戸時代まで衆道という男性間性交の文化があり，権力者が若年者を対象として行っていた。日本における男性間性交処罰は，旧刑法制定直前の1873（明6）－1882年に存在した改定律例における鶏姦罪のみであった。もっとも，実際にこれにより処罰されたのは成人間の行為ではなく，成人から幼児に対するような，鶏姦罪がなくとも当時の強制猥褻罪（現不同意性交等罪）でも処罰され得る事案であったとされる。やがて，大正期に西洋から「変態性欲」論が導入され，処罰の歴史に乏しいまま同性愛を異常視し，今日に至っているのが日本の実情と考えられる。

（2） 同性愛者への偏見

同性愛者は，性的指向が自己と同じ性別に向かい，両性愛者は同性にも異性にも性的指向が向かい得る者を指すが，しばしば「男なら誰にでも」「男女問わず誰にでも」向かうかのような偏見が露にされる。異性愛者が「異性なら誰にでも」向かうわけではなく異性の中から選ぶように，同性愛者・両性愛者もそれぞれの属性から相手を選んでいることは当然である。

しかし，日本で最初の同性愛者の権利をめぐる裁判とされる東京都青年の家事件（東京高裁判決1997年9月16日）においても，東京都教育委員会は同性愛者団体が同室に宿泊すると性行為が起こると決めつけて宿泊利用を拒否した。これに対して裁判所は損害賠償を命じた。

同性愛者への偏見が，強盗殺人に至ることもある。新木場強盗殺人事件（東京地裁判決2000年11月16日）では，同性愛男性カップルを集団（中3，高1，25歳）で襲い殺害したが，犯人たちは差別意識から同性愛者を被害者に選定していた。

ただし，日本では，諸外国に比べれば同性愛差別をめぐる事件が大きく報道されることは少ないため，同性愛差別が存在しないかのようにも錯覚しやすい。先に掲げた2020年調査で「LGBTは8.9％」と言われても，「自分の周囲には一人もいない」と思う者は多いのではないか。それは，日本ではカミングアウ

87

5　LGBTQ／SOGI

図表５−２　同性愛者・性別を変えた人に対する「いやだ／どちらかといえば
　　　　　いやだ」（回答者の男女別％）

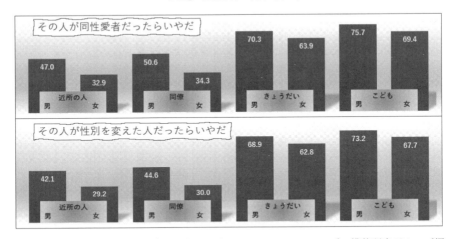

科研費助成事業日本におけるクィア・スタディーズの構築研究グループ編
「性的マイノリティへの意識 2015 年全国調査報告書」98 頁をもとに谷田川作成

トが容易では無い現実を意味している。

　2015 年のある調査によれば，自分に近い存在に対してほど「LGBT であったら嫌だ」と回答する者が多く，男性と高齢者ほど同性愛者への否定的な見方が強いことも示された。

(3)　同性婚を認める世界的潮流

　現代は，第三者が，無知や偏見から他人の人権を制約できる時代ではない。これまでに欧米諸国を中心に同性婚を可能とする国が増えている。1989 年デンマークで登録パートナーシップ制度が開始され，2000 年にはオランダで世界初となる同性婚が容認され（2001 年施行），2019 年には台湾がアジアで初めて同性婚を法的に認めている。

　同性婚を支持する考え方には２つある。１つは，同性愛者にも異性愛者と同じ人権，婚姻する権利を認めよ，というものである。現在の婚姻制度で恩恵を受けているのは異性愛者のみであることから，その恩恵を同性愛者にも広げるべきだという考え方である。この考え方は人として権利を同じくすべきとい

5 同性愛（L，G），両性愛（B）

うわかりやすさから，同性愛者にも異性愛者にも受け入れられやすい。もう1つは，より根源的な，婚姻制度そのものを揺さぶる考え方である。それは，婚姻内でケアを完結させず新しい制度を構築すべきというものである。現在の婚姻制度は異性婚を前提とし，かつ，その婚姻したカップル内で多くの場合女性が，男性および家族に対してケアを無償で行うことを要求され，負担を負っている。しかし，婚姻関係ないし性愛関係にない友人や仲間でも，生計を一にし，継続的なケアを行う関係性もある。同性婚を認めるのみならず，そのようなケアを行う関係性も婚姻と同等の法的保護を与えるべきとするものである。婚姻関係にあるから法的保護を与えるのではなく，ケアの関係にあるから法的保護を与える，という考えである。

日本では，憲法24条が「婚姻は両性の合意のみにより成立する」としていることから，同性婚は想定されていないとする見解と，同条は草案過程からして家制度からの女性解放を意図した規定であるため，時代的制約から「両性」とはあるものの，その意味するところは「婚姻の当事者双方」であり，民法における「夫婦」「夫，妻」も同様であるとする見解がある。前者は同性婚否定派により，後者は賛成派により主張される。

2019年以降，同性婚を認めない現状を違憲として全国で多くの裁判が起こされた。2023年までに札幌，東京，名古屋，福岡の各地裁で違憲または違憲状態とする判決が下され，合憲と判断した大阪地裁でも将来的な違憲の可能性を示唆した。さらに，2024年3月14日札幌高裁，そして10月30日には東京高裁でも違憲判決が下された。

現行法の下で，婚姻によらず法的に同性愛カップルとしての権利を一部守る手段としては，公正証書を作成し，相続人や後見人となる等の法的効果を担保することが可能である。養子縁組により法的な親子となり，家族としての法的保護を得るカップルも一定数いると推測されている。また，法律婚と同等の法的効果は生じないが，2015年から一部自治体において同性カップルのパートナーシップを登録し，証明書を発行するパートナーシップ制度が始まっている。証明書により，当該自治体内では同性カップルの証明として用いることができ，賃貸契約や入院手続き等の際に活用されることが期待されている。

しかし，自治体により制度の有無および内容が異なる不安定な状態にではなく，やはり法律により，同性愛者の人権保障として当然に同性婚を認める必要

がある。婚姻という法的束縛のない関係を求めるカップルは異性愛・同性愛に関わらず存在するため，同性婚を容認してもその届出は想定されるより少ないかもしれないが，同性婚という選択肢を増やすことはただちに当事者の人権保障となりながら，他者の権利を一切侵害しない。

なお，同性婚を認める際には，これまで否定されていたために養子縁組を選択したカップルが婚姻に移行できるよう，養子との離縁後の婚姻を禁じる民法736条を改正することも必要である。

6　第3の性別を容認する国

アルゼンチン，オーストラリア，ニュージーランド，デンマーク，カナダ，アメリカ等では，トランスジェンダーに手術不要のままで第3の性別を認める。早くから第3の性別を認めたネパール，インド，パキスタンには，伝統的なヒジュラ（女でも男でもないとされる存在）の文化的背景がある。

アメリカではカリフォルニア州が2017年10月に制定したジェンダー認定法（Gender Recognition Act, SB179）を2019年1月1日から施行しており，出生証明書，運転免許証，各種身分証明書の性別欄において男／女／Xのいずれかを記載することが州内で全面的に可能となった。連邦レベルでは性自認のみでXジェンダーのパスポートが発行されている。

7　男女共同参画社会基本法とLGBTQ

男女共同参画社会基本法（1999年制定）は，男女という語を用いているが，「男女が，互いにその人権を尊重しつつ責任も分かち合い，性別にかかわりなく，その個性と能力を十分に発揮することができる男女共同参画社会の実現は……21世紀の我が国社会を決定する最重要課題」（前文）とするように，その基本理念，立法趣旨からして，社会規範としての生物学的性別からの解放を謳うものであるから，性自認はどちらでもないとするトランスジェンダーや他国であれば第3の性別に相当する者，すなわちLGBTQを当然に含むものと解される。憲法24条同様に，基本法もまた制定時の時代的制約から男女を使用したにすぎないと考えられるからである。基本法の名称における男女という語は，カリフォルニア州の表記を借りれば，男／女／Xに拡大解釈する必要がある

だろう。

　ただし，男女共同参画社会基本法，男女雇用機会均等法，さらに候補者男女均等法，女性活躍推進法等におけるポジティブ・アクションに係る規定については，男女二元論に基づく男性中心ジェンダー構造の内側の差別（女性差別）を撤廃するための制度として設計されているため，これらにおける男女の語を男／女／Xに拡大解釈するだけで外側の差別（性的少数者差別）も解決できるとは考えにくい。このため，ポジティブ・アクションについてはそのあり方を別途設計し直す必要があろう。

8　21世紀の性別

　われわれの社会が，歴史的に生物学的性別の規範性から排除してきた性的少数者を包摂しようとする21世紀の現在，社会規範としての生物学的性別からの脱却は，世界中で加速度的に進むと考えられる。男性の利益を中心に構築されたジェンダー構造の前提にある男女二元論は，変化せざるを得ないのである。「男女」「性別」という分類は，近い将来，性的指向も性自認も含む別の語に置き換わるか，医療の場以外ではほとんど意味をもたない語になるかもしれない。それは，男性中心ジェンダー構造が解体されることを意味しており，男性が「男らしさ」から解放されて自己決定できる社会，男性が暴力に頼らず弱さをさらけ出しても「男のくせに」と否定されずにそのままで尊重される社会，押し付けられた「男らしさ」の鎧を捨てられる社会へと，変わることでもある。

　2021年6月，差別禁止を掲げる東京五輪を見据え，LGBTQについて，与党からは「時間はかかるが確実に理解が深まる」として理解増進法案を，野党からは差別禁止法案を上程すべく議論がなされていたが，結局は与党内保守派政治家の反対により，いずれの法案も提出されずに終わった。2年後の2023年春，広島サミット開催を控え，ようやく「性的指向及びジェンダーアイデンティティの多様性に関する国民の理解の増進に関する法律」が成立した。「理解の増進」は社会規範の激変緩和措置といえるが，本質的に必要なものは，理解を深めるための法律ではなく，今この瞬間，人権侵害に遭っている人々に救済手段を用意することである。激変緩和措置としての理解増進法を経て，差別禁止法へと発展することを期待したい。

⑤　LGBTQ／SOGI

[参考文献]

セレナ・ナンダ『ヒジュラ　男でも女でもなく』（青土社，1999）

日本学術会議「（提言）性的マイノリティの権利保障をめざして――婚姻・教育・労働を中心に――」2017年9月29日

日本学術会議「（提言）性的マイノリティの権利保障をめざして（Ⅱ）――トランスジェンダーの尊厳を保障するための法整備に向けて」2020年9月23日

針間克己『性別違和・性別不合へ――性同一性障害から何が変わったか』（緑風出版，2019）

三成美保＝姫岡とし子＝小浜正子編『ジェンダーから見た世界史』（大槻書店，2014）

三成美保編著『同性愛をめぐる歴史と法――尊厳としてのセクシュアリティ』（明石書店，2015）

三成美保編著『教育とLGBTIをつなぐ』（青弓社，2017）

三成美保編著『LGBTIの雇用と労働』（晃洋書房，2019）

ユネスコ『国際セクシュアリティ教育ガイダンス〔改訂版〕』（明石書店，2020）

＿＿＿＿ 1 平等の観念

6 ジェンダー平等と憲法 14 条

　SDGs（Sustainable Development Goals：持続可能な開発目標）は，2015 年 9 月
の国連サミットで加盟国の全会一致で採択された「持続可能な開発のための
2030 アジェンダ」に記載された，2030 年までに持続可能でよりよい世界を目
指す国際目標である。17 のゴール・169 のターゲットから構成され，地球上の
「誰一人取り残さない（leave no one behind）」ことを誓っている。その第 5 ゴー
ルに掲げられているのが，「ジェンダー平等を達成し，すべての女性及び女児
のエンパワーメントを行う」（外務省仮訳）という目標である（本書 46 頁参照）。
LGBTQ への直接の言及はないが，「だれ一人取り残さない」という全体の構
成から，LGBTQ への配慮は当然に含まれていると理解されている。
　「ジェンダー平等の達成」が目標として掲げられているのは，ジェンダーに
基づく差別が存在するからである。「平等」には，その差別と闘う規範的意味
が込められている。このコンフリクトは，様々な局面で私たちが日常的に直面
していることでもある。本書第 7 章以下の各論で，それぞれの領域に焦点を当
てて検討される。その前に，本章では，「法の下の平等」を定める日本国憲法
14 条について概観する。

1　平等の観念

（1）　個人の根源的平等と「国民の地位」

　アリストテレスの時代より，平等は「等しい者を等しく，等しくない者を等
しくなく扱うべし」という法諺（ほうげん）で表現され，正義論の文脈で論じ
られてきた。言い換えれば，異なる立場・状況にある者を同じに扱うことは，
同じ立場・状況にある者を別異に扱うのと同じように不合理だということにな
る。それでは，「同じ状況にあるとはどのような場合なのか」，「どうすれば同
じに扱ったことになるのか」。この問いへの即答は難しい。
　そもそも平等とは，人と人の比較から生じる観念である。人を比較するとき，
個々人が置かれた諸状況や特徴をどこまで考慮すべきかが問題になる。例えば，

93

6 ジェンダー平等と憲法 14 条

aとbが事実の上で何の共通点も類似点もないとき，観念的に「aとbは平等
であるべきだ」と主張してみても，恐らく人々の共感は得られない。平等を要
請するためには，aとbを「等しいもの」たらしめ，かつ，現実の人々の正義
感に訴えるエレメントを指し示さなければならない。つまりaは，bとの共有
が論理的に可能なその属性に応じて，bと等しく取り扱われるべきことを要請
することができる。a，bという二つの個体がまったく自己同一的であること
は論理的に不可能であるから，「等しいもの」とは，他の個体と論理的に共有
可能な属性に求められる。言い換えれば任意のa，b二つの個体の属性が共有
可能であるためには，特定の対象や領域のみを指示する表現を使用しないで記
述できる普遍的特徴に着目する必要がある。

　平等が歴史的に決定的意味をもったのは，封建的な身分制を破壊して，そこ
から人権主体としての「人一般」＝個人を析出するという前近代の克服の過程
においてであった。「人一般」という抽象的な人間像を前提に，人権主体であ
る点において相互に差別されることのない存在であるということが，aとbを
「等しいもの」たらしめるエレメントだった。このような個人から構成される
社会を構築することが近代の課題であった。フランス人権宣言1条「人は，自
由，かつ，権利において平等なものとして生まれ，生存する。社会的な区別
（distinctions sociales）は，共通の利益（utilité commune）に基づいてのみ可能
である」は，まことに，前近代から近代へのパラダイム転換を象徴する定式で
ある。この定式は，個人を高度に抽象的に描くことで個人に付着した様々な属
性や個人をとりまく諸事情を捨象して，人権主体として「同じ状況にある」も
のとみなす。国民の地位（＝国民としてのメンバーシップ）を承認された（同じ
状況にある）者だけに，国家によって「権利を持つ権利」が保障された。

　人権を「人間がただ人間であるということのみに基づいて当然に持っている
権利」とする近代人権思想は，個人を高度に抽象的に描き，属性を排すること
で個人を相互互換可能な存在にする。この思想によれば，現実の人間が抱えて
いる社会的背景やそこから生ずる具体的な行為能力とは区別して，抽象的な個
人に準拠して「権利」が論ぜられなければならない。価値の準拠とされる個人
は，相互に差別されることのない存在である。このような個人から構成される
社会には，個人を超越する権威などない。個人は，それぞれ自分の考えるとこ
ろに従って生き方を決め，自らその生を全うし，意味づけをする。各人に「個

人の自己決定を確保すること」が最小限の人権の意味であり，いわば入れ物である。この意味で平等とは「みんな同じ」ではなく，諸個人にひとりひとりの個性の発揮を可能にさせる入れ物で，個人の尊厳によって充填されるのである。

　こうして個人の根源的平等は，近代国家の論理に従って導かれる規範的価値となるが，近代は女性を自律した個人として解放せず，私的領域に押しとどめた（本書第2章参照）。また国内「外国人」は，「国民の地位」を持たざる者として，「権利を持つ権利」を否認されてきた。フルスペックの権利が保障されていない者は，低い地位におかれ，「従属」の烙印を押された。「根源的平等性」を持つ個人として尊重されなければ，「法律の前の平等」は意味をなさない。言い換えれば，「平等」の規範的価値は，人権の核心である「個人の尊厳」によって充填されなければならない。この点，日本国憲法は，13条前段で「個人の尊重」を定め，個人の根源的平等性を基底的価値とすることを明示している。

（2）　形式的平等と実質的平等

　フランス人権宣言1条の定式が示すように，近代の人権が要求したのは，「自由」であり，「権利における平等」である。ここに成立するのが，諸個人を抽象的に捉え同じスタート・ラインに立たせようと考える「形式的平等」である。「平等」は個人の自由な活動と調和するように構想されていた。人は人生の出発点において「権利における平等」を保障され，平等に与えられた機会（「機会の平等」）を人生の中でどのように生かすかは，各人の自由と能力にゆだねられた。「生まれながらの平等」の宣言は，「身分」による分配を「才能」と「功績」による分配に転換した（人権宣言6条参照）。

　当然のことながら，現実の人々の天賦の「才能」と「功績」には差異がある。それだけではない。法制度上身分制は廃止されたとしても，生身の個人は，事実上不平等な社会状況・境遇に生まれ，その中で人生を歩みだし，生きていかなければならない。生まれ落ちた時に定められた差異の陰で，社会的強者と弱者の間で貧富の格差が生じ，資本主義の発展とともに格差は増大の一途をたどった。そうだからといって，「結果の平等」を求めることは，自由な活動の広範な規制が必要となり，自由と対立する。この問題を考える際に注目されたのは，貧困の世代間連鎖，社会的な諸事情により，すでにスタート・ラインで，

6　ジェンダー平等と憲法 14 条

個人の努力ではいかんともし難いハンデを背負わされ，潜在的能力があっても資材や条件を欠くためにそれを利用できない人々の存在である。こうして，実際に機会を利用できる「実質的な平等」が必要ではないかとの平等観が，人々の共感を得るようになった（高橋 2024, 164 頁）。消極的に「国家が差別しない」だけでなく，積極的に「国家による平等」が求められるに至ったのである。確かに機会の平等の実質化の要求は，結果の不平等の批判から始まる。それは，その不平等をもたらすものが何であるかを解明し，「機会の平等」を活かしきれない要因を探るためのものである。そのハンデを除去することは，「自由」と対立しない。こうした背景から社会権が登場した。現代憲法が実質的平等の要請に対応していると解しても，形式的平等が原則であることに変わりはない。

（3）　平等の新しい地平——ポジティブ・アクションと間接差別禁止法理
1）　アファーマティブ・アクション

歴史的に系統的に不利に取り扱われてきた集団に対する偏見が社会の隅々まで広がり，構造化されて固着している場合，そのような差別を法的に禁止したとしても，それを是正することはなかなか困難である。人種や性別による差別が，その例である。この問題に対処しようと，1960 年代，アメリカ合衆国では，政府（公権力）が，就学や就業の場面で，人種的マイノリティや女性に対し優遇措置を講じて積極的に登用する（場合によっては別枠さえ設ける）政策をとるようになった。これがアファーマティブ・アクション（affirmative action, 積極的差別是正措置，以下 AA とする）である。

人種 AA は，主として大学を舞台に始まった。人種的マイノリティを，そのグループに属するという理由のみで形式的平等の例外として優遇することになるため，多数派に対する「逆差別」の可能性があるという批判がある。2003年，合衆国連邦最高裁は，大学の入試選抜で，学生の多様性を確保することが真にやむを得ない目的であるとしたうえで，学部レベルにおいて，150 点満点での受験者の評価に際し，人種的マイノリティに自動的に 20 点加算する方式を違憲とした。その一方で，ロースクールでの入学審査で人種的マイノリティであることを一つのプラス要因として考慮する方式（プラス要素方式）を合憲とした（長谷部 2022, 175 頁）。

この間，連邦最高裁は，アフリカ系アメリカ人に対する体系的差別を乗り越

えるために，人種による区別を憲法上特に問題があるとする法理（「疑わしい区別」の法理）を生成し，人種による区別に厳格審査で臨んでおり（吉田 2015），人種 AA による不合格者の提訴は後を絶たなかった。連邦最高裁は，裁判官の人的構成の変化もあり，2023 年，大学が多様化を図るために導入した人種 AA を効果があまり現れていないとして違憲と判断した。このように，AA は大学の入学選考の場面で逆風にさらされている。雇用分野については，多様性が生産性の向上につながるという統計結果もあり，今後の動向が注目される。

2）ポジティブ・アクションの合憲性

性差別に対する積極的差別是正措置については，女性差別撤廃条約が世界標準の法的支柱となっている。その 4 条 1 項は，「締約国が男女の事実上の平等を促進することを目的とする暫定的な特別措置をとることは，この条約に定義する差別と解してはならない」と定め，女性を優遇する「暫定的特別措置」（Temporary Special Measures）を締約国に奨励している。「これらの措置は，機会及び待遇の平等の目的が達成された時に廃止」されなければならず，暫定的に実施される。

男女共同参画社会基本法は，「前号に規定する機会［男女共同参画の機会］に係る男女間の格差を改善するため必要な範囲内において，男女のいずれか一方に対し，当該機会を積極的に提供する」「積極的改善措置」（2 条 2 号）を定めている。男女雇用機会均等法も，「雇用の分野における男女の均等な機会及び待遇の確保の支障となっている事情を改善することを目的として女性労働者に関して行う」特例を認めている（8 条）。日本では，ポジティブ・アクション（positive action，以下 PA という）と総称されている。内閣府は，「社会的・構造的な差別によって不利益を被っている者に対して，一定の範囲で特別の機会を提供することによって，実質的な機会均等を実現することを目的として講じる暫定的な措置」と定義している。

上記定義にいうように，PA は「社会的・構造的な差別に拠って不利益を被っている者」に対する「特別の機会の提供」，すなわち形式的平等に違背する措置である。PA の手法には，強制力の強い措置から単なる啓発活動まで様々なバリエーションがある（本書第 2 章 4 を参照）。そのため，いかなる局面・領域での PA がどのような手法であれば憲法上可能なのか，具体例を個別に合憲性を検討する必要がある。政治分野については第 7 章で，教育・学術分

⑥　ジェンダー平等と憲法 14 条

野については第 15 章で検討することとし，ここでは，国際的トレンドとなっている企業における女性役員登用を例に取り上げる（内閣府 2022，2-3 頁）。

　女性役員登用については，大きく二つのアプローチがある。一つは，性別クオータの義務づけである。先鞭をつけたのは，2003 年に会社法を改正して 40 ％の性別クオータを義務づけたノルウェーである。もう一つは，行動デザイン理論に基づき，数値目標の設定（2020 年までに女性比率 33 ％とすることを推奨）と達成状況の情報開示等を組み合わせて企業および関係者の自主規制を促す方法で，イギリスで採用されている。OECD の 2021 年の統計（優良銘柄50 社対象）では，女性役員の割合は 37.8 ％に達している。この方式は，企業および関係者の自主規制を促すにとどまるため，平等原則との抵触は生じない。

　他方，第一の方式については，場合によっては平等原則との抵触が問題となる。フランスでは，2006 年，取締役会・監査役会への 20％ の性別クオータの義務づけについて，性別の数値目標をあらかじめ設定するのは，性の考慮を優先させて，個人水準で差別的効果を生むとして平等原則違反の判決が出た（Décision n° 2006-533 DC du 16 mars 2006）。このため，「職業的および社会的要職に対する男女の均等なアクセス」を定める 2008 年の憲法改正を必要とした。この結果，立法者が性別の数値目標を設定することが可能となり，2011 年のコペ＝ジンメルマン法で 40％ の性別クオータを一定規模の企業に義務づけるに至った。手立てとしてのパリテ（男女同数）は，男性の欠員を男性で，女性の欠員を女性で補充することを意味し，役員候補者個人の能力よりも性を機械的に優先させ，個人の機会の平等を損なうという理由から，40 ％の性別クオータの採用となった。この比率を達成しない役員の任命は無効とされ，達成するまで役員報酬の一部の支払いが停止される。2023 年の統計（優良銘柄 120 社対象，SBF 120）では，女性役員の割合は 46.6 ％に達している。なお，2021 年には，性別クオータの対象を経営幹部及び経営部門に拡大するリュクサン法が制定された。

3）　間接差別禁止法理

　区別の基準は一見中立的だが，結果として一定の属性を共有する人々に偏った不利な取扱いは，「間接差別」と呼ばれる問題領域を形成する。それらの人々に不利な形で社会構造が構築されていることから生じている。欧米では，雇用分野において使用者に対して性差別的効果の有無や正当化理由の有無に関

する説明を求めることで差別を是正する間接差別禁止法理が確立された。

　日本では 2006 年 6 月に成立した改正男女雇用機会均等法が，「労働者の性別以外の事由を要件とするもののうち，……実質的に性別を理由とする差別となるおそれがある措置として厚生労働省令で定めるもの」を禁止し（7 条），同省令のなかで間接差別の定義と対象が明示されている。直接差別との関係，性差別と他のカテゴリーによる差別との関係などに加え，日本では，コース別採用や世帯主要件による実質的な性差別の事例があるため，理論・実務の両面にわたっての検討が課題である（本書148-150 頁参照）。後述するように（本書第9 章），婚姻による改氏が圧倒的に妻に偏っているのも，間接差別の一例といえる。

2　「法の下の平等」の意味

(1)　概　　説

　大日本帝国憲法は，平等については「日本臣民ハ法律命令ノ定ムル所ノ資格ニ応シ均ク文武官ニ任セラレ及其ノ他ノ公務ニ就クコトヲ得」（19 条）として公務就任権の平等を唯一設けているだけであった。神勅天皇制を統治原理とし，女性に隷従を強いる「家」制度（本書第9 章参照）を社会の構成原理とした当時の憲法体制は，そもそも平等との親和性がなかった。

　これに対して日本国憲法は，14 条 1 項で法の下の平等と差別の禁止を定め，同 2 項・3 項でその理念を具体化するために，貴族制度と栄典に伴う特権を禁止する。さらに，夫婦の同権および家族関係における両性の本質的平等（24 条1 項・2 項），ひとしく教育を受ける権利（26 条 1 項），選挙権における平等（15条 3 項・44 条）という個別分野の規定がある。

　憲法 14 条 1 項「すべて国民は，法の下に平等であつて，人種，信条，性別，社会的身分又は門地により，政治的，経済的又は社会的関係において，差別されない」は，国家に対して国民を不合理な形で別異に取扱ってはならないことを命ずる客観的法規範（平等原則）である。またこの規定から，国民は「平等に取り扱われる権利」（平等権）をもつ。日本国憲法は「裁判を受ける権利」（32 条）を保障しているので，国家の平等原則違反によって不利益を受けた個人は平等権の侵害を主張できる。平等原則と平等権は互換的である。

6 ジェンダー平等と憲法14条

（2）　立法者拘束＋相対的平等＋例示説（判例・通説の立場）

　ワイマール時代のドイツで，平等条項は立法者を拘束しないという見解が有力だった。その影響を受け，日本国憲法制定初期の学説の一部は，14条1項を法適用の平等と解していた（立法者非拘束説，法適用平等説）。判例および通説は，法律の内容が不平等な場合に，それを平等に適用しても意味がないとして，立法者拘束説（法内容平等説）をとっている。また日本国憲法は司法裁判所に違憲立法審査権を与えていることから，法律を適用する行政権のみならず，法律を制定する立法権からも個人の自由や権利を保障していると考えられるからである。

　とはいえ，国家活動は何らかの意味で別異取扱いを生む（法は一定の要件に一定の法的効果を結びつけるものである点で，広い意味の差別をしている）から，平等権に他の憲法上の権利と同じような強い保護を想定するのは難しい。判例は，14条について，「国民に対して絶対的な平等を保障したものではなく」，「事柄の性質に即応して合理的と認められる差別的な取扱いをすることは，なんら右各法条の否定するところではない」（最大判1964〈昭和39〉年5月27日民集18巻4号676頁）として，合理的な根拠があれば，別異取扱いも正当化されるとしている（相対的平等説）。合理性は「事柄の性質に即応して」判断される。法的取扱いの区別が合理的理由に基づくか否かが決定的に重要な意味を持つとなると，1項後段に示された列挙事項に特別な意味を認める必要はない。上記判例の中で，最高裁は「右各法条に列挙された事由は例示的なものであって，必ずしもそれにかぎるものではない」として，後段列挙事由を例示と解している（例示説）。他の事由に基づく別異取扱いも14条1項違反になる可能性があるという意味で，これらの事由が例示であることに異論を唱える学説はない。

（3）　別異取扱いの正当化審査

　以上のことから，ある法律が定める区別が平等に適合するかどうかは，「第1段階：憲法14条1項が保障対象とする別異取扱いがあるかどうか」，それがあるという場合には，「第2段階：当該別異取扱いが正当化できるかどうか」が審査される。

　最高裁が平等審査の範型として引用するのが，尊属殺重罰規定違憲判決（最大判1973〈昭和48〉年4月4日刑集27巻3号265頁，以下「1973年判決」という）

である。もっとも，尊属殺重罰規定（「自己又ハ配偶者ノ直系尊属ヲ殺シタル者ハ死刑又ハ無期懲役ニ処ス」（旧刑法200条，1995年刑法改正により廃止））は，普通殺（「人ヲ殺シタル者ハ死刑又ハ無期若シクハ3年以上ノ懲役ニ処ス」（刑法199条））の罰則に比し加重されていることから，別異取扱いがあることが明らかで，第1段階の審査は暗黙の裡に済まされている。第2段階の正当化の審査は，立法目的と目的達成手段という「二段構え」で行われた。法廷意見は，刑法200条につき，①尊属に対する報恩尊重という社会生活上の基本的道義を保護しようとする目的から，尊属の殺害を刑の加重要件とすること自体は，「合理的根拠を欠くもの」ではないが，②加重の程度が死刑または無期懲役と極端に重い点で「立法目的の達成手段として甚だしく均衡を失し」，「その差別は著しく不合理」であるとして，違憲の判断を下した。この判決は，立法目的と手段審査の名目で，「人の区別の可否」（尊属殺を刑の加重要件とする罪を設けること）と「別異取扱いの程度」（刑の加重の程度）を審査し，「程度」が極端でなければ，「尊属に対する尊重報恩」を維持するために尊属殺と普通殺を「区別すること」（別異取扱い）を許容していた。このため，加重の程度が著しいとはいえない尊属傷害致死重罰規定（「自己又ハ配偶者ノ直系尊属ニ対シテ犯シタルトキハ無期又ハ三年以上ノ懲役ニ処ス」（旧刑法205条2項，1995年刑法改正により廃止））については，憲法14条に違反しないという判断が下された（最一判1974〈昭和49〉年9月26日刑集28巻6号329頁）。

これに対して1973年判決で田中二郎裁判官は，個人の尊厳と人格的価値の平等を基本的立脚点とする現行憲法の下では，尊属殺人に関する特別の規定を設けること自体が憲法14条1項に反するという「意見」を書いた。「子が親を尊敬し尊重すること」は，「個人の自覚に基づき自発的に遵守されるべき道徳」であって，「法律をもって強制されたり，特に厳しい刑罰を科することによって遵守させようとしたりすべきものではない」という田中意見は，当時の通説だった。

（4）1項後段列挙事由

個人の根源的平等の憲法的要請からすれば，上記田中裁判官意見がいうように，平等審査の核心は人と人の区別の合理性の審査にある。一定の事由によってその者の地位を格下げして，自尊心を傷つけていないかを問うことが，平等

6 ジェンダー平等と憲法 14 条

の固有の問題である。今日の学説の多くは，審査基準の設定における考慮要素として，人と人とを区別する際に指標となった人の属性（区別事由）を重視している。有力説によると，例示説をとっても，14 条 1 項後段に掲げられた列挙事由（「人種，信条，性別，社会的身分又は門地」）に基づく別異取扱いは，「民主主義の理念に照らし，原則として不合理なものである」から，それ以外の場合と異なり，立法目的が「やむにやまれぬ」必要不可欠なものであることを要求する「厳格審査」基準，または立法目的が重要なものであることを要求する「厳格な合理性」の基準を適用するのが妥当である（特別意味説），とされる。特別意味説は，相対的平等観と例示説の組合せによる平等概念の相対化に一定の歯止めをかけようとする試みといえる（川岸 2017，172 頁）。

　ただ，この有力説によれば，後段列挙事由によらない別異取扱いは，厳格な審査を免れ，容易に合憲判断を導く。そこでその画期性を活かすために，有力説は，対象となっている実体的な権利の性質に着目して，いわゆる「二重の基準」に該当する対応の区分をこの場面で導入する。憲法 14 条 1 項の侵害は，通例，憲法上の他の権利侵害を同時に引き起こす。例えば，選挙区割りによる 1 票の較差問題は，憲法 14 条 1 項違反であると同時に投票権（15 条 3 項）を侵害している。社会保障上の差別は，14 条 1 項違反であると同時に生存権（25 条 1 項）を侵害している。選挙区割りに比べ社会保障の方が国会に裁量の範囲が広く認められるため，おのずと審査のあり方に違いが生じるとされる。

　最高裁は，区別事由について，14 条 1 項後段列挙事由のいずれに該当するかを検討するという，条文を手がかりとしたアプローチをとっていないが，国籍法違憲判決（最大判 2008〈平成 20〉年 6 月 4 日民集 62 巻 6 号 1367 頁），婚外子法定相続分違憲決定（最大決 2013〈平成 25〉年 9 月 4 日民集 67 巻 6 号 1320 頁）において，区別事由それ自体の問題性を実質的に炙り出し，特別意味説と同様の帰結を導いた。すなわち，日本人を父とする国際婚外子の日本国籍取得が争われた国籍法違憲判決は，国籍が「我が国の構成員としての資格」であるとともに，基本的人権の保障などを受ける上で意味をもつ「重要な法的地位」であること，併せて「父母の婚姻により嫡出子たる身分を取得するか否かということは，子にとっては自らの意思や努力によっては変えることのできない……事柄である」ことを指摘し，区別に合理的理由があるか否かを「慎重に検討」して，違憲判断を下した。また，婚外子法定相続分違憲決定は，民法 900 条 4 号ただ

102

し書前段（平成25年法律第94号改正前「嫡出でない子の相続分は，嫡出である子の相続分の二分の一とし」）につき，その「存在自体が……嫡出でない子に対する差別意識を生じさせかねないこと」を認め，「家族という共同体の中における個人の尊重がより明確に認識されてきたこと」，「父母が婚姻関係になかったという，子にとっては自ら選択ないし修正する余地のない事柄を理由としてその子に不利益を及ぼすことは許されず，子を個人として尊重し，その権利を保障すべきであるという考えが確立されてきている」ことを重要な柱として（もっとも「個人の尊重」，「個人の尊厳」が14条1項の解釈にどのように組み込まれているのかは読み取りが難しい），14条1項に違反すると判断した（本書第9章参照）。

（5）　1項前段と後段の関係

　かつて，通説は，「平等とは差別をうけないこと」として，憲法14条1項後段の「差別の禁止」を，前段の「法の下の平等」の要請に吸収されるものとして理解してきた。近年は，「区別事由」そのものが差別的性格をもつか否かを問うことが平等にとっての本質的争点であるという認識から，平等の内容を限定的に捉えて，それに違反する「差別」を原則違憲として強い保護を求める学説の流れがある。被差別者の「地位の格下げ」「スティグマの押しつけ」が問題となる場合に審査基準の厳格化を求める見解（安西2008），差別が二級市民性を構造的に再生産する場合に憲法14条の私人間直接効力を認める見解（巻2006），「自尊の権利」としての平等権が個人の尊厳と並んで私人間にも妥当すべき「憲法的公序」とする見解（宍戸2014）等がこの系譜に属する。14条1項後段の列挙事由を，合憲性の推定を受けない「疑わしい区別（suspect classification）」として審査の厳格度をあげる学説は，この系譜の思考を加味しようとしたものと位置づけることができる。

　学説の多くは，前段と後段を連続的に捉えて，合憲性審査の厳格化によって，差別問題を炙り出すアプローチをとる。この考えをさらに徹底させて，前段と後段の分離を主張する学説（木村2008）がある。この学説は，後段は人種や性別などにより「差別されない」規定であることから，後段を〈差別抑制〉要請を規定したものとみなし，一般平等条項たる前段と区別して後段を「差別禁止条項」と読み解く。前段の〈平等〉問題では，別異取扱いの合理性が問われる

6　ジェンダー平等と憲法 14 条

のに対し，後段の〈差別〉問題では，差別か否かが，その意図や効果という点
から，より直接的に問われるとする。

(6)　平等権侵害の場合の救済方法

　ある規定が平等権を侵害している場合，当該規定を違憲無効としただけでは
救済にならないことがある。自由権侵害の場合は妨害排除で事足りるが，平等
原則違反法令の後始末のためには格差是正が必要である。ところが，違憲判断
の結果，復帰すべき水準が直ちに導かれるわけではない。典型的には，法律が
一定の権利を付与しているが，その要件が不合理な差別となる場合である（本
書 106 頁の労災保険における男女差別のような事例）。その規定を無効にすると，
権利を付与する要件がなくなってしまい，差別が認められても権利も認められ
ないことになってしまう。一般論として，不合理とされる要件の改正は立法者
にゆだねるべきであるとの見解もありえるが，それでは被差別者の直接救済に
はならない。差別された者に本来認められるべきであった権利を裁判所が認め
る法理論が必要であろう。そのような理論構成の一つが，国籍法違憲判決で採
用された「部分無効の法理」である。「この解釈は，法律解釈として権利付与
とその制限という構造を読み込む」もので，「一つの条文で権利付与の要件を
定めているような場合には」，「結論志向の恣意的で無理な解釈という批判が生
じやすい」，むしろ権利付与とその制限という構造を「憲法と法律との関係と
して捉える」方法が容易であるという見解（高橋 2024，174 頁）がある。この
論理が成り立つ前提として，憲法上実体的権利の存在が確認されなければなら
ないであろう。かような批判があることを踏まえ，「部分無効の法理」の精緻
化と同時に国会の迅速な立法的対応を促す最高裁の統制機能の充実が望まれる。

3　平等をめぐる問題

(1)　人種・信条・性別・社会的身分・門地

　特別意味説をとった場合，それぞれの列挙事由の意味，そしてそれらの事由
に基づく別異取扱いがなぜ不合理な差別になるのかが，探求されることになる。

1）人　　種

　人種とは，皮膚・毛髪・体型等の身体的特徴によりなされる人類学上の区別
である。これに基づく差別が不合理であることのコンセンサスは広範に確立し

ているが，未だ世界各地で根絶されていない。日本でもアイヌ民族や在日韓国人・朝鮮人に対する 差別問題は解決されていない。日本国籍を有しない「外国人」を日本国籍保持者から区別することについては，一般には，外国人にも日本国民と同様に憲法上の権利が保障されるかという権利の享有主体性の問題として論じられる。

2）信　条

信条は，本来宗教上の信仰を意味する概念であったが，思想上・政治上の主義を含む個人が内心において信ずる事柄と広く解されている。とくに差別的取扱いが行われやすい労働関係については，労働基準法が思想・信条によって労働条件を差別することを禁じている。

3）性　別

性別は，本来，男女の生物学的・身体的性差によることを意味するが，今日では，社会的・文化的性差としてのジェンダーによる差別も問題となる。次項(2)で概観する。

4）社会的身分

社会的身分（social status）については，「生来の身分，たとえば被差別部落出身」とか，「自己の意思をもってしては離れることのできない固定した地位」というように，狭く解する説，広く「人が社会において一時的ではなく占めている地位」と解する説（判例の立場），両者の中間にあって，「人が社会において一時的にではなく占めている地位で，自分の力ではそれから脱却できず，それについて事実上ある種の社会的評価が伴っているもの」と解する説がある。後段列挙事項に特別な意味を認める立場は，狭義説ないし中間説の解釈と結びつく。

5）門　地

門地（family origin）とは，家系・血統等の家柄を指し，社会的身分の一部をなす。貴族制度も門地による差別であり，本項により禁止されるが，2項で絶対的に禁止されている。

（2）性差別をめぐる問題

性別を理由とする差別問題は，事実上や慣習上だけでなく，法制度上にも存在する。

6 ジェンダー平等と憲法 14 条

1）皇室典範の男系主義

皇位継承資格からの女性の排除や皇族身分の性別による取扱いの差異が，憲法 14 条に違反しないかどうかが問題となる。多くの憲法学説は，憲法が平等原則の例外として世襲の象徴天皇制を認めている以上違憲とまではいえないとして，皇室典範に憲法 14 条，24 条を適用してこなかった。これに対して，女性差別撤廃条約 2 条違反や違憲性をめぐって，ジェンダー法学から憲法学への批判が提起されている。現行憲法のもとでは，皇室典範は法律にすぎない。改正することで，女性天皇を認めることは可能である。2024 年 10 月，国連女性差別撤廃委員会は，皇位継承における男女平等実現のための皇室典範の改正を勧告している（本書 49 頁参照）。

2）国立女子大学

女子のみの入学を認める国立女子大学の設置について，「違憲」ないし「合憲性は疑わしい」とする憲法学説が，今日，有力となっている。大学進学率において男女格差があった時代には一種の PA として正当化されていたが，今日ではその意味付けがほとんど失われている。一方で，お茶の水女子大学が 2018 年に国内初のトランスジェンダー女性の受け入れを発表し，奈良女子大学が女子の進学比率が低い工学部を 2022 年に新設するなど，新たな取り組みが始まっている。

3）民法改正（本書第 9 章参照）

4）強姦罪の改正（本書第 12 章参照）

5）労働法上の母性保護と女性保護

女性差別撤廃条約 4 条 2 項が母性保護のための特別措置を差別と解してはならないとしているように，妊娠・出産にかかる母性保護は身体的構造に基づくもので，男女の別異取扱いは許容される。従来は実質的平等の名において母性保護や一般女性保護を広く認める傾向があったが，雇用関係における女性への差別的取扱いに対する立法上の取組がなされるなかで，女性の深夜業・休日労働禁止や危険業務禁止などの女性保護の見直しが進んだ（本書第 8 章参照）。

6）労災保険における男女差別

労働者の業務上の負傷などに対する労働災害補償保険法に基づく傷害補償給付には，「外ぼうの醜状障害」について，男性が低額という支給の差異があった。京都地裁は，厚生労働大臣の専門的技術的裁量を承認し，差別的取扱いの

策定理由に根拠がないとはいえないとしつつも，著しい外ぼうの醜状障害についいてだけ，男女の性別によって大きな差が設けられているとして，違憲の判断を下した（京都地判 2010〈平成 22〉年 5 月 27 日判時 2093 号 72 頁）。裁判所は「差別取扱いの程度」が「著しく不合理」であることを理由にして違憲判断をしたが，そもそも男女で区別すること自体に合理性があるのかが問われるべきではなかったのか，疑問が残る。その後厚生労働省令によって女性の基準に合わせる改正が行われた。

7） 慣習の中の男女差別——入会資格

入会権（一定地域の住人が一定の山林・原野等で共同に収益する権利）の資格を「世帯主」および「男子孫」に限り，入会部落民以外の男性と結婚した女子孫は離婚して旧姓に復しないと資格を認めない慣習は，公序良俗に反して無効だとして争われた事件があった。最高裁は，世帯主要件と異なり男子孫要件は合理性がないこと，「男女の本質的平等を定める日本国憲法の基本理念に照らし，入会権を別異に取り扱うべき合理的理由を見出すことはできない」ことから，「本件慣習のうち，男子孫要件は，専ら女子であることのみを理由として女子と男子を差別したものというべきであり，……性別のみによる不合理な差別として民法 90 条の規定により無効である」と判断した（最二判 2000〈平成 18〉年 3 月 17 日民集 60 巻 3 号 773 頁）。

[参考文献]

川岸令和「第 14 条」長谷部恭男編『注釈日本国憲法 (2)』（有斐閣，2017）

木村草太『平等なき平等条項論——equal protection 条項と憲法 14 条 1 項』（東京大学出版会，2008）

宍戸常寿『憲法 解釈論の応用と展開 [第 2 版]』（日本評論社，2014）

高橋和之『立憲主義と日本国憲法 [第 6 版]』（有斐閣，2024）

辻村みよ子『ポジティヴ・アクション——「法による平等」の技法』（岩波書店，2011）

内閣府男女共同参画局「共同参画」2022 年 6 月号

西山千絵「入会地紛争にみる差異と分断——人の移動の観点から金武町杣山訴訟を再考する」新井誠ほか編『〈分断〉と憲法——法・政治・社会から考える』（弘文堂，2022）

長谷部恭男『憲法 [第 8 版]』（新世社，2022）

ボネット，イリス（池村千秋訳・大竹文雄解説）『Work Design——行動経済学で

6　ジェンダー平等と憲法 14 条

　　ジェンダー格差を克服する』（NTT 出版，2018）
巻美矢紀「私人間効力の理論的意味」安西他『憲法学の現代的論点』（有斐閣，
　　2006）
安西文雄「法の下の平等」杉原泰雄編『新版体系憲法事典』（青林書院，2008）
吉田仁美『平等のパラドックス』（ナカニシヤ出版，2015）
渡辺康行・宍戸常寿・松本和彦・工藤達朗『憲法 I　基本権［第 2 版］』（日本評論
　　社，2023）

1 日本における女性の政治参画の現況

 7 政治とジェンダー

1 日本における女性の政治参画の現況

(1) ジェンダー・ギャップ指数にみる世界の中の日本

　2024年6月に発表された世界経済フォーラムによる日本の総合GGIは0.663（66.3%，以下%で表記）で，146カ国中118位だった（本書58頁，図表4−1）。日本が世界に後れを取っている男女格差の元凶は経済分野，そして政治分野である。政治分野の指標は，国会（下院）議員の男女比・閣僚の男女比・最近50年の行政府の長の在任年数の男女比から算出される。

図表7−1　地域別GGIの比較

地域別	総合指数	評価分野別指数			
^	^	経済	教育	健康	政治
中央アジア	69.1%	66.8%	98.7%	96.4%	14.6%
東アジア・太平洋地域	69.2%	71.8%	95.3%	95.0%	14.6%
ヨーロッパ	75.0%	68.0%	99.5%	97.0%	36.7%
中南米	74.2%	65.7%	99.5%	97.6%	34.0%
中東・北アフリカ	61.7%	42.7%	96.8%	96.4%	10.8%
北米	74.8%	76.3%	100.0%	96.9%	26.0%
南アジア	63.7%	38.8%	94.5%	95.4%	26.0%
サハラ以南アフリカ	68.4%	67.4%	86.7%	97.2%	22.4%
世界平均	68.5%	60.5%	94.9%	96.0%	22.5%
日本	66.3%	56.8%	99.3%	97.3%	11.8%

World Economic Forum2024, p.20, p.219

7 政治とジェンダー

　地域別の GGI を比較した図表 7 - 1 にみるように，日本の GGI は，経済分野・政治分野で東アジア・太平洋地域の平均を下回り，総合指数も平均に達していない。

　世界的傾向として，政治分野の GGI はそもそも低い。世界平均ベースでみると，2019 年 12 月に 25.2 ％でピークに達した後，2021 年に 21.8 ％に低下し，その後は 22 ％台で推移している。これは政治的エンパワーメントを構成する指標のうち，過去 50 年間に女性が行政府の長に在任する期間が減少していることが一因となっている。2024 年の指標では，過去 50 年間に女性の行政府の長を輩出した国は 79 カ国で，残りの 67 カ国は 1 人も輩出せず 0 ％で，同率 80 位となっている。日本もこの中に含まれている。一方，議会の女性議員比率は，2006 年以降，プラスの軌道にある。世界経済フォーラムは，今の取組みのままでは，世界が「政治分野でジェンダー平等に達するには，あと 169 年かかる」（World Economic Forum 2024, p.18）と見通している。

　日本の政治分野の GGI は，2023 年の 5.7 ％という極めて低い数値から 11.8 ％に改善されている。これは，2023 年 9 月に発足した第 2 次岸田文雄第 2 次改造内閣が，女性閣僚を 2 人から 5 人（第 1 次小泉内閣，第 2 次安倍晋三内閣と同数）に増やしたためである（2024 年 10 月 1 日に成立した石破茂内閣の女性閣僚は，2 人にとどまった）。女性閣僚の指標は，9.1 ％（128 位）から 33.3 ％（65 位）に上昇した。一方，同時に任命された副大臣，大臣政務官は全員男性であった。女性閣僚を増やすには，与党の女性議員を増やし，当選回数を重ねることが必要となる。

（2）　女性議員比率から見る日本の姿

　日本の女性議員比率の GGI は，世界平均 33 ％に対して 11.5 ％（129 位）と低調である。世界経済フォーラムによる GGI の公表が始まった 2006 年に遡ると，衆議院の女性議員比率は 9 ％で現在よりも低かった。しかし，当時の世界平均は 22 ％で，日本は 115 カ国中 86 位であった。

　世界経済フォーラム公表の GGI とは別に，列国議会同盟（Inter-Parliamentary Union，以下 IPU という）が，各国別の女性議員比率と世界ランキングを公表している。2005 年の郵政選挙後の衆議院の女性議員比率は，その時点で過去最高で 9.4 ％だったが，2006 年 12 月末の時点で世界平均は 17 ％，世界ランキ

ング131位だった。2024年9月1日現在，衆議院の女性議員比率10.8％だが，世界平均は26.9％，日本のランキングは185カ国中163位である。この世界ランキングの後退は，日本の女性議員比率が低下したためではなく，ほとんど変化なく停滞している間に（図表7－2参照），世界全体の平均が上昇した結果である。2024年10月27日の衆議院総選挙では，女性候補者は最多の314人，23.36％，女性当選者は73人，女性議員率15.7％でこちらも過去最多となった。2024年9月1日現在のIPUランキングにあてはめると，世界140位である。

図表7－2　衆議院議員総選挙における候補者，当選者における女性割合の推移

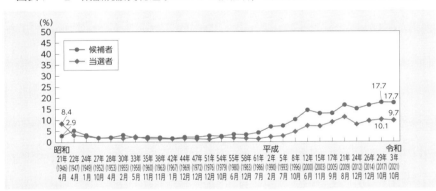

（男女共同参画白書令和6年版110頁）

これに対して参議院では，2022年7月施行の通常選挙で，候補者に占める女性の割合が過去最高の33.2％，過去最多の35名の女性が当選し，当選者に占める女性の割合は27.4％だった（図表7－3）。野党の中には，候補者擁立段階，当選者確定段階の双方で，パリテ（＝男女同数）を達成したものもあった。IPU調査による2024年9月1日現在の上院の女性議員比率の世界平均は27.4％で，参議院の女性議員比率はそれを若干下回る26.6％だった。衆参両院の女性議員比率の差が大きい。

地方議会は，議員のなり手不足という問題を抱えている。直近の2023年の統一地方選挙の結果を見ると，道府県議会議員の25％，町村議会議員の30.3％が無投票当選となった。そのうえで，女性当選者の割合は19.9％で，

7 政治とジェンダー

図表 7 − 3 参議院議員通常選挙における候補者，当選者における女性割合の推移

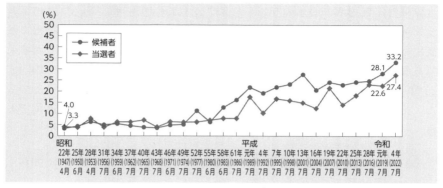

(男女共同参画白書令和 6 年版 111 頁)

過去最高を記録した。議会の種類別の女性当選者割合は，道府県議会では 14 %，特別区議会では 36.8 %，政令市議会では 23.6 %，政令市を除く市議会では 22 %，町村議会では 15.4 %だった（本書 67 頁，図表 4 − 3）。全体の 28.8 %の議会が「女性議員が 1 人か 0 人」という「ゼロワン議会」である一方，女性議員率が 50 %を超えた市区町村議会が 9 議会あった。議会や地域による格差が大きく，二極化が進んでいる。

　女性が過少代表状態にあるだけではない。国民全体の性別・年齢構造からすれば，若い世代も過少代表である。言い換えれば，議員の属性は「中高年男性」に偏っている（図表 7 − 4 参照）。

(3)　女性議員が少ない理由

　女性議員が少ないのは，女性が立候補しないからである。女性が立候補しない背景には，ジェンダー規範やそれに基づく社会的な障壁が存在する。

　アメリカで行われた社会学調査によると，育ちの過程で女性は社会化を通じて立候補を思いとどまるジェンダー規範を植え付けられるという。また，政治に関心の薄い有権者からの支持を得ようとすれば，地域住民と接触して好感度を高める戦略をとらざるを得ず，投入する政治活動は，多くの時間とリソースを必要とする。これは女性の候補者に不利である。さらに，女性には家事労働を担い，家族の協力が得にくいという事情が加わる（前田 2019, 176-177 頁）。

1　日本における女性の政治参画の現況

図表7－4　国民全体と国会議員の性別・年齢構成

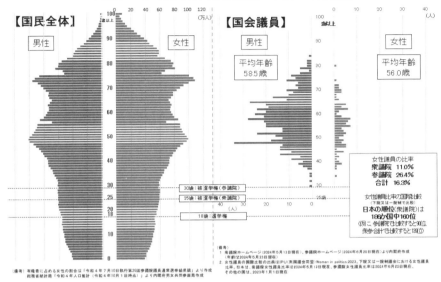

(内閣府男女共同参画局「女性活躍・男女共同参画の現状と課題」令和6年6月23日
https://www.gender.go.jp/research/pdf/joseikatsuyaku_kadai.pdf)

　当選するには，一般に「地盤，看板（知名度），カバン（資金）」が重要といわれる。後二者については，世襲による知名度の格差，社会における経済資源の格差ほど，ジェンダー格差は重要ではなくなってきている。一方地盤は，ジェンダー規範の影響が大きい。地盤を形成あるいは維持するには，地域住民との日常的で密接なかかわりが大切である。そのために地域で催される様々なおびただしい数のイベントに「顔」を出して，地域住民との対面交流を通じて「顔」を売り，人脈を築いていかなければならない。こうしたエンドレスな地元活動への対応は，家事や育児など家庭内での役割を担う妻を伴侶にすることで，ケア責任を免れることができる男性には可能であるが，女性の場合はそうではない。女性がケア責任を免れる場合には罪悪感を伴い，周囲からの非難を浴びることさえある。性差による障壁が構築されていると言える（三浦 2023，82-102頁）。議員の属性が「中高年男性」に偏っているのも肯ける。
　この障壁を乗り越えて女性が政治分野へ参画することは，ジェンダー規範に

[7] 政治とジェンダー

基づく性別役割分担からの逸脱を意味する。女性が「立候補しない」のは，短絡的に女性の問題だとは言えない。ジェンダー規範からの逸脱は，女性に心理的負担を与えるだけでなく，周辺からの軋轢を生むことになるからだ。時にジェンダー規範に過剰に同調する女性議員が出現するのは，かかる事情による。

　地方議員を対象にしたものであるが，内閣府の『女性の政治参画への障壁等に関する調査報告書（令和3年3月）』によれば，議員活動や選挙活動中に，有権者や支援者，議員等からハラスメントを受けたか，という質問に対して，男性の32.5％，女性の57.6％が何らかのハラスメントを受けたと回答している（内閣府 2021, 50-51頁）。握手や挨拶回りの比重が高い選挙文化を背景に，日本では「票ハラ」（有権者から票と引き換えになされるハラスメント）が多い。男女ではハラスメントにあう頻度も，種類も異なる。女性が標的となるハラスメントは，性的な形態をとることが読み取れる（図表7-5）。

図表7-5　議員活動や選挙活動に受けたハラスメント行為（女性の上位5項目）

順位	項　　　　目	女性	男性
1	性的，もしくは暴力的な言葉（ヤジを含む）による嫌がらせ	26.8%	8.1% （3位）
2	性別に基づく侮辱的な態度や発言	23.9%	0.7% （8位）
3	SNS，メール等による中傷，嫌がらせ	22.9%	15.7% （1位）
4	身体的暴力やハラスメント（殴る，触る，抱きつくなど）	16.6%	1.6% （7位）
5	年齢，婚姻状況，出産や育児などプライベートな事柄についての批判や中傷	12.2%	4.3% （5位）

（内閣府 2021, 50-51頁）

　女性候補者や政治家がハラスメントに晒されるのは，世界的な現象である。IPUは，「政治分野における女性への暴力（Violence against Women in Politics）」として，3つの特徴を挙げている。①女性であることを理由に標的にする，②性差別的な脅迫や性暴力など，ジェンダー化された形態をとる，③その影響は

女性を萎縮させることであり，とりわけ女性に政治分野での活動を困難にするものである。このような暴力はもとより人権侵害であり，女性の自由で安全な政治参画の確保を保障する国際規約や条約に反する（IPU2016, p.2）。

女性が女性であるがゆえに被り，女性の政治参画を阻む効果を持つのが「政治分野における女性への暴力」である。ここで「暴力」と総称される問題行為は，心理的，性的，物理的，経済的な形態をとる。女性に対するハラスメントが性的形態をとるのは，女性から政治家としての人格を奪う目的をもつからである。加害者が女性を政治から排除したがるのは，家父長制下で求められているジェンダー役割規範から逸脱して，家父長制に抗議する女性を罰する行為や現象（ミソジニー）として理解される（三浦2023，154-166頁）。

選挙に立候補したり，議員活動を行ったりする際には，男女でどのように社会的障壁が異なるのか調査し，その知見を踏まえた対策をとることが必要である。後述するように，候補者男女均等法の2021年改正法は，ハラスメント対策，環境整備等を議会の責務とした。

2　政治的決定の場に女性は「なぜ」存在すべきなのか

世界中のほとんどの国では，長い間，男性に権力が集中し，女性不在の政治が先行した。「普通」選挙制の確立も，男性有権者に限ってのことだった。その間，男性本位の政治慣行が根付き，「政治における女性の不在」がレジーム全体を貫くように構造化され，男性候補者モデル，男性政治家モデルが確立した。

女性差別撤廃条約7条は，(a)項「選挙権・被選挙権の享受」に加え，(b)項「政府の政策の策定及び実施に参加する権利並びに政府のすべての段階において公職に就き及びすべての公務を遂行する権利」を男性と平等な条件で女性に確保することを求めている。北京行動綱領（本書第3章参照）は，「政治生活への女性の平等な参加は，女性の地位向上の過程全般において中枢的な役割を果た」し，「意思決定過程への女性の平等な参加は，単に正義又は民主主義の要請というにとどまらず，女性の関心事項が考慮されるための必要条件とみなされ得る」（パラグラフ181）として，(b)項の意義を強調している。北京綱領は続くパラグラフ182で，「政治に携わり，また，政府及び立法機関の意思決定の

7 政治とジェンダー

地位にある女性は，政治的な優先事項を定義し直し，女性のジェンダーに固有の問題，価値観及び経験を反映し，かつそれに対処する新しい項目を政治的課題にし，並びに主流の政治問題に関して新たな視点を提供することに寄与」すると，敷衍している。

男性中心の政治では，男性の関心が政治争点化されやすく，女性の関心事はその陰に隠れてしまう。女性議員の存在はそのような問題を政治争点化し，議会全体でより広い視野から政治課題を追求できるようにする。女性にとって，同じ経験をしている女性議員の方が，よりよく自分たちの意見を反映できると想定されるからである。既存のジェンダー秩序の中で差別され従属的地位に置かれたジェンダー固有の問題は，それを理解する共感力を必要とする。逆に，政治的・公的活動への女性の参加が低水準にとどまることは，女性の不平等強化に通じる。政府の政策が，包括的で有効なものとならないからである。女性であれば誰でもこの共感力をもつわけではないが，日本でも，女性議員が超党派で結束し，「DV 防止法」を成立させ（2001 年），その後の法改正にも尽力したという実績が知られている。

女性の政治参加を推進してきたもう一つの国際機関である IPU が 1997 年に発した「民主主義に関する普遍的宣言」は，「民主主義の確立のためには，男女がその違いから生まれる互いの長所をいかし，平等に，かつ補い合いながら機能する，社会の営みにおける男女の真のパートナーシップが前提となる」としている。政治分野における男女の共同参画が必須であることをいうものである。

3 「いかに」女性議員を増やすのか

（1） 政治参画分野でのジェンダー・クオータ

女性参政権が国内的に確立されていても，男女の性別役割分業の強固な文化的枠組みとそれに起因する不均等な力関係から，政策決定の場における女性の代表性は依然低いままである。その結果，政治のルールや習慣が男性本位に強固に形成され，女性の政治領域への参入障壁は，乗り越え難いものになっている。

このように構造化された女性の政治的過少代表状況を打破するために提唱さ

れたのが，ジェンダー・クオータ（gender quota）である。これは，選挙の候補者あるいは議席の一定比率を性別に割り当てる制度を指す。地域，民族，言語，宗教の分断によるさまざまな少数派の代表を確保するために，別の属性に基づくクオータが利用されることもある。

クオータには，①自主的政党候補者クオータ，②（憲法又は選挙法による）法定候補者クオータ，③（憲法又は選挙法による）法定議席割当（リザーブ）の3類型がある。①は，クオータを実施するか否かを政党の自主的判断に委ねることから，一国においてクオータを実施する政党と実施しない政党が混在することになる。②と③は，憲法ないし選挙法，あるいは両者に根拠を置く強制型で，すべての政党が遵守しなければならない（Dahlerup2013, pp.23-29）。

Gender Quota Database によると，2024年8月現在，国政・地方選挙を合わせて何らかのクオータを実施している国・地域は138にのぼる。そのうち，29カ国で法定議席割当，71カ国で法定候補者クオータが導入されている。複数のタイプのクオータを実施している国もある。

① **政党候補者クオータ**（Voluntary party quotas）

選挙におけるジェンダー・クオータは，1970年代にノルウェーの左派社会党と自由党が最初に導入した。1980年代にかけて，すでに女性議員を多く輩出していたスウェーデンでは多くの政党が，候補者名簿の登載者につき「どちらの性別も40%以上」というルールを採用し，女性議員率を飛躍的に上昇させた。その後，オランダ，アイスランド，ドイツ，スイス，南アフリカ，ナミビアなどの政党が導入している。候補者クオータは比例代表制と親和性をもつが，小選挙区制のオーストラリア，カナダなどの政党も実施している。小選挙区制に執着するイギリスで，（ⅰ現職議員が引退を予定している，またはⅱ当選者と次点落選者の得票差が6%以内である「接戦選挙区」を対象に）労働党が採用した「女性指定選挙区」（本書23頁参照）は，候補者選出過程を改善することで女性議員の量的拡大だけではなく，他党や政治過程全般に波及効果をもたらし，政党候補者クオータの代表例とされる。

② **法定候補者クオータ**（Legislated candidate quotas）

法定候補者クオータは，アルゼンチンで1991年の「女性クオータ法」によって世界で初めて導入され，1993年の選挙は30%クオータで実施された。多くのラテン・アメリカ諸国やアフリカの新興国がこれに続いた。2000年代

7 政治とジェンダー

になって，ベルギー，イタリアなどのヨーロッパ諸国や韓国でも実施されるようになった。法定候補者クオータは，立候補の段階で法定の水準に達していたとしても，選挙結果までを保障するものではない。初期には，政党が，法定の女性候補者比率を遵守しながらも，拘束名簿式比例選挙で女性の名簿の掲載順を下位に集中させる，あるいは小選挙区制で当選の見込みの小さい選挙区に女性候補者を擁立する，など規制を免れる例が見られた。実効性を確保するために，そのような抜け道を塞ぐような制度設計が肝要である。

③ **法定議席割当**（Legislated reserved seats）

議席割当は，一定の割合または一定数の議席を女性に確保することを保証する。ルワンダ，ウガンダ，台湾などで導入されている。ルワンダでは 2003 年の憲法 75 条で，80 名から構成される下院の 30 ％に当たる 24 名が，全国の行政組織に従って設置される特定の選挙人団から選出され，53 名が拘束比例代表選挙で選出される。比例代表制の候補者名簿にも女性が多く登載されることから，2024 年 9 月現在，女性議員率は 63.8 ％で世界一である。政治体制の観点からは，ジェンダー平等の推進は専制体制を偽装する「ジェンダー・ウォッシング」ではないかという指摘がある（三浦 2024a, 169-172 頁）。台湾では，1947 年憲法で女性に対する議席割当の条項を設け，1950 年に制定した法律によって，1990 年まで地方議会は 10 ％程度の議席割当が実施されていた。これは事実上，女性議員率を抑制する「ガラス天井」効果を持った。1999 年に 4 分の 1 議席割当に改正され，男性候補者がより多く得票していても，設定された議席数まで女性候補者の中で最も多くの票を得た者が選出される方法がとられている。国政については，2005 年の憲法改正で女性に議席の 15% が割り当てられ，女性議員率は 3 割を超えている（三浦 2024b, 108-117 頁）。

法的仕組みとしては，議席割当は多くの場合憲法に根拠を持ち，選挙法で具体化されている。候補者クオータについては，政党の党綱領・自主的判断に根拠がある場合は，各政党のジェンダー政策あるいは選挙戦略として，基本的に政党の内部規律問題として処理される。候補者クオータが選挙法で政党に義務づけられている場合，政党に対する強制がどこまで許容されるのかについて，具体的な制度に即して憲法との関係を理論的に検討する必要がある。

118

（2） 法定候補者クオータの合憲性

1970年代，フランスでは，女性の選挙権行使が女性の政治参画に必ずしも結びついていない状況を打開するため，一部フェミニストたちがジェンダー・クオータの導入を求める運動を始めた。この運動は，1982年に政府が上程した選挙法改正法案の審議過程で結実する。当時，人口3500人以上のコミューン（基礎的自治体）議会議員選挙は名簿式投票で実施されており，この選挙について「候補者名簿は同一の性の候補者を75％以上含んではならない」という法定候補者クオータ条項が採択された。

しかし，この条項は憲法院によって違憲と判断された（Décision n° 82-146 DC du 18 novembre 1982）。憲法3条（国民主権原理）および人権宣言6条（平等原則）が「選挙人や被選挙人のカテゴリーによるあらゆる区別に対立する」原理を言明しており，このことは「すべての政治的選挙，とりわけコミューン議会議員選挙についてあてはまる」（cons.7）からであった。憲法院は，ジェンダー・クオータを，国民主権原理と平等原則という，普遍主義的憲法のいわば「心臓部」と原理的に対立すると捉えたのである。こうして「政治的代表に適用されるルールおよび原理は，男女間のあらゆる区別を禁止する」ことが決定づけられた。フランス憲法の下では，選挙におけるジェンダー・クオータの導入が不可能となった（糠塚 2005，56-59頁）。

同様の判断は，イタリア，スイスでも下されている。イタリア憲法裁判所の1995年9月6－12日判決は，1993年の地方選挙法の33％クオータを①形式的平等原則違反，②政党の結社の自由違反と判断した。またスイス連邦裁判所の1997年3月19日判決では，カントンの代表を男女各1名とし，連邦裁判所の女性判事を40％とするなどのクオータを含むイニシアティブが，連邦憲法4条2項（性差別禁止）違反とされた。その理由に，①性の「不釣り合いな」不平等扱い，②ポジティブ・アクション審査における利益衡量の必要性，③能力に関連しない固定的クオータの違憲性，④比例原則基準による審査（機会の平等原則違反），⑤普通・平等（被）選挙権の侵害などが挙げられた（辻村 2022，258頁）。

法定候補者クオータが憲法と抵触する場合，法定候補者クオータの導入には憲法改正が必要になる。先陣を切って法定候補者クオータを導入したアルゼン

7 政治とジェンダー

チンでは，当初，各党が合憲性に疑念を持ち，「女性クオータ法」を軽視していた。そこで，1994 年の憲法改正で，政党法及び選挙制度におけるアファーマティブ・アクションを通じて「選挙および政党の役職に立候補する際の男女間の真の機会平等」を保障するという条項が設けられ，違憲の疑念が払拭された（菊池 2013，93-94 頁）。

イタリアでは，2001 年の憲法改正で，「州法律は，……選挙による公職への男女のアクセスの均等を促進する」ことが定められ，州議会議員選挙の候補者名簿に女性の登載を促進する法律が制定された。憲法裁判所は合憲の判断を示したが，2003 年に，公職就任権について「適当な措置により男女の機会均等を促進する」ことを可能にする憲法改正が行われた。ベルギーも同様に，憲法改正によって「公選による公職への平等な就任を奨励」する法律の制定を可能にしたうえで，選挙法に「現職候補者の各性別間の人数の差，および代替候補者の各性別間の人数の差は，1 を超えてはならない」という規定を設けた。

一方，韓国では，法定候補者クオータを採用していても，違憲判決が出されていない。韓国の憲法裁判所は積極的に違憲判断をしているため対応が注目されるが，女性開発基本法第 6 条が暫定的優待措置に関する規定をおいていることもあり，韓国政府（女性部）や憲法学会では違憲ではないという見解のようである。このように，男女共同参画推進という目的を実現するために，広い立法裁量が許容されること，フランス憲法院による主権の普遍性という議論に対しては，議会の構成を有権者の構成に近接させることで民意の正確な反映を求める「半代表制」の考えを援用することで，クオータを合憲と解することは不可能ではない（辻村 2022，298-299 頁），との見解がある。

(3) パリテ民主主義

前述したように，フランスでは，1982 年の憲法院による性別クオータ違憲判決によってジェンダー・クオータの導入が困難になっていたが，この問題を解決するために 1999 年に憲法が改正された。「パリテ」（parité）を世界で初めて導入することを目的に憲法を改正し，パリテ条項と呼ばれる「法律は，選挙によって選出される議員職と公職への男女の均等なアクセスを促進する」（3条5項）と「政党および政治団体は，法律の定める要件にしたがって，3 条最終項（＝5 項）で表明された下の区の実施に貢献する」（4条2項）が新設され

3 「いかに」女性議員を増やすのか

た。パリテは,「同等」を意味するラテン語の paritas に由来する。ヨーロッパ評議会が1989年11月6-7日に開催した「パリテ民主主義」に関するセミナーを通じて,パリテは「代表し決定する権力を女性と男性で平等に分かち合う」という意義を獲得した。男女による権力の分有は,男女間の「支配／被支配」の序列関係の否定を意味する。

　フランスにおいてパリテの登場を決定づけたのが,1992年に出版された,フランソワーズ・ガスパールらの共著『女性市民よ,権力の座へ！──自由・平等・パリテ』（Françoise Gaspard, Claude Servan-Schreiber, Anne Le Gall, *Au Pouvoir, Citoyennes ! —Liberté, Égalité, Parié*, Seuil, Paris, 1992）である。この書籍のサブタイトルは,フランスの標語,《自由・平等・友愛》のパロディである。「兄弟愛」を意味する fraternité を parité に置き換えることで,「（兄弟たちの共和国から）男女の共和国へ」という共和国像更新の提案となっている。

　フランス革命は「生まれながらの権利における平等」を約束したが,当時の憲法と法律が作り上げた選挙制度は,（兄弟である）男性だけに選挙権・被選挙権を与え,（兄弟ではない）女性を排除していた。ここでの「兄弟 frères」から fraternité（兄弟愛）が派生したが,女性はその「兄弟」の一員とは見なされなかった。「男性100,女性0」が初期設定だったのである。確かに当時は制限選挙制で,成人男性の一部が選挙権を有するに過ぎなかったし,成人年齢に達していない未成年はそもそも選挙人ではない。とはいえ,子どもは時が経てば成人になるし,制限選挙制の下でも成人男性なら決められた税額を納めれば選挙人になることができた。しかし,このことは,女性には当てはまらなかった。法律が政治的決定の場から女性を排除することで男性に政治権力を独占させる仕組みを設定し,男女の権力における不平等を生みだした。ガスパールらは,男女間の均衡を取り戻すために,（過去において行ったように）再び法律の力によって政治的決定の場の構成を「男性50,女性50」に再設定しようと主張したのである。1946年憲法前文3項が「法律は,女性に対して,すべての領域において,男性のそれと平等な諸権利を保障する」と定めていることをよりどころに,ガスパールらは,法律によるパリテの実現は,憲法を改正することなく可能だと考えていた。

　パリテは「男女半々」を手段とすることから,50％「クオータ」と同一視され,1982年の違憲判決と同様の問題を抱えているとの批判がある。実際の

121

７　政治とジェンダー

ところ，「男／女」の二元的性別を前提にしている点で，ジェンダー・クオータと同様の難題を抱えている（糠塚 2010，217-221 頁）。このため，最終的に，憲法の改正が必要とされたのである。議会制の出発点において，男女二元論に立って女性が排除されたという歴史的経緯から，女性の政治参画を促進するためには，実践レベルで男女二元論に立たざるをえないというジレンマがある。

（4）　パリテの具体化

　パリテを具体化する方法は，適用対象となる選挙制度ごとに異なるが，フランスでは，2000 年 6 月 6 日法律を皮切りに，パリテをより厳しく適用する方向で，選挙制度を含めた法改正が重ねられた。2024 年 8 月現在，以下にみる三つの方式でパリテが適用されている。

　①　名簿式投票で実施されるすべての選挙については，男女交互に候補者名簿を作成し，そのように作成されていない名簿を選挙管理委員会が受け付けないという方式である。適用対象は，比例選挙制で実施される元老院議員選挙，コミューン議会議員選挙，州議会議員選挙，ヨーロッパ議会議員選挙である。

　②　小選挙区二回投票制で実施される下院議員選挙については，政党等の男女の候補者比率に 2 ％以上の開きがある場合，その開きの 150 ％を第 1 回投票時の得票数で配分される政党助成金から減額することで，政党を女性候補者擁立に誘導する方法がとられる。例えば候補者数の男女間の開きが 20 ％であった場合，助成金の 30 ％が減額される。

　③　県議会議員選挙は，伝統的に小選挙区二回投票制で実施されていたが，政党助成金による誘導もできないことから，当初はパリテの非対象選挙であった。2013 年の選挙法改正は，選挙区をすべて小選挙区（1 人区）から 2 人区に再編し，男女がペアで立候補し，有権者もペアに対して投票するという男女ペア方式を採用した。結果，2015 年選挙で県議会は，女性議員比率 13.9 ％の劣等生から，一気に完全パリテ議会に生まれ変わった。

　②の方法については，当初，男女間の候補者比率の男女間の開きの 50 ％に当たる額を得票数割の助成金から減額するという算定だった。それで，議席確保を期待できる大政党ほど，女性候補を擁立するよりも助成金の減額措置を選ぶ，女性の候補者を擁立するとしても，当該政党の地盤が弱くて当選が難しい選挙区に配する傾向があった。そういうわけで，「パリテ」を導入しても，フ

122

3 「いかに」女性議員を増やすのか

ランスの下院女性議員比率の上昇は期待したほどではなかった。そこで減額率が次第に引き上げられ，2014年の女男平等法で150％までになった。2017年の下院選で，マクロン大統領が率いる新党が，ルール通り，候補者の半数に女性を擁立し，下院女性議員比率がようやく飛躍的に上昇した（図表7－6参照）。

フランスで実施されているパリテは，候補者レベルのパリテで，男女の「機会平等」の実質化を図るものである。

①・③の方法は，候補者の「男」「女」同数を直接強制しており，伝統的な共和主義の理解からすれば憲法原理の心臓部と対立する。憲法のパリテ条項（3条5項，2008年の憲法改正で文言が追加されるとともに「1条2項」に移動）が，法律による①・③の導入を可能にした。もっとも，①の方法を政党が自主的に実行するのであれば，パリテ条項の必要はない。ドイツでは，政党が自主的にクオータ制を導入し，女性候補者比率の政党間の競り上げ競争によって，女性

図表7－6　諸外国の国会議員に占める女性の割合の推移

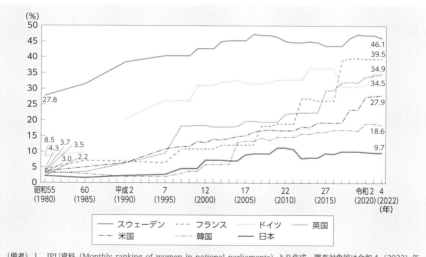

（備考）1. IPU資料（Monthly ranking of women in national parliaments）より作成。調査対象国は令和4（2022）年3月現在189か国。昭和55（1980）年から平成7（1995）年までは5年ごと，平成9（1997）年以降は毎年の数字。各年12月現在（平成10（1998）年は8月現在，令和4（2022）年は3月現在）。
2. 下院又は一院制議会における女性議員割合（日本は衆議院における女性議員割合）。
3. ドイツは昭和60（1985）年までは，西ドイツの数字。

（男女共同参画白書令和4年版110頁）

7 政治とジェンダー

議員比率の上昇をもたらした（図表7－6参照）。②の方法は，女性候補者を擁立するように政党を誘導することを直接の目的とする。政党助成金の減額措置を受けるか否かは，政党の自主的判断による。確かに1999年の憲法改正で，いわゆるパリテ条項に加え，4条2項が新設されたが，審議過程でほとんど異論も起こらず，比較的容易に受け入れられた。政党助成金の減額措置についても，対象法律の条項が憲法院に提訴されたが，憲法院は，減額措置はペナルティではなく，「政党と政治団体へ配分される公的助成金の調整」であると判断した（Décision n° 2000-429 DC du 30 mai 2000, cons.12～13）。この一連の経緯から考えると，男性と女性による権力行使の責務の分担というパリテの大義が前提として承認されれば，少なくとも，政党にこの大義の実行を促すような政党助成金の配分調整を行っても，普遍主義的憲法原理との両立は可能であると考えられる。

　フランスでは，パリテによる仕掛けが功を奏する選挙制度の下で，政策決定の場に女性は「量」的に進出している。しかし，権力の分有というパリテの本来の目的に照らすと，女性の「サブ化」，性別役割分担の再現と呼ぶべき現象がある。定数1のリーダーの地位は男性が占める割合が高く，大臣補佐に女性が偏在している。執行部や委員会委員長に女性が加わっても，担当政策分野がケア問題に偏るなど，性別役割分担が反映されがちであるという。「質」のパリテにはまだ至っていない。

　多くの国が法定候補者クオータを実践していたラテンアメリカ・カリブ地域では，2007年，ジェンダーのパリテを民主主義の重要な要件とするコンセンサスが成立し，エクアドルやボリビアなどでパリテ法が導入された。アルゼンチンにおいても，クオータ法で定められた最低30％という女性候補者割合を50％とし，男女の候補者を交互に配置することで男女同数とするパリテ法が，2017年に成立した（三浦2024b, 66-67頁）。2024年9月1日現在のIPU調べでは，女性議員率42.4％（世界22位）である。またメキシコでは，2014年，連邦議会議員と州議会議員の選挙の候補者にパリテ原則が適用されることが憲法に明記され，選挙法で具体化された。パリテに沿った候補者登録規則を細かく具体的に定め，政党に対する監視や候補者リストの審査を厳格化することで，政党のパリテ原則回避の余地を減少させ，2018年の選挙で，上下両院で「パリテ議会」を達成した（三浦2024b, 43頁）。

124

4　日本の課題

2024 年 10 月，国連女性差別撤廃委員会は，意思決定機関の構成，プロセスにおける「50 - 50 のジェンダー・パリティ」の実現を求める一般勧告 40 号を発出している。

4　日本の課題——候補者男女均等法を育てる

(1)　法律の概要

日本においても，女性の政治参画を促すことを目的に，2018 年に「政治分野における男女共同参画の推進に関する法律」（平成 30 年法律第 28 号，以下「候補者男女均等法」という。）が衆参両院全会一致で制定された。この法律は，2021 年に大幅に改正された。

1）目　　的

候補者男女均等法の目的は，「政治分野における男女の共同参画を効果的かつ積極的に推進し，男女が共同して参画する民主政治の発展に寄与すること」（1 条）である。この「民主政治」とは，単純な多数決である「数合わせ」ではなく，「男女が共同して参画する」ことを内容とする。また，この法律は「男女」を主体とし，一方の性に特化したものでも，「女性を優遇する」ものでもない。

2）基 本 原 則

この目的を達成するために，以下の基本原則が定められている。

①　「衆議院議員，参議院議員及び地方公共団体の議会の議員の選挙において，（…）男女の候補者の数ができる限り均等となることを目指して行われる」（2 条 1 項）ことである。「均等」とは「同数」を意味することが，衆議院内閣委員会での法案審議を通じて確認されている 。政党その他の政治団体は，議員選挙において男女同数の候補者を擁立することを求められている。このことから，候補者男女均等法は「日本版パリテ法」とも呼ばれる。

②　「性別による固定的な役割分担等を反映した社会における制度又は慣行が政治分野における男女共同参画の推進に対して及ぼす影響に配慮して，男女が，その性別にかかわりなく，その個性と能力を十分に発揮できるようにすること」（同条 2 項）が求められる。ここにいう制度又は慣行には，例えばインフォーマルな政党の慣行が女性の候補者擁立の障壁になっていることも含まれ

125

ている（三浦 2024a，32 頁）。

③ 「男女が，その性別にかかわりなく，相互の協力と社会の支援の下に，公選による公職等としての活動と家庭生活との円滑かつ継続的な両立が可能となること」（同条 3 項）が求められる。これは，女性に偏在しているケア責任が女性の政治参画の障壁となっていることを踏まえたものである。

2021 年の改正で新設された 2 条 4 項は，政治分野における男女共同参画の推進は，「政党その他の政治団体が自主的に取り組む」ほか，「衆議院，参議院及び地方公共団体の議会並びに内閣府，総務省その他の関係行政機関等」が，実施主体となることが明記された。

3）実施主体の役割

候補者男女均等法を実施する主体として，「政党その他の政治団体」が名指しされた。1999 年に制定された「男女共同参画社会基本法」（平成 11 年法律第 78 号）は，「政策等の立案及び決定への共同参画」の推進も目指していたが，この基本法実施の責務を負う主体として，国（8 条），地方公共団体（9 条），国民（10 条）が列挙されたが，政党等の政治団体を挙げていなかった。このため，政党にとっては，「政策等の立案及び決定への男女共同参画の推進」は他人事だった。候補者男女均等法では，「政党その他の政治団体」が，政治分野における男女共同参画の推進に「自主的に取り組む」ことを求めている。

政党については，旧法が男女の候補者の数値目標を掲げることを努力目標としていた。改正審議の中で，これを責務にすることが議論されたが，全会一致に至らず，見送られた。それでも，改正法では，公職の候補者の選定方法の改善，人材育成，セクシュアル・ハラスメント（セクハラ）やマタニティ・ハラスメント（マタハラ）防止が新たに加えられた（4 条）。候補者選定過程が男性化されていることが女性の政治参画の阻害要因となっていることが指摘されてきたが，候補者の選定方法の改善はこのジェンダー・バイアスにメスを入れることに通じる。

国及び地方公共団体について，旧法では「努めるものとする」とされていたが，改正法では，「責務を有する」（3 条）とし，取り組むべき事項が明記された（一部努力義務）。改正法は，男女共同参画の推進に当たって「障壁となるような社会における制度，慣行，観念その他の一切のもの」を「社会障壁」と定義して，その有無や取り組みの状況について調査し，情報を収集・提供するこ

とを国の責務とする一方，地方公共団体については努力義務とした（6条1項・2項）。総務省は候補者・当選者について男女別の統計を公表し，地方議会における男女共同参画の推進状況について調査し，公表することが求められている。内閣府男女共同参画局は，ホームページ上に各種のデータを公表し，「見える化」を推進している。2022年3月には，「政治分野におけるハラスメント防止研修教材」の動画をYouTubeで公開した。

議会の責務には，環境整備，ハラスメント対策，人材育成がある。環境整備の施策の例示として，家庭生活との両立支援のための体制整備（議会における妊娠・出産・育児・介護に係る欠席事由の拡大など）を明記している（8条）。2021年1月～2月にかけて，都道府県議長会，市議会議長会，町村議会議長会が議会運営のひな型となる「標準会議規則」を改正し，労働基準法と同等の産前6週，産後8週の産休が規定された。ハラスメント対策は，改正法によって新たに設けられた9条で明記され，ハラスメント防止のための研修の実施と相談体制の整備が求められている。地方自治研究機構の調べでは，2024年8月現在で，職員や議員のハラスメントの防止等に関して自治体が制定している単独条例が62確認できる。人材の育成について，改正法10条は，模擬議会・講演会の開催の推進を明記した。

（2）　残された課題
1）　クオータの実質化
候補者男女均等法が理念法にとどまったのは，法定候補者クオータの導入には現行の選挙制度の改正が必要となるため，現行制度の既得権益者である現職議員の支持を得るのが困難だったためである。また，強制力のある手段を導入する場合は，フランスの例のように，国民主権・平等原則にかかわる憲法論争を引き起こす可能性があった。結果として理念法として成立したことで，こうした論争が回避できたと考えられる（論争を通じて「理念」の浸透が進んだ可能性も否定できないが）。それでも，候補者男女均等法が全会一致で成立したことは，「候補者男女均等」という理念が与野党を超えて政治的な「大義」を得た証であり，今や「候補者男女均等」が基準である。政党が擁立する候補者が男女均等でなければ，その説明責任を負うことになる。

とはいえ，2021年の法改正で実現できなかった政党の掲げる数値目標の義

⑺　政治とジェンダー

務化は，今後の重要な課題である。2023 年，数値目標に反対してきた自由民主党がこれを設定したことから，残る公明党，日本維新の会の対応次第では，数値目標義務化が実現する可能性がある。数値目標の設定は，広義のクオータである。これを実質化するために，以下の二つの法制上の措置が考えられる。

　一つは，選挙制度の改革である。現行の選挙制度を前提にする妥協によって国会に提案されなかったが，法案準備過程で，衆議院議員比例代表選挙の重複候補に比例代表単独候補を混ぜて男女を交互に当選させる仕組みの導入が検討されていた。男女同数を達成するためには，このような選挙制度改革が必要になる。国会は「公正かつ効果的な代表という目標を実現するために適切な選挙制度を具体的に決定」できる（最大判 1976〈昭和 51〉年 4 月 14 日民集 30 巻 3 号223 頁）裁量があるので，政党が候補者男女均等法の理念に沿って候補者を擁立しやすい選挙制度（例えば「重複立候補」制度の廃止）を構築することには，支障がないと考えられる。

　いま一つは，政党助成制度の改革である。政党助成制度と組み合わせることによって，候補者クオータを実質的に「法定」化する効果が期待される。政党助成制度は，「議会制民主政治における政党の機能の重要性にかんがみ」，「政党の政治活動の健全な発達の促進及びその公明と公正の確保を図り」，「民主政治の健全な発展に寄与する」ことを目的としている（政党助成法 1 条）。候補者男女均等法成立後は，立法者自身が「女性の存在する民主主義」という理念で「民主政治」の内容を充塡したと考えられる。つまり，この理念に寄与しない政党は，政党助成金を受け取る資格に疑問が生じることになったのである。確かに，結社の自由の名において政党の自律性は尊重されるが，政党の自由は政党が民主政治の発展に寄与する目的によって制約されており，政治的公共空間で人々に支持を訴える以上，政党は公共に対して責任を負っている。政党が民主政治の健全な発展に寄与しないままであれば，政党助成制度の設立趣旨からも逸脱し，政党助成制度を正当化する根拠を掘り崩すことになる。現行の政党交付金は諸外国に比べかなりの高額にのぼり，現職国会議員が所属する政党のみに資格を与えている点で平等原則に反するという批判が根強いことから，政党に「特権」を享受させたまま立法目的に資することがない運用状況であれば，政党助成制度自体が厳しい違憲論にさらされる可能性がある。

４　日本の課題

2）　ジェンダーに配慮した議会

　2012 年，IPU は「ジェンダーに配慮した議会のための行動計画」を採択した。ジェンダーに配慮した議会とは，「その構成，組織構造，運営，方式及び業務において，男女双方のニーズ及び利益にかなう議会」を指す。単に女性議員の数を増やすのではなく，議会という制度・文化をジェンダーに配慮したものに変えることで，議会が社会全般の模範となることが求められている。議会制度・文化が男性政治家モデルに支配され続ける限りは，社会におけるジェンダー平等と女性の地位向上を推進する力となりえない。

　ジェンダーに配慮した議会が行う行動として，以下の 7 点があげられる。

①　議会のあらゆる機関及び内部組織の構成員数における男女平等を推進し達成する。

②　自国の議会に適したジェンダー平等のための政策枠組みを策定する。

③　全ての業務においてジェンダー主流化を推し進める。

④　女性の権利を尊重する組織文化を育み，ジェンダー平等を推進し，仕事と家庭の両立が図れるよう，男女双方の議員のニーズと実情に対応する。

⑤　ジェンダー平等を追求し擁護する男性議員の取組を認知するとともに活用する。

⑥　ジェンダー平等の推進と達成に向けて，各政党が積極的な役割を果たすように促す。

⑦　議会スタッフにジェンダー平等を推進する能力と資源を備えさせ，女性上級職の採用と定着を積極的に奨励し，議会運営の業務全般におけるジェンダー主流化を徹底する。

　IPU は，ジェンダーに配慮した議会を構築するために自己点検評価ツールを公開し，議会関係者が自己点検（内部監査）をすることを提唱している。日本では，このツールキットを活用した「議会のジェンダー配慮への評価に関するアンケート調査」が 2022 年に衆議院，2023 年に参議院で実施された。議員の回答率も高く，すでに報告書にまとめられている。今後，この結果を踏まえた国会自身の改革が期待される。

[参考文献]

　菊池啓一「アルゼンチンとクオータ制」国際女性 27 号（2013）

⑦　政治とジェンダー

辻村みよ子『著作集４巻　憲法とジェンダー法学──男女共同参画の課題──』（信山社，2022）

辻村みよ子・三浦まり・糠塚康江編著『女性の参画が政治を変える──候補者均等法の活かし方』（信山社，2020）

内閣府『女性の政治参画への障壁等に関する調査報告書（令和３年３月）』（2021）（https://www.gender.go.jp/research/kenkyu/pdf/barrierr_r02.pdf）

内閣府男女共同参画局『男女共同参画白書令和６年版』（2024）（https://www.gender.go.jp/about_danjo/whitepaper/r06/zentai/pdf/r06_07.pdf）

糠塚康江『パリテの論理──男女共同参画の技法』（信山社，2005）

糠塚康江『現代代表制と民主主義』（日本評論社，2010）

前田健太郎『女性のいない民主主義』（岩波書店，2019）

三浦まり『さらば，男性政治』（岩波書店，2023）

三浦まり編『学術会議叢書31 女性の政治参画をどう進めるか』（公益財団法人日本学術協力財団，2024a）

三浦まり編『ジェンダー・クオータがもたらす新しい政治‐効果の検証』（法律文化社，2024b）

Dahlerup, Drude, Zeina Hilal, Nana Kalandadze and Rumbidzai Kandawasvika-Nhundu, *Atlas of Electoral Gender Quotas*, 2013（https://www.idea.int/sites/default/files/publications/atlas-of-electoral-gender-quotas.pdf）

IPU『ジェンダーに配慮した議会のための行動計画』（2012）（http://archive.ipu.org/pdf/publications/action-gender-jp.pdf）

IPU, *Sexism, harassment and violence against women parliamentarians*, 2016（https://www.ipu.org/resources/publications/issue-briefs/2016-10/sexism-harassment-and-violence-against-women-parliamentarians）

IPU, *Women in parliament in 2023 : The year in review*, 2024（https://www.ipu.org/resources/publications/reports/2024-03/women-in-parliament-2023?trk=public_post-text）

World Economic Forum, The Global Gender Report 2024（https://www.weforum.org/ reports/global-gender-gap-report-2024）

8 雇用・社会保障とジェンダー

1 雇用における男女共同参画の現状

女性の労働や男女共同参画の現状は，以下のとおりである。
① 総務省「労働力調査（基本集計）2023年（令和5年）平均結果」（以下「労働力調査」と略記）（https://www.stat.go.jp/data/roudou/sokuhou/nen/ft/pdf/gaiyou.pdf）によると，日本の2023（令和5）年の就業者数は6,747万人で，男女別内訳は女性3,061万人，男性3,696万人である。生産年齢人口〈労働力人口〉（15～64歳）の男性は2008（平成20）年以降減少が続いている（2018年に一時増加に転じた）。生産年齢人口（15～64歳）の女性は2013年以降増加し，2020年は新型コロナウイルス感染症の影響により前年より減少したが，2021年以降は再び増加している。
② 生産年齢人口の就業率は，2020年は低下したが，近年男女とも上昇しており，2023年は，15～64歳の女性は73.3％，25～44歳は80.8％，15～64歳の男性は84.3％となった（労働力調査）。
③ 2020年の日本の女性の生産年齢人口の就業率を他のOECD諸国と比較すると，35か国中，70.6％で13位となっている（図表8－1参照）。
④ 女性の年齢階級別労働力率は，30歳代に落ち込みが見られる，いわゆる「M字カーブ」を描いているものの，そのカーブは以前に比べて浅くなっており，M字の底となる年齢階級も上昇している。1975年では25～29歳（42.6％），2000年には30～34歳がM字の底となっていたが，2022年には，35～39歳の年齢階級がM字の底となっている。M字カーブは台形に近づきつつあるが，国際比較をみると，スウェーデンやドイツ，フランス，アメリカなどではほぼ台形になっていることがわかる（図表8－2参照）。
⑤ 男女とも，パート・アルバイト等の非正規雇用者の割合が増加しているが，2020年及び2021年はいずれも前年に比べてやや低下し，それぞれ女性は54.4％，53.6％，男性は22.2％，21.8％だった。2023年平均の非

8 雇用・社会保障とジェンダー

図表8−1　OECD諸国の女性（15〜64歳）の就業率（2020（令和2）年）

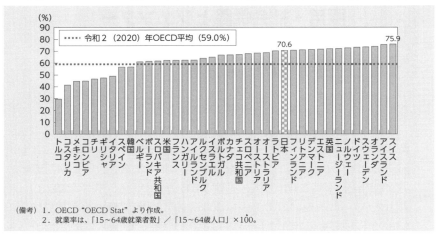

（男女共同参画白書令和4年版126頁）

図表8−2　主要国における女性の年齢階級別労働力率

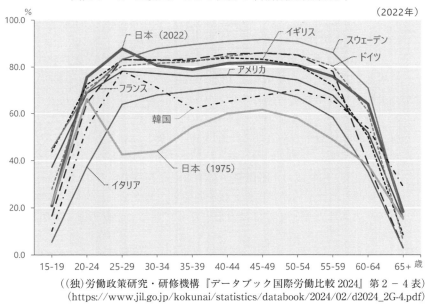

（（独）労働政策研究・研修機構『データブック国際労働比較2024』第2−4表）
（https://www.jil.go.jp/kokunai/statistics/databook/2024/02/d2024_2G-4.pdf）

1 雇用における男女共同参画の現状

正規雇用者は2年連続で増加した。男性は684万人で14万人の増加，女性は1441万人で9万人の増加だった（労働力調査，図表8－3参照）。

年齢階級別の男女別の傾向をみると，2020年の15～24歳の層は女性27.4％，男性22.4％であるが，女性では，その後年齢層が上がるごとに非正規雇用労働者の割合が高くなるのに対して，男性では，25～34歳，35～44歳，45～54歳の層で非正規雇用労働者の割合が順に低くなった後，55～64歳の層で反転して割合が高くなっている（図表8－3，男女共同参画白書令和3年版102頁）。

⑥　2023（令和5）年の非正規雇用労働者の割合は，女性の非労働力人口

図表8－3　年齢階級別非正規雇用者の割合の推移（男女別）

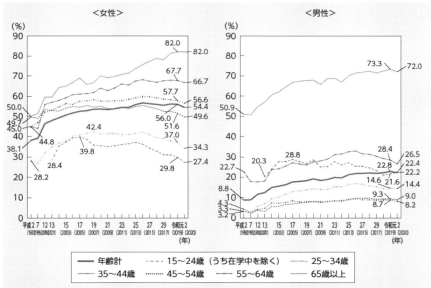

（備考）1．平成13年までは総務庁「労働力調査特別調査」（各年2月）より，平成14年以降は総務省「労働力調査（詳細集計）」（年平均）より作成。「労働力調査特別調査」と「労働力調査（詳細集計）」とでは，調査方法，調査月等が相違することから，時系列比較には注意を要する。
　　　　2．「非正規の職員・従業員」は，平成20年までは「パート・アルバイト」，「労働者派遣事業所の派遣社員」，「契約社員・嘱託」及び「その他」の合計，平成21年以降は，新たにこの項目を設けて集計した値。
　　　　3．非正規雇用労働者の割合は，「非正規の職員・従業員」／（「正規の職員・従業員」＋「非正規の職員・従業員」）×100。
　　　　4．平成23年値は，岩手県，宮城県及び福島県について総務省が補完的に推計した値。

（男女共同参画白書令和3年版102頁）

133

⑧　雇用・社会保障とジェンダー

2,555万人のうち，156万人が就業を希望している（労働力調査）。就業を希望しているにもかかわらず，現在求職していない理由としては，「適当な仕事がありそうにない」が最も多く，32.7％となっている。

⑦　一般労働者における男女の所定内給与額の格差は，長期的に見ると縮小傾向にある。2023年の男性一般労働者の給与水準を100としたときの女性一般労働者の給与水準は74.8で前年に比べ0.9ポイント減少した。また，一般労働者のうち，正社員・正職員の男女の所定内給与額を見ると，男性の給与水準を100としたときの女性の給与水準は77.5となり，前年より0.7ポイント減少した（図表8－4参照）。

図表8－4　男女間所定内給与格差の推移

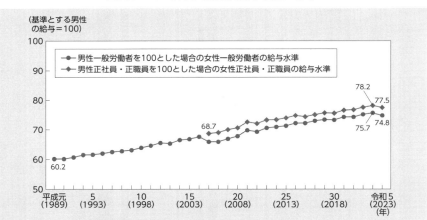

（備考）1．厚生労働省「賃金構造基本統計調査」より作成。
　　　　2．10人以上の常用労働者を雇用する民営事業所における値。
　　　　3．給与水準は各年6月分の所定内給与額から算出。
　　　　4．一般労働者とは，常用労働者のうち短時間労働者以外の者。
　　　　5．正社員・正職員とは，一般労働者のうち，事業所で正社員・正職員とする者。
　　　　6．雇用形態（正社員・正職員，正社員・正職員以外）別の調査は平成17（2005）年以降行っている。
　　　　7．常用労働者の定義は，平成29（2017）年以前は，「期間を定めずに雇われている労働者」，「1か月を超える期間を定めて雇われている労働者」及び「日々又は1か月以内の期間を定めて雇われている者のうち4月及び5月に雇われた日数がそれぞれ18日以上の労働者」。平成30（2018）年以降は，「期間を定めずに雇われている労働者」及び「1か月以上の期間を定めて雇われている労働者」。
　　　　8．令和2（2020）年から推計方法が変更されている。
　　　　9．「賃金構造基本統計調査」は，統計法に基づき総務大臣が承認した調査計画と異なる取扱いをしていたところ，平成31（2019）年1月30日の総務省統計委員会において，「十分な情報提供があれば，結果数値はおおむねの妥当性を確認できる可能性は高い」との指摘がなされており，一定の留保がついていることに留意する必要がある。

（男女共同参画白書令和6年版127頁）

1　雇用における男女共同参画の現状

⑧　女性雇用者の勤続年数は長期化しているが，女性の管理職の割合は依然として低い水準にある。常用労働者100人以上を雇用する企業の労働者のうち役職者に占める女性の割合を階級別に見ると，長期的には上昇傾向にあるが，上位の役職ほど女性の割合が低く，2023年は，係長級23.5％，課長級13.2％，部長級8.3％となっている（図表8−5参照）。

　また，上場企業の役員に占める女性の割合を見ると，近年上昇傾向にあり，2023年7月現在では10.6％，東証プライム市場上場企業では13.4％である（男女共同参画白書令和6年版123頁）。

図表8−5　階級別役職者の女性比率

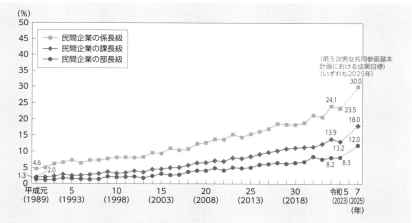

（備考）1．厚生労働省「賃金構造基本統計調査」より作成。
　　　2．令和2（2020）年から，調査対象が変更となり，10人以上の常用労働者を雇用する企業を集計しているが，令和元（2019）年以前の企業規模区分（100人以上の常用労働者を雇用する企業）と比較可能となるよう，同様の企業規模区分の数値により算出した。
　　　3．常用労働者の定義は，平成29（2017）年以前は，「期間を定めずに雇われている労働者」，「1か月を超える期間を定めて雇われている労働者」及び「日々又は1か月以内の期間を定めて雇われている者のうち4月及び5月に雇われた日数がそれぞれ18日以上の労働者」。平成30（2018）年以降は，「期間を定めずに雇われている労働者」及び「1か月以上の期間を定めて雇われている労働者」。
　　　4．令和2（2020）年から推計方法が変更されている。
　　　5．「賃金構造基本統計調査」は，統計法に基づき総務大臣が承認した調査計画と異なる取扱いをしていたところ，平成31（2019）年1月30日の総務省統計委員会において，「十分な情報提供があれば，結果数値はおおむねの妥当性を確認できる可能性は高い」との指摘がなされており，一定の留保がついていることに留意する必要がある。

（男女共同参画白書令和6年版122頁）

　また，就業者に占める女性の割合は，2023年は45.2％で，諸外国と比較して大きな差はない（図表8−6参照）。

135

8 雇用・社会保障とジェンダー

図表 8 − 6　就業者及び管理的職業従事者に占める女性の割合（国際比較）

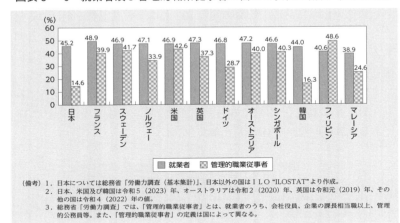

(備考) 1. 日本については総務省「労働力調査（基本集計）」、日本以外の国はＩＬＯ "ILOSTAT" より作成。
　　　 2. 日本、米国及び韓国は令和5（2023）年、オーストラリアは令和2（2020）年、英国は令和元（2019）年、その他の国は令和4（2022）年の値。
　　　 3. 総務省「労働力調査」では、「管理的職業従事者」とは、就業者のうち、会社役員、企業の課長相当職以上、管理的公務員等。また、「管理的職業従事者」の定義は国によって異なる。

（男女共同参画白書令和6年版123頁）

図表 8 − 7　共働き等世帯数の推移

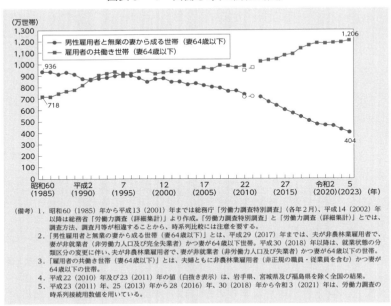

(備考) 1. 昭和60（1985）年から平成13（2001）年までは総理府「労働力調査特別調査」（各年2月）、平成14（2002）年以降は総務省「労働力調査（詳細集計）」より作成。「労働力調査特別調査」と「労働力調査（詳細集計）」とでは、調査方法、調査月等が相違することから、時系列比較には注意を要する。
　　　 2. 「男性雇用者と無業の妻から成る世帯（妻64歳以下）」とは、平成29（2017）年までは、夫が非農林業雇用者で、妻が非就業者（非労働力人口及び完全失業者）かつ妻が64歳以下世帯。平成30（2018）年以降は、就業状態の分類区分の変更に伴い、夫が非農林業雇用者で、妻が非就業者（非労働力人口及び失業者）かつ妻が64歳以下の世帯。
　　　 3. 「雇用者の共働き世帯（妻64歳以下）」とは、夫婦ともに非農林業雇用者（非正規の職員・従業員を含む）かつ妻が64歳以下の世帯。
　　　 4. 平成22（2010）年及び23（2011）年の値（白抜き表示）は、岩手県、宮城県及び福島県を除く全国の結果。
　　　 5. 平成23（2011）年、25（2013）年から28（2016）年、30（2018）年から令和3（2021）年は、労働力調査の時系列接続用数値を用いている。

（男女共同参画白書令和6年版5頁）

1 雇用における男女共同参画の現状

⑨ 1980（昭和55）年以降，共働き世帯が増加し，1997（平成9）年以降は共働きの世帯数が男性雇用者と無業の妻からなる片働き世帯数を上回っている。2023年では，雇用者の共働き世帯（妻64歳以下）は1,206万世帯，片働き世帯（妻64歳以下）は404万世帯であり，共働き世帯数は片働き世帯数の3倍となっている（図表8－7参照）。

⑩ 共働き世帯では育児休業を取得する女性が増えている。第1子出産後の女性の就業継続率は高まる傾向にあり，第1子出生年が2010～14年の57.7％から，2015～19年の69.5％へ上昇した（図表8－8参照）。育児休業制度を利用して就業継続をした女性は55.1％を占め（5年前は43.0％），就業継続者に占める育児休業制度の利用者割合は79.2％となった（5年前は74.5％）。従業員の地位別に就業継続率をみると，正規職員では2015～

図表8－8　子供の出生年別第1子出産前後の妻の就業経歴

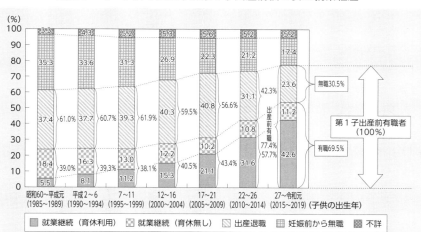

(備考) 1. 国立社会保障・人口問題研究所「第16回出生動向基本調査（夫婦調査）」より作成。
2. 第12～16回調査を合わせて集計。対象は第15回以前は妻の年齢50歳未満、第16回は妻が50歳未満で結婚し、妻の調査時年齢55歳未満の初婚どうしの夫婦。第1子が1歳以上15歳未満の夫婦について集計。
3. 出産前後の就業経歴
　　就業継続（育休利用）－妊娠判明時就業～育児休業取得～子供1歳時就業
　　就業継続（育休無し）－妊娠判明時就業～育児休業取得無し～子供1歳時就業
　　出産退職　　　　　　－妊娠判明時就業～子供1歳時無職
　　妊娠前から無職　　　－妊娠判明時無職
4. 「妊娠前から無職」には、子供1歳時に就業しているケースを含む。育児休業制度の利用有無が不詳のケースは「育休無し」に含めている。

（男女共同参画白書令和6年版131頁）

8 雇用・社会保障とジェンダー

19 年で 83.4 %（育児休業制度利用者の割合は 74.7 %），パート・非正規職員では 2015 ～ 19 年で 40.3 %（育児休業制度利用者の割合は 23.6 %）となった（国立社会保障・人口問題研究所「第 16 回出生動向基本調査（夫婦調査）」(2021 年) 86 頁）。

　第 1 子出産前後に女性の離職が多い理由の一つに，日本では 6 歳未満の子供を持つ夫の家事・育児関連に費やす時間（1 日当たり）が，2021 年では共働き世帯の夫で 1.55 時間，妻が無業の世帯で 1.47 時間と，他の先進国と比較して低水準にとどまっている現状がある（本書 175 頁，図表 9 - 7 参照）。

2　男女雇用均等政策と判例の展開

(1)　男女雇用機会均等法の展開

　1 でみたような雇用情勢に対して，一般に「男女雇用機会均等法」と称されている法律（雇用の分野における男女の均等な機会及び待遇の確保等に関する法律）が女性差別撤廃条約批准に先だって 1985 年に制定（実際には 1972 年制定の勤労婦人福祉法の大幅改訂であるが，法律名も 1985 年に変更）されて以降，積極的な対策の必要が論じられてきた。

　しかし，1985 年法では，雇用者に対する法的拘束力が規定されていないなどの限界が指摘され，1997 年に改正（一部を除き 1999 年から施行）された。この改正によって，(i)第 2 章第 1 節 5 条～ 8 条で，募集・採用，昇進・配置，福利厚生，定年・退職・解雇等の関する差別が禁止規定とされた。また，(ii) 9 条で，(5 条～ 8 条の規定は) 事業主が機会均等・待遇改善を目的として，「女性労働者に関して行う措置を講ずること」を妨げるものではない，と定め，20 条で事業主の措置に対する国の援助を定めて，いわゆるポジティブ・アクション（積極的改善措置）に関する規定を導入した。さらに，(iii) 26 条で，上記 5 条～ 8 条に違反した事業主が厚生労働大臣の勧告に従わないとき，その旨の公表を認めるなど，実効性を高める内容が盛り込まれた。

　その後，2006 年に再度均等法が改正され，2007 年 4 月 1 日から施行された。

　a)　2006 ＜平成 18 ＞年改正法では，第 2 章第 1 節の差別禁止規定について，これまでの女性差別禁止という片面的性格から，性差別禁止という両面

的性格に変更された。すなわち，1997年法では5条で「事業主は，労働者の募集及び採用について，女性に対して男性と同等の機会を与えなければならない」と定められていたのに対して，2006年法では，「事業主は，労働者の募集及び採用について，その性別にかかわりなく機会を与えなければならない」（新5条）とされた。6条以下も，改正前は配置・昇進，教育訓練，福祉厚生，定年・解雇，退職に関して，「労働者が女性であることを理由として男性と差別的取扱いをしてはならない」と定めていた（6条～8条）が，2006年法では，「次に掲げる事項について，差別的取扱いをしてはならない」（新6条）と規定し，前記の配置等の諸項目のほか，労働者の職種・雇用形態の変更（同3号），退職の勧奨，労働契約の更新（同4号）という項目を追加した。

　b）　ポジティブ・アクションについても，両面性に変更するか否かが注目されたが，2006年法では，上記1997年法の9条・20条がそれぞれ新8条・14条に移動されただけで片面的な内容が維持された。

　c）　2006年法7条で，「実質的に性別を理由とする差別になるおそれがある措置として厚生労働省令で定めるもの」について禁止を定めることで，いわゆる間接差別禁止の規定を盛り込んだ（本書148-150頁参照）。

　d）　2006年法9条で結婚，妊娠，出産等を理由とする不利益取り扱いが禁止された。9条4項では，妊娠中の女性労働者及び出産後1年を経過しない女性労働者に対してなされた解雇が無効とされた。

　e）　指針（性別差別の禁止規定，間接差別禁止規定及び妊娠・出産等を理由とする不利益取扱の禁止規定に関する指針）の作成と公表が定められた（10条1項）。

　f）　セクシュアル・ハラスメントの対象を男性も含めた全労働者として，セクシュアル・ハラスメントの予防等について，事業主の雇用管理上の措置を義務化した（11条1項関係）。セクシュアル・ハラスメントに係る指針の公表も明示した（11条2項関係）。2016（平成28）年8月2日に，事業主が職場における妊娠，出産等に関する言動に起因する問題に関して雇用管理上講ずべき措置についての指針等」が公布され，翌年1月1日から施行された（本書第13章参照）。

　g）　調停の対象にセクハラを加えることも定めた（18条1項・20条・23条－25条）。

　h）　違反事業主への勧告に従わなかったときはその旨公表する公表制度を明

⑧　雇用・社会保障とジェンダー

示した（30条）。

　i）　報告をせず，又は虚偽の報告をした者に対する過料（20万円以下）を創設した（33条）。

　j）　女性の坑内労働に係る規制を緩和した（労基法64条の2関係）。

　このほか，2007年・2014年には短時間労働者法（1993年制定のパート労働法）が改正され，2012年には労働契約法改正，労働者派遣法改正などが実施されて，非正規労働者の処遇の改善がめざされてきた。実際には，有期労働契約から無期労働契約への転換などの法改正が，労働者にとって不利益を伴う運用をもたらさないよう，実態に即した法運用の監視が不可欠となっている。2015年の働き方改革の潮流にそって，時限立法で「女性活躍推進法」が制定された（本書150頁以下参照）。

（2）　ワーク・ライフ・バランスの推進

　国連の女性差別撤廃条約（1985年批准）のほか，家族的責任に関するILO156号条約（1995年批准）の実施にむけて，家族的責任と職業の両立支援についても努力が続けられている。

　1991年制定の育児休業法が，1995年に育児介護休業（育児休業，介護休業等育児又は家族介護を行う労働者の福祉に関する法律）に改正され，さらに，2001年に改正されて，子の看護休暇等が導入された（2002年から施行）。さらに2003年には「少子化対策基本法」が制定され，2005年から「次世代育成支援対策推進法」が施行された。ここでは育児休業法等を上回る制度の導入や男性の育児休業取得などを含む一般事業主行動計画の策定が，従業員301人以上の企業に対して義務付けられ，300人以下の企業に対しては努力義務とされた。さらに，2011年から101人以上の企業にも義務付けられることや，厚生労働省の認定マークを得られる仕組みなどが導入された（時限立法であったが，2015年4月1日から10年間有効期限が延長された）。

　そのほか，男性の育児休業取得を促進することなどを目的として，育児介護休業法が改正され，2009年7月1日に公布された（一部は同年9月30日，2010年4月1日，他は2010年6月30日施行，100人以下の企業については一部2012年6月30日施行）。ここでは，①3歳までの子を養育する労働者が希望すれば利用できる短時間勤務制度（1日原則6時間）を設けることを事業主の義

務とした，②3歳までの子を養育する労働者は，請求すれば所定外労働（残業）が免除される，③休暇の取得可能日数を延長して，小学校就学前の子が1人であれば年5日，2人以上は年10日にした，④母（父）だけでなく父（母）も育児休業を取得する場合，休業可能期間が（父の場合，育児休業期間の上限は1年間。母の場合は産後休業期間と育児休業期間を合わせて1年間）が1歳2カ月に達するまでに延長される，などの変更が加えられた。

さらに，2021年6月9日に男性の育休取得に関する規定等を追加する育児・介護休業改正法が公布された。この2021年改正法の概要は下記のとおりである（厚生労働省ウェブサイト https://www.mhlw.go.jp/content/11900000/000788616.pdf 参照。施行日は，(A)(E)は2022年4月1日から，(D)は2023年4月1日から，それ以外は政令で定めた日から施行される）。

(A) 男性の育児休業取得促進のための子の出生直後の時期における柔軟な育児休業の枠組みの創設（子の出生後8週間以内に4週間まで取得することができる柔軟な育児休業の枠組みを創設，休業の申出期限については，原則休業の2週間前まで），(B) 育児休業を取得しやすい雇用環境整備及び妊娠・出産の申出をした労働者に対する個別の周知・意向確認の措置の義務付け，(C) 育児休業の分割取得，(D) 育児休業の取得の状況の公表の義務付け，(E) 有期雇用労働者の育児・介護休業取得要件の緩和，(F) 育児休業給付に関する所要の規定の整備【雇用保険法】。

新たに2024年5月31日に改正育児・介護休業法が公布された。改正のポイントは下記の通りである（厚生労働省ウェブサイト https://www.mhlw.go.jp/content/11900000/000788616.pdf 参照。施行日は，①・⑤は公布後1年6か月以内の政令で定める；②・③・④・⑥・⑦は2025〈令和7〉年4月1日）。

①柔軟な働き方をするための措置等の義務化（3歳以上，小学校就学前の子を養育する労働者を対象），②所定外労働の制限（残業免除）の対象拡大（小学校就学前の子を養育する労働者が請求可能），③育児のためのテレワークの導入を努力義務化（3歳に満たない子を養育する労働者対象），④子の看護休暇等の制度拡充（対象となる子を小学校3年生終了まで延長，取得事由に感染症に伴う学級閉鎖等，入園（入学）式，卒園式追加），⑤仕事と育児の両立に関する個別の意向聴取・配慮の義務化（妊娠・出産時や子が3歳になる前），⑥育児休業取得状況の公表義務が300人超の企業に拡大，⑦介護離職防止のための個別の周知・意向確認，

8 雇用・社会保障とジェンダー

雇用環境整備等の措置の義務化。

近年，男性の育児休業取得率は上昇し，2022年度では，民間企業が17.13％，国家公務員が43.9％（一般職72.5％），地方公務員31.8％である（図表8－9参照）。さらに向上することが期待されるが，その前提として，長時間労働の問題の解決，ワーク・ライフ・バランスの確保が大きな課題になる。

図表8－9　男性の育児休業取得率の推移

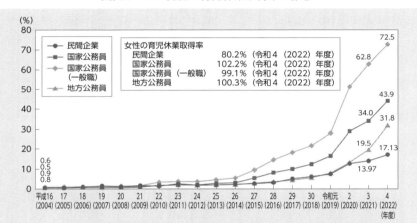

（備考）1．国家公務員は，平成21（2009）年度までは総務省・人事院「女性国家公務員の採用・登用の拡大状況等のフォローアップの実施結果」，平成22（2010）年度から平成24（2012）年度は「女性国家公務員の登用状況及び国家公務員の育児休業の取得状況のフォローアップ」，平成25（2013）年度は内閣官房内閣人事局・人事院「女性国家公務員の登用状況及び国家公務員の育児休業等の取得状況のフォローアップ」，平成26（2014）年度から令和2（2020）年度は内閣官房内閣人事局「女性国家公務員の登用状況及び国家公務員の育児休業等の取得状況のフォローアップ」，令和3（2021）年度以降は内閣官房内閣人事局「国家公務員の育児休業等の取得状況のフォローアップ及び男性国家公務員の育児に伴う休暇・休業の1か月以上取得促進に係るフォローアップについて」より作成。
2．国家公務員（一般職）は，人事院「仕事と家庭の両立支援関係制度の利用状況調査」及び人事院「年次報告書」より作成。なお，調査対象は，国家公務員の育児休業等に関する法律（平成3年法律第109号）が適用される一般職の国家公務員で，行政執行法人職員を含み，自衛官など防衛省の特別職国家公務員は含まない。
3．地方公務員は，総務省「地方公共団体の勤務条件等に関する調査結果」より作成。
4．民間企業は厚生労働省「雇用均等基本調査（女性雇用管理基本調査）」より作成。
5．国家公務員の育児休業取得率について，令和2（2020）年度以前は，当該年度中に新たに育児休業が可能となった職員数に対する当該年度中に新たに育児休業をした職員数の割合。令和3（2021）年度以降は，当該年度中に子が生まれた職員（育児休業の対象職員に限る。）の数に対する当該年度中に新たに育児休業をした職員数の割合。
6．地方公務員の育児休業取得率は，当該年度中に新たに育児休業が可能となった職員数に対する当該年度中に新たに育児休業をした職員数の割合。

（男女共同参画白書令和6年版132頁）

（3） 判例の展開

女性労働者の定年・昇進差別等をめぐって多くの訴訟が提起され，多くの判例が積み重ねられてきた。これらは女性の労働権の保障をはかる上で重要な意義を担ったといえるが，なお解決されない問題も多い。以下では，女性の労働権をめぐる判例の展開を概観しておこう。

1） 結婚退職制——住友セメント結婚退職制事件判決

女性労働者に対する定年・退職差別についての最初の判例として重要な位置をしめたのが，結婚退職制差別をめぐる住友セメント事件判決（東京地判1966〈昭和41〉年12月20日労民17巻6号1406頁）である。1958年に本採用され1964年に結婚を理由に解雇を通告された女子職員が提訴したこの事件では，被告会社側は，女子職員に対して「結婚又は満35歳に達したときは退職する」ことを労働契約の内容とすることを定めて念書も提出させていた。その理由として，女子職員は結婚後は家庭本位となり，欠勤が増える等労働能率が低下するため，「比較的労働能率の高い結婚前のみ雇用して企業経営の効率的運用に寄与させる方針」を採用したと主張した。東京地裁判決は，「女子労働者のみにつき結婚を退職理由とすることは，性別を理由とする差別をなし，かつ，結婚の自由を制限するものであって，しかもその合理的根拠を見出し得ないから，労働協約，就業規則，労働契約中かかる部分は，公の秩序に違反しその効力を否定される」として，民法90条違反と認定して解雇を無効とした。

2） 定年差別——日産自動車男女別定年制事件判決

著しく不合理な若年差別定年制や結婚退職制を公序良俗違反とすることが判例・学説で承認されてくると，次に，男女の定年年齢差が比較的近接している場合の差別の合理性が問題となった。男女間に10歳差を設けた伊豆シャボテン公園事件判決では，一審・二審の無効判決を経て，最高裁1975〈昭和50〉年8月29日第三小法廷判決（労働判例233号45頁）も無効と判断した。ついで，男女間の定年年齢5歳差の事例として日産自動車男女別定年制事件が注目された。この訴訟では，地位保全等の仮処分申請は棄却されたが，本案訴訟の一審の東京地裁判決（1973〈昭和48〉年3月23日判時596号36頁）後，二審の東京高裁判決（1979〈昭和54〉年3月12日労働民集30巻2号283頁）も，不合理な性差別禁止は民法90条の公序の内容をなし，「定年制における男女差別は，企業経営上の観点から合理性が認められない場合，あるいは合理性がないとはい

えないが社会的見地において到底許容しうるものではないときは，公序良俗に反し無効である」とした。1981〈昭和56〉年3月24日最高裁第三小法廷判決（民集35巻2号300頁）は，「女子従業員について労働の質量が向上しないのに実質賃金が上昇するという不均衡が生じていると認めるべき根拠はないこと」を指摘し，「少なくとも60歳前後までは，男女とも通常の職務であれば企業経営上要求される職務遂行能力に欠けるところはな（い）」と判断し，各個人の労働能力にかかわらず一律に従業員として不適格として排除する理由はないとした。こうして就業規則中の女子の定年を男子より低く定めた部分は「専ら女子であることのみを理由と〔する〕」性別のみによる不合理な差別にあたるとして民法90条によって無効と判断した。

3）**賃金差別**——秋田相互銀行賃金差別事件判決

女性の労働権に対する差別のなかで，最も可視的で顕著なものは賃金である。秋田相互銀行事件判決では，男女別に適用される二つの賃金体系を設けて女子職員全体に低賃金の体系を適用したことに対し，そのような賃金差別は労基法4条・13条に基づいて無効であるとして，原告の女性労働者の請求を認容した（秋田地判1975〈昭和50〉年4月10日労働民集26巻2号388頁）。

4）**家族手当差別**——岩手銀行家族手当差別事件判決

家族手当に関する岩手銀行事件では，共働き女性に対する家族手当等の支給を制限する給与規定部分が違法な差別的取扱にあたるか否かが争われたところ，一審判決（盛岡地判1985年3月28日判時1149号79頁）はこれを労基法4条違反で無効とし，さらに二審判決（仙台高判1992年1月10日判時1410号36頁）も，労基法4条に違反し民法（1条の2＜当時＞）により無効であるとした。判旨は，「社会通念，社会的許容性とか公序良俗という概念はもともと不確定概念で〔ある〕……ことは否定できない。しかしながら，これら〔の〕概念は不確定なるが故に発展的動態において捉えられねばならない。そうでないと，旧態は旧態のままで社会の発展は望み得ないことになるからである。それは私的自治の支配する私企業の労使関係における賃金等労働条件を規律する法的基準としても同様である」として，憲法14条1項の男女平等の理念や労基法4条の男女同一賃金原則は理念にすぎないとした銀行側の主張を斥けた。夫婦の家庭内での固定的役割の打破や，それに対する社会通念の変化を通じて憲法等の男女平等理念の達成に接近しようとする判決の姿勢が評価されよう。

5） コース別雇用・昇格差別管理——住友電工事件・兼松事件等

日本の企業では，男女をコース別に採用して総合職・一般職等に分け，昇格・賃金格差を温存する制度が一般化していた。これに対して，東京地裁は，改正均等法の施行前については公序良俗違反ではないとしても，同法施行後の 1994 年 4 月以降のコース別雇用管理について，初めて違法性を認め，請求の一部を認容して損害賠償の支払いを命じた（東京地判 2002〈平成 14〉年 2 月 20 日判時 1781 号 34 頁）。これに対して，同じ裁判長が担当した兼松事件一審東京地裁判決（2003〈平成 15〉年 11 月 5 日労働判例 867 号 19 頁）では，コース別処遇は憲法 14 条の趣旨に反するとしても，労基法 3 条・4 条はこれを禁止しておらず旧均等法も努力義務規定をおくに過ぎないから，公序良俗違反にならないとした。また職掌別賃金制度も，職掌転換制度が合理的である以上，違法ではないとした。

また，男女の昇格差別については，芝信用金庫事件控訴審判決（東京高判 2000〈平成 12〉年 12 月 22 日労働判例 796 号 5 頁）が，職能資格制度における資格が賃金に連動していることから昇格請求を認め，改正均等法施行後のコース別雇用を違法としていた。

これに対して，改正均等法施行前の昇給・昇格差別が問題となった住友電工事件では，第一審大阪地裁判決（2000〈平成 12〉年 7 月 31 日判例時報 1746 号 94 頁）が，当該昇給・昇格差別は「憲法の趣旨に反するが，採用時点で公序良俗に反したとはいえない」として請求を斥けた。その後大阪高裁の和解勧告により 2003 年 12 月 24 日に和解が成立し，原告の昇格が認められた。これによって従来からの一連の判決に対する批判的な一石が投じられることになった（宮地光子監修『男女賃金差別裁判，「公序良俗」に負けなかった女たち——住友電工・住友化学の性差別訴訟』（明石書店，2005 年）参照）。その後，コース別雇用による賃金差別が問題となった兼松事件で，東京高裁判決（2008〈平成 20〉年 1 月 31 日判時 2005 号 92 頁）は，コース別雇用導入時以降の処遇について，男性との賃金格差の合理的理由は認められないとして違法な差別であることを認定し，原告女性の 4 人に対して 7,750 万円（毎月 10 万円）の支払いを命じた。最高裁判決第三小法廷（2009〈平成 21〉年 10 月 20 日）も上告を棄却したため，東京高裁判決による兼松側の敗訴が確定した。

145

⑧　雇用・社会保障とジェンダー

6）セクハラ訴訟・マタハラ訴訟

　職場におけるセクシュアル・ハラスメントの展開等は後述するが（本書256頁以下），従来は下級審判決に留まっていたのに対して，最高裁第一小法廷（櫻井龍子裁判長）が2015（平成27）年2月26日，懲戒処分無効確認等請求事件判決（判時2253号107頁）でセクハラを理由とする懲戒処分を有効と判断したことは重要である。本件では，会社の管理職である男性従業員2名が同一部署内で勤務していた女性従業員らに対してそれぞれ職場において行った性的な内容の発言等によるセクシュアル・ハラスメント等を認定し，これを理由として実施された出勤停止の各懲戒処分は，判示の事情の下では懲戒権を濫用したものとはいえず，有効である，とした。

　また，近年では，いわゆるマタニティ・ハラスメント（職場において，女性が妊娠や出産を理由として受ける，精神的・肉体的嫌がらせ）に関して最高裁第一小法廷が2014（平成26）年10月23日に差戻し判決を下して注目された（民集68巻8号1270頁）。これは妊娠中の軽易な業務への転換に際して副主任を免ぜられ，育児休業の終了後も副主任に任ぜられなかった事案において，「明確な同意や特段の事情がない限り，妊娠を理由とした降格は原則違法」との基準を示し，降格措置が男女雇用機会均等法9条3項〔事業主は，妊娠又は出産に関する事由であって厚生労働省令で定めるものを理由として，当該女性労働者に対して解雇その他不利益な取り扱いをしてはならない〕に違反し違法・無効なものに当たりうることを認めたものである。その後広島高裁の差し戻し控訴審でマタハラ降格に約150万円の賠償命令が下され，女性が逆転勝訴した（広島高裁2015〈平成27〉年11月17日判決判時2284号120頁）。

3　理論的検討課題

（1）　憲法の平等原理と「公序良俗」

　上記の判例の展開では，住友電工事件大阪地裁判決（2000〈平成12〉年7月31日判時1746号94頁）の「憲法の趣旨に反するが公序良俗に反したとはいえない」という論理が問題となる。その前提として，これまでの多くの判例の中で，憲法14条の平等原則違反でなく，民法90条の公序良俗違反とされてきた点について，憲法の間接適用の法理（私人間効力ないし第三者効力論の問題）を確認

しておかなければならない。

すなわち，憲法の人権保障規定は，近代以降，個人対国家の関係を規律するものであると理解されてきたが，現代では社会的権力や集団による人権制約が問題となってきた。そこで，私的自治の原則を害しない範囲で，私法上の一般条項を介在させて，間接的に憲法の趣旨を私人間の権利保障にも及ぼそうとする間接適用説が一般的となり，日本の通説・判例となった（上記日産自動車定年差別訴訟判決等）。このような私法上の一般条項には，民法1条（基本原則）のほか，「公ノ秩序又ハ善良ノ風俗ニ反スル事項ヲ目的トスル法律行為ハ無効トス」と定める民法90条の公序良俗規定が含まれる。

最近では，このような間接適用説の通説化について再検討が進み，ドイツ憲法学における基本権保護義務論との関係で公序良俗論が「精緻化」された。その後，このような傾向に対抗して，憲法の人権規定は私人間に適用されないという「新無効力説（高橋説）」が登場したが，多くの疑問が提起されて憲法学界で議論が続いている。この問題については，憲法14条自体が「政治的，経済的，社会的関係において差別されない」と明示していることから，さらに再検討の余地があろう。

とくに，上記の住友電工事件判決等に示された「公序良俗」優先説は，理論的にも，重要な問題を含んでいる。この判決では，男女雇用機会均等法改正施行の前後で論理を分断し，改正均等法施行（1999年4月）前においては「憲法の趣旨に反するが公序良俗に反したとはいえない」という論理が用いられた。

この問題はおもに労働法学界で検討され，改正均等法施行（1999年）以前には公序良俗違反であることを否定する見解は，「時代制約論」として論じられてきた。その論拠として，「①実定法（労基法3条，4条）違反ではないこと，②旧均等法はこれらを努力義務にとどめていたこと，③企業には広範な採用の自由があること，④企業における効率的労務管理の必要性があったことなど」が指摘される。しかし①は極端な形式論である（労基法に直接違反していれば公序の判断は不要であり，かつ，民法1条ノ2〈現行法では2条〉を無視している）。また，公序違反の判断時は行為時点であり，その「当時の社会意識」を基準にしてきたことに対しても，当時のSeinとしての意識ではなく，当時のSollenとしての規範意識を重視すべきであるとの批判がある（浅倉むつ子「女性差別撤廃条約と企業の差別是正義務」国際人権14号（2003年）28頁以下参照）。

⑧ 雇用・社会保障とジェンダー

これに対して，憲法学界では，私人間の憲法保障について再検討傾向が非常に高まっているにもかかわらず，このような裁判例における「時代制約論」についての検討はなお不十分であり，今後の検討を要する。実際，住友電工事件大阪地裁判決の論理は，従来の間接適用説によって民法 90 条の公序良俗違反を問題とすることが妥当性を持つと解した場合にも，憲法の最高法規性を損なうものであり，妥当ではないと考えられる。改正均等法施行（1999 年）以前において，仮に，コース別雇用・昇格差別が憲法 14 条の趣旨に反する不合理な差別に当たると判断される場合には，その時点で，憲法の趣旨と同様に解釈された民法 90 条に違反していたと解するのが理論的にも妥当であり，これに反する社会通念等を判断基準におくことはできないというべきだからである。

（2）　雇用におけるポジティブ・アクション（PA）の問題

すでにみたように，男女共同参画社会基本法制定（1999 年）以前に改正機会均等法（1997 年）が女性労働者のための PA を導入していたことから，その定義や観念に齟齬が存在してきた。すなわち，「男女共同参画社会基本法」上の「積極的改善措置」は，「前号に規定する機会 [男女共同参画の機会] に係る男女間の格差を改善するため必要な範囲内において，男女のいずれか一方に対し，当該機会を積極的に提供することをいう」（2 条 2 号）と定義し，女性のみのための PA を認めているわけではない。これに対して，改正雇用機会均等法（1997 年改正法律）9 条は「事業主が雇用の分野における男女の均等な機会及び待遇の確保の支障になっている事情を改善することを目的として女性労働者に関して行う措置を講ずることを妨げるものではない」と定め，20 条では，この措置を講じる当該事業主に対して国が援助できることを規定していた。このように，均等法では，「女性労働者に関して行う措置」のみを対象としており，その片面性を改めるか否かがその後の均等法改正のポイントとなった。しかし2006 年の改正法では，差別禁止規定についてその片面的性格を改めて男女双方の労働者に対する差別禁止を定めた反面，PA に関する上記の 9 条・20 条はそれぞれ 8 条・14 条としてその片面的性格が維持された（本書 139 頁参照）。

（3）　間接差別とコース別採用・非正規雇用等

1）　間接差別禁止の法理の展開と問題点

欧米では，基準が性中立的であるにも拘らず一方の性に差別が生じている場

合に，使用者に対して性差別的効果の有無や正当化理由の有無に関する説明を求めることで，差別を是正する「間接差別」禁止の法理が確立された。イギリスでは，1975 年の性差別禁止法で明示され，身長・体重・体力・年齢等を要件としたりシングル・マザーの差別をもたらす事例について，機会均等委員会（EOC）ガイドラインを作成したり訴訟を提起することで判例理論が確立された。アメリカでは「不利益効果の法理（disparate impact theory）」が合衆国裁判所判例のなかで確立され，1991 年の改正公民権法第 7 編のなかで明確にされた。とりわけ詳細な判例理論の展開が認められるのは，EC/EU である。

EC/EU では，1976 年の男女均等待遇指令のなかで「直接的であれ，間接的であれ，性別とくに婚姻上または家族上の地位に関連した理由によるいかなる差別も存在してはならない」（2 条 1 項）とし，1997 年の「性差別訴訟における挙証責任に関する指令 97/80/EC」によって間接差別の存在について定義した。さらに欧州司法裁判所はこれについて詳細な判例理論を確立し，正当性の抗弁を企業側の挙証責任のもとにおくことで，実際に女性労働者たちの救済に寄与してきた。

日本でも，2003 年 7 月の国連女性差別撤廃委員会の最終コメントで，間接差別についての定義を明確にすべきことが指摘されたことをうけて，厚生労働省の男女雇用機会均等政策研究会が 2004 年 6 月に報告書を提出し，間接差別とは，「外見上は性中立的な規定，基準，慣行等が，他の性の構成員と比較して，一方の性の構成員に相当程度の不利益を与え，しかもその基準等が職務と関連性がない等合理性・正当性が認められないものを指す」と定義した。その後，2006 年 6 月に成立した改正男女雇用機会均等法では，「労働者の性別以外の事由を要件とするもののうち，……実質的に性別を理由とする差別となるおそれがある措置として厚生労働省令で定めるもの」を禁止し（同法 7 条），同省令のなかで，間接差別の定義と禁止対象を明示した。さらに，改正均等法施行規則（2007 年 4 月施行）において，「第 7 条の厚生労働省令で定められる措置」として，(i)募集・採用に関する措置で，労働者の身長・体重・体力に関する事由を要件とするもの，(ii)コース別雇用管理における「総合職」の労働者の募集・採用に関する措置で，住居の移転を伴う配置転換に応じることを要件とするもの，(iii)昇進に関する措置で，異なる事業所への配置転換の経験を要件とするもの，の三つの要件に限定した。その後，男女雇用均等法施行規則を改正

8　雇用・社会保障とジェンダー

する省令が 2014（平成 26）年 7 月 1 日に公布され，上記(ⅱ)の「総合職」の限定（下線分）が見直され，昇進・職種の変更が措置の対象に追加された。これにより，(ⅱ)は，すべての労働者の募集・採用，昇進，職種の変更にあたって，合理的な理由なく，転勤要件を設けることは，間接差別に該当することとされた。

　これらの間接差別禁止の法理については，今後も理論的な検討が必要である。

　日本の判例ではまだ間接差別と明確に認定されたものはないが，関連する例として以下のものがある。

　日産自動車家族手当事件判決（1989〈平成元〉年 1 月 26 日東京地裁判決（労民 40 巻 1 号 1 頁），1990 年 8 月に東京高裁で和解が成立）で，実質的な世帯主である従業員に対してのみ家族手当を支給する規定について，不合理ではないと判断された。また，三陽物産事件（1994〈平成 6〉年 6 月 16 日東京地裁判決（判時 1502 号 33 頁），1995 年 7 月東京高裁で和解が成立）では，非世帯主・独身の世帯主等には男女別に異なる賃金体系をとっていたことが，労働基準法 4 条の男女同一賃金原則に反して無効であるとされた。今後，改正均等法で明示された間接差別禁止の法理をどのように運用してゆくか注目される。実際，日本の間接差別禁止法理が諸外国で形成されてきたものとは「似て非なるもの」となっており，その実効性の欠落が批判されている（水谷後掲書 225-228 頁参照）。

（4）　2015 年女性活躍推進法の展開

　女性の職業生活における活躍の推進に関する法律（女性活躍推進法）が 2015 年〈平成 27〉年 8 月 28 日に国会で成立した。これによって女性の活躍推進に向けた数値目標を盛り込んだ行動計画の策定・公表や，女性の職業選択に資する情報の公表が事業主（国や地方公共団体，民間企業等）に義務付けられることになった（労働者が 300 人以下の民間事業主については努力義務）。

　本法の目的は，「男女共同参画社会基本法の基本理念にのっとり，女性の職業生活における活躍の推進について，その基本原則を定め，並びに国，地方公共団体及び事業主の責務を明らかにするとともに，基本方針及び事業主の行動計画の策定，女性の職業生活における活躍を推進するための支援措置等について定めることにより，女性の職業生活における活躍を迅速かつ重点的に推進し，もって男女の人権が尊重され，かつ，急速な少子高齢化の進展，国民の需要

の多様化その他の社会経済情勢の変化に対応できる豊かで活力ある社会を実現すること」にある（1条）。そのため，国は，女性の職業生活における活躍の推進に関する基本方針を策定（閣議決定）し（5条），地方公共団体（都道府県，市町村）は上記基本方針等を勘案して当該区域内における女性の職業生活における活躍についての推進計画を策定することとされた（6条）。

　国と都道府県については計画策定のほか，事業主が取組を円滑かつ効果的に実施できるよう法に基づく必要な支援を行うとともに，女性に対する支援措置や，職業生活と家庭生活との両立のために必要な環境整備を図ることが義務づけられたが，市町村については計画策定が努力義務とされた。実際には同法にもとづく市町村特定事業主行動計画策定状況は2016〈平成28〉年8月までに策定率はほぼ100％（99.7％）となった。

　また，事業主が定める「一般事業主行動計画」では「計画期間，女性の職業生活における活躍の推進に関する取組の実施により達成しようとする目標，実施しようとする女性の職業生活における活躍の推進に関する取組の内容及びその実施時期」を定めるものとされる。一般事業主は，厚生労働省令で定めるところにより，採用した労働者に占める女性労働者の割合，男女の継続勤務年数の差異，労働時間の状況，管理的地位にある労働者に占める女性労働者の割合その他のその事業における女性の職業生活における活躍に関する状況を把握し，女性の職業生活における活躍を推進するために改善すべき事情について分析した上で，その結果を勘案して，これを定めなければならない，とされた（8条）。本法は，2015年8月に10年間の時限立法として制定されたが，その後，対象範囲の拡大等を目的として2019年5月に改正法が成立し，2020年4月より順次施行されている。常時雇用する労働者の数が301人以上の企業に対応が義務付けられていたところ，法改正により，101人以上300人以下の企業についても適用されることとなり，今後の運用状況と本法制定の成果が注目されている。

4　社会保障とジェンダー

（1）「女性の貧困」と社会保障

　グローバリゼーションのもとでヒト・カネ・モノが世界規模で流通し，経済発展を促して，世界の貧富の格差を縮小させたかのようにみえる。しかし実際

8 雇用・社会保障とジェンダー

には、南北の経済格差が増大しただけではなく、ジェンダーの差にもとづく経済格差が顕著になり、世界の貧困層の約7割を女性が占めているという現状がある。「貧困の女性化（feminization of poverty）」の問題である。

日本でも、超高齢化が進んでいる。2022（令和4）年の平均寿命は、女性は87.09年、男性は81.05年である（令和4年簡易生命表）。国立社会保障・人口問題研究所「日本の将来人口推計（令和5年推計）」によると、日本の高齢化は今後さらに進み、65歳以上の人口割合は、2030年には30.8％、2040年には34.8％、2050年には37.1％となると推計されている（139頁）。

このような高齢化社会で経済力の男女間格差や無償労働の問題が顕著となり、日本でも貧困のなかでの、高齢者の就業が問題になってきた。例えば、65歳以上の就業者数及び就業率は上昇傾向で、特に65歳以上の就業者数を見ると20年連続で前年を上回っている。また、就業率については10年前の平成25年と比較して65〜69歳で13.3ポイント、70〜74歳で10.7ポイント、75歳以上で3.2ポイントそれぞれ伸びている（図表8－10参照）。男女別に就業状況を見ると、男性の場合、就業者の割合は、60〜64歳で84.4％、65〜69歳で61.6％となっており、65歳を過ぎても多くの人が就業している。また、女

図表8－10　65歳以上の就業率

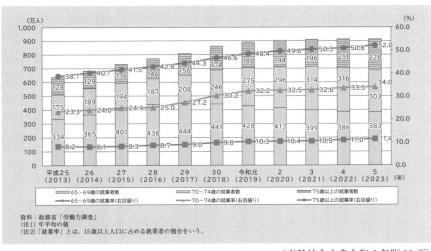

（高齢社会白書令和6年版19頁）

4 社会保障とジェンダー

性の就業者の割合は，60～64歳で63.8％，65～69歳で43.1％となっている。さらに，70～74歳では，男性の就業者の割合は42.6％，女性の就業者の割合は26.4％である（図表8－11参照）。

図表8－11 55歳以上の者の就業状況（男女別）

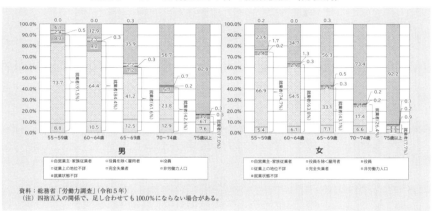

（高齢社会白書令和6年版20頁）

図表8－12 母子世帯数及び父子世帯数の推移

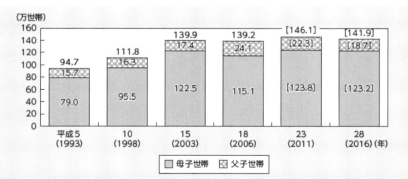

（男女共同参画白書令和3年版138頁）

8　雇用・社会保障とジェンダー

　他方，ひとり親世帯の状況をみると，ひとり親世帯は1993（平成5）年から2003（平成15）年までの10年間に94.7万世帯から139.9万世帯へと約5割増加した後，ほぼ同水準で推移している（図表8－12参照）。2021（令和3）年は，ひとり親家庭数134.4万世帯のうち，母子世帯数は119.5万世帯，父子世帯数は14.9万世帯で，ひとり親世帯の88.9％が母子世帯である（男女共同参画白書令和6年版150頁）。

　しかも，母子世帯のうち31.0％が年間所得額200万円未満であり，41.9％が生活を「大変苦しい」と感じているなど，日々の生活に苦しむひとり親世帯

図表8－13　貧困率の国際比較（ひとり親家庭）

順位	国名	貧困率	順位	国名	貧困率
1	デンマーク	9.7	20	オーストリア	31.0
2	フィンランド	16.3	21	トルコ	31.2
3	アイスランド	18.9	22	イタリア	33.4
4	ノルウェー	23.4	23	スロバキア	33.6
5	ハンガリー	23.5	24	イスラエル	33.9
6	ポーランド	23.8	25	メキシコ	34.2
7	フランス	24.1	26	ルクセンブルク	40.2
8	スロベニア	24.5	27	スペイン	40.3
9	ラトビア	24.8	28	オーストラリア	41.0
10	スウェーデン	25.3	29	リトアニア	41.3
11	ギリシャ	26.8	30	チリ	42.6
12	ドイツ	27.2	31	カナダ	44.1
13	ポルトガル	27.5	32	日本	44.5
13	アイルランド	27.5	33	米国	45.7
15	英国	28.1	34	ニュージーランド	46.1
16	チェコ	28.4	35	コスタリカ	47.4
17	エストニア	29.1	36	韓国	47.7
18	オランダ	29.5		ＯＥＣＤ平均	31.9
18	ベルギー	29.5			

（備考）　1．日本については厚生労働省「国民生活基礎調査」，日本以外の国は，ＯＥＣＤ，Family database "Child poverty"より作成。
　　　　　2．「貧困率」は，ＯＥＣＤの作成基準に基づき，等価可処分所得（世帯の可処分所得を世帯人員の平方根で割って調整した所得）の中央値の半分に満たない世帯員の割合を算出したものを用いて算出（相対的貧困率）。
　　　　　3．基本的に平成30（2018）年の数値であるが，ニュージーランドは平成26（2014）年，オランダは平成28（2016）年，チリ，デンマーク，ハンガリー，アイスランド及び米国は平成29（2017）年，カナダ，ラトビア，スウェーデン及び英国は令和元（2019）年，コスタリカは令和2（2020）年，日本は令和3（2021）年，コロンビア及びスイスは数値なし。

（男女共同参画白書令和6年版151頁）

が多い（男女共同参画白書令和3年版139頁）。

　また，日本のひとり親世帯の貧困率を国際比較すれば，OECD加盟36か国中，32位であり，貧困率が高いことが注目される（図表8－13）。

　なお，2020年頭からの新型コロナウイルス感染症の世界的拡大に伴う「コロナ禍」のもとで，女性の離職率の増加や自殺率の増加等・DV事案の多発という現象が起こっている。これについては，内閣府男女共同参画局編『男女共同参画白書令和3年版』の巻頭「特集」で詳細なデータが示されている。本書では第4章69頁で検討しているため，参照されたい。

（2）　社会保障制度

　20世紀の社会国家で実質的平等確保のために社会権が出現し，社会保障制度が導入された。日本では，日本国憲法25条が「健康で文化的な最低限度の生活を営む権利」としての生存権の保障を定め，これを実現するための社会保障制度を確立した。社会保障の制度には，①生活不能状態にある生活困窮者に対する「所得保障」である「公的扶助」，②生活危機事故の発生に備えて予め保険料を徴収し，事故発生時に保険給付を行う「社会保険」，③保険料を徴収することなく，生活危機事故時に定額給付する「社会手当」，④所得保障では十分ではない生活障害状態に対して，機能回復訓練や介護を施す「社会福祉救援サービス」などが含まれる。

　①の「公的扶助」は，生活保護法によって実現される。保護の内容は，同法11条以下で定められ，生活扶助・教育扶助・住宅扶助・医療扶助・介護扶助・出産扶助・生業扶助・葬祭扶助の8種類である。このうち「困窮のため最低限度の生活を維持できない者」に対して行われる生活扶助が中心である。いずれも，保護の申請に基づいて保護が開始され，厚生労働大臣の定める基準によって測定した要保護者の需要を基として「不足分を補う程度」において認められる（7条－8条）。これらの保護は，「補足性の原則」に従って行われる。すなわち「保護は，生活に困窮する者が，その利用しうる資産，能力その他あらゆるものを，その最低限度の生活の維持のために活用することを要件として行われる」（10条1項）。さらに，民法に定める扶養義務者の扶養などが，生活保護法による保護に優先して行われる（同条2項）。さらに，保護は原則として世帯単位で行われる。

8　雇用・社会保障とジェンダー

上記の補足性の原則，私的扶養優先の原則，世帯単位主義の原則に関連して，夫婦世帯の世帯主の殆どが男性である現状から，ジェンダーに関わる問題が生じうる。例えば，正式に離婚していない夫婦では，妻からの生活保護申請については必ず扶養義務者である夫に照会がいくため，DV被害者が夫から逃れて生活保護を受けることができないなどの例がある。手続的には，離婚が成立していなくても，別居中で別生計であることが証明できれば生活保護申請が受けられるが，別居を証明する住民票の提出，家裁の調停等の離婚手続中であることの証明，夫や親族への扶養義務の照会を条件としているため，夫に居所を知られる恐れがある。このため，厚生労働省では扶養照会を省略できる旨の通達を出し，自治体によってはこれを省略している所もあるが，すべてではない。この問題は，後に見る児童扶養手当等の受給の場面でも顕在化している。

（3）　社 会 手 当

保険料を徴収することなく定額給付される一時金や種々の社会手当がある。健康保険法上では，出産育児一時金のほか，家族出産一時金，出産手当金などが支給される。雇用保険法上では，法定の育児休業を取得した労働者に対して，雇用保険から育児休業給付が支給される。また，児童扶養手当は，1961年の児童扶養手当法に基づくもので，従来は，母子家庭のみが対象とされ，父子家庭が除外されていたが，2010年の法改正で「子と生計を同じくしている父」についても支給対象となった（2010年8月1日施行）。

さらに，2009年8月以降の民主党政権下で，15歳以下の子を扶養する保護者等に対し子ども手当を支給する制度（一律月1万3,000円，所得制限なし）が2010年4月1日から実施されていたが，自由民主党と公明党の要望により法律の名称を児童手当法に基づく児童手当に戻すこととなり，子ども手当は2012年3月31日をもって廃止された。以後は，3歳未満に月1万5,000円，3歳〜中学生に月1万円，第3子以降の3〜12歳は月1万5,000円となった。所得制限（夫婦と児童2人世帯で税引き前年収960万円程度以上）が付されて，制限を超える場合は一律5,000円の特例給付が定められた。

2022年10月より児童手当の特例給付に新たな所得制限が導入され，一定額以上の所得者は特例給付がカットされることになったが，さらに制度改正され，2024年10月分から拡充されることになった。その内容は，①所得制限の撤廃，

156

②支給対象児童の年齢を「高校生年代（18 歳到達後の最初の年度末まで）」に延長，③第三子以降の手当額（多子加算）を月 3 万円に増額，④第三子以降の算定に含める対象の年齢を「22 歳到達後の最初の年度末まで」に延長，⑤支給回数を年 6 回に変更，である。

（4） 配偶者控除制度

　租税は，国や地方公共団体が，その課税権に基づいて，経費に当てるための資金調達の目的で，一定要件に該当するすべての者に課する金銭給付であり，日本国憲法 30 条に定める「国民の納税の義務」を実現するものである。

　税制は，公平性と中立性の原則に従って，租税法律主義のもとで法律によって賦課の内容や徴収手続が決定される。納付先による分類では，国税と地方税にわかれ，国税には，所得税・法人税・贈与税・相続税など，地方税には，住民税・固定資産税・事業税・自動車税・地方消費税などが含まれる。納付方法による分類では，直接税と間接税に別れ，間接税には，消費税・地方消費税・酒税等が含まれる。

　日本の所得税は，個人の所得に対して課税される国税であり，原則として個人単位で課税される。納税者個人の申告納税額は，合計所得金額（収入金額から必要経費もしくは給与所得控除を差し引いた額）から所得控除額を引いた課税所得金額に一定の税率をかけて所得税額を算出し，この所得税額から税額控除額を差し引いた額である。

　ここでいう所得控除は，納税者個人の生活状況を考慮して税金の減免を行うためのもので，基礎控除，扶養控除〔2011 年から縮小〕，配偶者控除，配偶者特別控除，勤労学生控除，老年者控除，寡婦・寡夫控除，障害者控除，寄付金控除，社会保険控除，生命保険料控除，小規模企業共済等掛金控除，医療費控除などがある。

　このうち，配偶者控除は，「居住者が控除対象配偶者を有する場合には，その居住者のその年分の総所得金額，退職所得金額又は山林所得金額から 38 万円（その控除対象配偶者が老人控除対象配偶者である場合には，48 万円）を控除する」（所得税法 83 条）ものである。ここでいう控除対象配偶者とは，「居住者の配偶者でその居住者と生計を一にするもののうち，合計所得金額が 38 万円以下である者をいう」（2 条 1 項 33 号）と定義され，老人控除対象配偶者とは「控

8 雇用・社会保障とジェンダー

除対象配偶者のうち，年齢70歳以上の者をいう」（同33号の2）。

　ただ，2017年税制改正により2018年分の所得税から配偶者控除・配偶者特別控除の制度が改正され，2020年改正による所得控除及び基礎控除の変更によって，配偶者控除・配偶者特別控除の適用要件も一部見直された。改正後の配偶者控除については，①控除を受ける納税者本人のその年における「合計所得金額」が1,000万円以下であること，②配偶者の年間の「合計所得金額」が48万円以下であること（年収ベースでは給与収入が103万円以下）などが定められた（2018年から所得税の非課税限度額が150万円に引き上げられたが，2021年現在でも給与収入のみの場合103万円〈給与所得控除の最低額65万円＋基礎控除額38万円〉が限度である）。例えば，配偶者（妻）の給与収入が103万円以下である場合には，夫が38万円の所得控除を受け，同時に妻本人も課税所得金額がゼロとなり，税制上優遇される。

　このような配偶者控除の仕組みは1961年に導入され，専業主婦の「内助の功」を反映させて，単なる被扶養者でなく夫の増収にも貢献しうる制度として歓迎された。この制度は性別役割分業を前提とした経済成長をさせることにつながったが，妻の収入が103万円を超えると夫の税金計算上，配偶者控除の適用はなく減収になることから，妻の経済的自立を阻害する「103万円の壁」として機能した。また，法律婚をした給与所得者にのみ適用される制度であることから，シングルや自営業の女性との不平等取扱いの問題も生じた。

　さらに，1987年には「配偶者特別控除」制度が導入されたが，2003年の閣議で段階的縮小・廃止が決定され，「2003年税制改革」によって，2004年度から配偶者控除に上乗せして適用された配偶者特別控除の一部が廃止された。

　このような配偶者控除・配偶者特別控除の存在自体が，性別役割分業を前提とした専業主婦の配偶者に対する税制優遇措置として導入され，「103万円／150万円（配偶者特別控除が満額適用できなくなり，優遇が減り始める）の壁」が事実上就業制限として機能し，女性の経済的自立を阻害してきたことからすれば，女性の自立を促すような改革が今後は必要となると思われる。今後は，原則としてこのような世帯単位の発想から純粋に個人単位の課税へと発想を転換すべきであるが，弱者の切り捨て政策にならないための注意が必要であることはいうまでもない。

（5）　第3号被保険者制度──「130万円の壁」

　公的年金制度もまた，長い間，制度改革の渦中にある。これまで国民年金を基礎年金として，被用者年金（厚生年金，共済年金等）と国民年金の2つが積みあがっている「二階建て方式」が採用されてきた。国民は，第1号被保険者（自営業等），第2号被保険者（被用者），第3号被保険者（第2号被保険者の配偶者）に分けられ，1・3号被保険者は国民年金加入，2号被保険者（被用者）は，民間サラリーマンの場合は厚生年金，公務員は共済年金に加入する仕組みである。1985年の国民年金法改正によって，自営業者等を対象としていた国民年金を全被用者世帯に適用拡大した基礎年金制度が導入された。

　この基礎年金制度の導入によって，世帯類型に応じた給付水準の分化が図られ，単身世帯は「基礎年金＋報酬比例年金」，片働き世帯は「夫と妻の各基礎年金＋報酬比例年金」，共働き世帯は「夫と妻の各基礎年金＋夫と妻の報酬比例年金」を受け取る形になった。また，第3号被保険者制度が創設され，被用者（第2号被保険者）の被扶養配偶者も第3号被保険者として国民年金の強制適用の対象となった。国民年金法7条では「第2号被保険者の配偶者であって主として第2号被保険者の収入により生計を維持するもののうち20歳以上60歳未満のもの」が第3号被保険者と定義されている。実際には，被用者の妻はこれによって保険料の負担をせずに第3号被保険者として国民年金が適用されるが，年収130万円を超えたときは第1号被保険者として保険料を負担することになる。このような第3号被保険者制度の導入によって，「基礎年金部分について専業主婦も含めた女性の年金権を確立するとともに，共働き世帯の増加等に対応し世帯類型に応じた給付水準の分化を図り，ライフ・スタイルの多様化に制度的にも一部対応した」制度が目指された（厚生労働省検討会報告書参照）。

　しかしその後，女性のライフ・スタイルが一層多様化し，女性の就業が増加したことから，女性の厚生年金加入を前提とした検討が必要になった。そこで第3号被保険者制度について，廃止や見直しの方向で検討が進んだ。2004年の年金制度改革法では，女性と年金に関して，(i)第3号被保険者期間の厚生年金の分割──被扶養配偶者を有する被保険者が負担した保険料については，被扶養配偶者と被保険者が共同して負担したものであることを基本的認識とする。離婚した場合や分割の適用が必要な場合は，第3号被保険者期間＜施行後の期間＞の厚生年金の2分の1を分割できるものとする。(ii)離婚時の厚生年金の分

⑧ 雇用・社会保障とジェンダー

割──配偶者の同意または裁判所の決定があれば，離婚時に厚生年金を分割できるものとする（婚姻期間中の当事者双方の合計額の半分を上限），(iii)遺族年金制度の見直し──自らの老齢厚生年金を全額受給した上で，従来の遺族給付との差額を遺族厚生年金として支給する，子のいない30歳未満の遺族配偶者の遺族厚生年金を5年の有期給付とする。中高齢寡婦加算の支給対象については，夫死亡時40歳以上とする，などの改正を行った。この2004年正では，さきにみた第3号被保険者制度の不合理さを解消することなく，離婚時の分割等の一時的措置をとるにとどまった。

その後，2012年8月の社会保障・税一体改革関連法の成立に伴い国民年金法等の一部が改正された（2014年4月から施行）。ついで「持続可能な社会保障制度の確立を図るための改革の推進に関する法律」（社会保障制度改革推進法，略称プログラム法）が2013年に制定され，社会保障と税の一体改革がすすめられた。

2020（令和2）年5月に「年金制度の機能強化のための国民年金法等の一部を改正する法律」が成立し6月5日に公布された。この法律は，長期間にわたり多様な形で働くようになることが見込まれる中で，多様な就労を年金制度に反映するため，被用者保険の適用拡大を実施した。具体的には，①短時間労働者を被用者保険の適用対象とすべき事業所の企業規模要件の段階的引き下げ，②賃金要件（月額8.8万円以上），労働時間要件（週労働時間20時間以上），学生除外要件については現行のままとし，勤務期間要件（現行1年以上）を撤廃してフルタイムの被保険者と同様の2か月超の要件を適用することとした。この年金改革関連法が成立したことにより，非正規雇用で働く人たちに厚生年金の適用を広げることになったのは進歩といえるが，超高齢化社会の財政基盤確立と将来不安解消のための課題は多いといえる。

[参考文献]

　大沢真理編『承認と包摂へ──労働と生活の保護』（シリーズ「ジェンダー社会科学の可能性」第2巻）（岩波書店，2011）

　神尾真知子ほか『フロンティア労働法』（法律文化社，2010）

　島田陽一他編『「尊厳ある社会」に向けた法の貢献　社会法とジェンダー法の協働（浅倉むつ子先生古稀記念論集）』（旬報社，2019）

　ジェンダー法学会編『講座ジェンダーと法（第2巻）固定された性役割からの解

［参考文献］

　放』［第Ⅰ部］（日本加除出版，2012)
内閣府『男女共同参画白書令和3年版』(2021)
水島郁子「社会保障とジェンダー」牟田和恵編『ジェンダー・スタディーズ』（大
　阪大学出版会，2009)
水谷英夫『ジェンダーと雇用の法』（信山社，2008)
森戸英幸＝水町勇一郎『差別禁止法の新展開』（日本評論社，2008)

⑨　家族とジェンダー

 家族とジェンダー

　「家族」の定義は定まっていない。憲法にも民法にも「家族」の定義規定はない。現行家族法の諸規定と戸籍法の定める戸籍の編製原理から，想定されているのは，「夫婦及び夫婦と氏を同じくする未婚の子とを単位とする」「小家族」である。社会通念上，婚姻後も，自分の両親，祖父母や兄弟姉妹を「家族」と観念することもある。かように「家族」の外延を捉えることは難しいところ，「小家族」の姿も変化の途上にある。

1　家族の近代と現代

（1）公私区分と家族の二面性

　近代市民革命は，領域国家に権力を集中すると同時に，身分制秩序を破壊して個人を解放した。公私区分は，国家＝公と個人＝私とのかかわりを説明する装置である。国家と個人のあいだに介在する「中間団体」を解体する過程で，例外とされたのが家族であった。こうして，もっとも親密な人的関係を取り結ぶ家族は典型的な私的領域として把握される一方，その家族のあり方は公的事項として国家法の規律対象となった。

　家族が公的事項とされたのは，家族のあり方が，国家の重要な関心事だったからにほかならない。家族は，近代国民国家にとって市民社会の構成員を育成する「苗床」であり，経済社会に不可欠な労働力再生産の場でもあった。この要請に適合的であったのが，家父長家族モデルであった。そこでは，夫婦間では夫優位の性別役割分業が規範化され，親子間では父の強力な権威が基調とされる。1804年のナポレオン法典家族法は，妻の無能力と夫への従属，貞操義務等を内容とする規定を設けた。近代国家は，すぐれて私的な領域とみられた家族を家父長家族モデルの鋳型にはめ，当事者の私的自治が完全に認められない公序として構成した（吉田 2001, 49-51 頁）。

　国家法によって家内領域と公共領域が分離されたが，家族が「市民社会」と対峙して位置づけられたことは，男性は公共領域，女性は家内領域という性別

役割分業の成立を意味した。政治的共同体ないし経済社会としての市民社会は，人間関係が法的関係として処理される法的空間である。この空間で対等平等な法的主体として自由に法的関係を形成することは，基本的には家長である男性に限って許された。近代の個人主義が家長個人主義から始まったことは，よく知られたことである（本書第2章参照）。女性の活動領域とされた家内領域は市場関係に基づかず，アンペイド・ワークが支配する領域となった。その中で，女性は際限のない家事労働とケア労働を担わされた。近代集権国家は家族を共同体から解放したが，家族は個人を解放したわけではなかった（吉田2001，48頁）。女性は，家父長による性支配と，資本制の進展に伴う階級支配の二重のくびきの下におかれ，女性の隷従は固定化された。私的領域とされた家内領域は，公的領域から隔絶され，隠ぺいされた。家内領域の不平等な構造の告発は，フェミニズムによる公私二元論批判を待たなければならなかった（辻村2016，2頁，本書第2章参照）。

（2）　家族の現代的転換

欧米社会では，1920〜30年代にかけて，高出生率・高死亡率均衡から低出生率・低死亡率均衡への人口転換（第1次人口転換）が完了した。同時に，ほとんど全員が結婚し，結婚した夫婦が高齢期まで添い遂げ，多くの夫婦が2人か3人の子どもをもつような社会が成立した。家族社会学は，このような皆結婚社会で成立する家族を「近代家族」として概念化した。その特徴は，①核家族であること，②家族の中で情緒的絆が強まること，③夫婦が性別役割分業を行うことの3点である（田間2015，27-29頁）。②は，愛・性・生殖が結婚内に限定され，子どもを産み育てることが理想とされるようになったことを意味する。いわゆる「ロマンチック・ラブ」が普遍化した結果である。夫婦の情緒的絆とともに，親子の情緒的絆も強くなった。③は，機械制の大工場での大量生産による経済成長が見込めた時代に，安定した雇用が，ライフコースの標準化をさらに強化し，ブルジョワ階層のみならず，女性の主婦化を大衆レベルで可能にした帰結である。近代家族システムは，「男性稼ぎ主／女性主婦モデル」のジェンダー秩序を伴うものだった。

第1次人口転換の完了から，半世紀の安定期を経て，1970年代前後から北西ヨーロッパを皮切りに，新たな人口転換が始まった。①（人口が増加も減少

９ 家族とジェンダー

もしない均衡した状態となる合計特殊出生率の水準である）人口置換水準以下への出生率の低下，②離婚率の上昇，婚姻率の低下，③同棲と婚外子出生の増加がその徴表である。第２次人口転換の要因として，1970年代前後は若者を中心とした反体制運動や対抗文化運動が活発であったことから，個人主義の理念を重視する見方がある一方で，男性稼得者型の家族を不可能にするような経済状態であったという指摘がある（落合2013，545-546頁）。こうした状況に対応して，結婚せずに同棲し，男女にかかわらず仕事がある方が働いて生活を支えるカップルが増加するなど，伝統的な家族生活以外に，多様な私生活形式が現れた。女性が労働市場に進出し，性別役割分業によって相互補完関係にあった，労働市場（モノの生産）と家族（ヒトの再生産）の双方において連動した変化が生じた。

　以上のような状況から，近代において生み出された家族の二面において，「公私の再編」とでもいうべき変化があると指摘されている（吉田2001，45-47頁）。一方で，公序としての家族は，ライフスタイルに関する自己決定権，多様な家族の承認などのスローガンのもとで，「脱公序化」あるいは「私」化がすすんでいる。あるいは，事実の領域に放置されていたような人間関係（例えば同性カップル）の法認による，公序の相対化という現象が見られる。他方で，非法的空間としての家族が女性の無償労働や（性）暴力（ドメスティック・バイオレンス）の温床になってきたことから，家族に対する法の介入が求められるようになっている（家族の「公」化）。

2　日本国憲法と家族

(1)　日本国憲法の制定──「家」制度からの転換

　敗戦の時まで有効に存続していた「家」制度は，近代家父長制型家族の一類型であった。

　「家」は戸主と家族からなる，戸籍上一家として登録された親族団体で，各人はいずれかの「家」に属するものとされた。戸主は戸主権を有し，「家」の財産も原則として戸主に属した。戸主は家族を統率し，家族に対して身分上の監督権をもった。戸主の地位・権利と財産は，一般に長男単独相続である家督相続で伝えられた。妻は財産取引上無能力とされ，親権も父が単独で行使した。

妻の姦通は離婚原因であったが，夫の姦通はそうではなかった。こうした特徴から「家」制度はしばしば前近代的な「封建遺制」とみなされてきたが，家族法史学によれば，「祖先祭祀と父系の親子関係を重視する『家』的家父長制と，夫＝父の権威を重視する『近代的家父長制』の距離は思うほど遠くはない」と総括されている（三成 2005，191 頁）。

　憲法 24 条は，そのような「家」制度を解体し，個人の尊厳（それゆえ当然に個人の根源的平等性）を核心とする日本国憲法のもとに相応しい公序を家族生活に求めるものである。本条は，いわゆるシロタ草案 18 条→GHQ 草案 23 条→日本政府案 22 条をもとに，帝国議会の審議を経て憲法 24 条として制定された。シロタ草案とは，GHQ の人権起草委員会試案全 41 カ条中，家族条項を有していたワイマール憲法や北欧諸国，旧ソ連憲法等を参照して，ベアテ・シロタ・ゴードン氏が起草したとされる部分をいう。18 条のほかに，妊婦及び幼児をもつ母親に対する国の保護，婚外子に対する法的差別の禁止と婚外子の権利，長男の権利の廃止，児童の医療の無償など，女性や子どもを保護する諸条項を含んでいた。しかし，社会権的な家族保護条項は，「法を通して，他の国に新しい型の社会思想を押し付けることは不可能」だとして，GHQ 内部での検討過程で削除された。総論部分にあたる 18 条だけが生かされ，GHQ 草案 23 条（「家族は，人類社会の基礎であり，その伝統は，善きにつけ悪しきにつけ国全体に浸透する。婚姻は，両性が法律的にも社会的にも平等であることを争うべからざるものである〔との考え〕に基礎をおき，親の強制ではなく相互の合意に基づき，かつ男性の支配ではなく〔両性の〕協力により，維持されなければならない。これらの権利に反する法律は廃止され，それに代わって，配偶者の選択，財産権，相続，本居の選択，離婚並びに婚姻および家族に関するその他の事項を，個人の尊厳と両性の本質的平等の見地に立って規制する法律が制定されるべきである。」）となった。提案者たる日本政府は，政府案 22 条について，当初，「家」制度の廃止を意味しないと説明していたが，貴族院の審議を通して，「家」制度の廃止は憲法上要請されることが明確となった（シロタ・ゴードン 1995，148-219 頁）。他方，家族保護規定について，衆議院・貴族院の審議過程で議論された結果，憲法に明記されることもなかった。「保守派議員らの日本型家父長家族」と「社会国家型の家族保護論」の「両者を同時に排除する形で，「家」制度の否定による近代化・民主化が志向され」て，「個人尊重主義を基礎とした画期的な憲法 24

9 家族とジェンダー

条が成立した」（辻村 2016, 83 頁）。

（2）　憲法 24 条の趣旨と家族制度改革

24 条 1 項は，「婚姻は，両性の合意のみに基づいて成立し，夫婦が同等の権利を有することを基本として，相互の協力により，維持されなければならない」と定める。家制度のもとでは，家の成員の婚姻には戸主の同意を必要としていた。「婚姻の自由」は，憲法 13 条の幸福追求権の一環としての個人の人格的自律権ないし家族に関する自己決定権の具体化である。婚姻が成立するための要件は，当事者の合意のみであり，当事者以外の第三者の意思によって，婚姻の成立や効力が妨げられてはならない。また「夫婦の同等の権利」については，夫婦が相互にもつ同等の「権利」の内容が自覚的に明らかにされる必要がある。この点については，女性差別撤廃条約が，単なる男女平等（原則）を超えて，男女（夫婦）の equal right でなく，same right を掲げていることが参照されるべきだろう（辻村 2016, 121-123 頁）。

24 条 2 項は，「配偶者の選択，財産権，相続，住居の選定，離婚並びに婚姻及び家族に関するその他の事項に関しては，法律は，個人の尊厳と両性の本質的平等に立脚して，制定されなければならない」と定める。この規定は憲法 13 条・14 条の原則を家族生活の場面に具体化したもので，婚姻・家族に関する法律を，「個人の尊厳」と「両性の本質的平等」に立脚して制定しなければならない立法府の義務が導かれる（辻村 2016, 124-125 頁）。

憲法 24 条の成立を受けて，「家」制度を廃止すべく，1947 年に民法の親族・相続編が全面的に改正された。現行家族法は，「個人の尊厳」と「男女平等の理念」によって方向づけられるという「先取り性」を備え，「家庭裁判所の存在を前提」として当事者の協議を先行させる「多くの白紙条項」を設けることにより，「家族紛争にたいする国家の柔軟な対応を可能にする」道を開くものだった，という（利谷 1991, 109-111 頁）。しかし，ここにいう柔軟性は，社会規範と当事者の力関係を協議において優先させることを意味する。その具体例として離婚法が挙げられる。当事者の届出だけで離婚を認める日本の協議離婚制度は，比較法的に稀なぐらいに自由だという。これが，事実上，追い出し離婚の武器として機能したという指摘がある。このため弱者の不利に実質的な不平等が昂進し，家族法の形式的抽象的な男女平等の下で不可視化された。弱者

166

保護のための法の介入が求められるゆえんである。

　一方，民法には 731 条（「男は，18 歳に，女は，16 歳にならなければ，婚姻をすることができない」），733 条 1 項（「女は，前婚の解消又は取消しの日から 6 箇月を経過した後でなければ，再婚をすることができない」），900 条 4 号但し書（「ただし，嫡出でない子の相続分は，嫡出である子の相続分の 2 分のと」する）など，形式的平等に反する条項が残存していた。

　旧民法下では，婚姻すれば妻が当然夫の家に入って夫が帰属する家の氏を名乗るとされていた（よって夫婦同氏制は 1898 年の導入である）ところ，民法 750 条（「夫婦は，婚姻の際に定めるところに従い，夫又は妻の氏を称する」）は，夫と妻が協議して自由にどちらの氏でも決めることができるとした。文言上，性別に基づく法的な差別的取扱いがあるわけではないが，夫婦の同氏が強制されるため，夫婦どちらかが改氏の負担を強いられる。それは圧倒的に女性に偏っている。

　加えて，戸籍制度の問題がある。戸籍制度は，国民登録と住民登録と親族登録を兼ね備えた存在であり，他に例を見ない完璧な身分登録簿である。「家」廃止は，戸籍法の改正を必然とした。改正の過程での保守派の巻き返しにより，「二世代戸籍編製」を原則（夫婦・親子同一戸籍の原則）に，戸籍筆頭者をおくという案が採用された。法技術的には，戸籍筆頭者は戸籍簿の検索のためのインデックスの意味しか持たないはずだった。ところがほとんど場合戸籍筆頭者が夫になることから，「筆頭者」は「戸主」に模され易い効果を持った。戸籍に記載されるのは同一の氏の者だけで，家族は同一の氏を称する。氏は個人の呼称だけではなく，「家族」の呼称となった。戸籍制度とその運用は，「家」制度の残滓を引きずることになった（糠塚 2019，217 頁）。

　以上ことからすれば，国家による個人の解放が課題とされた戦後改革にあって，家族法の改革は不徹底であったことが確認される。

（3）　日本型家族と民法改正論議

　ここに誕生した「日本型家族」は，高度経済成長期の日本社会にとって適合的であり，安定した存在だった。この時期，夫は過酷な競争社会で長時間労働に従事し，妻はその夫が全力を挙げて働き続けられるように家庭で支援する役割を担った。社会と家族を貫く性別役割分業が，強固に構築された。たとえ妻

9　家族とジェンダー

が職を得ていても，子の世話や介護が必要となった際にはその負担を妻が負い，家庭に戻ることが求められた。このような構造により，女性の労働力は労働市場で「二級」扱いされ，賃金は低く抑えられた。女性は経済的にも男性に依存し，その結果，性別役割分担と労働市場における男女格差が固定化され，今日まで女性差別が続いている。この構造が変革されない限り，女性が自由かつ平等な個人として解放されることはない。

　1990 年代のバブル崩壊以降，男性労働者を含め「非正規」労働という不安定な雇用形態が広がる中，従来の異性愛的ジェンダー秩序を前提とした日本の婚姻家族は，大きな曲がり角を迎えた。成功体験に支えられた「日本型家族」の残像が依然としてあるものの，家族の変化が進行している。

　女性差別撤廃条約や子どもの権利条約といった国際人権条約の発展に伴い，日本の家族法制も見直された。再婚禁止期間規定や婚外子相続分差別規定等の違憲性を争う訴訟が提起された。こうした家族のあり方の変容を受けて，民法改正作業が着手された。1991 年に活動を開始した法務省の法制審議会民法部会身分法小委員会は，1994 年に民法要綱改正試案を発表し，1996 年に「民法の一部を改正する法律案要綱」を答申した。この要綱では，①選択的夫婦別氏制の導入，②婚外子の相続分平等化，③再婚禁止期間の 100 日への短縮，④ 5年間の別居による離婚制度の導入等が提案された。このうち，②，③については，後述するような最高裁の違憲判断（本書 178-181 頁）を経て，民法改正が実現している。また，憲法に適合的でないとされてきた婚姻適齢（民法 731 条）についても，2018 年の民法上の成年引下げに伴い，男女とも 18 歳以上とする改正が 2022 年 4 月 1 日から施行された。①について，法務省は，1996 年および 2010 年に選択的夫婦別氏制導入の改正法案を準備した。いずれの法案も，当時の政府与党内で様々な議論があり，国民の意識に配慮しつつ慎重な検討を行う必要があるとされ，国会に提出されなかった。国連女性差別撤廃委員会は，2024 年 10 月，民法を改正して選択的夫婦別氏制を導入するよう，4 度目の勧告を行った（本書 49 頁参照）。

3　日本の家族の現状

（1）　日本の第 2 次人口転換

　日本では，1960 年頃からはそれまでの多産少死から少産少死への第 1 次人口転換が進み，1975 年前後までの合計特殊出生率（＝ 15 〜 49 歳までの女性の年齢別出生率を合計したもので，1 人の女性がその年齢別出生率で一生の間に生むとしたときの子どもの数に相当する）は人口置換水準前後の 2.1 前後で推移した。

　1971 〜 74 年の第 2 次ベビーブーム以降，第 1 次オイルショックによる経済的な混乱や，人口増加傾向を受けて，人口爆発とそれにともなう資源争奪戦が懸念されていた。1974 年，国連世界人口会議に先立って東京で開催された第 1 回日本人口会議でにおいて，静止人口達成のために，「子どもは 2 人まで」という国民的合意を目指す宣言が採択されたほどだった（人口問題研究 132 号，44 頁）。翌 1975 年から合計特殊出生率は 2 を下回り，この傾向が加速した。1980 年代初めにやや回復したものの，80 年代半ばから再び低下し続け，人口置換水準からのかい離も大きくなっていった（図表 9 − 1 参照）。第 1 人口転換の終了と第 2 次人口転換の間隔は，西欧では半世紀あった。二つの人口転換が連続するほどに圧縮された韓国や台湾ほど激烈ではないが，日本のそれは 20

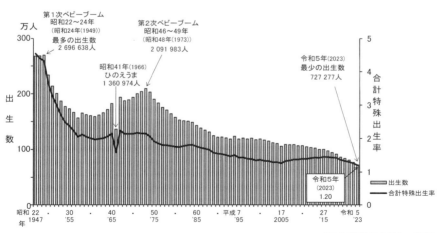

図表 9 − 1　出生数及び合計特殊出生率の年次推移

（厚生労働省 2024，4 頁）

⑨ 家族とジェンダー

図表9－2　婚姻件数及び婚姻率の年次推移

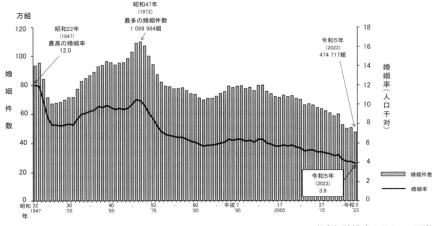

（厚生労働省 2024，14 頁）

図表9－3　50歳時の未婚率の推移

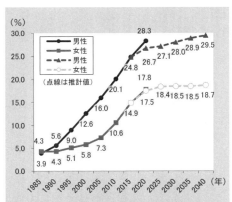

（厚生労働省『令和5年度版厚生労働白書』11 頁）（https://www.mhlw.go.jp/wp/hakusyo/kousei/22/dl/zentai.pdf）

資料：国立社会保障・人口問題研究所『人口統計資料集』、『日本の世帯数の将来推計（全国推計）』(2018（平成30）年推計)

（注）　50歳時の未婚割合は、50歳時点で一度も結婚をしたことのない人の割合であり、45歳～49歳の未婚率と50歳～54歳の未婚率の平均。2020年までの実績値は「人口統計資料集」（2015年及び2020年は、配偶関係不詳補完値）、2020年以降の推計値は『日本の世帯数の将来推計（全国推計）』(2018（平成30）年推計) による。

3 日本の家族の現状

年ほどに短縮された。

　日本では,①人口置換水準以下への出生率低下に加え,②婚姻率の低下（未婚化）,初婚年齢の上昇（晩婚化）,離婚率の上昇という現象が起きているが,西欧のように③同棲,婚外子出生率はそれほど増えていない（落合 2013, 539 頁,図表 9 - 2 ～図表 9 - 5 を参照）。なお離婚率とは,結婚した夫婦のうち離婚する夫婦の割合をいうのではなく,人口 1000 人あたりの年間離婚件数を指す。

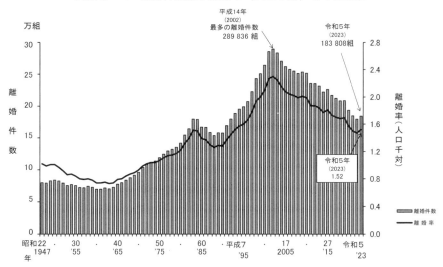

図表 9 - 4　離婚件数及び離婚率（人口千対）の年次推移

（厚生労働省 2024, 16 頁）

図表 9 - 5　婚外子割合の国際比較（母親の出生総数に対して：％）

	アイスランド	フランス	ノルウェー	イギリス	アメリカ	ドイツ	日本	OECD 平均
1970	29.9		6.9	8.0	10.7	7.2	0.9	7.4
1995	60.9		47.6	33.5	32.2	16.1	1.2	23.9
2020	69.4 (2019)	62.2	58.5	49.0	40.5	33.1	2.4	41.9

（OECD Family Database）
(http://www.oecd.org/els/family/SF_2_4_Share_births_outside_marriage.pdf)

⑨　家族とジェンダー

　日本の離婚件数は2002年の28万9836組をピークに減少傾向にある（ただし，同居期間が20年以上だった「熟年離婚」は直近20年以上，4万組前後で高止まりしている（厚生労働省2024, 19頁））。

　日本では，2019年の時点でいわゆる「できちゃった婚」が結婚総件数の20％弱（年齢層が若いほど割合は高い）を占めており，結婚と出産をつなぐ社会的規範が根強い。「いずれ結婚するつもり」と答えた18〜34歳の未婚者の割合は，2023年調査で男性81.4％，女性84.3％であるが，いずれの性別・年代とも低落傾向にある（国立社会保障・人口問題研究所2023, 18頁参照）。日本では，子どもは男女が結婚してから生まれる場合が大半なので，出生率低下の要因は，(a)未婚化と，(b)晩婚化に伴う有配偶者出生率の低下に求められる。

（2）　少子化対策

　少子高齢化により，日本の人口構造は，大きく歪みをみせている（図表9－6参照）。1990年のいわゆる「1.57ショック」を契機に，政府は少子化対策の取組を行ってきた（『令和3年版少子化社会対策白書』45-46頁）。その政策的関

図表9－6　我が国の総人口及び人口構造の推移と見通し

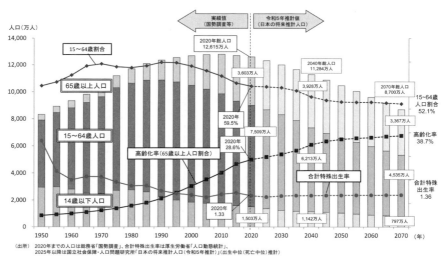

（厚生労働省「人口の推移，人口構造の変化」）
（https://www.mhlw.go.jp/content/000826227.pdf）

心は，既婚者の出生力低下に向けられていた。既婚の夫婦が理想の数の子ども
を持たない理由に，第2子・第3子について「子育て・教育にお金がかかりす
ぎるから」を挙げ，35歳未満の妻の8割近くが，経済的理由から子どもをも
つことを抑制していることが背景にある（国立社会保障・人口問題研究所2023，
74頁）。

　その中で未婚化に注目したのが，2014年からの地方創生の取組といえる。
端緒となったいわゆる「増田レポート」は，若年女性の流出により，2040年
時点で，全国の49.8％にあたる896市区町村が消滅の危機に直面する「消滅
可能性都市」となり，このうち523市町村は人口が1万人を切って，自治体と
して存立しえない可能性があると指摘した。問題が深刻なのは，若者を吸収し
ている東京都の合計特殊出生率が低いことである。都道府県別で万年全国最下
位，2023年には合計特殊出生率0.99で1を割り込んでいる。

　地方消滅危機の発端は，人口の再生産を中心的に担う若年女性の東京への流
入だった。地方消滅の懸念を払拭するには，「女性が活躍している都道府県に
は女性が集まっている」という相関関係から，女性の参画を促すことが重要だ
という指摘がある（林2016，77頁）。

（3）政策課題

　未婚化・晩婚化の要因として，家族社会学の教科書は以下の2点を指摘して
る。第1の要因は，伝統的な結婚観において，男性は「稼ぎ主」としての経済
力を期待されているが，雇用の不安定化により，若い男性がその期待に応じる
ことが難しくなっていることである。第2の要因は，かつては親族・地域社
会・職場といった身近な共同体が配偶者選択を支援していたが，いまではその
ような支援は弱まり，配偶者の選択は個人の問題だとする考え方が広がってい
ることである（大和2015，91-92頁）。

　国立社会保障・人口問題研究所が2021年に実施した「第16回出生動向基本
調査」によると，結婚の利点として「自分の子どもや家族を持てる」，「精神的
な安らぎの場が得られる」，「経済的に余裕がもてる」が挙げられている。この
うち「自分の子どもや家族をもてる」と答えた人の割合は，以前の調査では増
加傾向にあったが，今回は減少に転じた。女性は前回（2015年）調査の
49.8％から39.4％に，男性は35.8％から31.1％に減少している。

173

⑨　家族とジェンダー

　結婚後の女性のライフコースとして，男性の39.4％が「結婚し子どもを持つが，仕事も一生続ける（両立コース）」，29.0％が「結婚し子どもを持つが，結婚あるいは出産の機会にいったん退職し，子育て後に再び仕事を持つ（再就職コース）」をパートナーに望んでいる。女性自身が理想とするライフコースは，両立コースが34.0％，再就職コースは26.1％であり，自らの予想としてそうなるとする女性は，それぞれ28.2％，22.7％となっている。一方で，「結婚せず，仕事を続ける（非婚就業コース）」，「結婚するが子どもは持たず，仕事を続ける（DINKsコース）」を予想する女性の割合は，それぞれ前回調査の21.0％から33.3％（過去最多），3.8％から4.9％へと増加した。

　結婚相手に求める条件として，男女とも「人柄」に次いで「家事・育児の能力や姿勢」「仕事への理解と協力」を重視している。特に女性の7割が相手の「家事・育児の能力や姿勢」を重視している。また，女性は男性に比べ，相手の学歴，職業，経済力を重視・考慮する傾向があるが，1990年代以降，男性でも相手の「経済力」を重視・考慮する人が増えている（1992年の調査の26.7％から2021年の調査の48.2％）。

　アンケート結果にみる女性たちの集合知は，長引く経済的低迷と賃金上昇が望めないなかで，「各人稼得者＝ケア提供者型結婚」という新たな結婚観を見いだしているように思える。しかし，現実には，「夫が有業で妻が無業の世帯」に限らず，共働き世帯であっても，家事・育児の負担は圧倒的に妻に偏っている（図表9－7参照）。

　非婚化に加え，人生の時間が延びたこともあり，単独世帯が増加傾向にある（図表9－8参照）。夫婦と未婚の子からなる世帯は，全体の25％にすぎない。標準世帯をベースにした政策や制度設計は，現実とズレを生じている。

　以上から，現代の家族は大きく二つの問題に直面しているといえるだろう。

　一つは，家族規模が小さくなったことにより，家族が果たすべき機能を担えなくなっている問題である。家族以外のセクターに依存することは，家族から負担を軽減するもので，家族を否定するものではない。家族機能の代替や家族への支援は，制度的対応を含めて論じるべきである。少なくとも，「介護の再家族化」にみられるような家族主義的な政策は，家族からの逃避を助長し，非婚化を加速させる可能性がある。2012年4月に公表された自民党の憲法改正草案で追加された「家族は，互いに助け合わなければならない」という文言も，

3 日本の家族の現状

図表 9 － 7　共働きか否かの別，夫・妻の家事関連時間の推移（2006 年〜 2021 年）
一週全体平均，6 歳未満の子供を持つ夫婦と子供の世帯

(時間. 分)

		共働き世帯				夫が有業で妻が無業の世帯			
		2006年	2011年	2016年	2021年	2006年	2011年	2016年	2021年
夫	家事関連	0.59	1.10	1.24	1.55	0.59	1.06	1.15	1.47
	家事	0.14	0.15	0.21	0.34	0.07	0.09	0.10	0.20
	介護・看護	0.01	0.00	0.01	0.01	0.01	0.01	0.01	0.01
	育児	0.30	0.40	0.48	1.03	0.34	0.38	0.45	1.06
	買い物	0.14	0.15	0.14	0.17	0.17	0.18	0.19	0.20
妻	家事関連	5.37	6.08	6.10	6.33	8.40	8.53	9.25	9.24
	家事	2.53	2.58	2.42	2.37	4.02	4.03	3.42	3.44
	介護・看護	0.04	0.03	0.07	0.03	0.03	0.04	0.05	0.02
	育児	2.08	2.32	2.49	3.24	3.50	3.59	4.57	4.56
	買い物	0.32	0.35	0.32	0.29	0.45	0.47	0.41	0.42

（総務省統計局「統計 Today No.190」https://www.stat.go.jp/info/today/pdf/190.pdf）

図表 9 － 8　家族の姿の変化

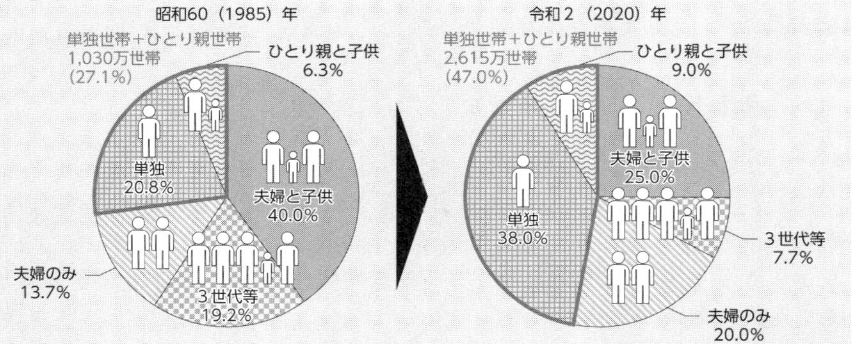

昭和60（1985）年

単独世帯＋ひとり親世帯
1,030万世帯
（27.1%）
ひとり親と子供 6.3%
単独 20.8%
夫婦と子供 40.0%
夫婦のみ 13.7%
3世代等 19.2%

令和2（2020）年

単独世帯＋ひとり親世帯
2,615万世帯
（47.0%）
ひとり親と子供 9.0%
夫婦と子供 25.0%
単独 38.0%
3世代等 7.7%
夫婦のみ 20.0%

(備考) 1．総務省「国勢調査」より作成。
2．一般世帯に占める比率。施設等に入っている人は含まれない。「3世代等」は、親族のみの世帯のうちの核家族以外の世帯と、非親族を含む世帯の合算。
3．「子」とは親族内の最も若い「夫婦」からみた「子」にあたる続柄の世帯員であり、成人を含む。

（男女共同参画白書令和 5 年版 4 頁）
（https://www.gender.go.jp/about_danjo/whitepaper/r05/zentai/pdf/r05_tokusyu.pdf）

175

9 家族とジェンダー

同様の問題を孕んでいる。家族主義的な南欧や東アジアの国や地域における低調な合計特殊出生率をその証左とする見解もある。

もう一つの問題は，家族形成の困難である理由として，「家族」が個人の自由にとって足かせであり，限られたタイプの人的結合関係だけを指していると考えられている点である。未婚化を論じる際，一般的に想定されるのは，「婚姻家族を形成しない／できない」人々である。これは，現行の法律婚による婚姻家族が基準となっており，それとは異なる形態を一括して否定形で捉える思考が働いている。「婚姻家族を形成する／しない」という二者択一の選択肢しかないところで，「非婚化」が進行しており，これが人々を孤立させる一因にもなっている。血縁や婚姻関係にない者同士での同居や同性カップル，さらに婚外子が当たり前になっている欧米では，「誰を家族と思うのか」「どのように暮らすのが家族なのか」という判断自体が個人に委ねられ，その前提で「家族という親密圏を形成する／しない」という選択が行われている。「婚姻家族」は「家族という親密圏」の一部であり，そのサブカテゴリーとして位置づけられている。

こうした問題状況を反映して，2000年代にはいって，「公序」とされてきた「婚姻家族」のあり方そのものを問い直す訴訟が提起されるようになっている。

4　憲法訴訟による「婚姻家族」の争点化

（1）　婚外子相続分差別訴訟

婚外子（嫡出でない子）の相続分を婚内子（嫡出子）の2分の1と定めている民法900条4号ただし書（以下「本規定」という）をめぐって，1995年〈平成7〉年7月5日の最高裁大法廷決定は，法定相続分区別が相続制度にかかわること，法定相続分の定めが補充的に機能する規定であることから，立法府に広範な裁量を認め，その立法府が，相続制度を構築するうえで法律婚主義を基本にすえた以上は，婚内子と婚外子の相続分に差が付くことは致し方ない（本規定の立法目的は，法律婚の尊重と婚外子の保護の調整をはかったものである）として，婚内子と婚外子の相続分の区別を合憲とした（民集49巻7号1789頁）。本決定の5人の裁判官の反対意見は，婚外子の身分が自らの意思や努力で変えることができないことを強調し，婚姻家族に属するという属性よりも被相続人の

子としては平等であるという個人としての立場を重視するものであった。

1995年の決定以降，小法廷において，本規定の合憲性をめぐる対抗が最高裁内部に見られる事例が続いた。その中で，ある時点での相続に関して違憲判断をするとその後の他の同種の事件に波及するのではないか，法的安定性を損なうのではないかという懸念から，法令無効の判断を回避する補足意見が存在し，場合によってはキャスティングボードを握るような事態が生ずるようになった。違憲判断を下した場合の法的安定性の問題が解決できれば，同種事件の司法的解決の道が開かれることが予想された。

2013年になって最高裁は，本規定をついに違憲と判断した（最大決2013〈平成25〉年9月4日民集67巻6号1320頁）。この決定は，法律婚主義の尊重という立法目的は維持しつつも，1947年の民法改正時から現在までの社会の動向，家族形態の多様化，国民意識の変化，諸外国の立法のすう勢，日本が締結した条約の内容とこれらの条約に基づき設置された委員会からの指摘，婚内子と婚外子の区別にかかわる法制の変化などを総合的に判断し，「本件規定の存在自体がその出生時から嫡出でない子に対する差別意識を生じさせかねないこと」からすれば，「父母が婚姻関係になかったという，子にとっては自ら選択ないし修正する余地のない事柄を理由としてその子に不利益を及ぼすことは許され」ないとして，違憲の判断を下した。懸案の法的安定性の問題については，一方で最高裁の違憲判断に先例としての事実上の拘束力を認め，他方で法的安定性を尊重する観点から，一般的遡及効を遮断して，遡及効に制限を付した。

最高裁の違憲決定を受けて，国会は民法900条4号ただし書前段を削除する法改正を行った（2013〈平成25〉・12・11公布，施行）。そして，新法は2013年9月5日以降に開始した相続に適用するという経過措置もとられた。

（2）　女性の再婚禁止期間違憲訴訟

改正前民法772条は，1項で「妻が婚姻中に懐胎した子は，夫の子と推定する」，2項で「婚姻の成立の日から200日を経過した後又は婚姻の解消若しくは取消しの日から300日以内に生まれた子は，婚姻中に懐胎したものと推定する」と定めていた。このため，離婚後100日以内に再婚した場合には，論理的に前婚の夫と後婚の夫の嫡出推定が重複する。民法733条の再婚禁止規定は，子の重複を避けるために設けられたものであった。もっとも立法目的を達成す

⑨　家族とジェンダー

るためには，再婚禁止期間は100日であればたりる。懐胎していないことが明らかな場合もある。733条が設定する女性のみに課せられる6箇月という再婚禁止期間は，明らかに過剰であることから，憲法13条，14条，24条との整合性が問題となっていた。現実にも，離婚後300日以内に別の男性の子を出産した場合に，前夫の嫡出推定を避けるために出生届が提出されず，子が無戸籍者になるケースが生じていた。

　最高裁は，1995年の判決では，国家賠償法上の違法性をもっぱら問題にして，民法733条が一義的に憲法に反するとはいえないとして違憲の主張を斥けていた（最三判1995〈平成7〉年12月5日判時1563号81頁）。2015〈平成27〉年12月16日の大法廷判決は，733条の立法目的を「父性の推定の重複の回避」に絞り込み，再婚禁止期間が「婚姻の自由」に対する「直接的な制約」であることを鑑みて審査密度を高め，待婚期間のうち100日を超える部分について違憲の判断を下した（国家賠償請求については棄却，民集69巻8号2427頁）。多数意見は，父子関係の科学的判定によるにせよ，父子関係の重複期間に生まれた子の父の未定状態が続くリスクを指摘し，嫡出推定制度の意義から100日間の再婚禁止期間設定には合理性があると判断した。櫻井裁判官ら6裁判官の共同補足意見は，100日間を超えない期間であっても適用除外が許容される場合があることを示唆し，さらに，鬼丸裁判官と山浦裁判官は，本件規定を全部違憲とした。

　本判決後，国会は，民法733条1項および746条の定める期間を「6箇月」から「起算して100日」に改め（746条については，さらに「懐胎した」を「出産した」に改めた），733条2項が定める再婚禁止期間適用除外の対象を，「女が前婚の解消又は取消しの時に懐胎していなかった場合」にも拡大した（平成28年法律第71号）。2022年12月10日，嫡出推定制度が見直され（①婚姻解消等の日から300日以内に子が生まれた場合であっても，母が前夫以外の男性と再婚した後に生まれた子は，再婚後の夫の子と推定，②嫡出否認者を子又は母にも拡大，③嫡出否認の訴えの出訴期間を，原則として3年間に延長），父性推定の重複がなくなったことから，女性の再婚禁止期間は廃止された（令和4年法律第102号）。嫡出推定制度等の見直しの規定は，2024年4月1日から施行された。

（3）　夫婦同氏強制違憲訴訟

　民法750条は性中立的な規定ではあるが，2024年現在，95％の夫婦が夫の

氏を選択している。この数字は，夫婦の氏の決定過程で，女性の社会的経済的な立場の弱さ，家庭生活における立場の弱さ，種々の事実上の圧力など様々な要因による不平等な力関係が作用していることを疑わせるに足るものである。他方で，職業や社会的活動を続ける上で，氏の変更に伴う個人識別機能に対する支障，自己喪失感などの負担を，ほぼ妻にのみ強いているという状況がある。このため，カップルが自己の氏を維持するため事実婚を選ぶ例も増えてきている。選択的夫婦別氏制度を採用する国が圧倒的に多数である（2018年3月20日衆議院法務委員会で，法務省は，夫婦同氏を義務化しているのは日本だけであると答弁した）。

　2015〈平成27〉年12月16日の最高裁大法廷判決において，女性裁判官3人を含む5人の裁判官が民法750条は憲法24条に違反すると判断したが，多数意見は以下のような理由で違憲の主張を斥けた（民集69巻8号2586頁）。

　民法750条は，「婚姻の効力の一つとして夫婦が夫又は妻の氏を称することを定めたものであり，婚姻をすることについての直接の制約を定めたものではない」。憲法24条は，「憲法上直接保障された権利とまではいえない人格的利益をも尊重すべきこと，両性の実質的な平等が保たれるように図ること，婚姻制度の内容により婚姻をすることが事実上不当に制約されることのないように図ること」にも十分配慮を求め，立法裁量に限定的な指針を与えるものである。しかし，婚姻・家族に関する事項は，「国の伝統や国民感情を含めた社会状況における種々の要因を踏まえつつ，それぞれの時代における夫婦や親子関係についての全体の規律を見据えた総合的な判断によって定められるべきものである」。したがって，婚姻・家族法制度を定めた法律の規定が憲法13条・14条1項に違反しない場合に，24条適合性は，「当該法制度の趣旨や同制度を採用することにより生ずる影響につき検討し，当該規定が個人の尊厳と両性の本質的平等の要請に照らして合理性を欠き，国会の立法裁量の範囲を超えるものとみざるを得ないような場合に当たるか否かという観点から判断すべき」である。夫婦同氏制は日本社会に定着し，また氏は家族の呼称として意義があるので，その呼称を一つに定めることには合理性があり，嫡出子であることを示すため子が両親双方と同氏である仕組みを確保し，同氏であることで家族の一体感を得ることができる。改氏の配偶者が不利益を受ける場合もあるが，婚姻前の氏を通称使用することで，不利益は一定程度緩和される。以上を総合判断して，

9 家族とジェンダー

夫婦同氏制度は，個人の尊厳と両性の本質的平等の要請に照らして合理性を欠く制度ではなく，憲法24条に違反しない。

その後，「夫は夫の氏，妻は妻の氏を称する」旨を記載した婚姻届出の受理命令を求めた事案で，最高裁大法廷の2021〈令和3〉年6月23日決定は，2015年判決を踏襲して夫婦同氏制を強制する民法750条と婚姻届に記載しなければならない事項として夫婦の氏を掲げる戸籍法74条1項（以下本件規定）を合憲と判断した（判時2501号3頁）。4人の裁判官が本件規定を違憲と判断した。

本件規定を違憲と判断したのは，夫婦同氏制が例外を設けていないことを憲法24条違反とする三浦裁判官の意見，選択的夫婦別氏制の導入によって向上する国民の福利と同制度導入によって減少する国民の福利との比較衡量から憲法24条違反とする草野裁判官の反対意見，宮崎・宇賀裁判官の以下のような反対意見である。

宮崎・宇賀裁判官は，氏を家族の呼称とする憲法上の要請と位置づける根拠はなく，「子が両親と同一の氏を称することにより家族の一員であることを実感する意義」には，すでに同氏制を廃止している諸外国の例からすれば「実証的根拠」はなく，「旧姓使用の拡大の事実は，夫婦同氏制の合理性の説明を空疎化し，夫婦同氏制自体の不合理性を浮き彫りにする」として，2015年判決を支える論理を一蹴する。「婚姻をするについての当事者の意思決定が自由かつ平等なものでなければならないことは，憲法13条及び14条1項の趣旨から導かれ」，憲法24条1項も同様の趣旨を含むところ，夫婦同氏を婚姻成立要件とすることは，「当事者の婚姻をするについての意思決定に対する不当な国家介入」にあたり，その限度で「憲法24条1項の趣旨に反」し，「憲法24条2項の個人の尊厳と両性の本質的平等に立脚した法律とはいえず，立法裁量を逸脱しており，違憲といわざるを得ない」とした。また，「氏名に関する人格的利益」は，憲法13条によって保障される「個人の尊重，個人の尊厳の基盤を成す個人の人格の一内容に関わる」人格権に含まれるとして，この権利を本人の自由な意思による同意なく法律によって喪失させることは正当化できないとし，さらに女性差別撤廃条約に裁判所も拘束されるべきことにも言及した。そのうえで，別氏での婚姻届出の受理を命ずべきという結論を導いた。

2015年最高裁判決の多数意見は，夫婦同氏制の下で改氏配偶者に不利益が生じることを認識し，この不利益の緩和策として婚姻前の氏の通称使用を位置

付けた。通称使用に関しては，1996年に選択的夫婦別氏制の導入を提言した法制審議会は，長期的展望から通称使用は相当ではないと結論づけていた。通称はあくまでも二次的存在でしかなく，本人を同定する「正式な氏」ではないのであって，何より国際的に通用しない。しかし，国民世論を把握するために実施された選択的夫婦別氏制に関する世論調査では，「現行制度の維持／選択的夫婦別氏制導入の法改正」の二者択一ではなく，「通称使用の法改正」も選択肢に加えられた。その背景に，国会議員の働きかけがあったという担当大臣答弁がある。

　調査を重ねる中で，選択的夫婦別氏制を支持する割合は徐々に高まり，2017年の調査では42.5％に達した。40代以下の女性に限れば，過半数が選択的夫婦別制を支持していた。現行の夫婦同氏制の支持は，50代以下の女性で13〜15％台であった。次の「家族の法制に関する世論調査」は，通例より早い2021年12月から2022年1月にかけて実施された。この調査では，設問の順序が変更された。まず，税金や銀行窓口の一部で旧姓使用ができないにもかかわらず，「旧姓を通称として幅広く使うことができるようにする法制度」として通称使用制度を説明し，別氏に対するマイナスイメージを植え付ける新設の質問がそれに続けられた。その後に，三つの選択肢が問われる手順となった。その結果，選択的夫婦別氏制の導入賛成が過去最低の28.9％に急落し，旧姓使用の支持は42.2％に急増した（もっとも回答者の約45％が60歳以上であったことに留意する必要がある）。設問内容の変更に関しては，法務省に対し国会議員からの圧力があったと推測されている（ジェンダー法政策研究所 2022, 17-21頁）。

　最高裁の2015年判決は，選択的夫婦別氏制の導入の是非を国会に委ね，2021年の決定では立法府に審議を促すメッセージを強めたが，上述のような事情から，国会には法改正に向けた動きは見られなかった。2024年6月になって，経団連が旧姓の通称使用によるビジネス現場でのトラブル事例を指摘し，政府に対して選択的夫婦別氏制の導入を強く要望した。2024年の総選挙の結果，衆議院の与党が過半数割れとなって，政治状況が一変した。今後の動向が注目される。

（4）　同性婚訴訟

欧米を中心に，世界的に性的マイノリティの人権を保障する傾向が進んでい

9 家族とジェンダー

る（本書第5章参照）。2001年，オランダが世界で初めて同性婚法を制定した。2024年6月現在，38の国と地域で同性婚が公認されている。アメリカでは，2015年6月の合衆国連邦最高裁判決（Obergefell v. Hodges, 576 U.S.644（2015））が，婚姻を人の自由に本来的な根本的な権利とし，同性カップルについても，州政府がその権利を剥奪することはデュープロセス及び平等保護を保障する修正14条に違反すると判示した（巻2019，104-105頁）。

　日本では，2015年3月31日，東京都渋谷区で最初のパートナーシップ条例が制定され，性的マイノリティーの権利保護のため，同性カップルの共同生活を認証する制度が導入された。その後，追随する自治体が増え，2024年6月現在，458自治体で導入され，人口カバー率は85.1％に達している（同性パートナーシップ・ネット（https://samesexpartnership.wixsite.com/mysite-1/blank-8））。

　婚姻によって生じる法的効果の本質は，身分関係の創設・公証と，その身分関係に応じた法的地位を付与する点にあり，契約や遺言など個別の債権債務関係を発生させる法律行為によって代替できない。法律婚ができないカップルは，この法的利益を享受できない不利益がある。そこで，法律上同性であるカップルが，婚姻届出の不受理を争って，五つの地方裁判所で6件の「結婚の自由をすべての人のために」訴訟を提起した。

　これらの地裁判決はすべて出そろっている。「同性間の婚姻を認める規定を設けていない民法及び戸籍法の婚姻に関する諸規定」（以下「本件規定」という。）に関する6件の地裁判決は，以下のように整理される。①違憲と判断したのは，14条1項を根拠にした2021年3月17日札幌地裁判決（判時2487号3頁），24条2項及び14条1項を根拠にした2023年5月30日名古屋地裁判決（裁判所ウェブサイト）；②違憲状態と判断したのは，それぞれ24条2項を根拠にした2022年11月30日の東京地裁判決（判時2547号45頁），2023年6月8日福岡地裁判決（裁判所ウェブサイト），2024年3月14日東京地裁判決；③合憲と判断したのは，2022年6月20日大阪地裁判決（判時2537号40頁），である。

　いずれの判決も，憲法24条1項が「両性」，「夫婦」の文言解釈から，本件規定は「婚姻の自由」を定める憲法24条1項に違反しないとしていた。14条1項違反あるいは24条2項違反ないし違憲状態をいう各地裁判決の理路からすると，同性カップルを法制度により保護するべく，婚姻とは別の制度へのア

クセスを提供することとなっても，合憲とする結論が導かれるものであった。
地裁レベルでは，原告らが求める同性カップルの「結婚の自由」のための立論
が，積極的に試みられなかったのである。

これに対し，札幌地裁判決の控訴審である 2024 年 3 月 14 日札幌高裁判決
（判タ 1524 号 51 頁）は，同性カップルの婚姻の憲法上の基礎づけに挑み，憲法
24 条 1 項について，同性愛者間の婚姻も異性愛者間の婚姻と同じ程度に保障
する趣旨だとしたうえで，本件規定が 24 条及び 14 条 1 項に違反すると判断し
た。その要旨は以下の通りである。

①　性的指向は生来的性向で，社会的には異性愛者と同性愛者それぞれの取
扱いを変える本質的理由はない。性的指向は人が個人として尊重される基礎で
あり，人格権の一内容を構成する。しかし，性的傾向や同性間の婚姻の自由に
係る人権の内容は憲法上，一義的に捉えるべきものではなく，憲法の趣旨を踏
まえつつ定められている法制度との関係で初めて具体的に捉えられる。従来，
憲法 24 条は異性間の婚姻を定めたものと解されてきた。これに基づいて定め
られた各種の法令，社会の状況を踏まえると，憲法 13 条が人格権として性的
指向及び同性間の婚姻の自由を保障しているとは直ちにいえない。本件規定が
憲法 13 条に違反すると認めることはできないが，性的指向及び同性間の婚姻
の自由は，憲法上の権利として保障される人格権の一内容を構成し得る重要な
法的利益として，憲法 24 条における立法裁量の範囲を検討する際に考慮すべ
き事項である。

②　憲法 24 条は，その文言のみに捉われるのではなく，個人の尊重がより
明確に認識されるようになった背景をもとに解釈することが相当である。性的
指向及び同性間の婚姻の自由は，個人の尊重及びこれに係る重要な法的利益で
あるから，憲法 24 条 1 項は，人と人との間の自由な結びつきとしての婚姻を
も定める趣旨を含み，同性間の婚姻についても，異性間の場合と同じ程度に保
障していると考えるべきである。

しかしながら，本件規定は，同性間の婚姻を許しておらず，同性愛者は婚姻
による社会生活上の制度の保障を受けられない。不利益の程度は著しく，アイ
デンティティの喪失感や自身の存在意義を感じることができなくなっているな
ど，個人の尊厳を損なう事態が生じている。一方で，同性間の婚姻に関する法
制度を定めた場合の不利益・弊害は確認されていない。本件規定は，異性間の

9 　家族とジェンダー

婚姻のみを定め，同性間の婚姻を許さず，これに代わる措置についても一切規定していないことから，個人の尊厳に立脚し，性的指向と同性間の婚姻の自由を保障するものと解する憲法 24 条の規定に照らして，合理性を欠く制度である。したがって，少なくとも現時点では，国会の立法裁量を超え，憲法 24 条に違反する。

　③　国会が立法裁量を有することを考慮しても，本件規定が，異性愛者に対しては婚姻を定めているにもかかわらず，同性愛者に対して婚姻を許していないことは，現時点において合理的根拠を欠くものであって，本件規定が定める性的指向に係る婚姻制度における区別取扱いは，差別的取扱いに当たり，憲法 14 条 1 項に反する。

　札幌高裁の 24 条 1 項解釈は，憲法 24 条が憲法 13 条を受けて定められたとする体系的理解によって可能になったといえる。2024 年 10 月 30 日の東京高裁判決は，同様の体系的理解に基づき，24 条 1 項が制定当時の社会通念から婚姻を男女間の人的結合関係前提にしていたと考えられるものの，「同性間の人的結合関係については配偶者としての法的身分関係の形成に係る規定を設けていない」ことが憲法 24 条 2 項および 14 条 1 項に違反すると判断した。今後続くだろう各地の高裁判決，そして来るべき最高裁判決では，原告らが求める「結婚の自由」に正面から応答する立論が望まれる。

　関連して，最高裁が，犯罪被害者給付金制度の目的を踏まえ，遺族給付金の支給を受ける遺族に，犯罪被害者と共同生活を営んでいた者が同性であっても該当し得るとの判断を示したことが注目される（最三判 2024〈令和 6〉年 3 月 26 日裁判所ウェブサイト）。

[参考文献]

　落合恵美子「近代世界の転換と家族変動の論理」社会学評論 64 巻 4 号（2013）

　岩間暁子・大和礼子・田間泰子『問いからはじめる家族社会学――多様化する家族の包摂に向けて』（有斐閣，2015）

　厚生労働省「令和 5 年（2023）人口動態統計月報年計（概数）の概況」（2024）（https://www.mhlw.go.jp/toukei/saikin/hw/jinkou/geppo/nengai23/dl/gaikyouR5.pdf）

　国立社会保障・人口問題研究所『現代日本の結婚と出産――第 16 回出生動向基本調査（独身者調査ならびに夫婦調査）報告書――』（2023）（https://www.ipss.

[参考文献]

go.jp/ps-doukou/j/doukou16/JNFS16_ReportALL.pdf）

ジェンダー法政策研究所ほか編『選択的夫婦別姓は，なぜ実現しないのか？──日本のジェンダー平等と家族』（花伝社，2022）

ジェンダー法政策研究所編『同性婚のこれから──「婚姻の自由・平等」のために法と政治にできること』（花伝社，2024）

辻村みよ子『憲法と家族』（日本加除出版，2016）

利谷信義「家族法の実験」上野千鶴子ほか編『変貌する家族1 家族の社会史』（岩波書店，1991）

日本経済団体連合会「選択肢のある社会の実現を目指して〜女性活躍に対する制度の壁を乗り越える〜」（https://www.keidanren.or.jp/policy/2024/044_honbun.pdf#page=1）

糠塚康江「『憲法と家族法』関係論──辻村憲法24条論の問題提起を受けて」山元一ほか編『辻村みよ子先生古稀記念論集 憲法の普遍性と歴史性』（日本評論社，2019）

ベアテ・シロタ・ゴードン＝平岡磨紀子〔構成・文〕『1945年のクリスマス──日本国憲法に「男女平等」を書いた女性の自伝』（柏書房，1995）

林玲子「地方消滅のカギを握る女性の移動──『若年女性の都市集中』の分析」読売クオータリー2016年冬号（2016）

巻美矢紀「Obergefell判決と平等な尊厳」憲法研究4号（2019）

三成美保『ジェンダーの法史学』（勁草書房，2005）

吉田克己「家族における〈公私〉の再編」法哲学年報2000年『〈公私〉の再構成』（2001）

10　リプロダクティブ・ライツ

リプロダクション（reproduction：生殖）は，女性にとって，個人的な経験である。一方，女性は，「産む性」として国家による人口政策及び家父長制家族による生殖支配の客体であった。このような女性に対する「再生産」への社会的圧力を告発したのが，第二派フェミニズムである。国連を舞台に生成したリプロダクティブ・ライツ（reproductive rights）は，リプロダクションにおける女性の主体性を回復するための対抗言説となってる。

1　国際社会におけるリプロダクティブ・ライツの生成と発展

（1）「リプロダクティブ・ライツ」と「リプロダクティブ・ヘルス」の生成

リプロダクティブ・ライツ（以下 RR とする）の基礎となる概念は，1960 年代後半から 1970 年代にかけての「女性の健康」運動（women's health movement）に起源をもつ。性や避妊，中絶が欧米の女性運動の主要な課題となり，性と生殖に関する女性の選択権を求めるリプロダクティブ・フリーダム（reproductive freedom）獲得運動が展開された。

1968 年の第 1 回国際人権会議（テヘラン会議）は，国連の会議として初めて RR に言及した。「両親は自由に，かつ責任をもって子どもの数と産む時期を決定する基本的権利と，これを実行するために適切な教育と情報に接する権利を有する」と宣言された。1974 年の第 3 回世界人口会議（ブカレスト会議）および 1984 年の第 4 回世界人口会議（メキシコシティ会議）では，この権利が「両親」から「すべてのカップルならびに個人」に拡大された。

1985 年の国連主催の第 3 回世界女性会議（ナイロビ会議）では，「女性の権利は人権である」という認識が拡まった。この概念は，女性が出産の有無，タイミング，子どもの数についての決定権をもつことを意味している。また，その権利の行使に必要な情報，教育，質の高いサービスの提供が条件になるとされた。さらに，男女の性的関係は平等，相互の尊重，責任の原則に基づき，女

性が強制されない「性に関する権利（sexual rights：以下 SR と略記）」をもつことも主張されている（阿藤 2001，10 頁）。

　一方，リプロダクティブ・ヘルス（reproductive health：以下 RH とする）という概念は，WHO（世界保健機関）が 1972 年に，人間の生殖に関連する保健ニーズを包括的に把握する研究を通して生み出された。WHO による「ヘルス（健康）」の定義は，「単に病気にかかっていない，病的状態が存在しないというだけでなく，身体的，精神的および社会的観点からみて完全に良好な状態」を指す。RH 概念下で扱われる保健分野には，(a)出生調節（fertility regulation），(b)不妊，(c)性に関する保健（sexual health），(d)母性保護（safe motherhood），(e)乳幼児の生存，成長，発達が含まれる（阿藤 2001，10 頁）。

　RR と RH は異なる生成過程を経ながらも，国際会議での議論を通じて国際社会に浸透し，やがて「リプロダクティブ・ヘルス／ライツ」（以下 RHR と略記）と併記されるようになる。この概念は，1994 年にカイロで開催された「国際人口開発会議（ICPD）」で提唱され，「ICPD 行動計画」（カイロ行動計画）で定義づけられている。

（2）　国際文書による定義と権利の構造

1）　セクシュアル・ライツの位置づけ

　第 2 次世界大戦後，発展途上地域では人口爆発が貧困を悪化させていた。これに対し，先進諸国は国連と通じて，家族計画を中心とした人口援助を開始し，1974 年以降，ICPD が 10 年に 1 度開催されることになった。世界の人口増加率を抑制するために各国の数値目標が設定され，人口増加率の高い国では，女性やカップルに対して家族計画が徹底された。中絶を禁止している国々では不妊手術や副作用が懸念される避妊具や避妊薬が推奨され，危険な闇中絶で死亡する女性が少なくなかった。

　カイロ行動計画では，従来の出生コントロールの考え方から，女性の権利の重視へとパラダイムシフトした。リプロダクティブ・ヘルス／ライツ（reproductive health and rights：以下 RHR と略記）の促進と，女性のエンパワーメント（地位や能力の向上）を前面に打ち出した。この計画の中で，RH，RR は次のように定義されている。

　RH：「人間の生殖システム，その機能と（活動）過程のすべての側面におい

⑩　リプロダクティブ・ライツ

て，単に疾病，障害がないというばかりでなく，身体的，精神的，社会的に完全に良好な状態にあること」，「個人の生と個人的人間関係の高揚を目的とする性に関する健康も含み，単に生殖と性感染症に関連するカウンセリングとケアにとどまらない」(7.2)。

　RR：「すべてのカップルと個人が自分たちの子どもの数，出産間隔，ならびに出産する時を，責任をもって自由に決定でき，そのための情報と手段を得ることができるという基本的権利，ならびに最高水準の性に関する健康およびRH を得る権利」で，「すべての人が差別，強制，暴力なしに，生殖に関する決定が行える権利」を含む (7.3)。

　これらの定義は，翌年の第 4 回世界女性会議（北京会議）で採択された北京行動綱領にも引き継がれた。さらに「女性の人権には，強制，差別及び暴力のない性に関する健康及びリプロダクティブ・ヘルスを含む，自らのセクシュアリティに関する事柄を管理し，それらについて自由かつ責任ある決定を行う権利が含まれる」（パラグラフ 96）と明記されて，女性の人権としての「セクシュアル・リプロダクティブ・ヘルス（SRH）」という概念が盛り込まれた。

　カイロ会議と北京会議の両方で，RHR の記載をめぐって議論があった。カトリックやイスラム教を国教とする国々から，「避妊や中絶の合法化を押し付けるべきではない」との反対があった。北京行動綱領の「C. 女性と健康」には，「ローマ・カトリック法王庁は，この節に関して全般的に留保することを表明した」と記載されている。全般にわたり，セクシュアル・ライツ（SR）という言葉は慎重に避けられている（柘植 2022, 11-12 頁）。

　このような経緯から，SR を含む包括的なセクシュアル・リプロダクティブ・ヘルス／ライツ（Sexual reproductive health and rights：以下 SRHR と略記）を明確に定義する条約や合意文書は成立していない。一方，上記引用の定義の下線部に示したように，RHR には「性」や「セクシュアリティ」に関する健康や権利が含まれるという理解が広まり，今日では SRHR として議論されている。日本でも，RHR の訳語として「性と生殖に関する健康と権利」が定着している。

2）権利主体

　カイロ行動宣言では，「すべてのカップルと個人」が，「子どもを産むか否か」の決定権や選択権の主体とされている。しかし，この決定に際しては，女

性本人の意思だけで十分なのか，相手の同意が必要なのか，またカップルのうちどちらの意思を優先させるのかという点は明確ではない。

人権論の一般的理論枠組みからすると，カップルを権利主体とする場合でも，カップルに属する個人の自己決定権と捉えるべきであろう。人権が個人の尊厳という基本的価値によって根拠づけられるものである以上，カップルの権利が想定されるとしても，それは構成員個人の尊重に通じる場合に限られる。

カップルの権力関係が不均衡である場合，カップルとしての決定が一方の個人を抑圧することもあり得る。「子を持つ／持たない」について意見や利益の相違がある場合，「胎児を育む／産む」当事者としての女性に身体的・精神的・社会的負担が一方的に大きいことから，女性の自己決定権が優先されるべきだろう。

この点で注目されるのが，女性差別撤廃条約である。1979年に採択された段階では，「女性に対する差別を撤廃すること」を目的としていたことから，条約の16条1項e号は，男女平等を基礎として「子の数および出産の間隔を自由にかつ責任をもって決定する同一の権利」の確保を求めていた。カイロ行動計画と同じ年に，当該条文を解釈補充するための一般勧告21号（婚姻及び家族関係における平等）が出され，「子の数及び出産の間隔は，女性の身体的および精神的健康に影響する」ため女性が決定権を有し，「配偶者，親，パートナーもしくは国家により制限されるべきではない」など，女性の自己決定権が優先される解釈が示されている。

とはいえ，男性もRRの主体である。生殖に関する女性の自己決定権を尊重する義務が男性に課せられるとしても，個人としての権利をどのように構成するべきかについては理論的課題が残っている。

（3）　日本の対応

国際社会では，RHR概念を拡充させる方向で議論が展開し，日本においてもRHRに「性と生殖に関する健康と権利」という的確な訳語を発見し，この展開を受け入れる基盤があった。ところが，保守的な勢力が強まり，RHRの導入に対する抵抗が高まるという逆行する展開を見せた。

男女共同参画社会基本法に基づく「男女共同参画基本計画」（2000年）は，国際社会で形成されてきたRHRの概念を積極的に取り入れた。この計画で，

「産む／産まない」の選択にとどまらず，性生活や子どもの健康，思春期や更年期の健康など，女性の生涯を通じた健康を包含することが明記されている。また，RHR に関する意識の浸透を図るため，学校における性教育の充実や性に関する学習機会の充実が具体的施策として掲げられた。

ところが，これらの動きに反対する勢力が現れ，いわゆるバックラッシュが起こった。2003 年には，東京都の七生養護学校で実践されていた性教育に対する激しいバッシングが起き，教育現場での性教育の実践が萎縮した。その最中に策定された第二次基本計画（2005 年）では，「RHR」という用語は残っているものの，女性の生殖における自己決定を示す記述はなくなっている。

また，同計画では，カイロ行動計画や北京行動綱領で保守派に配慮した条項，「妊娠中絶に係る施策の決定またはその変更は，国の法的手順に従い，国または地方レベルにおいてのみ行うことができる」を引用し，「我が国では，人工妊娠中絶については刑法及び母体保護法において規定されていることから，それらに反し中絶の自由を認めるものではない」（87 頁）という注釈が付け加えられた。

それ以降の基本計画でも，「RHR」（性と生殖に関する健康と権利）という言葉は残っているものの，具体的な施策につながる位置づけを与えられていない。以下では，SRHR の中核となっているリプロダクティブ・ライツ（RR）に焦点を当てて，「産まない権利」と「産む権利」の二つの側面から考える。

2　「産まない権利」と人工妊娠中絶

（1）　中絶の合法化

国家による人口政策と家父長制家族による生殖支配は，女性の身体を通じて再生産（reproduction）をコントロールしてきた。このため，女性は，自分の身体について無知なままに置かれ，避妊・生殖に関する自己決定権を奪われ，その管理は男性に委ねられていた（上野 2009，113 頁）。伝統的な知恵や技術で再生産にかかわる自己管理（避妊，堕胎）をしようとした女性たちが，再生産にかかわる罪を犯したとして捉えられ，容赦なく殺戮されたのが「魔女狩り」であった（フェデリーチ 2017）。

こうした事情から，女性の身体に対する支配＝再生産の強制から逃れる自由

が，「中絶の権利」を求める闘争として女性運動の一つの焦点となった。身体に対する支配から逃れて，自由を回復するという意味において，「中絶の権利」は「身体の自由」と法的にとらえることが可能である。それは，中絶を法律で禁止する国家に対して，それを法的権利として獲得しようとする，「国家と女性のとの闘い」（上野 2009，299 頁）であった。こうした沿革から，「産む／産まない」を決定する RR の要求は，中絶の合法化と表裏一体で主張された。以下にみるように，中絶の合法化は各国で異なるアプローチが取られているが，女性の自己決定権の拡充と胎児の生命保護のバランスが重要な課題となっている。

1） 中絶合法化の立法

「産まない」決定＝中絶を合法化する立法には，次の二つのタイプがある。

（a） 適応規制型：一定要件を定め，それに該当する場合に合法的に人工妊娠中絶を認めるタイプ。サリドマイド禍を契機に制定されたイギリスの 1967 年人工妊娠中絶法がその例である。この法律は人工妊娠中絶の適応事由として，①医学的適応（母体の生命危険時），②倫理的適応（性犯罪被害など），③胎児適応（胎児の障害など），④社会的適応（経済的条件など）などを定める。この適応事由によって妊娠中絶が許されるのは，妊娠期間が 28 週以内の場合である。ただし，1929 年の嬰児生命法により，母体の生命危険時に妊娠中絶がなされる場合は，この限りでなかった。加えて，妊娠後期になって胎児に障害が発見される場合を想定し，胎児適応も妊娠の全期間に適用されることになった。

（b） 期限規制型：妊娠初期の一定期間内の妊婦の希望による中絶を，理由の如何を問わず合法化するタイプ。フランスの 1975 年人工妊娠中絶法を例に挙げることができる。この法律は，①適応規制型（医学的適応・胎児適応）に加え，②妊婦が「困窮状態」にある場合に，妊娠 10 週（最終月経の初日から 12 週）の終わりまでの期間内に，医師が人工妊娠中絶できる期限規制型を定めた。「困窮状態」は当事者の妊婦だけが判断できる主観的な観念で，厳密な意味で個人的な決定に委ねられることを意味する。この法律は「生命の始まりからすべての人間の尊厳を保障する」（1 条）と定めているが，憲法院は，この原則を「必要な場合にのみ，そして法律が定義する要件と限界に従って，制約を認めるに過ぎない」と判断した（Décision n° 74-54 DC du 15 janvier 1974）。

2001 年の法律で中絶可能期間が 12 週に延長され，未成年者の中絶について

⑩　リプロダクティブ・ライツ

保護者の同意要件を原則として廃止し，処方箋の必要のない緊急避妊薬の薬局での無料配布の措置を定めた。2014 年の法律は，「困窮状態」の要件を削除し，「妊娠の継続を望まない」に置き換えた。従来の解釈の枠内の改正である。「人間の尊厳の保護」との均衡を図りつつ，女性の自らの身体に対する自己決定権を尊重する方向へ，改正を重ねていると言える。

2）　中絶の不処罰化

旧西ドイツでは，刑法であらゆる妊娠中絶を禁止していた。1974 年の改正で，受胎後 12 週を越えない期間の妊娠中絶を認める期限規制型を導入したが，1975 年の連邦憲法裁判所の第一次堕胎判決（BVerfGE 39,1）は，国家には胎児の生命を刑法によって保護する義務があるとして，この部分を違憲無効とした。

判決を受けて，（西）ドイツは，1976 年，医学的適応，優生学的適応，犯罪学的適応，緊急事態適応による中絶に限り不処罰とする適応規制型を採用する刑法改正を行った。一方，旧東ドイツは，1972 年法によって，妊娠開始から 12 週以内の中絶を自由化する期限規制型を採用していた。1990 年のドイツ統一にあたり，両者を調整するために制定された 1992 年の法律は，①中絶前の 3 日前までに妊婦の窮迫・葛藤状態における相談・助言を義務づけて，②受胎後 12 週までの中絶を「違法ではない」とする期限規制型を定めた。しかし，1993 年 5 月 28 日の第二次堕胎判決（BVerfGE 88,203）は，②の「違法ではない」とした点を違憲と判断した。

これを受けた 1995 年の法改正では，①妊娠を中絶した者は，3 年以下の懲役又は罰金に処すことを宣言し，②妊婦が中絶を要求し，証明書によって処置の少なくとも 3 日前に助言を求めたことを医師に証明し，中絶が医師によって行われ，受胎から 12 週間以内が経過していない場合に不処罰とした。③明示的に「違法ではない」のは，医学的適応と犯罪学的適応の場合である。この改正で胎児中絶の規定が削除され，医学適応に統合された。

2022 年 6 月に，医師の人工妊娠中絶の宣伝禁止を定めた刑法の規定が削除され，1990 年以降の同条に基づく有罪判決を廃棄する法律が制定されている。これは妊婦の情報のへのアクセスを理由とするもので，中絶全般の脱犯罪化ではない（小山 2024，12-15 頁）。中絶の要件を厳密化することで，胎児の生命を保護しつつ中絶の不処罰化を拡大しようとする一環と考えられる。

3）判例による中絶の合法化

一方，アメリカ合衆国では，連邦最高裁の判例によって人工妊娠中絶が合法化された。その画期となったのが，1973年1月22日のロウ判決（Roe v. Wade, 410 U.S. 113（1973））である。「望まぬ妊娠」をして中絶を望んだロウが，妊娠の継続が妊婦の生命を危険にする場合を除いて中絶を認めていなかったテキサス州法の違憲性を争った事件である。

連邦最高裁は，まず，女性が子どもを産むか産まないかはプライバシーの権利に属し，憲法上保障されることを承認する。ただしこの権利は，州が母体の健康および胎児の生命の保護について「やむにやまれぬ」関心を有するときは，その制限に服さなければならない。妊娠初期の3カ月（first trimester）の終わりまでは，州の規制を受けることなく，女性は医師と相談して中絶ができる。妊娠3カ月経過後は，州は母体の健康を保護する立場から妊娠中絶を規制することができる。胎児が母体外で生存可能に至った時点では，母体の生命と健康の保護に必要な場合を除いて，州は必要があれば，胎児の生命の保護のために妊娠中絶を禁止することができる。以上のことから，州法は違憲と判断された。ロウ判決の分析は，「産む／産まない」の決定が女性の人生に深甚な影響を与えるという観点からではなく，中絶を単なる医療行為として記述するにとどまるものだった。

このため，反中絶派は，中絶へのアクセスを直接的に禁止せず，胎児が子宮外で生存可能になる前の時期でも中絶を制限する法律を各州議会で成立させる戦略をとった。合衆国連邦裁判所は，1992年6月29日のケイシー判決（Planned Parenthood of Southeastern Pennsylvania v. Casey, 505 U.S. 833（1992））で，ロウ判決の原則を守る判決を下した。しかし，この判決は，女性の妊娠中絶を決定する権利に「過度の負担」をかける規制ではない限り，胎児の母体外生存可能時より前の段階でも中絶を制限することは可能だと判断し，産むか産まないかの決定権に対する憲法上の保護を弱めるものであった。ロウ判決の原則を維持したものの，中絶反対派の戦略に根本的な歯止めをかけるものではなかった（イケモト 2023，12頁）。

アメリカでは，ロウ判決後，宗教的信念に根差して胎児の生命の尊重を根拠にロウ判決を批判する「プロ・ライフ pro-life 派」と女性の権利として妊娠中絶を擁護する「プロ・チョイス pro-choice 派」との対立が激化し，「文化戦争」

⑩　リプロダクティブ・ライツ

の様相を帯びている。

　キリスト教福音派を支持層に取り込もうとする共和党の選挙戦略により，人工妊娠中絶は政治イシュー化した。ロウ判決を覆すための最高裁判所判事の人事を行うことを公約に掲げていたトランプ大統領は，在任中（2017〜2021）に3人の保守派判事を送り込んだ。最高裁判事の構成は，保守派6人，リベラル派3人の構成になった。2018年，ミシシッピ州は，レイプや近親相姦による妊娠を例外とすることなく，妊娠15週以降の中絶を禁止する法律を制定した。ミシシッピ州で唯一認可された中絶施設であるジャクソン女性健康機構とその医師の1人が，当該州法の緊急一時差し止めを求めて提訴した。連邦地裁，第5巡回区控訴裁判所は，従来の連邦最高裁の判例法理に従い，州法を「違憲」と判断した。2022年6月24日，上告審である連邦最高裁は，人工妊娠中絶は憲法上保障されていないとして，保守派5人の賛成（ロバーツ長官は容認）により，ロウ判決を無効化し，原審に差戻した（ドブス判決：Dobbs v. Jackson Women's Health Organization, 597 U.S. ___ （2022））。この判例変更により，2023年8月現在で，14州が中絶をほぼ全面禁止するに至った。

　アメリカの中絶法をめぐるバックラッシュを目の当たりにして，フランスでは，妊娠中絶の自由を憲法上保障するために，2024年3月8日憲法34条に「法律は，女性に保障された妊娠中絶の自由を行使する条件を定める」とする条項を新設する憲法改正を行っている。

（2）　日本の場合

1）　違法性の阻却

　1960年代から1970年にかけて，女性の地位向上やフェミニズム運動の高まりを背景に，欧米各国では女性が自らの意思で中絶を決定する権利が法的に認められるようになった。

　一方，日本の中絶法制は，刑法（明治40年法律45号）に堕胎罪を残しつつ，1948年に制定された優生保護法（昭和23年法律156号）に基づいて，特定の条件を満たす場合に限り人工妊娠中絶の違法性を阻却する（＝堕胎罪が免除される）という仕組みを採用した。

　ここに「優生」とは，「良質の遺伝形質を保って，子孫の素質をすぐれたものにすること」をいう。1880年代に欧米で，進化論と遺伝の原理を人間に応

用しようとする優生学が生まれ，優生学的政策として，断種法（手術によって生殖機能を失わせることを認める法律）が制定された（岡村 2019, 8-9頁）。優生保護法はその流れをくむ。

敗戦により領土が縮小し，引揚者の帰還・大量復員により人口が急増した。これが経済復興を阻害する可能性があるとの懸念，（自然界であれば「劣った」存在は自然淘汰されるが，文明の力で子孫を残す）「逆淘汰」への不安，さらには蔓延する闇堕胎への対応を背景として，優生保護法が制定された。この法律は，目的として「優生上の見地から不良な子孫の出生防止」と「母性の生命健康の保護」（1条）を掲げ，遺伝性疾患（ハンセン病を含む）に罹っている者に対する優生手術と，①優生学的適応（優生手術対象者），②医学的適応（母体保護），③倫理的適応（性犯罪被害）に該当する場合に，本人及び配偶者の同意を得たうえで，人工妊娠中絶を許していた。

人工妊娠中絶は，「胎児が，母体外において，生命を保続することのできない時期」（2条2項）に行われるものに限られ，この時期の基準は厚生（厚労）事務次官通知によって定められる。当初妊娠満8月未満とされていたが，未熟児に対する医療水準の向上を踏まえて短縮され，1990年の改正後，2024年9月時点で，「妊娠満22週未満」である。9割以上の人工妊娠中絶は12週未満に行われている。

1949年の改正で，世界に先駆けて人工妊娠中絶の適応事由に，広く社会経済的理由が加えられ，1952年の改正で1人の医師の判断のみで人工妊娠中絶が可能となった。この結果，広範に人工妊娠中絶が実施され，1953年から1961年にかけて，届け出数は年間100万件を超えた。その後は急速に減少している（図表10−1参照）。

1994年のカイロ会議，1995年の北京会議で優生保護法の強制不妊手術が，日本の女性障害者によって告発されることが起き，1996年，「らい予防法」の廃止に伴って「癩疾患」に関する条文（ハンセン病条項）が削除されることになった。これを契機に，優生保護法は母体保護法に改称され，優生学的目的が削除され，不妊手術及び人工妊娠中絶に関する事項を定める法律となった。

人工妊娠中絶は，以下の母体保護法14条1項各号の適応事由に限り行うことができる。

①　妊娠の継続又は分娩が身体的又は経済的理由により母体の健康を著しく

10　リプロダクティブ・ライツ

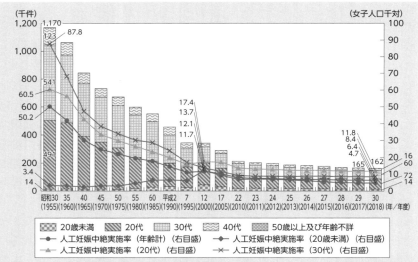

図表10－1　年齢階級別人工妊娠中絶件数及び実施率の推移

（男女共同参画白書令和2年版135頁）

害するおそれのあるもの（1号）

② 暴行若しくは脅迫によって又は抵抗若しくは拒絶することができない間に姦淫されて妊娠したもの（2号）

2号の規定は，刑法の旧強姦罪の構成要件とおおむね一致する。2023年に，刑法が同意しない意思の形成・表明・全うが困難な状態での性交を不同意性交罪と定めたことと平仄を合わせ，母体保護法も不同意性交による妊娠に広く適用すべきだろう（稲葉2024，26頁）。

妊娠22週以降でも，母体の生命に対する現在の危難を避けるための緊急避

2 「産まない権利」と人工妊娠中絶

難として，堕胎行為は違法性が阻却される（刑法37条）。

母体保護法にはカイロ行動計画や北京行動綱領をふまえた RR の新しい概念が盛り込まれなかったが，付帯決議の中で「リプロダクティブ・ヘルス／ライツの観点から，女性の健康等に関わる施策に総合的な検討を加え，適切な措置を講ずる」と言及された。

2）権利なき自由化

日本においては，人工妊娠中絶が自由化されているかのように見えるが，RHR の観点からすると，「適切な措置」が講じられていない現状が浮かび上がる。

(a) まず，堕胎罪規定が刑法から削除されずに残っていることがある。女性に妊娠中絶するかどうかを決めることができる自己決定権が保障されるのであれば，その自己決定を処罰する「自己堕胎罪」（刑法212条）は，自己決定権の権利性を否認する矛盾した規定であるから，削除されるべきである。胎児が母体外で生存可能となった時点での中絶については刑罰で禁止されるが，それ以前の段階では，妊娠の継続は強制されないことになる（小島 2014, 177頁）。

(b) 次に，母体保護法14条1項が定める配偶者の同意要件が挙げられる。例外は，同2項の「配偶者が知れないとき若しくはその意思を表示することができないとき又は妊娠後に配偶者がなくなったとき」である。医療現場では，業務上堕胎罪（214条）や訴訟リスクをおそれて，未婚者に対して法律には定められていない「子の父親」の同意を求める不要な運用が行われている。「望まぬ妊娠」である場合は，背景に暴力やハラスメントがあることも少なくない。同意要件は犯罪被害者に対して犯罪被害の告知を強要することになり，セカンドレイプのおそれがある。配偶者同意要件は廃止すべきである。令和になってようやく，厚労省は，「（性暴力被害による妊娠について）強制性交の加害者の同意を求める趣旨ではない」（子母発0828第2号令和2年8月28日），「妊婦が夫の DV 被害を受けているなど，婚姻関係が実質破綻しており，人工妊娠中絶について配偶者の同意を得ることが困難な場合，本人の同意だけで足りる」（子母発0310第1号令和3年3月10日）との見解を示している。

父となる男性の利益は，例えば夫婦間で何の相談もなく中絶が行われた場合に，離婚原因とする，損害賠償を認めるなどで保障する方法が考えられる（稲葉 2024, 26頁）。

10 リプロダクティブ・ライツ

(c) 人工妊娠中絶が非犯罪化されていないことから，正当な医療行為として位置付けられていない。インフォームド・コンセントは確立されておらず，治療法の選択権やリスクの説明，苦痛の緩和など不十分な状況にある。中絶は悪いことだとするスティグマが社会に根強く存在し，それが安全な中絶方法の承認の遅れと普及の妨げになっている（稲葉 2024，25 頁）。日本では，WHO が「安全ではない」と認定する搔爬法による中絶の施術が長らく主流であった。経口中絶薬の承認は，世界から大幅に遅れて 2023 年 4 月にずれ込んだ。人工妊娠中絶を行えるのは指定医のみで，保険不適用のため，高額の費用がかかる。

(d) 旧優生保護法の時代から，避妊の代替として人工妊娠中絶が行われてきた。一方的に女性に身体的・精神的・金銭的負担がかかるやり方である。人工妊娠中絶の時期を失して，妊婦が孤立出産に追い込まれ，嬰児殺し・死体遺棄事件に発展する例も珍しくない。孤立出産を回避するために，「匿名出産」を認めて妊婦に安全なリプロダクティブ・ヘルスケアを提供し，子育てに困難があれば，子どもを望む夫婦との特別養子縁組の道を拓く取り組みがある（慈恵病院「こうのとりのゆりかご」）。

このような困難に直面しないよう，中絶よりも先に受胎調節が優先されるべきだろう。避妊によって「望まぬ妊娠」に至らぬことが肝要である。日本において避妊方法の主流は，男性用コンドームで，女性の避妊の決定は男性に依存している。地裁ではあるが「性交渉同意しても，避妊に応じず性交渉を続ければ女性の性的な自己決定権を侵害する」との判断が示されている（2024 年 8 月 5 日朝日新聞デジタル）。

女性が主体的に選択できる可逆的避妊方法は，低用量ピル（経口避妊薬）と子宮内避妊具（IUD／IUS）に限られる。いずれも産婦人科などの受診が必要で，避妊目的の処置には保険の適用はない。費用とアクセスに課題があり，他国ほど普及していない。低用量ピルは海外では 1970 年代から普及していたが，当時の日本で合法化を主張したのは，女性団体の中で唯一「中ピ連」だけだった。それ以外の団体は，「ピル」を女性の健康に対する潜在的な脅威であると信じ，中絶の権利を脅かすものとして合法化に反対し，政府官僚組織も副作用の責任を問われることをおそれて，ピル解禁に反対した。こうした経緯から，認可は国連加盟国で最も遅い 1999 年になった（ノーグレン 2023，203 頁-261 頁）。

避妊の失敗，性暴力の被害にあった時の避妊方法に緊急避妊薬がある。市民

団体や若者グループから処方箋なしに薬剤師の関与のもとでの購入が求められていたが，2024年9月現在，対面受診ないしオンライン受診による処方が必要である。

3） 出生前検査と選択的中絶

諸外国では，中絶法制に胎児条項を設けている例が少なくなく，女性の中絶の自由と胎児の生命との緊張が課題として意識されてきた。日本では，1974年に経済的理由による人工妊娠中絶を削除し胎児条項を付加する旧優生保護法の改正法案が提出された際，「産む産まないは女が決める」というフェミニストのスローガンについて，胎児条項に反対する障害者運動が「障害者の生死を，女性が決めて良いのか」と問題提起した。女性の権利と胎児の生命を二項対立させるのではなく，中絶を余儀なくさせる社会に対する異議申し立てとして「産める社会を，産みたい社会を」というスローガンが生み出され，一体となって改正を頓挫させた（ノーグレン 2023，121-124頁，菅野 2024，67頁）。

胎児医療の発展で，胎児治療が可能な疾患が増えている。胎児医療のためには，出生前検査・診断が不可避となる。妊婦が，NIPT（Non-Invasive Prenatal genetic Testing：母体血を用いた出生前遺伝学的検査）などの出生前診断を希望しなくとも，定期的検診時の超音波検査で胎児の異常が発見される可能性がある。また後述する生殖補助技術との関連では，受精卵の段階で遺伝情報を調べ，重い遺伝病にならない受精卵を子宮に戻す「着床前診断」の対象を拡大する動きもある。

この結果，公権力の関与がないところで，個人の選択に任された「優生思想」に向き合わなければならない事態が生じている。現行の母体保護法には，人工妊娠中絶の胎児適応要件は定められていないが，NIPTで陽性と判断された場合に中絶を選ぶケースが少なくない。たとえ個人の意思による選択が尊重されるとしても，その選択には大きな責任が伴う。しかし，何を「障害」と捉えるか，その判定基準は社会によって形成される。このため，この極めて重い倫理的選択は単に個人の問題ではなく，社会全体が引き受けるべきものだといえる。

3　「産む権利」と生殖補助技術

以下では，RRを「産む権利」の観点から分析する。まず，(1)「生殖の自由

⑩　リプロダクティブ・ライツ

を侵害されない」という防御的側面を確認する。次に，（2）「生殖の自由」を積極的に実現するために，生殖補助技術を利用してどの範囲まで認めるべきか，「不妊治療」に関する課題を探る。さらに，（3）不妊治療が困難な場合に，第三者の身体を介した生殖手段が「生殖の自由」に含まれるかどうかを検討する。

（1）「産む権利」の剥奪――旧優生保護法強制不妊手術違憲訴訟

1）旧優生保護法下の強制不妊手術

図表10 - 2　優生手術の3類型の実施件数の総数（1949 ～ 1996）

根拠規定	3条1項1～3号	4条	12条
手術実施の可否	本人の同意（配偶者ある時はその同意）	本人同意不要	
		優生保護審査会決定	保護者同意優生保護審査会決定
公衆衛生審議会再審査	－	あり	なし
対象疾患	遺伝性疾患等・らい疾患	遺伝性疾患	非遺伝性疾患
件数	8,518[注]（34.1%）	14,566（58.3%）	1,909（7.6%）
	24,933		

（注）このうち，遺伝性疾患等を理由とした手術（1号及び2号）は，6,965件，らい疾患を理由とした手術（3号）は1,551件
（出典）厚生労働省資料を基に作成。
　　　　　　　　　　　　（衆議院・参議院 2023，第2編1頁表1，17頁表2を基に作成）

　旧優生保護法は，「生殖腺を除去することなしに，生殖を不能にするための手術」を優生手術として定めていた（2条1項）。これは身体への重大な侵襲であり，「産む権利」を剥奪する行為である。

　優生手術については，本人の同意の有無などに基づいて3類型に分類される（図表10 - 2参照）。根拠規定ごとに整理すると，以下の通りである。

　（a）3条1項は，本人の同意並びに配偶者があるときはその同意に基づく任意の優生手術を定める。対象者は，①遺伝性精神変質症や身体疾患を持つ者（1号），②近親者が遺伝性疾患を持ち，子孫に遺伝する可能性がある者（2号），③らい疾患にかかり，子孫に伝染する可能性がある者（3号）である。

（b）　4条は，本人および配偶者の同意なしに，一定の手続きを踏んで，公益性のため強制的に行われる優生手術を定める。対象は遺伝性精神病や奇形などの6類型で，1949年の改正で一部規定が削除された。

（c）　12条は，遺伝性でない精神病・精神薄弱者に対しても，保護義務者の同意の下，審査を経て実施できる優生手術を定める。

1949年から1996年にかけて，旧優生保護法の下で実施された不妊手術は，本人の同意によらないものが16,475件，同意によるものが8,518件で（図表10－2参照），いずれの場合も，被害者数は女性が男性を大きく上回っていた。

2）　旧優生保護法強制不妊手術違憲訴訟

2018年1月30日，旧優生保護法による強制不妊手術の被害者が仙台地裁に提訴したことを嚆矢に，全国で提訴が続いた。2019年4月に「旧優生保護法に基づく優生手術等を受けた者に対する一時金の支給等に関する法律」（平成31年法律第14号）が成立したが，国の損害賠償には至らなかった。2019年5月28日，仙台地裁は旧優生保護法を違憲と判断したが，改正前民法724条後段の除斥期間を適用し，国の賠償責任を認めなかった（判時2413・2414号3頁）。しかし，2022年2月22日の大阪高裁判決は初めて除斥期間を制限し，国の損害賠償責任を認めた（裁判所ウェブサイト）。以後，これに倣う判決が続いた。

2024年7月3日の最高裁大法廷判決（裁判所ウェブサイト）は，性同一性障害特例法違憲決定（最大決2023〈令和5〉年10月25日民集77巻7号1792頁）で認められた「身体への侵襲を受けない自由」を踏まえて，「生殖能力の喪失という重大な犠牲を求める」不妊手術を，目的においても手段においても憲法13条に違反し，それが特定の者を法的に差別的に扱う点で14条1項に違反することを明快に示した。そのうえで，除斥期間の経過後の訴えの提起の一事で，上告人が損害賠償責任を免れることは，著しく正義・公平の理念に反し，除斥期間を主張することが信義則に反し，権利の濫用だとして，国の損害賠償責任を認めた。

本判決を受け，岸田文雄首相が被害者らに謝罪し，継続中の一連の訴訟で和解が成立した。2024年10月，衆参両院で被害者に対する謝罪や被害の回復を表明する決議が全会一致で採択され，新たな被害者補償法が可決・成立した。

(2) 不妊治療としての生殖補助医療

1) 不妊治療の現在

「不妊」とは、「健康な男女が避妊しないで性交をしているにもかかわらず、一定期間妊娠しない状態」を指す。日本産科婦人科学会は、この一定期間を従来「2年間」としていたが、2015年に「1年」に改定した。背景に、少子化の急激な進展と結婚・出産の高齢化がある（重田 2019, 115 頁）。不妊は「病気」ではないが、妊娠を望むにもかかわらず妊娠できない状態に対する医学的アプローチが「治療」とされる。

少子化対策基本法（平成15年法律第133号）13条2項は「不妊治療を望む者に対し良質かつ適切な保健医療サービスを提供する」旨を定め、これを受けて、2004年から「特定不妊治療費助成事業」が開始された。2022年4月から、一般不妊治療に加え、基本的な生殖補助医療（採卵・採精から胚移植など）にも保険が適用されている。不妊治療の社会的重要性が反映された措置だといえるだろう。

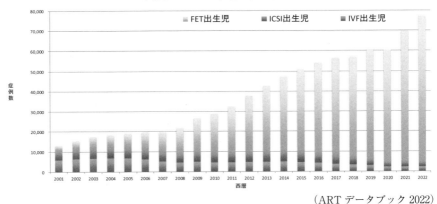

図表10－3　年別　出生児数

（ART データブック 2022）

不妊治療は、第1段階として、不妊原因を探る検査を実施し、原因疾患への治療（手術／薬物療法）が行われる。機能性不妊（原因不明）や第1段階の治療が功を奏しない場合、第2段階の一般不妊治療が行われる。治療法は、排卵のタイミングに合わせて性交を行うよう指導する「タイミング法」、精液を注入

器で直接子宮に注入する「人工授精」がある。配偶者間人工授精（AIH）と非配偶者間人工授精（AID）に分かれる。第3段階が，生殖補助医療（Assisted Reproductive Technology：ART）である。

生殖補助医療には，体外受精（IVF），顕微授精（ICSI），胚移植などがある。体外受精は，卵子を体外に取り出し（採卵），女性の体の外で受精卵を作成し（体外受精），子宮に受精卵を移植する（胚移植）一連の方法をいう。体外受精のうち，卵子に注射針等で精子を注入するなど人工的に受精させるものを顕微授精（ICSI）という。採卵や胚移植までの間に，受精する前の卵子や，受精卵を凍結しておいて，のちに融解して胚移植する方法が，凍結胚移植（FET）である。生殖補助医療に用いる目的で，手術で精巣内の精子を採取する方法が顕微鏡下精巣内精子回収法（MD-TESE）である。無精子症や，他の方法により体外受精又は顕微授精に用いる精子が採取できないと医師が判断した患者に対して行う。

日本産科婦人科学会は不妊治療を行う登録施設に毎年アンケートを行い，不妊治療に関するデータを継続的に収集・公表を行っている。それは『日本産科婦人科学会誌』に公表され，「ARTデータ集」として蓄積されている。このデータによると，2022年に生殖補助医療によって出生した子どもの数は77,206人で，内訳は，IVF出生児が2,183人，ICSI出生児が2,822人，FET出生児が72,201人だった（日本産科婦人科学会2022，31頁）。全体の出生数が年々減少しているのに対してART出生児は年々増えている（図表10－3参照）。2022年の出生数は77万人であったので，出生児のおよそ10人に1人の割合でART出生児だったことになる。

2) 体外受精をめぐる法的問題

生殖補助医療をめぐる法的課題の一つは，親子関係の扱いである。

(a) 例えば，配偶者間で行われている人工授精，体外受精で，新鮮胚（卵）を用いた場合は，法的問題は少ないが，凍結胚移植技術を使うとタイムラグが生じるので，夫が亡くなることも，夫婦関係が変化することもある。夫の死後，凍結精子を用いた体外受精で生まれた子は，法的には夫と嫡出の親子関係が認められない（最二判2006〈平成18〉年9月4日民集60巻7号2563頁）。夫婦関係が悪化し，女性が男性の同意を得ずに胚を移植して子を産むことは，男性の「子をもうけるかどうかの自己決定権」の侵害となる（大阪高判2020〈令和2〉年11

⑩　リプロダクティブ・ライツ

月 27 日判時 2497 号 33 頁）。

　(b)　第三者からの精子・卵子・胚（受精卵）の提供を受ける場合，子の「出自を知る権利」（自分のルーツ，親などを知る権利）にどのように応答するかが問われる。卵子の提供は採卵時の身体への侵襲性が大きく，提供者が少ないため，金銭の支払いを条件とした商業主義に陥るおそれがある。これに対処するための法整備が今後の課題となる。

　(c)　民法典には嫡出母子関係についての規定はないが，「分娩者＝母ルール」が確立している（最二判 1962〈昭和 37〉年 4 月 27 日民集 16 巻 7 号 1247 頁）。女性として出生したが，性別適合手術を経て性別変更の審判を受けた男性 X が婚姻し，妻は第三者男性の精子の提供を受けて人工授精（AID）により子を出産した。X が子を嫡出子として出生届を出したところ，当該子の父親欄が空欄とされ，子は妻の「嫡出でない子」として戸籍に記載された。通例であれば，「妻が婚姻中に懐胎した子は，夫の子と推定」（民法 772 条 1 項）されるところ，夫が性別取扱い変更の審判を受けた男性であることから，当該夫と子との間の血縁関係が存在しないことは明らかで，民法 772 条を適用する前提を欠くとされたからであった。最高裁は，「性別の取扱いの変更の審判を受けた者については，妻との性的関係によって子をもうけることはおよそ想定できないものの，一方でそのような者に婚姻することを認めながら，他方で，その主要な効果である同条による嫡出の推定についての規定の適用を，妻との性的関係の結果もうけた子であり得ないことを理由に認めないとすることは相当でない」と判断し，戸籍の訂正を認めた（最三決 2013〈平成 25〉年 12 月 10 日民集 67 巻 9 号 1847頁）。

　日本では，事実婚を含む夫婦であれば，体外受精や，提供精子を用いた人工授精が容認される。女性カップルやあるいは未婚の女性は，提供精子を用いた体外受精や人工授精で妊娠出産することは法的には許されていないものの，実際には行われており，正規の医療機関で安全な妊娠出産のヘルスケアを提供されていない現実がある。フランスでは，2021 年 6 月の改正生命倫理法が，女性カップルと未婚女性に人工授精・体外受精の利用を認めている。

　3）　民法特例法

　2020 年 12 月 4 日，全 10 条から成る「生殖補助医療の提供等及びこれにより出生した子の親子関係に関する民法の特例に関する法律」（令和 2 年法律第

76 号）が制定された。生殖補助医療により出生した子の親子関係に関する民法の特例として，(a)女性が自己以外の女性の卵子を用いた生殖補助医療により子を懐胎し，出産したときは，その出産をした女性をその子の母とする（9 条）ことと，(b)妻が，夫の同意を得て，夫以外の男性の精子を用いた生殖補助医療により懐胎した子については，夫は，民法 774 条の規定にかかわらず，その子が嫡出であることを否認することができない（10 条）ことが，定められた。

　他方，①生殖補助医療及びその提供に関する規制の在り方，②生殖補助医療に用いられる精子，卵子又は胚の提供又はあっせんに関する規制の在り方，③生殖補助医療の提供を受けた者，精子又は卵子の提供者及び生殖補助医療により生まれた子に関する情報の保存・管理，開示等に関する制度の在り方について，おおむね 2 年をめどに検討を加えるとしている。先送りされた子の「出自を知る権利」等の議論を進めるため，その後超党派の議員連盟が結成され，新法の議論が行われている。

（3）　子を持つ権利？

1）　代 理 懐 胎

　病気のため，あるいは先天的に妊娠・出産に耐えうる子宮がない女性は，子を産みたくても産むことはできない。第三者の子宮を借りて出産してもらうほかない。「子をもちたい女性（依頼女性）が，生殖医療技術を用いて妊娠を継続して出産することを他の女性に依頼し，生まれた子を引き取ること」を，代理懐胎（代理出産）という。これには二つの方法がある。第 1 の方法はホストマザー（Host mother）で，妻の卵子と夫の精子を用いた体外受精で，代理母が妊娠・出産する。第 2 の方法はサロゲートマザー（Surrogate mother）で，妻の卵子が採取できず，子宮にも問題がある場合に，夫の精子を代理母に人工授精し，代理母が妊娠・出産する。第三者の卵子と夫の精子を体外受精させ，卵子提供者とは別の代理母が妊娠・出産するやり方（ホストマザー）もある。

　代理懐胎をめぐっては，生殖における女性の主体性を発揮するための新しい選択肢だとする容認論がある。一方，卵子提供や代理懐胎を引き受ける女性の負担は大きく，引き受ける側と依頼者側間の経済格差を背景に，引き受ける側の女性の身体と生殖能力を搾取している，子の引き渡し拒否・引き取り拒否のトラブルが発生する可能性があるなどの批判がある。

⑩　リプロダクティブ・ライツ

2）　代理懐胎の規制

　代理懐胎については，(a)法的に禁止，(b)条件付き許容，(c)自主規制の三つの態様がある。

　(a)　憲法で「胚の提供およびあらゆる種類の代理出産は，禁止される」（119条2項d号）と明示するスイスのほか，法律によって代理出産を禁止しているドイツ，フランス，イタリア，オーストリア等がある。

　(b)　アメリカおよびオーストラリアの一部の州，イギリス，オランダ，ベルギーなどでは，無償であること等の一定の条件の下で代理出産が認められている。

　(c)　日本では，医療技術を用いた生殖を規制すべきか，という行為規制問題については法規制が実現しておらず，日本産科婦人科学会の公表する会告がガイドラインとしての役割を果たしてきた（小門 2024, 53 頁）。2003 年の日本産科婦人科学会の会告「代理懐胎に関する見解」は，代理懐胎を認めず，会員の代理懐胎実施への関与や斡旋を禁止している。理由として，①生まれてくる子の福祉を最優先すべきである，②代理懐胎は身体的危険性・精神的負担を伴う，③家族関係を複雑にする，④代理懐胎契約を倫理的に社会全体が許容しているとは認められない，の4点をあげている。このうち第4点について，「代理懐胎契約は，有償であれば母体の商品化，児童の売買又は取引を認めることに通じ，無償であっても代理母を心理的に，又は身体的に隷従状態に置くなどの理由により，公序良俗（民法 90 条）に反するという見解が有力である」とされ，現状のまま放置すると，「営利を目的として代理懐胎の斡旋をする者又は機関が出現し，経済的に弱い立場にある女性を搾取の対象とし，ひいては実質的に児童売買といえる事態が生じかねないので斡旋も禁止する」としている。

　とはいえ，会告は会員限定の自主規制にすぎず，法的拘束力がない。その一方で，病気のため子宮を失う，あるいは先天的に子宮をもたない女性の幸福追求権や RR（子をもつ権利）として，代理懐胎を許容する傾向も強まり，自身の母親や姉妹に代理懐胎を依頼した国内の事例が蓄積されつつある。代理懐胎が危険な行為だからこそ，他人ではない近親者に頼る（あるいは近親者が申し出る）という事態を招いているとすると，留意すべきことがある。一方で「家族のため」という理由で批判がかわされ，他方で「家族のため」というプレッシャーの下で代理母となる女性が自己決定権を行使できる状況下にないという

3 「産む権利」と生殖補助技術

疑いである。身体部分の利用の一般原則である無償性，匿名性，自発性が有名無実化することに留意が必要である。男性カップルやトランス女性による代理懐胎の利用もありうる。医学界の自主規制に委ねるのではなく，代理懐胎に対する社会的合意形成や法整備が必要な段階にある。

3) タレントM事件

　タレントMは，子宮頚がんの治療のため，子宮摘出手術を受けた。温存した卵巣から採取した卵子と夫Tの精子を用いた生殖補助医療により，他の女性に子を懐胎して出産してもらうことを望んだ。MとTは，代理懐胎が認められていた米国のネバタ州在住の女性Aとその夫Bとの間で，生まれた子についてMとTが法律上の父母で，A・B夫妻は，子に関する法的権利または責任を有しないことを内容とする有償の代理懐胎契約を締結した。Aは双子を出産し，MとTは，ネバタ州法の定めに従い，親子関係確定のための裁判手続きを経て，MとTを親とする出生証明書等の発行を受けた。帰国後，Mを母，Tを父とする子どもたちの出生届を区役所に提出したが，受理されなかった。MとTはこれを不服として，東京家庭裁判所に処分取り消しを申立てたが却下されたので，東京高裁に即時抗告した。

　東京高裁は，血縁関係があること，実子としての養育を望んでいることなどを重視して，出生届の受理を命ずべきものとした（東京高決2006〈平成18〉年9月29日判時1957号20頁）。相手方が抗告，最高裁は原決定を破棄し，次のように判断した（最二決2007〈平成19〉年3月23日民集61巻2号619頁）。すなわち，「現行民法の解釈としては，出生した子を懐胎し出産した女性をその子の母と解さざるを得ず，その子を懐胎，出産していない女性との間には，その女性が卵子を提供した場合であっても，母子関係の成立を認めることはできない」とした。また，「代理出産については法制度としてどう取り扱うかが改めて検討されるべき状況」にあり，「立法による速やかな対応が強く望まれる」と付言した。双子は実子と認められなかったが，その後，特別養子縁組が成立した。

　生殖補助医療や代理懐胎契約を知らない現行民法と判例の下，生殖補助医療の進展で複雑な親子関係や，自己のアイデンティティに苦しむ子が生まれている。代理懐胎をめぐっては，2000年代から立法化が求められ，さまざまな検討が重ねられてきた。2008年の日本学術会議の報告書は，生殖目的に関わらない胚の不正利用や商業目的の代理懐胎契約はもとより無償の代理懐胎も原則

⑩　リプロダクティブ・ライツ

禁止する（例外的に先天的に子宮をもたない女性及び治療で子宮を摘出した女性に対象を限定した試行的実施）など規制を強化する方向を示していた。「妊娠・出産という身体的・精神的負担やリスクを代理懐胎者に負わせる」というのが，代理懐胎禁止の最大の理由であった。一部では，代理懐胎の依頼・引受けも，憲法13条の幸福追求権の一環として「権利」として認められなければならないという主張がある。仮に依頼者・被依頼者にこのような「権利」があるとしても，そもそもそのような「自己決定」が，果たして自己の十全な意思で，完全に自由な意思によってなされるかという疑問がある。意思決定をめぐる様々な圧力が排除され，十分な情報提供，インフォームド・コンセントにより真の自己決定が実現されるのはどのような場合なのか，慎重な検討を要する。個人の尊厳を中核として個人の本源的平等原理に立つ現行憲法の下では，いかなる理由があろうとも，自己の権利を実現するために他者を道具にすることは許されないからである。

　さらに子を授かる第3の選択肢として，子宮移植がある。2021年7月14日，日本医学会の子宮移植倫理に関する検討委員会は，生体間移植を含め，条件付きで容認する報告書をまとめた。ドナー，レシピエント，生まれてくる子への短期的・長期的な影響を含め，医療技術のみならず，重大な倫理的課題がある。

［参考文献］

　阿藤誠「総論：世界人口問題の概観」国際協力事業団『人口問題に関する総論と
　　課題（前編）──総論，出生率とリプロダクティブ・ヘルス／ライツ，死亡率
　　とHIV／エイズ──』（2001）（https://www.jica.go.jp/jica-ri/IFIC_and_JBICI-
　　Studies/jica-ri/publication/archives/jica/kyakuin/pdf/200103_02.pdf）
　イケモト，リサ・C（大室恵美訳）「ロー判決以後のアメリカ合衆国におけるリ
　　プロダクティブ・ジャスティス（性・生殖・再生産をめぐる社会正義）」ジェン
　　ダー研究26号（2023）（https://www2.igs.ocha.ac.jp/wp-content/uploads/2023/
　　09/IGS-paper-series-27.pdf）
　稲葉実香「リプロダクティヴ・ライツの権利性とその主体」法律時報96巻4号
　　（2024）
　上野千鶴子『家父長制と資本制──マルクス主義フェミニズムの地平』（岩波書店，
　　2009）
　岡村美保子「旧優生保護法の歴史と問題──強制不妊手術問題を中心として──」
　　レファレンス816号（2019）

［参考文献］

重田園江「身体の政治は何を纏うか──不妊治療と出生前診断」現代思想 47 巻 12 号（2019）

小門穂「生殖補助医療により生まれる子どもの権利」法律時報 96 巻 4 号（2024）

小島妙子「妊娠中絶に関する『自己決定権』──出生前診断をめぐって」法社会学 80 号（2014）（https://doi.org/10.11387/jsl.2014.80_170）

小山剛「妊娠中絶とリプロダクティブ・ヘルス／ライツ──ドイツの憲法論を中心に」法律時報 96 巻 4 号（2024）

衆議院・参議院「旧優生保護法に基づく優生手術等を受けた者に対する一時金の支給等に関する法律第 21 条に基づく調査報告書」（2023）（https://www.shugiin.go.jp/internet/itdb_rchome.nsf/html/rchome/Shiryo/030yuusei_houkokusho_2-zentai_1-9.pdf/$File/030yuusei_houkokusho_2-zentai_1-9.pdf）

柘植あゆみ「日本におけるセクシュアル・リプロダクティブ・ヘルス／ライツの現状と課題──医療・ジェンダーの視点から──」連合総研レポート DIO/35 巻（2022）9 号（https://doi.org/10.60208/rengosokendio.35.9_10）

日本学術会議『対外報告　代理懐胎を中心とする生殖医療の課題──社会的合意に向けて──』（2008）（http://www.scj.go.jp/ja/info/kohyo/pdf/kohyo-20-t56-1.pdf）

日本産科婦人科学会『ART データブック 2022』（https://www.jsog.or.jp/activity/art/2022_JSOG-ART.pdf）

ノーグレン，ティアナ（岩本美砂子監訳）『新版 中絶と避妊の政治学：戦後日本のリプロダクション政策』（岩波書店，2023）

フェデリーチ，シルヴィア（小田原琳・後藤あゆみ訳）『キャリバンと魔女：資本主義に抗する女性の身体』（以文社，2017）

11 女性に対する暴力とドメスティック・バイオレンス

1 女性に対する暴力の「発見」

（1） 近代市民法と女性に対する暴力

　近代市民法は，人は生まれながらにして自由であり権利において平等であるとしながらも，実際には人を男性に限り，女性を排除した場所で，男性のみにより構築された（本書第2章参照）。近代市民法の礎となる『社会契約論』を著したルソーは，「男の世話をやき，相談相手となり，なぐさめ，男の生活を心地よく楽しいものにすることが，女のあらゆる時期の義務である」とした（『エミール』第五編，1762）。近代市民法は女性参政権を否定し，民法で妻の行為無能力を規定し，刑法では妻のみに厳しい姦通罪を設け，「法は家庭に入らず」とする公私二元論により，私的領域における男性による女性支配を可能にした。その市民法体系の下で，男性が女性を私的に制裁することも容認されてきた。それが，女性に対する暴力（Gender-based Violence Against Women, VAW）である。

　紀元前753年のローマ時代から，夫が妻を虐待することは容認されており，欧州で夫の右手親指の太さの鞭を用いて妻を叩くことを認める親指のルール（rule of thumb）として広がり，コモンローに継受された（Cheryl Ward Smith, 'The Rule of Thumb, A Historic Perspective?', 1988）。そこでは，婚姻により夫婦は一体となり，夫により代表され，妻は法的存在を否定され夫の庇護下に入るため，妻の不法行為の責任は夫にあり，夫の面前で行われた妻の犯罪は夫の強制によるものと推定する法理（coverture）があった。このため，夫が自らを守るために，妻に対する懲戒権が与えられ，妻を私的に罰することが正当化されていた。妻を法的な権利主体とせず，夫の所有物のように扱うこの法理が，制定法により否定されたのは19世紀後半からであった。当時，「イギリスにおける妻の虐待」が議論されており，このときすでに女性に対する暴力は「発見」されてはいたが，妻を虐待する夫を貧困層に特有と見る等の限界があり，今日のような理解ではなかった（戒能民江『ドメスティック・バイオレンス』2002）。

210

1 女性に対する暴力の「発見」

男性が創った法を用いて，男性が運営する近代市民国家は，このように女性を男性の所有物扱いする歴史的視点を内在化してきた。このため，私的領域において男性が女性に暴力をふるう事実を重視せず，放置し，あるいは女性が挑発したために暴力を用いたとして，男性を擁護してきた。こうして女性に対する暴力は，国家と男性の共犯関係により，長く不処罰の歴史が続いた。

（2） 女性に対する暴力の「発見」

欧米で 1970 年代に興隆した第二波フェミニズムは，草の根からの法改正運動を展開し，それまで社会では自明であるがゆえに名前の無かった現象に対して，ドメスティック・バイオレンスやセクシュアル・ハラスメントの名前を付けた。女性に対する暴力という語は，1980 年コペンハーゲンにおける第 2 回世界女性会議の NGO 会合で問題提起された。1985 年第 3 回世界女性会議で採択されたナイロビ将来戦略では各国政府への具体的な取り組みを促した。名付けは問題を顕在化させ，議論を可能にする。19 世紀後半に一時芽を出した女性に対する暴力は，20 世紀末にあらためて「発見」され，その名を得た。こうして，男女平等の大きな障害であることが認識され，その根絶に向けた取り組みを進めることが可能となった。

ところで，1979 年に国連で採択された女性差別撤廃条約には，売春からの搾取を禁じる 6 条はあるものの，女性に対する暴力の概念が成熟する前に制定されたため，直接これに言及する条文を持たない。このため，女性差別撤廃委員会（CEDAW）は締約国に対し，1988 年一般勧告第 12 号により，条約 2 条（締約国の差別撤廃義務），5 条（性別役割分担の否定），11 条（雇用における差別撤廃），12 条（保健における差別撤廃），および 16 条（婚姻・家族関係に係る差別の撤廃）を根拠として，女性に対する暴力への取り組みを定期報告（締約国から CEDAW に対して，女性差別撤廃の進捗具合について原則 4 年ごとに行う報告）に含めるよう求めた。

さらに CEDAW は，1992 年一般勧告第 19 号において，条約 1 条（女性差別の定義）には女性に対する暴力が含まれることを明確にするとともに，女性に対する暴力を「ジェンダーに基づく暴力，すなわち，女性であることを理由として女性に対して向けられる暴力，あるいは，女性に対して過度に影響を及ぼす暴力を含む。それは，身体的，精神的，または性的危害もしくは苦痛を加え

る行為，かかる行為の威嚇，強制，及び，その他の自由の剥奪を含む」（パラ6）と定義した。

1993年6月ウィーンで開かれた第2回世界人権会議は，「女性の権利は人権である」ことを強調し，採択したウィーン宣言及び行動計画に女性に対する暴力撤廃を盛り込んだ。そして，同年12月の国連総会において，女性に対する暴力撤廃宣言が採択された。

ここまで，女性に対する暴力（Violence Against Women）という語が用いられてきたが，CEDAWは，第19号勧告の改訂版となる2017年一般勧告第35号において，「女性に対するジェンダーに基づく暴力」という，より明確な表現を用いるとした。第35号勧告は，第19号勧告を補足して更新するものであり，同勧告とあわせて読まれるべきと位置付けたうえで，以下のように述べる。「『女性に対する暴力』という概念は，このような暴力がジェンダーに基づくことに重点を置いている。したがって，本勧告においては，『女性に対するジェンダーに基づく暴力』という用語はジェンダーによる暴力の原因と影響を明確化する，より正確な用語として用いられる。この用語は個々の問題ではなく，むしろ，特定の事象，個別の加害者及び被害者に対するものという枠を超えて，総合的な 対応策を必要とする社会的な問題として，暴力についての理解を更に深めるものである」（パラ9）。本章で用いる女性に対する暴力という概念は，第35号勧告に依拠する。

このように1980年代から90年代にかけて，それまで過少に評価され，被害者に沈黙を強い，加害者不処罰の歴史を長く持つ女性に対する暴力について，世界的に問題意識が高まり，被害者保護と加害者処罰の必要性が共有されるに至った。この潮流の中で，いわゆる日本軍による従軍慰安婦問題も提起されており，国際社会では女性に対する暴力の不処罰を象徴する問題のひとつとして捉えられていることを理解しておく必要がある。

（3）　女性に対する暴力撤廃宣言

1993年12月国連総会で採択された女性に対する暴力撤廃宣言は，まず前文で以下の認識を示している。「女性に対する暴力は，女性の人権及び基本的な自由を侵害することであり，女性がそれらの権利と自由を享有することを害し，または無効にする」，「女性に対する暴力により，女性の権利及び自由が長年の

1 女性に対する暴力の「発見」

間保護及び促進されないでいることを憂慮する」,「女性に対する暴力は,男女間の歴史的に不平等な力関係の現れであり,これが男性の女性に対する支配及び差別並びに女性の十分な地位向上の妨害につながってきたこと,及び女性に対する暴力は,女性を男性に比べて従属的な地位に強いる決定的な社会構造のひとつである」。

そのうえで,女性に対する暴力を「女性に対する肉体的,精神的,性的又は心理的損害又は苦痛が結果的に生じるかもしくは生じるであろう性に基づくあらゆる暴力行為を意味し,公的又は私的生活のいずれで起こるものであっても,かかる行為を行うという脅迫,強制,又は自由の恣意的な剥奪を含む」(1条)と定義し,3つの場面に分けて具体的な暴力を例示する。

1つめは,家庭における女性に対する暴力である。その例として,殴打,女児の性的虐待,持参金暴力,夫婦間強姦(配偶者強姦),女性性器切除,その他肉体的,性的,精神的暴力が示されている(2条 a)。持参金暴力とは,インドでみられる結婚時に妻が金銭を持参する習慣(ダウリー,ダヘーズ)により,夫側の家族の期待を下回る金額であると暴力を振るわれることであり,殺害に至ることもある。女性性器切除(Female Genital Mutilation, FGM)とは,医療目的以外で女性の外性器の一部またはすべてを切り取ることその他外性器を損傷する行為をいう。生後間もない男児に宗教的理由で行われる割礼に準えて女子割礼と呼ばれることがあるが,その社会的意味や身体への侵襲性の高さにおいて両者は全く異なるため,女子割礼と呼ぶべきではない。FGM に宗教的根拠はないものの,処女性や貞節が担保されると信じられており,地域によりさまざまな手法がある。思春期前の女児になされることが多く,FGM による感染症,後遺症,妊娠・出産時の困難等により,死亡することもあるが,世界で1億人の女性に実施されたと推計されている。また,婚外性交を家の名誉を汚すものと解する国や地域では,性暴力の被害者や,家族が認めない相手と恋愛をする娘を家族が殺害することがあり,これを名誉殺人という。そして,ヒンズー教には夫の死後,焼身自殺する妻を貞婦として称える風習が残っており,これを寡婦殉死(サティー)という。

2つめは,社会における女性に対する暴力であり,例として強姦,性的虐待,セクシュアル・ハラスメント,人身売買,強制売春,その他肉体的,性的,精神的暴力があげられている(2条 b)。

213

11　女性に対する暴力とドメスティック・バイオレンス

　最後に，国家により行われたか，許容された，肉体的，性的，精神的暴力である（2条c）。この項に具体的例示はないが，たとえば，戦争・紛争を契機に組織的になされる強姦，性奴隷，強制売春，強制妊娠およびその継続，強制断種，さらに，平時の軍隊，刑務所，警察等での拷問や虐待，国会や行政機関，裁判所等による精神的暴力等が考えられる。

2　ドメスティック・バイオレンス（DV）

（1）　私的領域で親密な関係において起こるDV

　女性に対する暴力は私的領域で多発する。夫婦，交際相手という性的に親密な関係性で振るわれる暴力が，ドメスティック・バイオレンス（Domestic Violence, DV）である。夫婦や同居する交際相手のみならず，親元で暮らす中学・高校・大学生同士の交際にもDVはあり，デートDVと呼ぶ。DVは，夫（男）が妻（女）を支配することを自明とするジェンダー構造の歴史から，加害者（男）が自らの暴力は社会的に容認されるとして正当化するとともに，被害者（女）は自らの落ち度として被害を受忍する傾向があり，双方が女性に対

図表11－1　配偶者暴力相談支援センター等への相談件数の推移

内閣府男女共同参画局編『男女共同参画白書（令和6年版）』141頁

する暴力を内面化していることが少なくない。

　配偶者暴力相談支援センターと DV 相談プラス（24 時間受付の電話，メール，チャット相談）に寄せられた相談件数の合計は，年間 17 万件にのぼる。「誰にも相談しなかった」被害者は，女性で約 4 割，男性で約 6 割であった。

　配偶者・交際相手間の暴力という枠組みで見れば，女から男に暴力をふるう DV も，同性カップルにおける DV もあり，加害者本人の性格や精神障害的な要因のように，性別を問わず共通する加害者像もある。しかし，警察に検挙された配偶者間の暴行，傷害，殺人事件（2020 年 6,759 件）の加害者の 88.9 ％は男性である。この事実は，DV を主として男性加害者・女性被害者の問題として捉え，社会的な要因を合わせて検討することを迫るものである。先に見た通り，歴史的，社会的にその関係性においては暴力を用いることもやむを得ないと容認されてきたのは，男（夫）から女（妻）への暴力のみである。言うなれば「社会からの後押し」が女性に対する暴力に共通する要因であり，「女性を男性に比べて従属的な地位に強いる決定的な社会構造」（女性に対する暴力撤廃宣言前文）といえよう。形式的平等から性中立的な議論をすることは，DV の

図表 11 － 2　配偶者間における犯罪（殺人，傷害，暴行）の被害者の男女割合
（検挙件数，令和 2（2020）年）

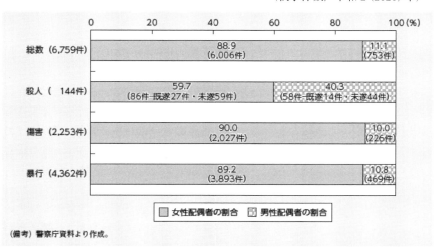

（備考）警察庁資料より作成。

内閣府男女共同参画局編『男女共同参画白書（令和 3 年版）』143 頁

⑪　女性に対する暴力とドメスティック・バイオレンス

本質を見誤り，最多類型の解決を遠ざけてしまうことになる。

　なお，DV の典型例として，配偶者間で起きる暴行罪，傷害罪，殺人罪が考えられるところ，例年，暴行罪・傷害罪に比べて殺人罪（未遂を含む）の件数は約 1 割と少ないものの，同罪においてのみ，男性被害者の割合が約 4 割に増加する。すなわち，DV 殺人事件では，夫が加害者の事案が多いとはいえ，他の DV 犯罪と比較したとき，妻が加害者となる比率が非常に高い。配偶者殺人に至るには個々の事案に多様で複雑な動機があるため一般化は困難だが，尊属殺人違憲判決（最大判 1973 年 4 月 4 日刑集 27 巻 3 号 265 頁）を導いた事件のように，DV の被害者女性が正当防衛的に，あるいは積年の憤怒から，一転して加害者になる類型が一定数あることは，かねてより知られている（DV 夫を殺害した妻に過剰防衛を認め，刑を免除した事例として，名古屋地判 1995 年 7 月 11 日判時 1539 号 143 頁）。

　以下では，質的にも，量的にも，社会に受容されている暴力としての DV，すなわち，ジェンダーに基づく女性に対する暴力としての DV について，検討する。

(2)　DV の本質

　DV 加害者更生プログラムに早くから取り組み，全米に影響を与えた米国ミネソタ州ドゥルース市で家庭内暴力介入プロジェクトが作ったドゥルース・モデルによれば，DV にはさまざまな手段があるものの，その本質は，加害者の権力と支配への執着である。それが精神的暴力や経済的暴力という見えにくい暴力に派生して行き，やがて身体的暴力，性的暴力という見えやすい暴力へと進む。権力と支配という DV の本質を理解すると，「暴力をふるうほど気に入らない相手なら別れればよいのに」との考えがまったく無意味であるとわかる。加害者には権力と支配を実行するために被害者の存在が必要不可欠だからである。このため，被害者が加害者の支配から脱出しようとするときが，支配を失いたくない加害者を最も刺激し，被害者に最大の危険が迫るときとなり得る。

　他方，被害者に対して，「暴力をふるう相手とは別れるべきである」と告げることもまた無意味であるばかりか，被害者の自責感を強化して沈黙を強いるだけの有害無益なものとなる。被害者が逃げない理由は複雑であり，恐怖や経済的問題，子どものため等があるが，繰り返された DV により学習された無力

216

感（Learned-helplessness）に陥っていることが少なくない。暴力が爆発した直後に加害者が被害者に謝罪し，優しくなるハネムーン期が訪れることがあり，これにより被害者は，いわば鞭の後の飴により混乱し，許し，支配されてしまう。しかし，やがて加害者の緊張が募り，再び爆発するというサイクルが繰り返される。ハネムーン期が省かれ，常時緊張期か爆発期におかれることもある。

DV の本質が権力と支配であるため，加害者は被害者の落ち度を探し出し，言いがかりをつけては自らを正当化し，暴力をふるう。この関係性の基盤に権力と支配があるかぎり，暴力が継続する。このため，一度だけの暴力なら DV ではないと言うことは決してできないが，通常は，心理的暴力の常態化をはじめ，さまざまな暴力が何度も繰り返される。被害者は混乱の中で自尊心を傷つけられ，孤立させられるが，暴力の原因は自分にあると思わされる。自分で事態をコントロールすることはできないと思わされているため，そもそも相談すべき問題として認識できず，相談可能な状況にあったとしても，問題に立ち向かう力を奪われてしまっており，相談できないことも多い。このような被害者に向かって別れるべきと伝えても，無力感をさらに強めさせる以外，何の役にも立たないのである。

（3） DV 防止法における保護命令

第二波フェミニズムにより，1970 年代にアメリカの各州で DV 防止のための立法が進んだ。日本でその機運が昂じたのは上述した女性に対する暴力撤廃宣言後の 1990 年代後半であった。DV への問題意識が高まるにつれ，警察の消極的な捜査姿勢も批判され，1999 年 12 月 16 日，警察庁は「女性・子どもを守る施策実施要綱」（乙生発第 16 号，乙官発第 39 号，乙刑発第 13 号）を制定し，その第 2「被害に遭った女性・子どもへの支援等」の項で，「夫から妻への暴力事案……であるなどの理由により警察として消極的な対応をとりかねない……事案についても，昨今の情勢に照らし……積極的な対応が求められる」とした。その後，議員立法により，2001 年 4 月，それまで日本に無かった保護命令制度を導入した「配偶者からの暴力の防止及び被害者の保護に関する法律」が成立した（同年 10 月施行）。

DV 防止法は，国と地方公共団体が配偶者からの暴力を防止するとともに，被害者の自立を支援することを含め，その適切な保護を図る責務を有するとし

ている。このため，都道府県に，被害者の保護のための施策の実施に関する基本的な計画の策定と，配偶者暴力相談支援センターの設置を義務づけている（市町村は努力義務）。

保護命令（10条）とは，被害者の申立てにより，裁判所が加害者に対し被害者へのつきまとい等をしてはならないこと等を命ずるものであり，アメリカのDV法におけるプロテクション・オーダーを参考にしている。2001年の制定時は，法律婚または事実婚の配偶者間暴力に限り保護命令の対象とされていたが，交際相手による殺人事件も頻発することから，2013年改正（翌年施行）により，同居する交際相手も準用として含まれるようになった。これにより法律名が，「配偶者からの暴力の防止及び被害者の保護等に関する法律」（以下，DV防止法）に変更された。また，2023年改正DV防止法（2024年4月施行）により，保護命令が拡充された。

① 保護命令の対象となる加害者・被害者

保護命令の対象となる加害者・被害者は，法律婚・事実婚にある配偶者，あるいは生活の本拠を共にする交際相手であり，離婚後や交際解消後も含まれる。法律婚と事実婚に「婚姻意思」と「共同生活」は共通するが，「届出」の有無に違いがある。事実婚と同居する交際相手の違いは「婚姻意思」の有無とされている。いずれのカップルにも共通するのは「婚姻関係に類する共同生活」を営んでいることであり，そこにはDVを外部から発見・介入することが困難であり，かつ，DVが継続されやすい要素があると考えられることである。したがって，そのような共同生活とは認められない関係性，たとえば，もっぱら交友関係に基づく共同生活，福祉上・教育上・就業上等の理由による共同生活，血縁関係・親族関係に基づく共同生活等は，保護命令の対象とはならない。

② 保護命令の申立て

2023年改正から，保護命令のうち接近禁止命令の申立てができるのは，配偶者からの身体に対する暴力または生命，身体，自由，名誉もしくは財産に対する脅迫を受けた被害者が，配偶者から受けるさらなる身体に対する暴力または，生命，身体，自由，名誉，財産に対する脅迫によりその生命又は心身に重大な危害を受けるおそれが大きいときである。退去命令の申立ては，身体に対する暴力または生命・身体に対する脅迫を受け，さらなる身体に対する暴力を受けることで生命・身体に対する重大な危害（通院加療を要する程度）を受け

2　ドメスティック・バイオレンス（DV）

るおそれが大きいときに，可能となる。

　保護命令を申し立てる前に，通常，被害者は，配偶者暴力相談支援センター
または警察に DV を相談し，書面を作成してもらうことが必要である。申立て
後，1 週間程度先に口頭弁論，または加害者が立ち会うことができる審尋が行
われ，発令要件を満たしていれば保護命令が発令される（緊急時には審尋を経
ずに発令可能）。保護命令の効力は，加害者に対する決定書の送達または期日に
おける言渡しにより生じ，同時に警察等へも通知される。

　③　保護命令の種類

　2024 年 4 月 1 日施行の改正 DV 防止法により保護命令期間が一部延長され
るとともに，罰則が厳罰化された。保護命令の種類には，接近禁止命令と退去
命令があり，さらに接近禁止命令の実効性を確保するために付随する 4 種類の
保護命令がある。付随的な保護命令は単独で求めることはできず，接近禁止命
令と同時か，同命令がすでに出ている場合のみ発令される。保護命令の違反に
は，刑事罰として 2 年以下の懲役または 200 万円以下の罰金が科される（29 条）。
保護命令の種類は以下の通りである。

・接近禁止命令：1 年間（2023 年改正で 6 カ月間から延長），被害者の身辺に
つきまとい，またはその通常所在する場所の付近をはいかいしてはならない。

・付随的な保護命令(1) 電話等禁止命令（以下 a ないし h のすべての行為が禁
止される）：a. 面会の要求，b. 行動を監視していると思わせるような事項
を告げ，または知り得る状態に置くこと，c. 著しく粗野または乱暴な言動，
d. 無言電話，または緊急やむを得ない場合を除き，連続して電話をかけ，
ファクシミリ装置を用いて送信し，もしくは電子メールを送信すること，
e. 緊急やむを得ない場合を除き午後 10 時から午前 6 時までの間に電話を
かけ，ファクシミリ装置を用いて送信し，または電子メールを送信するこ
と，f. 汚物，動物の死体その他の著しく不快または嫌悪の情を催させるよ
うな物を送付し，または知り得る状態に置くこと，g. 名誉を害する事項
を告げ，または知り得る状態に置くこと，h. 性的羞恥心を害する事項を
告げ，もしくは知り得る状態に置き，または性的羞恥心を害する文書，図
画その他の物を送付し，もしくは知り得る状態に置くこと，i. GPS による
位置情報取得等

・付随的な保護命令(2) 子への接近禁止命令：被害者の同居している子の身

辺につきまとい，またはその通常所在する場所の付近をはいかいしてはならない。子が15歳以上のときはその同意がある場合に限る。加害者が被害者と同居している子を連れ戻し，子のために被害者が加害者と面会せざるを得ない事態が生じるおそれがある場合に，被害者の生命または身体に対する危険を防止するために発せられる。

- 付随的な保護命令(3) 被害者の子への電話等禁止命令：付随的な保護命令(1)のb～i。
- 付随的な保護命令(4) 親族等への接近禁止命令：被害者の親族その他被害者と社会生活において密接な関係を有する者（以下「親族等」という。）の身辺につきまとい，またはその通常所在する場所の付近をはいかいしてはならない（当該親族等の同意があるときに限る）。加害者が親族等の住居に押し掛けて著しく粗野または乱暴な言動を行っていることなどから，被害者が加害者と面会せざるを得ない事態が生じるおそれがある場合に，被害者の生命または身体に対する危険を防止するために発せられる。
- 退去命令：2月間，被害者と共に生活の本拠としている住居から退去し，その住居の付近をはいかいしてはならない。2023年改正により，住居の所有者または賃貸人が被害者のみの場合は，申し立てにより6月間となる。被害者と加害者が生活の本拠を共にする場合に限る。

(3) DV防止法の課題

DV防止法が制定される前，DV被害者がとりうる手段としては，①暴力を忍従する，自力で逃げる，または，反撃する，②加害者の処罰を求める（刑事），③加害者に損害賠償を請求する（民事）が存在していたが，それらはいずれも被害者の現実的なニーズに合うものではなかった。かつても，別居中の夫婦間であれば，人格的利益の侵害行為に対する差止を請求することで民事保全法上の仮処分決定を得るという手法により，接近禁止命令に相当する内容を得ることは可能であったが，退去命令に相当するものはなかった（小島妙子『ドメスティック・バイオレンスの法』2002）。退去命令を含む保護命令により，被害者が従前の生活基盤を維持しつつも，自身の生命と身体を守り，暴力にさらされない自由を保護することが可能となった。保護命令は，女性に対する暴力撤廃宣言がいう「女性を男性に比べ従属的な地位に強いる重要な社会構造」から

2　ドメスティック・バイオレンス（DV）

「長年の間保護されずにいた女性の自由と権利」を保護するものとして有効な手段といえる。日本の保護命令制度も，制定当初は退去命令が2週間であったものが2月間に延長され，婚姻中の法律婚・事実婚夫婦に限られていたものが離婚後にも，そして，夫婦のみならず同居する交際相手にまで拡大されており，被害者保護を強化する方向へ伸張してきたことは間違いない。

　しかし，接近禁止命令と退去命令という，加害者を被害者から短期間だけ物理的に引き離すことで終わる日本の保護命令のあり方は，被害者が直面する現実のニーズの一部しか満たしておらず，その後の困難には目を瞑っているように見える。たとえば，アメリカでは，州により異なるが，プロテクション・オーダーとして加害者に被害者と子の扶養料支払い，被害者に仮の監護権付与，医療費・裁判費用等の支払い，カウンセリングへの参加，銃の引き渡し等の命令も可能であり，多面的に被害者を保護しようとする姿勢がうかがわれる。フランスも被害者に自宅での生活を保障するとともに，退去する加害者に被害者の生活費を負担させることを可能にしている。雇用におけるジェンダー平等は途上であるため，夫・パートナー男性に全面的ないし部分的に経済的に依存している女性はいまも多く，6割以上の女性DV被害者が経済的不安から加害者と別れられない事実に鑑みると，加害者から物理的に離すと同時に経済問題に一定の道筋を示すことが，被害者への現実的な支援において非常に重要となる（内閣府「男女間における暴力に関する調査報告書」令和6年）。

　そもそも，同居する配偶者・交際相手から暴力を振るわれると，被害者がその住居から逃げ出し生活基盤を失わなければならない一方で，暴力の加害者が何も失わずに従前通りの生活を続けられることは理不尽である。アメリカにおける退去命令の立法趣旨も，被害者がシェルター等に逃げ出すことで生活上の困難を強いられずに済むよう，被害者に，安全と，平穏な生活を確保しようとするものであった。別居後，離婚に向けた協議や調停をするにしても，離婚成立までは数年かかることも珍しくなく，それまでの期間，被害者は安全な生活を送る必要がある。共同生活を営む住居からどちらが出て行くべきかを問われれば，同居生活の基盤を破壊した暴力の加害者であるべきである。退去命令は，このような理解の下で制定され，運用される必要がある。

　しかしながら，日本では退去命令の期間が，制定当初2週間であったことは論外としても，改正後もわずか2月間に留めており，2023年改正でも被害者

11 女性に対する暴力とドメスティック・バイオレンス

が住居の単独の所有者・賃貸人であれば，6月間になるに過ぎない。さらに，再度の申立てができるのは，「配偶者と共に生活の本拠としている住居から転居しようとする被害者がその責めに帰することのできない事由により当該発せられた命令の効力が生ずる日から起算して二月を経過する日までに当該住居からの転居を完了することができないことその他の同号の規定による命令を再度発する必要があると認めるべき事情があるときに限〔る〕」（18条）としていることから，退去命令を，被害者が現住居から出て行くための期間と位置付けていることがわかる。延長ではなく，再度の申立てであるため，その時点での暴力を受ける危険性の立証が必要であることも，被害者には負担が大きい。

　アメリカでは州により永続的保護命令（無期限）も可能としているが，日本では，退去命令を発令しても，共同生活を破壊した加害者が2〜6月後には元の生活に戻れる。被害者の生活基盤を確保するためであるはずの退去命令が，日本では，結局は被害者が生活基盤から出て行くための期間とされてしまっているのであり，本末転倒と言わざるを得ない。

　この背景には，やはり，男女平等の国際比較であるジェンダーギャップ指数で先進国最下位が定位置となっているように（2024年146か国中118位），国会をはじめとする意思決定の場に女性が少なすぎることにより，「女性に対する暴力は男女間の歴史的に不平等な力関係の現れ」であるとの認識が希薄であり，DV被害者のニーズへの理解が乏しいためと考えられる。1999年2月16日，カナダバンクーバーの日本総領事が現地で妻へのDVで逮捕された際，「妻を殴るのは日本の文化」と発言したと報道され，また，離婚調停でDVを訴える被害者女性に対して「俺だって殴る」と述べる判事が存在していたように（日弁連『司法における性差別』154頁，2002），国家権力の中枢に女性蔑視の土壌があり，女性への人権侵害を咎めない国家と男性の共犯関係，すなわち，男性の既得権としての女性に対する暴力が，いまだに軽視されているのではないかと疑われる。

3　女性に対する暴力と真に闘うために

(1)　メッセージ立法

スウェーデンでは1998年刑法改正の際第4章4条aにDV罪が設けられた

が，第1項で親密な関係における暴行等を，性中立的に犯罪類型化したのみならず，あえて第2項に，婚姻・同棲にかかる男性から女性に対してなされる，前項と同じ行為を，前項と同じ法定刑で制定した。すべて第1項に含まれる犯罪にもかかわらず，あえて第2項に類型化したその意義は，「女性に対する暴力を許さない」という国家からのメッセージ立法であるといわれる。スウェーデンにおける被害者保護は1980年代後半からと，欧州の中で早く始まったわけではなかったが，90年代に女性に対する暴力を「発見」したことにより，一気に高水準に引き上げられたとされる（矢野恵美「スウェーデン：女性の安全法からDV加害者更生プログラムへ」岩井編著，2010）。

このような立法は，日本では，既存の暴行罪，傷害罪，不同意性交等罪で捕捉されるので必要ない，謙抑的であるべき刑法に安易に書き込むべきではないとされやすいが，国家からの最も強力な禁止メッセージである犯罪カタログとしての刑法に登載することは，保護命令や被害者支援の内容が不十分であり，警察へのDV相談が年間8万8,619件あっても検挙に至るのは8,685件と少なく（警察庁，2024年），ほとんどのDV加害者が逮捕されず，処罰を受けず，DVは許されないとの教育もされずに放置されている日本にこそ，必要なものと考えられる。

(2) 加害者更生プログラム

アメリカの多くの州で逮捕後の処分等において加害者更生プログラムへの参加を命じることを可能としており，全米で1,000以上のプログラムが実施されている。加害者更生プログラムを受講すればすべての加害者が暴力を振るわなくなるわけではないが，これにより暴力から「卒業」できる加害者がいることも事実であり，その分だけ，さらなる被害者を生まずに済んでいる。

日本では，民間団体がアメリカの実践等を参考に，独自に加害者更生プログラムを行っているものの，刑事司法制度にはほとんど含まれていない。

DV防止法25条が国及び地方公共団体は被害者の保護に資するため，「加害者の更生のための指導の方法」等に関する調査研究の推進に努めると定めていること，2019年改正児童虐待防止法の附則8条2項が「施行後3年を目途に，配偶者からの暴力に係る加害者の地域社会における更生のための指導及び支援の在り方について検討を加え，その結果に基づいて必要な措置を講ずるものと

する」としたこと，第5次男女共同参画基本計画（2020年12月25日閣議決定）においても，「被害者支援の一環として，加害者の暴力を抑止するための地域社会内でのプログラムについて，試行実施を進め，地方公共団体において民間団体と連携してプログラムを実施するためのガイドラインの策定など本格実施に向けた検討を行う」としたことから，2023年5月に内閣府は「配偶者暴力加害者プログラム実地のための留意事項」を作成した。

しかし，これは地方自治体が取り組む際の留意事項であり，国として司法制度内で行うものではない。国の制度では刑事施設における一般改善としての暴力防止プログラム全18回中の2回，および暴力犯罪を犯した者が保護観察中に受講する暴力防止プログラムの一部にDVに関する内容が含まれてはいる。しかし，民間団体が週に一度52週かけて行うプログラムに比べると，国のプログラムは僅少にすぎる。

(3)　欧州評議会イスタンブール条約

欧州評議会が2011年4月12日に採択し，2014年8月に発効した「女性に対する暴力及びドメスティック・バイオレンスを防止し，闘う条約」（Council of Europe Convention of Preventing and Combating Violence against Women and Domestic Violence）は，採択されたトルコの大都市にちなみ，イスタンブール条約と呼ばれる。この条約は，欧州における女性に対する暴力の被害者が等しく保護・支援を享受できるように締約国の法的基準を一致させるものであり，欧州で女性に対する暴力を撤廃することを目的とした法的拘束力を持つ最初の文書である。女性に対する暴力撤廃宣言以降積み上げられてきた，女性に対する暴力撤廃に向けた国際的な成果をふまえ，被害者のニーズと権利を重視しており，現在，世界で最も包括的で，実効性のある女性に対する暴力対策と考えられている。

全12章，81条からなる条約は，締約国に，防止（Prevention），保護（Protection），訴追（Prosecution），そしてNGO等と協力して統合された政策（Integrated Policy）という4本柱からなり，男女の事実上の平等促進を目的に含める（1条b）。締約国は，被害者支援NGOへの財源を含めた支援や（8，9条），女性に対する暴力の加害者・被害者に対応する専門家に被害者のニーズや二次被害防止についての訓練を提供すること（15条）も求められる。また，

履行監視機関として，女性に対する暴力および DV 対策に関する専門家委員会（GREVIO）が設置されている（66条）。

この条約は，欧州のみならずいずれの国も批准可能としている。日本は1996年から欧州評議会の数少ないオブザーバー国となっており，過去に条約を批准してもいる（2003年受刑者移送条約，2012年サイバー犯罪条約）。本条約の批准も検討に値しよう。

DV 対策は，どれを先になすべきかを論じるのではなく，現に困難に直面している被害者を救うために，実現可能な手段から速やかに実行すべきである。

[参考文献]

今井雅子「欧州評議会における女性に対する暴力への取り組み」浅倉むつ子先生古稀記念論集『「尊厳ある社会」に向けた法の貢献　社会法とジェンダー法の協働』（旬報社，2019）

岩井宜子編著『ファミリー・バイオレンス〔第2版〕』（尚学社，2010）

戒能民江『ドメスティック・バイオレンス』（不磨書房，2002）

小島妙子『ドメスティック・バイオレンスの法』（信山社，2002）

「配偶者暴力に係る加害者プログラムに関する調査研究事業報告書」（2021）
https://www.gender.go.jp/policy/no_violence/e-vaw/chousa/haigusha.html

警察庁「令和5年におけるストーカー事案及び配偶者からの暴力事案等の対応について（概要版）」（2024年3月28日）

⑫ 性 暴 力

12 性 暴 力

1 はじめに

① 性暴力を学ぶために

暴力，とくに性暴力について学ぶとき，怒りや無力感に圧倒され，心が深く傷つけられることがある。専門職に就く者でもトラウマティックな事例に多く接していることで二次受傷を負ったり，学ぶ過程で傷つきを感じたり，忘れていた記憶が甦り苦しくなることもある。そのようなときには，ⅰ. 自分なりの気分転換を試す，ⅱ. 信頼できる安全な人に話す，ⅲ. カウンセリングや医療機関を利用する，ⅳ. ワンストップセンター（性暴力相談機関，後述）に相談する等を検討してほしい。学び続けるために，そして，学びを行動に移すためには，何よりもまず自分自身をケアし，心のメンテナンスを続ける必要がある。

② 強姦という語について

以下で解説する通り，強姦は 2017 年 7 月までの刑法 177 条の犯罪名である。強制性交等は同条の 2017 年 7 月から 2023 年 7 月までの犯罪名であり，現在の犯罪名は不同意性交等罪である。強制性交等罪および不同意性交等罪においては男性被害者も含まれており，強姦となる行為の要件が拡張された。強姦という罪名においては，男性被害を含意しにくい，女性被害も一部しか含まれない，性暴力をポルノのような性的娯楽として消費する視点が付着している等の難点があり，犯罪名としては不適切なものであった。このため，罪名が改められたことは歓迎される。

しかし，本章では，犯罪名としては強制性交等及び不同意性交等罪へと置き換えられた強姦を，罪名以外の文脈においては，被害者（性別を問わない）の同意の無い，身体への性的な挿入行為すべてを意味する事実行為として用いることがある。暴力や支配的地位を利用して性的自由を奪う者と奪われる者という事実上の不平等を象徴し，性暴力の本質にある権力関係と被害の深刻さを示す用語としては，現時点では，強姦の語が適切であると考えられるからである。このため，本章では，罪名とは別に，「強姦」として，強姦罪，強制性交等罪

そして不同意性交等罪に共通する，性的挿入を伴う侵害行為として用いてもいることに留意してほしい。

2　異なる「強姦」の実態

（1）　犯 罪 統 計

　警察庁「令和5年の犯罪」（犯罪統計2023年版）では，不同意性交等罪の検挙件数2,038件のうち，被疑者から見た被害者との関係は，「配偶者」13人，「実子」66人・「養子」68人・「継子」36人，「兄弟姉妹」28人，「その他親族」38人，「元配偶者」9人，「知人・友人」536人，「職場関係者」214人，「面識なし」569人であった。

　「面識なし」は，強姦罪の時代には圧倒的多数を占めていたが，徐々にその割合が下がり，2019年の統計では僅差とはいえ，ついに，最多類型の座を「知人・友人」に明け渡すに至った。その背景には，2010年全国初のワンストップセンター開設（後述），2013年DV防止法改正及びストーカー規制法改正，2017年の刑法強姦罪改正，そして，これらをめぐる被害者支援団体の地道な活動や，世界的な＃MeToo運動のように，性暴力被害者が声をあげることを可能にする環境が，少しずつではあるが形成されてきたためと考えられる。しかし，犯罪統計にはその後新しい分類として「交際相手」が加えられ，再び「面識なし」が最多類型となった。「交際相手」は今回153人であった。

　いずれにせよ，いまなお，警察が犯罪として認知し，検挙に至る事案では，「面識なし」が約3割を占めるとともに，「配偶者」は1％に満たない点に注目しておきたい。

（2）　被害者実態調査

　内閣府は，3年ごとに，無作為抽出された全国の成人5,000人に対して，「男女間の暴力に関する調査」を行っている。これは，警察等への届出有無と関わりがないため，被害者からみた被害の実態を明らかにする調査となっている。最新の2023年調査（2024年3月報告書公表）では女性1,597人，男性1,353人が回答した。

①　「無理やりの性交」被害

　これによると，「これまでに，相手の性別を問わず，あなたの同意がないに

[12] 性暴力

もかかわらず，性交等（性交，肛門性交又は口腔性交または膣，肛門に身体の一部もしくは物を挿入する行為）をされたことがありますか」との質問に対し，「1人からあった」が3.3％（女性5.7％，男性0.5％），「2人以上からあった」が

図表12－1　無理やりに性交等をされた被害経験等

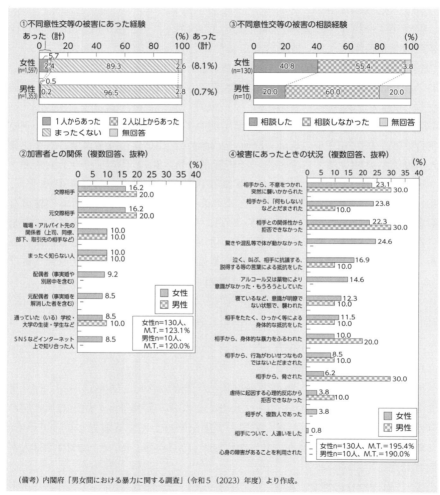

（備考）内閣府「男女間における暴力に関する調査」（令和5（2023）年度）より作成。

内閣府男女共同参画局編『男女共同参画白書（令和6年版）』146頁

1.4 ％（女性 2.4%，男性 0.2%）であり，全体では 4.7 ％であった。

被害者の 12.1 ％が「過去 5 年以内に被害にあった」としており，これを単純に日本の人口 1 億 2,500 万人にあてはめると，1 億 2,500 万人 × 被害率 4.7% × 5 年以内 12.1% ÷ 5 で，単純推計で年間 14 万人以上が被害にあっていることになる。

この「無理やりの性交」被害を尋ねる質問は，以前は女性に対してのみ行われていたが，刑法改正に合わせ，2017 年調査から男性も対象とされるようになった。ただし，男性でこの被害の経験ありと回答したのは，2017 年調査で 23 人，2020 年 17 人，2023 年 10 人と，いずれもごくわずかであることに留意が必要である。また，成人（2023 年調査では 18 ～ 59 歳）対象のため，今現在の子どもの被害は含まれていない。

② 　加害者の属性

「無理やりの性交」の加害者を尋ねると，「交際相手・元交際相手」32.8 ％（以下，記載のない限り男女計の数値），「配偶者・元配偶者」16.5 ％であった。交際相手（元交際相手含む）と配偶者（元配偶者含む）の合計で 49.3 ％に及び，DV（ドメスティック・バイオレンス）としての被害が多いことがわかる。DV 型は各回の調査で半数程度を占める。その一方で，「まったく知らない人」は，わずか 10 ％であった。

DV 型と家族・親戚からの被害を除く関係性において，加害者は職場・アルバイト先の上司や先輩，取引先の相手，学校・大学の教職員や先輩，クラブ活動や習い事の指導者や先輩等の関係が優位な立場にある者であったかを尋ねると，「上位だった」が 60.4 ％，「同等または下位だった」が 33.3 ％であり，職場・学校等において上位にある者がその権力関係を濫用するセクシュアル・ハラスメント型が多数を占めている。

また，女性被害者に対する加害者は，ほぼ全員が異性であった一方で，男性被害者に対する加害者の 3 割は同性であった。

③ 　被害の相談先

先に見た犯罪統計と比較すると，検挙件数と内閣府被害者実態調査から推移した年間の被害件数には 70 倍近い開きがあり，加害者の属性においては「見知らぬ人」が激減する等，同様の行為に対して全く異なる事実が現れる。これは，そもそも被害者が警察に届出をせず，ほとんどが潜在化し，暗数となって

いることが大きい。内閣府調査では「被害の相談先」を尋ねると,「警察」は
1.4％に留まる一方,「どこ（だれ）にも相談しなかった」が55.7％にも上る。

相談しなかった人にその理由（複数回答）を尋ねると,「恥ずかしくてだれ
にも言えなかったから」45.7％,「相談してもむだだと思ったから」31.5％,
「自分さえがまんすれば,なんとかこのままやっていけると思ったから」28.3％,
「そのことについて思い出したくなかったから」27.2％が上位にあり,いわゆ
る泣き寝入りをせざるを得なかった状況がうかがわれる。

(3) 子どもへの性虐待

男女間暴力調査は18歳以上を対象として行われているため,今現在子ども
が受けている性被害を反映することができない。子どもの性被害は潜在化しや
すいと考えられており,とくに加害者が家庭内にいる性虐待では,外部から発
見,介入することが非常に困難である。

2010年,日本で最初の性暴力被害者救援のためのワンストップセンター（被
害者の立場に立ち,医療支援,法的支援,警察との連絡等を一か所で行う拠点）で
ある大阪SACHICOが開設された。SACHICOは,子どもへの性虐待（家庭内
で被害を受ける未成年）について,2010年4月から2015年3月までに初診の
あった全983件中,他人から未成年者への性暴力は316件,家庭内で未成年者
になされる性暴力（性虐待）は193件とした（理事である加藤治子産科医による
2015年12月6日ジェンダー法学会報告資料）。このうち,2012年12月までに初
診した性虐待124件の分析によると,①SACHICOとつながる端緒は,児童
相談所からの紹介が大半であったこと,②加害者の61％が義父・実父であっ
たこと,③妊娠した被害者は1人のみであったことを明らかにした。そのうえ
で,「妊娠率が低い背景には加害者が避妊をしている実態があり,加害者（多
くは父親）は罪に問われることは殆どない」,「加害者は社会的に尊敬されてい
る職業を持っていることもある。性的虐待はどんな環境の中でも起こってい
る」とした（内閣府「性犯罪被害者支援に関する調査研究」報告書2014年）。

被害を受ける子どもについて,SACHICOは,「性的虐待を受けた子どもが
起こしやすい症状は,リストカットや不登校,引きこもり,非社会的行動,性
化行動,夜間の徘徊などと言われているが,実際には被害を受けた子どもの症
状はさまざまである」,「1歳に満たない子どもの被害もあり,多いのは中学生

2　異なる「強姦」の実態

年齢である」，「その時点では自分の身に起こっていることの意味もわからず，大人になると深刻な人間不信に陥り，自己肯定感を喪失することがある。また『心地よく感じてはいけない』『自分の身体は汚れている』『将来の夢がもてない』と感じたり，『身体感覚の喪失』『皮膚感覚の異常』『臭覚の異常』などの症状が出る場合がある」ことも指摘した（前掲内閣府 2014 年報告書）。

　SACHICO による性虐待の実態は，全国女性シェルターネットが 2008 年に行った調査『DV 家庭における性暴力被害の実態』とも符合する。民間シェルターおよび婦人保護施設利用者に対するこの調査によると，DV 家庭の約 6 ％に性虐待があり，加害者は「実父」が 67 ％，「継父」が 25 ％，妊娠した児童はわずか 2 ％であった。DV の 2023 年相談件数が約 17 万件（本書第 11 章参照）であることに徴すると，推計約 1 万件の家庭で性虐待が存在する。

　児童相談所に児童本人から繋がる事案はほとんどなく，例年，1 ％ほどに過ぎない。しかし，児童相談所での児童虐待相談対応件数は年々うなぎ昇りであり，2022 年は 21 万 4,843 件であった。近年，心理的虐待が激増した要因は，いわゆる面前 DV（子どもの前で行われる配偶者間暴力）について警察から児相への通告が増加したためである。児相が対応する件数のうち，性的虐待は例年全体の 1 ％ほどに留まる。児童虐待防止法における性的虐待は，保護者（親権を行う者，未成年後見人その他の者で，児童を現に監護する者）がその監護する児童（18 歳に満たない者）に対して行う行為に限るため（2 条 2 号），同居する他の者からの性的虐待は含まれず，同居する者からの性的被害は保護者等によるネグレクト（2 条 3 号）として数えられている。

　このため，児童虐待防止法における性的虐待を拡張して，2011 年に全国の児相が対応した性暴力被害にあった子どもの事例 1,614 件（うち女児被害 88 ％，延べ加害者数 1,747 人）を分析したものとして，全国児童相談所長会「全国児童相談所における子どもの性暴力被害事例（平成 23 年度）報告書」（2013 年 7 月）がある。これによると加害者は上位から，「実父」26 ％，「養父」14 ％，「きょうだい男性」11 ％，「施設関係者（児童男性）」9 ％，母の「内縁男性」7 ％，「継父」5 ％であった。

　内閣府男女間暴力調査で被害にあった時期を尋ねると，20 歳代が最多ではあるが，中学生のときまでが 29.3 ％，19 歳までで 69.4 ％であった（複数回答）。18 歳未満の被害で加害者を監護者としたのは 7.1 ％であった。

⑫　性　暴　力

　不同意性交等の被害は，およそ４分の１が義務教育を終えるまでに，約半数が未成年のうちに行われており，子どもの望まない性行為から守られる権利，性暴力にさらされない自由が守られていないことがわかる。

　これらをまとめると，子どもへの性的な加害行為は，その４割ほどが家庭で起きており（前掲SACHICO），その性虐待加害者の大半が実父および実父に準ずる立場にある者（継父，養父，母の内縁相手）であり，性虐待加害者の多くが発覚しないよう避妊をしており，性虐待は児相経由で被害救援拠点に繋がるという事実がわかる。そもそも性虐待が顕在化しにくいうえ，大人から保護されるべき児童が性的搾取を受けてもきわめて声を上げにくい状況に置かれていることが，あらためて浮き彫りとなる。

（4）　性暴力被害者支援

　2010年４月に開設したSACHICOを嚆矢に，性暴力被害者支援のためのワンストップセンターは全国に広がり，これまでに各都道府県に１か所以上設置されている（一覧表は内閣府男女共同参画局HPを参照。https://www.gender.go.jp/policy/no_violence/seibouryoku/consult.html）。全国共通の短縮番号「#8891」（はやくワンストップ）も設けられており，発信場所から最寄りのワンストップセンターにつながる。被害者がワンストップセンターに連絡すれば，被害者の意向に基づいて，産婦人科医療やカウンセリング，警察，法律相談等の専門機関の支援を受けることができる。ワンストップセンターは，アメリカでは第二波フェミニズムが活発化した1970年代にレイプ・クライシス・センター（Rape Crisis Center）として広がったものであり，現在も全米で1,100以上のセンターが運営されている。

　ワンストップセンターとは別に，NPOによる性暴力被害者支援も行われている。たとえば特定非営利活動法人BONDプロジェクトは，「10代20代の生きづらさを抱える女の子たちのための女性による支援」を掲げ，2009年に設立された。活動内容は，「①ドメスティックバイオレンスにより，帰る場所の無い，又は自宅が精神的な拠り所となりえない青少年の保護を行い，②社会，家族，友人等に関する人間関係の不信感に対するメンタルケアやカウンセリングを実施し，③問題を抱えた青少年が，就業，生きがい，社会参画できる機会を提供することで，青少年の健全育成を図ることに寄与することを目的」に，

渋谷のパトロール，メール相談，電話相談等を行っている（http://bondproject.jp/）。

　ワンストップセンターおよびNPOによる性暴力被害者支援活動の多くは，その社会的重要性の高さにもかかわらず，財政的余裕がなく，心身ともに疲弊する職務でありながら支援者の善意で運営されている側面が大きい。本来であれば国や自治体が担うべき仕事が，女性に対する暴力の歴史的な軽視から無償のシスターフッドに委ねられてきた状況を，抜本的に変えなければならない。民間団体が培ってきた知見を活かす方向で，公的機関は十分な助成を行う必要がある。

3　強姦神話とジェンダー・バイアス

（1）　強 姦 神 話

　われわれの社会には，偏見としての強姦神話（「強姦」をめぐる偏見，ジェンダー・バイアス）が蔓延している。たとえば，①暗い夜道を一人で歩く挑発的な服装の女性が，暗がりに潜む，見知らぬ，異常な男に襲われる，②強姦で用いられる暴行はきわめて激しい，③女性が本気で抵抗すれば強姦は防げる，④夫婦間では強姦はあり得ない，⑤本当に強姦があったなら女性はただちに届けるはずである，⑥女性は同意に基づく性交を後になって強姦されたと嘘をつく，⑦女性は本心では強姦を望んでいる，⑧男性が性被害に遭うことはない等，被害者が直面する現実とは異なる，さまざまな思い込みがある。

　実際には，①については，まず，被害者が挑発的な服装をしていることは加害者の被害者選定において大きな要因ではない。検挙された強姦被疑者に対してなされた稀少な調査（内山絢子「性犯罪被害の実態」警察学論集53巻3〜5号，2000年）によれば，被疑者が被害者を選んだ理由は，上位から「届け出ない」と思ったからが44.8％，「おとなしそう」28.1％，「警察沙汰でない」26.3％，「一人で歩いている」22.1％，「相手が納得している」16.4％，「隙が見える」16.0％，「誰でもよい」15.3％，「弱そう」15.3％であり（複数回答），犯人は犯行がばれずに遂行できそうな，おとなしそうな被害者を狙っていることが明白である一方，「挑発的な服装」を理由に挙げた者は4.6％しかいなかった。また，犯行場所は，暗い路上ではなく，多くが屋内でなされるのが例年

12 性　暴　力

の状況であり，先に掲げた犯罪統計2023年版においても，強制性交等罪の犯行場所が住居・学校・ホテル等であったものを合算すると7割を超える。その反面，屋外が想定される路上・公園・空き地等を合算しても1割に満たない。そして，加害者が見知らぬ人である事案は冒頭に見た通り少数であり，被害者実態調査では配偶者・交際相手が半数を占める。異常な男についても，犯罪統計で強制性交等罪の被疑者の精神障害等の有無別検挙件数を見ると，例年1桁の件数にとどまる。そもそも，被害者実態調査では加害者の半数がDV関係にあり，DVが支配の手段であることに鑑みれば（本書第11章参照），強姦加害者の多くは「異常な男」ではなく，どこにでもいる「普通の男」になる。

女性に激しい抵抗があれば強姦はできないとする②については，前掲2000年内山調査では，検挙された強姦被疑者の被害者への調査により，被害時に受けた暴力は上位から，「無理やり体を押さえつけられた」74.5％，「逆らったら殺すぞ等の言葉」61.8％，「殴ったり蹴ったりされた」29.1％であり，強姦神話で想定される激しい暴力に相当するのは3割程度であった一方，「相手の体が大きいので逆らえない」とした被害者が48.2％おり，激しい暴力を用いられた被害者は，現実には少数にとどまる（複数回答）。

女性に激しい抵抗を要求する③も，現実に被害者が行った抵抗を尋ねた内山調査では，「やめてくれと加害者に頼んだ」62.7％，「必死で自分を守った」38.2％，「必死で相手を攻撃した」35.5％とあり，強姦神話で想定される被害者の抵抗に相当する抵抗は3分の1程度に過ぎない一方，同じく3分の1の被害者が「何もできなかった」33.6％と回答した。

強姦神話②および③に関連する調査は，男女間暴力調査2020年および2023年においても行われたが，その結果も上位から，「相手から，不意を突かれ，突然に襲いかかられた」，「相手から，『何もしない』『変なことはしない』『乱暴しない』などとだまされた」，「相手との関係性（相手との関係が壊れる，仕事への影響等）から拒否できなかった」，「驚きや混乱等で体が動かなかった」，「泣く，叫ぶ，相手に抗議する，説得する等の言葉による抵抗をした」となっており，「相手から暴力をふるわれた」被害者や，「相手をたたく，ひっかく等による身体的な抵抗をした」被害者は少数に過ぎなかった（複数回答。図表12－1④参照）。内山調査と男女間暴力調査はどちらも，強姦の現実では多くの場合，激しい暴力は振るわれないとともに，被害者が激しく抵抗することが

3　強姦神話とジェンダー・バイアス

できない状況を明らかにしている。

　夫婦間強姦を否定する④は，かつては世界各国で当然視されていたが，1980年代以降，女性に対する暴力が「発見」されたことにより，夫婦間強姦こそ多発しながら届出がされにくいという事実が現在では共有されている（本書第11章参照）。日本でもかつては夫婦間強姦否定説が通説であったが，今日では否定説を支持する見解はおよそ見当たらない。ただし，夫婦間強姦の検挙件数の少なさからは，国民及び刑事司法制度の中に，今なお夫婦間強姦を例外視する向きがあるのかもしれない。

　強姦事件直後に申告する被害者に信用性をおく⑤も実態とは異なる。すでに見た通り，「どこ（だれ）にも相談しなかった」が被害者の6割近くを占めていることから，現実には多くの被害が暗数となっている。それをふまえて，かつて6月間だった強姦罪・強制わいせつ罪の告訴期間は，2000年刑訴法改正により公訴時効まで延長され，2017年刑法改正ではついに告訴が訴訟要件から外され，非親告罪とされるに至った。

　女性を嘘つきとする⑥は，多くの真犯人こそ嘘をつく現実に目を瞑っている。最終的には強制わいせつ行為を認め，2000年に有罪が確定した大阪府知事は，当初，被害者に対して，「でっちあげ，事実無根」等と記者会見で非難するとともに，被害者を虚偽告訴罪で逆告訴までしていた。逆告訴まではしなくとも，逮捕時にまずはシラを切る性犯罪加害者の多いことは実務の常識といわれる。

　なお，痴漢犯罪対策を議論するときにも，必ず「痴漢冤罪」を反論として持ち出し，それがジェンダー平等な議論であるかのように見せかける風潮もあるが，完全に誤りである。たとえば，通りすがりの暴行・傷害・殺人事件（通り魔）や，窃盗（スリ）対策について議論するときに，冤罪の可能性を持ち出して対策論を空中分解させる試みなど，およそ目にすることはない。最高裁の司法統計を見ると，例年，地裁の通常第一審で無罪が言い渡される犯罪として，「公務執行妨害の罪」「放火の罪」「わいせつ，不同意性交等及び重婚の罪」「殺人の罪」「傷害の罪」「過失傷害の罪」「窃盗の罪」「詐欺の罪」等があるものの，無罪件数おいて性犯罪が突出しているわけではない。件数で多いのは例年傷害罪である。しかし，傷害罪が冤罪の典型として社会的に問題視されることはあまりないのではないか。また，2012年には道交法違反の罪でじつに427件もの無罪判決が出たが，これも弁護士会を別とすれば，冤罪として社会的な批判

235

⑫　性　暴　力

を集めるに至らなかった（栃木県警がスピード違反摘発の際に大量の誤測定をした事案）。

　性犯罪被害者＝女＝嘘つきと決めつけ性犯罪には冤罪が多いとする態度は英米法にも見られたが，1970年代以降の強姦法改革で除去された。被害者にも加害者にも証人にも，性別にかかわりなく嘘つきは一部存在するはずだが，大半の被害者が女性となる性暴力事件についてだけ冤罪の可能性を持ち出すことは，歴史的な女性蔑視の顕れとの誹りを免かれない。冤罪は国家による深刻な人権侵害であるからこそ，それを議論する場所は性暴力犯罪対策の俎上ではないと知るべきである。

　女性が本心では性暴力，あるいは，いつでも誰とでも性行為することを望んでいるとする⑦は，性暴力を娯楽として容認し，消費するレイプ・カルチャーに感化された妄想か，認知の歪みによるものと考えざるを得ない（斉藤章佳『男が痴漢になる理由』2017）。女性が性的ファンタジーとしてポルノを楽しむことや，レイプ・カルチャーに従いポルノ出演時にそのような発言をしていたとしても，「被害者がポルノ雑誌・ビデオに出演していたことは，被告人との性交に同意していたかどうかとはまったく関係がない。出演は，被害者が性交を望んでいた傾向を示しはしても，具体的な男性と具体的な時期に性交を望んでいたことを示しはしない」という当然のことを忘れてはならない（アメリカ連邦控訴審判決 Wood v. Alaska, No. 90-35826, 1992 WL 35242 (9th Cir. Feb. 28, 1992)）。性暴力の本質が同意の不在であることを想起すれば，同意のない行為に同意するということ自体があり得ないのである。

　男性に性被害はないとする⑧も誤りである。男性の性被害はかつての強姦罪には含まれず，法定刑の低い強制わいせつ罪で処断されてきたが，同罪の検挙件数においても数パーセントではあるがつねに存在していた。2017年刑法改正で強制性交等罪に改正されたことにより，男性も「強姦」相当の被害者に含まれることとなった（後述）。性暴力は圧倒的に女性被害者が多く，「女性に対して過度に影響を及ぼす暴力」（本書第11章）の象徴でもあるが，この現実が，男性の性暴力被害者を，被害者としてのみならず，支配者であれとする「男らしさ」の社会規範から逸脱した者として名誉も傷つけられ得る状況に置く。このため男性被害者には，性暴力の被害のみならず，女性被害者とは異なる文脈で名誉が毀損されるという被害の複合性があり，それが男性に性暴力被害の申

236

3 強姦神話とジェンダー・バイアス

告をより困難にしていると考えられる。

（2） 最高裁のジェンダー・バイアス

「警察の性犯罪捜査への取組の原点」（田中嘉寿子『性犯罪・児童虐待捜査ハンドブック』2014）となる神奈川県警による全国初の女性捜査官による性犯罪捜査班が発足したのは，1996年4月であった（板谷利加子『御直披』1998）。その後，警察の捜査の怠慢から殺人に至ったとの批判を契機として1999年ストーカー規制法が制定され，2000年児童虐待防止法，2001年DV防止法と，「女・子ども」が主たる被害者となる法律の制定が相次いだ。これらにより，刑事司法制度における性犯罪被害者への理解に基づく対応が従前より一定の前進を果たしたことは疑う余地がない。

しかし，最高裁判所は，2009年4月14日強制わいせつ無罪事件（刑集63巻4号331頁）ならびに2011年7月25日強姦無罪判決（裁判集刑304号139頁）において，21世紀までに積み重ねられてきた世界的な女性に対する暴力根絶を理解する視点が，まったく窺われない判決を下した。両事件ともに，高裁までは有罪であったものが最高裁で無罪を言い渡された，いわゆる逆転無罪事件である（下線と＊番号は引用者による。『ジェンダー六法〔第2版〕』2015谷田川執筆分より転載）。

① 強制わいせつ逆転無罪事件（最高裁三小判決2009年4月14日刑集63巻4号331頁）

[事実の概要] 公訴事実は，被告人（60歳）が，平日朝8時頃都内の満員電車内で，通学のため乗車していた被害者（17歳）に対し，下着の中に左手を差し入れわいせつな行為をしたというものであった。被告人は捜査段階から一貫して犯行を否認していた。

[判決の要旨] 最高裁判所における事実誤認の主張に関する審査は，原判決の認定が論理則，経験則等に照らして不合理といえるかどうかの観点から行うべきである。本件公訴事実を基礎付ける証拠としては被害者の供述があるのみで，客観的証拠は存在しない。被告人に前科，前歴はなく，この種の犯行を行うような性向をうかがわせる事情も見当たらない。被害者供述の信用性判断は特に慎重に行う必要がある。被害者が述べる痴漢被害は相当に執ようかつ強度なものであるにもかかわらず，被害者は，当初，電車内で積極

⑫　性　暴　力

的な回避行動を執らなかった。そのことと，最終的に被告人のネクタイをつかみ，積極的な糾弾行為に出たことは，必ずしもそぐわないように思われる。また，被害者は途中の停車駅で降車客に押されていったん下車しながら，被告人を見失い，迷っていたとして，車両を替えることなく，再び被告人のそばに乗車したが，不自然である。被害者の供述の信用性には疑いを入れる余地がある。*1

　（補足意見2名）痴漢事件について冤罪が争われている場合，被害者供述が詳細かつ具体的，迫真的であっても，補強する証拠等が存在しないにもかかわらず裁判官が有罪の判断に踏み切るについては，合理的な疑いを超えた証明の観点から問題がないか，格別に厳しい点検を欠かせない。*2

　（反対意見2名）身動き困難な超満員電車内で被害に遭った場合，被害者が羞恥心等から回避行動を執らず，我慢の限界に達して反撃的行為に出ることはあり得る。再び被告人のそばに乗車していたのは押し込まれた結果に過ぎず，この時間帯における電車が極めて混雑し，多数の乗客が車内に押し入るように乗り込んでくるものであることを認識すれば，自然である。多数意見が，原判決の判断が論理則，経験則に照らして不合理というには，あまりにも説得力に欠ける。逆に被告人は，確たる証拠がない限り不利益な事実を認めないことがうかがわれるうえ，電車内の自分の近くにいた人についてはよく記憶しているのに被害者についてはほとんど記憶がないと供述しており，不自然さが残る。

② **強姦逆転無罪事件**（最高裁二小判決 2011 年 7 月 25 日裁判集刑 304 号 139 頁）

　[事実の概要]　公訴事実は，被告人（48 歳）が，夜 7 時過ぎ，駅前路上において，通行中の被害者（18 歳）に「ついてこないと殺すぞ」等と脅迫する等して，同所から 80 m 離れたビルの外階段屋上踊り場に連行し，姦淫したというものであった。被告人は，金銭の支払いを装い，手淫してもらって射精したが現金を渡さないまま逃走したと主張しており，見知らぬ女性に類似の行為を行わせていた事実が多数存在した。

　[判決の要旨]　本件公訴事実を基礎付ける証拠は被害者供述のみであるから，その信用性判断は特に慎重に行う必要がある。被害者は，被告人から「ついてこないと殺すぞ」と言われて恐怖で頭が真っ白になり逃げられなかった，姦淫直前には自分たちのすぐ後ろを警備員が通りかかったが，涙を

流している自分と目が合ったのでこの状況を理解してくれると思いそれ以上のことはしなかった，被告人から立位で姦淫された，破れたストッキングをコンビニのゴミ箱に捨てた，コンビニではストッキングを購入した等と供述するが，物理的に拘束されていたわけでもないのに逃げ出しておらず，言われるがままについて行き，警備員にも積極的に助けを求めなかったというのは不自然である。被告人と被害者には20cmの身長差があり，立位での姦淫は容易でなく，疑わしい。ゴミ箱に捨てたとするストッキングは発見されていない。コンビニで一緒に飲み物を購入したかについての供述が変遷している。これらから，被害者供述を信用できるとした原審等の判断は経験則に照らして不合理であり，是認することができない。*3

（補足意見2名）行きずりの女性に声をかけ，金銭支払いを約束するなど巧みに虚言を用いて性行為に協力させてきた事実が多数ある被告人が，「ついてこないと殺すぞ」と言うことは考えにくい。*4

（反対意見1名）原判決には経験則に照らして不合理はない。被害者が抵抗せず犯人の意のままになること，立位による姦淫，強い精神的ショックから記憶が一部欠落すること等は不自然ではない。被害者の供述を不自然とする多数意見は，一見常識的には見えるものの，この種犯罪の実態から乖離したものであって，現実の犯罪からはそのような経験則や原則が導かれるものではない。このようなことは，性犯罪に関する研究等においてもしばしば指摘されているところであり，多くの性犯罪を取り扱う職務に従事する者の共通の認識となっている。被告人の供述は金銭提供の有無を含め，大きく変遷しているので，信用性を認めるのは困難である。

主たる証拠が被害者供述しか存在せず，それが被告人の主張と対立している場合に，事実認定者（裁判官，裁判員）が被害者供述を信用できなければ無罪を言渡すべきであることは「疑わしきは被告人の利益に」の原則から論を俟たない。

しかしながら，両判決の多数意見が被害者供述を信用できないとする理由を見ると，多数意見を構成した裁判官においては，性暴力被害の実態および被害者心理に対する理解が一面的であり，強姦神話に捕らわれているのではないかと疑われる。

⑫　性　暴　力

　2009 年判決の多数意見*1 は，朝の超過密電車内で痴漢被害を受けた被害者が，①当初積極的な回避行動をとらなかったこと，②それにもかかわらず最終的に積極的な糾弾行動をとったこと，さらに，③いったん降車客の波に押し出されてから再乗車したものの，ふたたび被告人と近接して乗車していたことを，「論理則，経験則等に照らして不合理」であるとして，被害者供述の信用性を否定する。だが，その「不合理」の前提には，反対意見も指摘するように，朝の超過密電車への想像力の欠如があるのみならず，より本質的には，「本当に性暴力を受けたのであればただちに回避または反撃するはずであり，すべきである」という，一面的な性暴力被害者像の押しつけがある。ただちに回避または反撃に出ることは，実際の被害者がとる多様で複雑な対応のうちごく一部を占めるに過ぎないが（前掲図表），社会でも司法の場でも，これのみが被害者の対応であるかのように広く信じられ，性暴力被害者として扱われるためには反撃が必要と思いこまされている。現実の被害者は，驚愕や恐怖，困惑と動揺，みじめさ，恥ずかしさ，悔しさ等から混乱し，迅速な回避や反撃には出られないことが，むしろ多い。だが，そのような被害者心理を理解できず，強姦神話を内面化している者の目には，被害者の行動は「論理則，経験則等に照らして不合理」としか映らないだろう。

　さらに補足意見*2 では，補強証拠を持たない被害者証言には「格別に厳しい点検」が必要ともいう。これは，実際の性暴力犯罪ではほとんどのばあいに被害者証言しか存在しないという現実に照らすと，暗数が数十倍と推計される性暴力の被害者に，その被害申告をいっそう躊躇させる威嚇にしかならない。このように被害者の証言に補強証拠（corroborating evidence）を要求する発想は，性暴力事件に特有のものであり，女性蔑視の上に築かれた男性中心主義の司法における性暴力被害者（女性）への不信に起因する。世界各国では過去半世紀になされた強姦法改革において補強証拠の規定を削除してきたが，2009 年最高裁判決の補足意見は性暴力裁判における男性中心主義からの脱却という世界的な潮流に，文字通り逆行する思考を暴露して憚らないものであった。

　2011 年判決*3 は 2009 年判決をふまえ，「被害者供述は経験則に反しており信用できない」とした。しかし，物理的に拘束されていないのに通行人・付近の交番に助けを求めなかったことについては，「殺すぞ」といわれたことでショック相（ショックに適応，抵抗できない段階，全身適応反応症候群）に陥った

ためとも考えられる。被害直後にコンビニで何を買ったかの記憶が曖昧になることも，情動（感覚刺激への評価に基づく生理反応，行動反応，主観的情動体験から成る短期的反応）的な出来事は記憶されやすいとする脳科学と矛盾しない。警備員に助けを求められなかったことについても，現実の被害者の態度としてありふれたものであり，「反撃してこそ被害者」との裁判官の思い込みをここでも押し付けているように見える。虚言を用いて多くの犯罪的性行為を行ってきた被告人を信用する補足意見*4は，性犯罪者が数を重ねるたびにその犯行がより悪質になる傾向を考慮していないのではないか。この問題の専門家である検察官出身の男性判事による反対意見が多数意見にならなかった事実には，首をかしげざるを得ない。

　2件の最高裁判例の後，下級審では2019年3月に4件の性暴力無罪判決が集中し，耳目を集めた。①福岡地裁久留米支部3月12日判決（準強姦無罪）は，被害者は嘔吐するほど泥酔していたが，被告人は抵抗が無いために同意を誤信したと主張した（2020年2月5日福岡高判で懲役4年，最一決2021年5月12日上告棄却）。②静岡地裁浜松支部3月19日判決（強制性交等致傷無罪）は，被害者は口腔性交で致傷したが，被告人は黙示の消極的同意を誤信したと主張した（確定）。③名古屋地裁岡崎支部3月26日判決（準強制性交等無罪）は，実子Aが中学2年生時から実父による性虐待が継続しており，19歳時の性交を起訴したが，「長年にわたる性的虐待等により，Aを精神的な支配下に置いていたといえるものの……被告人がAの人格を完全に支配し，Aが被告人に服従・盲従せざるを得ないような強い支配従属関係にあったとまでは認め難い」として，被害者が抗拒不能であったこと（準強制性交等罪の構成要件）を認めなかった（2020年3月12日名古屋高判で懲役10年）。④静岡地裁3月28日（強姦無罪）は，12歳実子への継続的な強姦が起訴されたが，被害者証言が信用できないとされた（2020年12月21日東京高判で懲役7年）。

　これら4件の無罪判決への怒りは，フラワーデモ（花を持ち，性被害を告発する運動）として全国に広がり，性暴力被害者支援の運動が活発化した。

4　世界的な強姦法改正の潮流

アメリカでは1970年代以降，第二波フェミニズムによる草の根運動として

⑫　性　暴　力

強姦法改革が進められ，各州が制定する実体法及び手続法が改正された（Cassia Spohn & Julie Horney, Rape Law Reform, 1992）。伝統的な強姦罪の理解では，加害者の激しい暴行により，被害者が必死に抵抗したにも拘わらず行われた事案が想定されており，加害者の暴行が軽微な事案や，被害者の抵抗が不十分な事案には，被害者の同意が推定され，あるいは加害者による同意の誤信が支持され，さらには被害者の性的経歴を法廷で暴くことで被害者供述の信用性が否定されることで，無罪が言い渡される事案は珍しくなかった。フェミニストたちは「被害者が裁判にかけられている（victims on trial）」と批判して，運動を展開し，新しい性暴力法が制定された。その後，世界的な女性に対する暴力撤廃の取組みもあり，欧州を中心に各国で法改正がすすみ，1998年に設立された，史上初の常設国際刑事裁判所である国際刑事裁判所 ICC においても，旧来の強姦法の理解は否定されている。20世紀が終わるまでには，新しい性暴力法の枠組みが世界的な標準となったのである。

新しい性暴力法とは，被害者の視点から強姦を再定義することであり，強姦神話の否定である。各国・州により具体的な規定の差異は大きいが，主たる共通点として，概ね以下を指摘できる。

① 　性交以外の性的挿入行為も性交と同等に処罰する：肛門性交，口腔性交，そして，手や異物を性器または肛門に挿入することも，強姦における性交（姦淫，男女の性器結合）と同じ犯罪と見做す。旧来の強姦法が男女の性器結合に限るため救済されなかった類型を捕捉する。

② 　男性の被害も同等に処罰する：加害者・被害者の性的中立化を行う。男性の被害は軽く処罰され，または処罰の対象とならずにいた不平等を是正し，加害者・被害者ともに性別不問とする。

③ 　強力な暴力が用いられない類型も処罰する：被害者の自由かつ積極的な同意，あるいは真摯な自発的同意を重視するとともに，およそ同意があり得ない加害者と被害者の関係性を犯罪として類型化する（たとえば，加害者が法的・専門的・職業的な地位により，被害者に監督的・懲戒的な権力を有するとき。親子，教師と生徒，コーチと選手，医師と患者等）。

④ 　裁判で被害者を二次被害から守るため，事件と関わりの無い被害者の過去の性的経験について証拠提出を制限することを，証拠法上に規定する（強姦被害者保護規定，レイプ・シールド法）。

⑤　司法による救済を尽くすため，性暴力犯罪の公訴時効を停止・廃止する。

　日本では被害者の黙示の同意ないし消極的同意を誤信したとする被告人の主張が認められ，無罪が導かれるが（前掲 2019 年 3 月裁判例①②），アメリカで最初に「Yes なければ No である」ことを示したニュージャージー州最高裁は，同意とは，「被害者からの自由かつ積極的な許可」であり，その立証は，「検察官が，合理的な人間であればその許可が存在したとは信じなかったであろうことを，合理的な疑いを超えて証明する」と判示した（In re M.T.S., 609 A 2nd 1266, July 30, 1992）。日本が 2007 年加盟後から女性裁判官を 1 名輩出し続けている国際刑事裁判所の手続法に相当する規定では，被害者の同意を「暴行，脅迫，強制，または強制的な環境の利用により，被害者の自由かつ真摯な同意を与える能力が損ねられていたときの被害者の言動を理由として，同意を推定してはならない」「被害者が同意を与えることができなかったときの言動を理由として，同意を推定してはならない」「性的暴力を申し立てた被害者の沈黙や無抵抗を理由として，同意を推定してはならない」として，同意に関する詳細な規定をおいている（Rule 70(a), (b), (c), Rules of Procedure and Evidence, ICC/ASP/1/3）。本書第 11 章で見た欧州評議会のイスタンブール条約もまた，性暴力被害者の同意について，「自由意思の結果として自発的に与えられるもので，周囲の状況と文脈により評価される」（36 条 2 項）と定義している。

　世界的な強姦法改革は現在も進行中である。近年は，暴行・脅迫がなくとも両者の関係性から強制的な性行為が行われることへの理解が進み，欧州を中心に，同意の無い性行為を処罰する不同意性交罪の立法が進んでいる。

5　2017 年刑法改正

　世界的な強姦法改革の潮流から完全に取り残されていた日本であったが，1907（明治 40）年の制定から 110 年後となる 2017 年，ようやく強姦罪の構成要件が改正された（2017 年 6 月 23 日公布，7 月 13 日施行）。それまで強姦罪を中心とする性暴力処罰規定に関する改正は，集団性暴力事件への告訴要件の削除（1958 年），告訴期間の撤廃（2000 年），法定刑下限の 1 年引き上げおよび集団強姦罪の新設（2004 年）があったが，177 条強姦罪の構成要件の変更はこのときが初めてであった。しかし，その内容は，上に見た世界的な到達基準からは

243

⑫ 性 暴 力

なお径庭があった。

2017年改正では，①これまで親告罪であったが強制わいせつ罪（176条），強姦罪（177条）ともに告訴要件を廃止し（180条），②単独自手犯としては男性加害者から女性被害者にしか成立しなかった性別属性を中立化し（177条），③姦淫として男女の性器結合たる性交のみであった構成要件を，男性器を挿入する性交，肛門性交，口腔性交（性交等という）を同等に処罰することとし（177条以下），④13歳以上18歳未満に対する暴行脅迫のない性行為は不処罰とされるか，児童福祉法違反（児童に淫行をさせる罪，懲役10年以下または罰金300万以下），もしくは各自治体で異なるいわゆる青少年保護条例が適用されていたが，18歳未満の者に対し，その者を現に監護する者であることによる影響力があることに乗じた性交等も強姦同等に処罰するとして監護者性交等罪を新設し（179条），⑤法定刑下限を懲役3年から5年に引き上げて強盗罪の法定刑下限と同等とし，⑥強盗と強姦の結合犯では先に強盗がなされる強盗強姦罪の法定刑上限は無期懲役であるのに，強姦が先になされると併合罪として有期懲役しかなかった刑罰を平準化すること（241条）にとどまった。

6　2023年刑法改正

2023年刑法改正では，これまでの強制わいせつ罪と準強制わいせつ罪を一本化して不同意わいせつ罪とし（刑法176条），強制性交等罪と準強制性交等罪を一本化して不同意性交等罪（177条）とした。強姦罪の時代から強制わいせつ罪と準強制わいせつ罪，そして強姦罪と準強姦罪とに分けられていたが，強姦罪および強制わいせつ罪が性行為に至る手段を「暴行又は脅迫」に限る一方で，準強姦罪と準強制わいせつ罪は被害者の「心神喪失若しくは抗拒不能に乗じ」ること，または被害者の「心身を喪失させ，若しくは抗拒不能にさせ」ることを手段としており，強制性交等罪と準強制性交等罪にもこの構成要件はそのまま継受されていた。判例により暴行の程度は強盗罪に必要な程度よりもやや軽度と解される「被害者の抗拒を著しく困難にする程度」（最判1949年5月10日）が必要とされており，準強姦罪の手段にも同程度が必要と解されてきたが，現実の事案におけるこれらの程度の認定においては，裁判官の個人的な価値観や被害者心理への知識の有無に左右されることが少なくなく，似たような

244

事例において有罪無罪が分かれることもあった（ニセ婦人科医による治療を仮装した準強姦事件で有罪とした事案に名古屋地判 1980 年 7 月 28 日，霊感治療では準強姦事件を無罪とした事案に東京地判 1983 年 3 月 1 日）。さまざまな手段が包摂される準強姦・準強制わいせつ事件には裁判官の価値観や「あるべき被害者像」への思い込みが反映されやすいこともあり，有罪とされるべき事案が取りこぼされているようにしか見えない事案もあった（前掲 2019 年 3 月の各無罪判決とそれらの控訴審における各有罪判決も参照）。いわば，ブラックボックスのような準強姦罪・準強制わいせつ罪の構成要件を整理する必要があった。

　このため，本改正において法務省からは，これまでの構成要件を拡張するものではなく，解釈の差・ばらつきをなくし，処罰されるべきを取りこぼさない趣旨であることが説明され，これまでの抽象的な規定の在り方から，以下の 8 種類の具体例を掲げる規定へと作り替えられた（刑法 176 条 1 項）。

1　暴行若しくは脅迫を用いること又はそれらを受けたこと。
2　心身の障害を生じさせること又はそれがあること。
3　アルコール若しくは薬物を摂取させること又はそれらの影響があること。
4　睡眠その他の意識が明瞭でない状態にさせること又はその状態にあること。
5　同意しない意思を形成し，表明し又は全うするいとまがないこと。
6　予想と異なる事態に直面させて恐怖させ，若しくは驚愕させること又はその事態に直面して恐怖し，若しくは驚愕していること。
7　虐待に起因する心理的反応を生じさせること又はそれがあること。
8　経済的又は社会的関係上の地位に基づく影響力によって受ける不利益を憂慮させること又はそれを憂慮していること。

　刑法 176 条 1 項では，「〔上記の行為〕又は事由その他これらに類する行為又は事由により，同意しない意思を形成し，表明し，若しくは全うすることが困難な状態にさせ又はその状態にあることに乗じて」わいせつな行為をした者を不同意わいせつ罪として，6 月以上 10 年以下の懲役刑（2025 年 6 月 1 日より拘禁刑）に処するとしている。177 条 1 項では同じ手段で「性交，肛門性交，口腔性交，又は膣若しくは肛門に身体の一部（陰茎を除く。）若しくは物を挿入する行為であってわいせつなもの」を「性交等」として，「婚姻関係の有無に関

12 性 暴 力

わらず」5年以上の懲役刑（拘禁刑）に処される。

「婚姻関係の有無に関わらず」の導入は，2017年刑法改正でも議論されたが，強姦罪は配偶者強姦を除外していないのだから必要ないとされていた。被害者実態調査では一定数を占める配偶者強姦が，今回ようやく明文化された意義は大きい。不同意わいせつ罪も同様である。

また，176条2項および177条2項では，「行為がわいせつなものではないとの誤信をさせ，若しくは行為をする者について人違いをさせ，又はそれらの誤信若しくは人違いをしていることに乗じて」，わいせつ行為ないし性交等をした者も同様に処罰するとした。

挿入行為は強姦罪時代には性器結合のみであったものが，強制性交等罪で男性の性器を被害者の膣，口腔，肛門に挿入することへと拡張され，今回さらに被害者の膣もしくは肛門に手指等身体の一部を挿入することや，物を挿入する行為も不同意性交等罪とされるに至った。

被害者の年齢についても変化があった。これまで通り被害者が13歳未満であれば手段の如何を問わず性的行為それ自体がただちに犯罪となるが，性暴力から無条件に保護される年齢が満12歳では早すぎるとの批判がかねてより強くあった。このため今回の改正では，被害者が13歳以上16歳未満であって，加害者が5歳以上年長のときにも，手段を問わず性犯罪になるとされた。5歳差以内であれば犯罪とならないということでは無く，先に例示した手段によっては不同意わいせつ罪・不同意性交等罪が成立する。さらに子どもを保護するために，偽計や誘惑，利益供与でグルーミング行為をすること（わいせつ目的で子どもを懐柔すること）も犯罪とされた（182条）。

公訴時効も延長され，以下のように変更された（刑訴法256条3項）。

・不同意わいせつ罪，監護者わいせつ罪　　　　　　　　 7年　→　12年
・不同意性交等罪，監護者性交等罪　　　　　　　　　 10年　→　15年
・不同意わいせつ等致傷罪，強盗・不同意性交等罪　15年　→　20年

さらに，子ども時代には性暴力被害の意味を理解できないこともあるため，被害者が18歳になってから当該時効期間を加算するとした。たとえば，10歳の時に不同意わいせつ等致傷罪の被害を受けたのであれば，その公訴時効は被害者が38歳になるまで完成しない。

挿入行為の拡張（物の挿入），配偶者強姦の明文化，子どもについていわゆ

る性的同意年齢の引き上げ，公訴時効の延長等，2017年改正で取り残された問題の多くが2023年改正で実現されたことは，これまでにさまざまな場面で声を上げ続けてきた被害当事者，その支援団体等の成果にほかならず，高く評価できる。

ただし，不同意わいせつ罪，不同意性交等罪を規定しながらも，では，その同意とは何かを規定していないことは今後の課題である。先に見たICC規定やイスタンブール条約では被害者の同意を定義しているが，同意とは何かについて定義をもたない日本刑法においては，改正後も結局は，「構成要件に該当する行為はあった，しかし，被害者の同意があった」という不毛なやり取りが繰り返されるのではないかと懸念される。そのような事態を避けるため，犯罪の成立を否定する被害者の同意を明文で定義し，被害者の明確な同意がなければそれは不同意であり，犯罪となること（Only Yes means Yes）を社会的合意とする必要がある。

くり返すが，どのような犯罪であれ，被害者供述が唯一の証拠であるとき，それを信用できなければ被告人に無罪を言渡すことは当然である。自由心証主義の下では，事実認定者にどちらの主張をどの程度信用するかを縛ることはできない。問題は，その根拠である。最高裁2009年及び2011年判決の多数意見の裁判官が被害者心理を理解していれば，自らの思い込みを「論理則，経験則等に照らして不合理」などとたやすく断じることはできなかったのではないか。国家における人権救済の最後の砦である最高裁判所の裁判官が，世界各国が克服してきた性暴力被害者への偏見にいまだ依拠していると疑われる判決を下すことは，国民の不幸である。2023年改正がすべての刑事司法関係者にとって性暴力被害者の視点を学ぶ端緒となることを期待したい。

刑法改正で法制審の委員も務めた臨床心理士の齋藤梓によれば，同意のある性交とは，関係性における相互作用を通じて前もって形成される「社会的プロセス」であり，性交前に何らかの同意の意思確認がある。一方で，苦痛をもたらす不同意性交とは，①事前に上下関係が形成されており，②被害者は心理的または社会的抗拒不能となっている，③性交前に同意の意思確認が全くされていないか，不同意の意思表示が無視される，④性交に至るプロセスや性交そのものが被害者をモノ化する（意思や感情をないがしろにする）過程となっているとされる（『性暴力被害の実際』2020）。女性に対する暴力は歴史的にも，個々の

⑫　性　暴　力

被害者の経験においても，繰り返される，継続する，一連のプロセスの中で起きる。しかし，刑事法の考え方では，プロセスの一点だけを切り取り，構成要件に該当するか否かを判断することが通常のため（それは罪刑法定主義の要請でもある），いつまでも女性に対する暴力被害を掬い取れず，被害者の視点を投影できないでいるように見える。

日本では，学校でも家庭でもまともな性教育がなされていない一方で，家庭に配達される新聞紙上の広告や，痴漢が頻発する満員電車の中吊り広告，幼児でも手に取れるコンビニのポルノ雑誌のように，日々，多数が目にする場所ほど，性暴力を想起させ，女性を性的対象物・モノとして見る表現があふれている。科学的な性教育を受けないまま，これらを所与の風景として育てば，誰でもレイプ・カルチャーを内面化し，無意識のジェンダーバイアスを生成してしまうことは不思議ではない。このような日本で育った以上，裁判官をはじめとする刑事司法関係者の「経験則」もまた，ジェンダーバイアスから逃れられないことは当然である。この認識の下，現職裁判官を含むすべての刑事司法関係者が，強姦神話を削ぎ落とすに十分なだけの科学的知識を得る必要がある。

[参考文献]

リチャード・ガートナー『少年への性的虐待』（作品社，2005）

斉藤章佳『男が痴漢になる理由』（イースト・プレス，2017）

齋藤梓他編著『性暴力被害の実際　被害はどのように起き，どう回復するのか』（金剛出版，2020）

島岡まな「性犯罪の保護法益及び刑法改正骨子への批判的考察」慶應法学 37 号（2017）

田中萌子『知事のセクハラ　私の闘い』（角川書店，2001）

ジュディス・L・ハーマン『心的外傷と回復〔増補版〕』（みすず書房，1999）

樋口亮介他編著『性犯罪規定の比較法研究』（成文堂，2020）

谷田川知恵「強姦被害者保護法 Rape Shield Law について──アメリカ法からの示唆」ジェンダーと法 1 号（2004）

谷田川知恵「強姦罪の暴行と同意」浅倉むつ子他編『比較判例ジェンダー法』（不磨書房，2007）

谷田川知恵「性暴力と刑法」ジェンダー法学会編『講座ジェンダーと法　第 3 巻』（日本加除出版，2012）

谷田川知恵「アメリカの性犯罪対策」女性犯罪研究会編『性犯罪・被害──性犯罪

［参考文献］

規程の見直しに向けて』（尚学社，2014）
谷田川知恵「被害者が裁かれない社会へ」世界 968 号（2023）

13 ストーカー，セクシュアル・ハラスメント

1 ストーカー

（1） ストーカー規制法の制定

　1999年に埼玉県桶川市で，大学生の女性が元交際相手の兄らから刺殺される事件が起きた。元交際相手は被害者女性に暴力を振るうなどしていたため別れを切り出されていたが，納得せず，兄らとともに女性に復縁を迫り，脅迫し，名誉毀損に相当するビラを女性の自宅周辺や女性の父親の職場にばらまく等の嫌がらせを続けていた。被害者側は警察に相談し，名誉毀損罪の告訴状を提出する等して警察の介入を求めていたが，警察は適切な捜査を行わず，結果的に元交際相手の兄とその仲間が女性を殺害するに至った。犯人らの行為とともに警察による捜査の怠慢が国民から強く批判された事件でもあったため，事件直後に「ストーカー行為等の規制等に関する法律」（以下，ストーカー規制法）が制定され，翌2000年に施行された。その後，規制対象となるつきまとい等に行為を追加する改正が2013年，2016年，2021年と重ねられており，2016年改正では手続き上も大きな変更があった。

　ストーカー規制法は，「ストーカー行為を処罰する等ストーカー行為等について必要な規制を行うとともに，その相手方に対する援助の措置等を定めることにより，個人の身体，自由及び名誉に対する危害の発生を防止し，あわせて国民の生活の安全と平穏に資する」ことを目的としている（第1条）。ストーカー規制法の対象となる行為には，「特定の者に対する恋愛感情その他の好意の感情又はそれが満たされなかったことに対する怨恨の感情を充足する目的」が要件となる。このため，たとえば近隣騒音トラブル，職場の業務遂行に関するトラブル，知人との金銭トラブル等に起因するつきまとい等や嫌がらせ行為等は本法の対象とならない。

　恋愛感情またはそれが満たされなかったことに対する怨恨感情を充足する目的があり，そのために「当該特定の者又はその配偶者，直系若しくは同居の親族その他当該特定の者と社会生活において密接な関係を有する者」に対して下

記10種類の「つきまとい等」を行うと，ストーカー規制法の対象となる（2条）。つきまとい等は当初8類型であったが，2020年に最高裁がGPSを用いて位置情報を取得する行為について，2条1項1号の見張りには当たらないとしたため（最一判2020年7月30日），2021年改正においてGPSを用いた行為2類型が追加された（2条3項）。

1. つきまとい・待ち伏せ・見張り・押し掛け・うろつき等
2. 監視していると告げる行為
3. 面会や交際の要求
4. 乱暴な言動
5. 無言電話，連続した電話，文書送付，ファクシミリ・電子メール・SNS送信
6. 汚物等の送付
7. 名誉を傷つけること
8. 性的羞恥心を侵害すること
9. GPS機器等を用いて位置情報を取得する行為
10. GPS機器等を取り付ける行為等

　つきまとい等を同一人に対して反復するとストーカー行為罪となり，懲役1年以下または罰金100万円以下の刑に処される。ストーカー行為罪の検挙件数は増加傾向にあり，2023年は961件であった。

（2）　ストーカー行為の実態

　毎年春に警察庁が公表している「ストーカー事案，配偶者からの暴力事案等，児童虐待事案等への対応状況について」（以下，警察庁対応状況という）によると，警察へのストーカー相談件数は近年2万件前後で推移しており，2023年は19,843件であった。

　警察庁対応状況によると，例年，ストーカー事案における被害者の約9割が女性であり，加害者の約8割が男性である。年齢は全年齢層に広がっているが，被害者では20歳代と30歳代で半数を占めており，加害者では20歳代から50歳代までで7割近くを占める。被害者と加害者の関係では，見知らぬ相手によるものは1割程度であり，配偶者（内縁，元含む）と交際相手（元含む）で半数

13 ストーカー，セクシュアル・ハラスメント

図表 13 − 1　ストーカー事案の相談等件数の推移

（備考）警察庁「ストーカー事案、配偶者からの暴力事案等、児童虐待事案等への対応状況について」より作成。

男女共同参画白書 2024 年版 145 頁

近くを占める。動機の大半は「好意の感情」であり，「好意が満たされず怨恨の感情」によるものが2割程度となっている。

　例年，行為形態の件数として最多となるのは上記1のつきまとい・待ち伏せ等であり，次いで3の面会・交際要求，5の無言電話・連続通信等，4の乱暴な言動の順に多い。

（3）ストーカー規制法に基づく行政措置としての警告および禁止命令

　つきまとい等の被害者が警察に相談に行くことにより，加害者に対する警告または禁止命令の発令が可能になる。職権による禁止命令の発令も可能である。

　ストーカー規制法に基づく警告は，警察官が文書交付により加害者に行うものであるが，加害者がこれを無視しても罰則は無い。しかし，自分の行為がストーカーと思われていたことに気づかなかった加害者も少なくないため，警告により当該行為をやめる加害者は相当数おり，警告にも一定の抑止効果がある。

　一方，禁止命令は，DV防止法の保護命令に似た制度に見えるが，DV防止法では裁判所が発令するのに対して，ストーカー規制法では裁判所は登場せず，警察の上部組織である公安委員会が，原則として行政手続き上の聴聞を非公開で行った後に発令する，という違いがある。緊急の場合には聴聞を経ない緊急禁止命令も可能であり，発令後に加害者から意見の聴取を行う。禁止命令により加害者はストーカー行為を禁じられ，禁止命令違反があれば懲役2年以下ま

たは罰金200万円以下の刑が科される。禁止命令の期間は1年間であるが、聴聞により延長も可能である。禁止命令制度に対しては、被害者に身近な警察で手続きが進められることに利点がある半面、裁判所が介入しないため加害者の適正手続きの保障により一層の注意が必要とされる。

図表13-2　2017年6月以降の措置の流れ

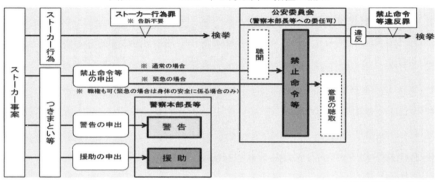

2017年版犯罪被害者白書

2016年12月の法改正では、それまで禁止命令には警告前置主義をとっていたが、警告を受けたことで加害者が逆上して事態が急展開することもあったため、警告前置主義を改めてただちに禁止命令を発令することを可能とした。法が施行された2000年から10年間ほどは、警告件数が年間千数百件である一方、禁止命令の発令件数はわずか2桁という状況で推移していたが、法改正後の2017年からは禁止命令が増加した。2023年には禁止命令1,963件、警告件数1,534件と、禁止命令が警告を上回るに至った。

2016年改正ではストーカー行為罪に必要であった告訴要件も廃止された。もっとも、ストーカー行為で検挙される犯罪としては、ストーカー規制法違反の罪（ストーカー行為罪、禁止命令違反罪）よりも刑法犯・その他特別法犯が多い。罪種別内訳を見ると、例年、住居侵入罪、脅迫罪、暴行罪、傷害罪、器物損壊罪、迷惑防止条例違反の罪が多くなっている。

（4）警察本部長の援助等

ストーカー被害者は、被害を自ら防止しようとするとき、警察に援助を求め

ることができる（7条）。警察による援助の内容は，①被害を自ら防止するための措置の教示と，国家公安委員会規則（平成12年国家公安委員会規則第18号ストーカー行為等の規制等に関する法律施行規則）15条が定める以下②から⑨の8項目である。②加害者に対し，被害者が被害を防止するための交渉を円滑に行うために必要な事項を連絡すること。③加害者の氏名及び住所その他の連絡先を教示すること。④被害防止交渉を行う際の心構え，交渉方法その他の被害防止交渉に関する事項について助言すること。⑤ストーカー行為等に係る被害の防止に関する活動を行っている民間の団体その他の組織がある場合には当該組織を紹介すること。⑥被害防止交渉を行う場所として警察施設を利用させること。⑦防犯ブザーその他ストーカー行為等に係る被害の防止に資する物品の教示または貸出しをすること。⑧ストーカー行為等について警告，禁止命令等または禁止命令等有効期間延長処分を実施したことを明らかにする書面を交付すること。⑨その他ストーカー行為等に係る被害を自ら防止するために適当と認める援助を行うこと（110番通報者登録制度〔相談内容を電話番号に紐づけ，事前に登録しておくことで，当該電話番号からの110番通報時に円滑な対応が可能となる制度〕，宿泊施設に一時避難する場合の宿泊費用負担制度の利用，弁護士，カウンセラー等の紹介等）。

（5）　ストーカー加害者に対する警察の施策「加害者連絡」

　一部のストーカー行為者には認知の歪みがあることが知られている。2017年4月24日改訂版「ストーカー総合対策関係省庁会議」では，「5加害者対策の推進」として，「ストーカー加害者に対しては，その者が抱える問題にも着目し，関係機関が連携しつつ，その更生に向けた取組を推進するものとする」としたうえで，「警察官が地域精神科医等に加害者への対応方法や治療・カウンセリングの必要性について助言を受け，加害者に受診を勧めるなど，地域精神科医等との連携を推進する。（警察庁）」ことが盛り込まれ，警察から一部加害者への働きかけが開始された。

　そして，2024年3月18日に警察庁は，禁止命令が発令されたストーカー加害者全員を対象に「警察が連絡を行うことにより，加害者の近況等や被害者への執着の程度等を把握し，加害行為の再発防止及び再被害防止措置に係る支援の向上を図ることを目的」とした施策「加害者連絡」を開始すると発表した

（警察庁丁人少発第 340 号）。

　具体的には，禁止命令発令時に「警察からの電話連絡，面談要請に応じること」も命じ，警察官から電話または面談により加害者本人に連絡し，加害者の近況等や被害者への執着の程度などを把握する。また，禁止命令発令時には加害者に治療やカウンセリング説明用のリーフレットと地域精神医療機関等リストを交付し，治療が有用な場合があることを教示することで，「事態の鎮静化に配意した対応を取るとともに，被害者の真の安全安心を確保することを目的とする」としている。

　加害者連絡の実施は被害者にも説明する。同時に被害者に対しても，過去の事例紹介等をふまえ危機意識のより一層の醸成を図り，緊急通報装置の使い方の訓練を行う等の防犯指導の強化も行うとしている。「加害者連絡」の試行段階では，加害者から「連絡を受けて衝動を抑えられた」との声も寄せられたとされる。

　先に見た通りストーカーの最多類型は DV 型（親密な関係性において起きる暴力）であり，DV や性暴力と同様にストーカー犯罪も加害者と被害者に性別に顕著な偏りが見られるため，女性に対する暴力の典型といえる。DV とストーカーは加害者から被害者への執着心や支配欲が非常に強い点が共通するが，警察から加害者に働きかけを行うことで再被害を防止し，被害者の安全を確保しようとする加害者連絡の制度は DV 防止法にはないものであり，適切な運用が期待される。

2　セクシュアル・ハラスメント

（1）　セクシュアル・ハラスメントの「発見」

　今日の日本では，セクシュアル・ハラスメント（Sexual Harassment）は「セクハラ」という日常用語として浸透しており，性的に不適切とされるあらゆる行為に対して用いられる。しかし，この言葉は，そもそもはアメリカで 1970 年代に第 2 波フェミニズムが，働く女性に対する権利侵害行為に名前を付けたものであった。それまでの職場の女性は，労働者というよりは性的な嘲笑，からかいの対象であり，望まない性的視線にさらされること，ときには性的行為を強いられることが，半ば当然とされていた。日本でも『女工哀史』に描かれ

13 ストーカー，セクシュアル・ハラスメント

ているとおり，過酷な労働に就く工女を，上司的立場にいる男たちが役得として性的搾取していたことは知られている。古今東西を問わず，働く女性が性的に搾取されることはごくありふれたことであるがゆえに名前の無い現象であった。女性の地位が低かったために，かつてはそれが女性に対する権利侵害であるという考え方すらなかったのである。

働く女性への性的搾取は，職場で権力を持つ男性が，権力を持たない女性に対して，職務上の権限を濫用ないし逸脱するために起きる。すなわち権力者が職務上の権力関係があることを奇貨として，自らの権力を性的な目的のために濫用することがセクシュアル・ハラスメントの本質である。歴史的，構造的な性差別から男性は女性を支配してきたが，職場もまた男性が支配する場所であるために，職場の女性は指揮命令系統上の支配も男性から受ける。女性であるがゆえに性的な支配を受け，労働者であるがゆえに支配を受けるという，支配の複合性，交差性がセクシュアル・ハラスメントの背景にある。

性的搾取にはさまざまなものがあるが，アメリカでは第2波フェミニズムによる裁判闘争の場で，職場における差別を禁じた公民権法第7編の性差別に該当することが重要であった。その訴訟技術上の必要性から対価型（代償型）と環境型とに整理され，これが世界的に広まり，日本の雇用機会均等法も継受した。

対価型とは，女性が職場で勤務を続けるために，本来は必要のない代償（性的行為の受容）を払わなければならないという類型である。典型的には，上司の性的誘いを受け入れなければ降格，減給，解雇といった不利益を受ける恐れがある場合をいう。

環境型とは，女性の職場環境が性的に不適切な環境にされることで，職務の継続に支障をきたす類型である。典型的には，職場に無関係なヌードポスターが貼られており，日々上司らからそのポスターと容姿を比較され，職務遂行に困難が生じる場合である。環境型は性的行為の直接の強要はないが，上司らの性的視線の対象として扱われることを甘受しなければ職務が遂行できないという意味で，間接的な性的行為の強要があるともいえる。

（2） 雇用機会均等法と人事院規則10−10における規定

1985年に制定された雇用機会均等法は，1997年の改正から事業主にセク

シュアル・ハラスメントの防止措置義務を課しており，対価型と環境型について言及している。「事業主は，①<u>職場において行われる性的な言動に対するその雇用する労働者の対応により当該労働者がその労働条件につき不利益を受け</u>，又は②<u>当該性的な言動により当該労働者の就業環境が害される</u>ことのないよう，当該労働者からの相談に応じ，適切に対応するために必要な体制の整備その他の雇用管理上必要な措置を講じなければならない。」（均等法 11 条 1 項。下線と数字を加筆）とあり，①が対価型，②が環境型である。

　ただし，日本ではアメリカのように訴訟技術上の必要性から対価型か環境型かを分類する理由は無く，いずれのセクシュアル・ハラスメントであっても民事裁判であれば民法 709 条不法行為をはじめとする各規定を用いることになる。均等法は，行政指導の根拠法であり司法判断を導く裁判規範ではないと解され

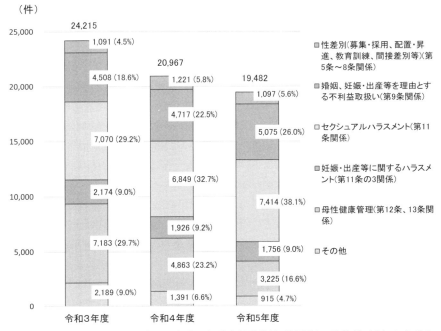

図表 13 − 3　雇用機会均等法にかかる相談件数

厚生労働省「令和 5 年度の都道府県労働局雇用環境・均等部（室）における雇用均等関係法令の施行状況について」

⑬　ストーカー，セクシュアル・ハラスメント

ており，11条で事業主にセクシュアル・ハラスメント防止措置義務を課して
はいるものの，これを根拠にセクシュアル・ハラスメント裁判を起こすことは
一般的ではない。また，そもそも均等法は，11条で事業主に防止措置義務を
規定するだけであり，セクシュアル・ハラスメントそれじたいを禁止する規定
を持っていないという問題がある。

　公務員によるセクシュアル・ハラスメントについては，人事院規則10−10
（セクシュアル・ハラスメントの防止等）があり，5条1項で「職員は，セクシュ
アル・ハラスメントをしてはならない」と定められている。

　2018年に財務省事務次官が女性記者にセクシュアル・ハラスメントを行っ
たことに起因して均等法11条3項が改正され，異なる事業主に所属する当事
者間に起きたセクシュアル・ハラスメントについても必要な措置を取るために，
事業主は「他の事業主から必要な協力を求められた場合には，これに応ずるよ
うに努めなければならない」との規定が盛り込まれた。

　均等法にかかる相談件数の内訳を見ると，いまなおセクシュアル・ハラスメ
ントに関する相談件数が年間7千件もあり，深刻な問題であり続けている。

（3）　多義的なセクシュアル・ハラスメント概念

　日本では，1989年に提訴され1992年に判決が出た福岡セクシュアル・ハラ
スメント事件が大きな注目を集めた。1989年には「セクハラ」が流行語にも
なり，「何がセクハラなのか，わからない」という男性たちから困惑の声もあ
がった。セクシュアル・ハラスメント行為の本質は先述の通り権力の濫用であ
るが，被害者の視点から見れば，職場における「望まない性的言動（unwelcome
sexual behavior）」すべてがセクシュアル・ハラスメントとなる。先に見た通り，
歴史的には男性権力者にとって「当たり前」であった女性労働者に対する性的
搾取を，搾取される側の被害者の視点で再定義したものがセクシュアル・ハラ
スメントであるから，その実質である「望まない性的言動」が何であるかも，
まずは被害者の立場から理解しなければならない。

　そのうえで，セクシュアル・ハラスメントを「誰にとってのセクシュアル・
ハラスメントか」という視点で整理することが有用である。奥山明良（『職場
のセクシュアル・ハラスメント』42頁以下）の分類による3種のセクシュアル・
ハラスメント概念にしたがうと，以下のようにまとめることができる。

①事実上のセクシュアル・ハラスメント概念
　　・認定者：被害者
　　・行為：被害者の望まない性的言動
　　・制裁：被害者からの非難（ただし権力関係の下で被害者は声を上げにくい）
②雇用管理上のセクシュアル・ハラスメント概念
　　・認定者：事業主
　　・行為：被害者の望まない性的言動＋業務上の支障
　　・制裁：事業主からの非難としての懲戒処分
③法律上のセクシュアル・ハラスメント概念
　　・認定者：裁判官
　　・行為：被害者の望まない性的言動＋法益侵害＋因果関係＋故意／過失＋違法性
　　・制裁：法的非難としての民事責任（損害賠償等），刑事責任（刑罰）

セクシュアル・ハラスメント3概念のイメージは右図のようになるが，①に加害者の視点は無い。先述の通りセクシュアル・ハラスメントはあくまでも「被害者の視点からどう見えたか」を中心とする概念だからである。ただし，被害者の視点がそのまま事業主の視点，裁判官の視点と重なるわけではないため，①を認識した被害者が会社の相談窓口に行ったが会社が適切な対応を取らない（②が認定されない），その後，被害者は民事訴訟を提起したが裁判官が違法性を認めない（③が認定されない）ということもあり得る。被害者にとってはセクシュアル・ハラスメント（望まない性的言動を受けた）であったことは間違いなくとも，証拠がないために，あるいは法益侵害があったとまでは言えないと評価される等により，②ないし③のセクシュアル・ハラスメントが認定されるとは限らないということである。

図表13－4　セクシュアル・ハラスメント概念の多義性

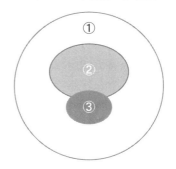

13 ストーカー，セクシュアル・ハラスメント

ただし，②ないし③が認められなかったとしても，加害者が「だからあれは
セクシュアル・ハラスメントではなかった」と言うことも誤りである。被害者
においては①のセクシュアル・ハラスメントは成立しているからである。この
ようにして，そのセクシュアル・ハラスメントが，①被害者，②事業主，③裁
判官のいずれの視点から成立しているのかを考えることが議論の混乱を避ける
ために有用である。

（4） セクシュアル・ハラスメントの法理論

被害者が民事訴訟を提起する場合，不法行為責任（民法709条）で加害者を，
使用者責任（同715条）で事業主を訴えることが多い。先にふれた福岡セク
シュアル・ハラスメント事件（福岡地判1992年4月16日判時1426号49頁）は，
出版社で勤務していた有能な原告女性が，自分の立場が脅かされていると感じ
た上司である編集長男性から言葉によるいやがらせ，性的な悪評を流布される
等したため最終的に退職に追い込まれた事案であったが，判決は編集長に対す
る不法行為責任と会社に対する使用者責任を認めて，165万円の支払いを命じ
た。

ただし，不法行為責任と使用者責任は消滅時効が3年と短い（民法724条）。
2017年民法改正（2020年4月施行）により，生命または身体を害する不法行為
の消滅時効は5年とされたが，性暴力被害では精神的ダメージの大きさから回
復に時間がかかり，誰にも相談できない被害者は少なくない（第12章参照）。
2023年刑法改正で公訴時効が不同意性交等罪15年，不同意わいせつ罪12年
に延長されたことに照らしても，民事事件の消滅時効が3年ないし5年ではあ
まりにも短すぎるだろう。結果的に民事訴訟を提起できない被害者は相当数存
在すると思われる。

なお，不法行為の消滅時効が完成した後であっても，事案によっては債務不
履行責任（民法415条）を問うことが可能である。債務不履行責任の消滅時効
は，2017年民法改正前は10年であったが，生命または身体の侵害による損害
賠償請求権であれば20年に延長された（同167条）。債務不履行責任とは労働
契約上事業主が負っているものであり，労働者は事業主が職場環境に配慮する
義務を怠ったとしてその責任を問うことができる。ただし，債務不履行責任は
事業主に対してのみ問えるものであるため，加害者本人に対して問うことはで

きない。

債務不履行責任を認めた裁判例として，呉服販売会社事件（京都地判 1997 年 4 月 17 日判タ 951 号 214 頁）がある。女子更衣室が密かにビデオ撮影されていたことが発覚したが，会社がただちに真相解明の努力をしなかったため，原告が朝礼において「会社を好きになれない」と発言したところ，専務が原告に侮辱的な発言をし，原告が最終的に退職に追い込まれたという事案であったが，裁判所は会社が適切な措置を取らなかったと認定した。

(5) キャンパス・セクハラ，スクール・セクハラ，アカデミック・ハラスメント

セクシュアル・ハラスメントは職場の女性労働者を救済する概念として生まれ，広まったものであるが，その本質が「権力関係の濫用による，被害者が望まない性的言動」であることからすれば，職場以上に支配従属関係が強く，被害者が若年者であり，人間関係が狭く，組織間の移動が容易ではない教育機関でも多発することは必然となる。大学における教員から指導関係にある学生や助手等に対するセクシュアル・ハラスメントをキャンパス・セクハラ，高校以下の学校における教職員から生徒・児童に対するものをスクール・セクハラという。また，大学内での権力関係を濫用した，指導的立場にある教員から若手研究者等に対する，性的言動であるかを問わず行われるいやがらせ全般をアカデミック・ハラスメントという。

キャンパス・セクハラでありアカデミック・ハラスメントでもある事例として，秋田県立農業短期大学事件がある。研究補助員として勤務していた原告が，学会出席のための出張先ホテルで，指導教授である被告から強制わいせつ行為を受けたという事案であった。一審（秋田地判 1997 年 1 月 28 日判時 1629 号 121 頁）は，被害後ただちに加害者に対して厳しい態度を取らなかった被害者の証言を信用できないとして棄却するとともに，原告から被告への名誉毀損を認めたが，控訴審（仙台高判 1998 年 12 月 10 日判時 1681 号 112 頁）では，仕事を続ける限りその場を取り繕う方向で行動せざるを得なかった原告の証言は信用できるとして，原告の逆転勝訴となった。一審判決は性暴力被害者への無理解が明らかであったが，控訴審判決は被害者の複雑な心理を正確に理解した，対照的な判決となった。

⑬　ストーカー，セクシュアル・ハラスメント

　スクール・セクハラについては，いわゆる「わいせつ教員」への懲戒処分の報道が後を絶たない。子どもが所属する教育機関でのセクシュアル・ハラスメントは被害者となる生徒児童の立場が弱く，そもそも声を上げにくいうえ，加害者のグルーミング（被害と思わせないように事前に懐柔する行為）により，被害を認識できない被害者も少なくないため，相当数の被害が潜在化していることが疑われる。また，保育士やベビーシッターによる幼児への性暴力もある。

　このような状況で，2021年に成立した「教育職員等による児童生徒性暴力等の防止等に関する法律」（2022年4月施行）は，「児童生徒等の尊厳を保持するため，教育職員等による児童生徒性暴力等の防止等に関する施策を推進し，もって児童生徒等の権利利益の擁護に資することを目的」として，教職員等による児童生徒（学校に在籍する18歳未満の幼児，児童，生徒）に対する性暴力等を禁じ，児童生徒等の安心の確保，被害児童生徒等の保護，適正かつ厳格な懲戒処分等を行うとする。具体的には，教職員等（教育職員，校長〔園長〕，副校長〔副園長〕，教頭，実習助手，寄宿舎指導員）が児童生徒性暴力を行えば原則懲戒免職処分とすること（教員免許の失効），その記録をデータベースとして40年間保存すること，加害教員が再度教員免許を取得する際には都道府県教育職員免許状再授与審査会の意見を聴くこと等が定められている。

　さらに，2024年6月19日に可決され，同26日に公布された「学校設置者等及び民間教育保育等事業者による児童対象性暴力等の防止等のための措置に関する法律」（施行は2026年予定）により，子どもと接する仕事に就こうとする者に性犯罪の前歴が無いかを確認する制度が導入されることとなった。子ども性暴力防止法とも呼ばれる本法は，イギリスの公的制度であるDBS（Disclosure and Barring Service，前歴開示・前歴者就業制限機構）を参考にした日本版DBSを導入する。具体的には，学校や保育施設等の事業主に対して，教員や保育士等を雇う際に（施行時は現職者も含む），その者に「特定性犯罪」（不同意性交等罪，不同意わいせつ罪，児童ポルノ処罰法，条例違反の痴漢や盗撮等）の前歴が無いかを子ども家庭庁を通じて法務省に確認し，前歴があれば業務に従事させないとする義務を負わせることにより，教育・保育施設等における子どもの性被害を防止しようとする。

　これら新たな立法により，教育の場において子どもを性暴力から守ろうとする諸制度が築かれつつあることは歓迎できる。ただし，実際に子どもが学校等

で性暴力被害を受けたときに，学校側が迅速にその事実を認定し，即時に被害者保護を行うとともに加害者への措置も検討することには，性暴力被害の専門家ではない教職員等にとっては相当の困難が伴うはずである。すべての関係者が性暴力被害について正しい知識を身に着け，対応できるようになることが理想だが，同時に，公費でSANE（性暴力被害者への専門的なケアを行う看護師）やワンストップセンター等で性暴力被害者支援に携わる専門家を育成し，学区に配置することを検討すべきではないか。

［参考文献］

警察庁「令和5年におけるストーカー事案，配偶者からの暴力事案等，児童虐待事案等への対応状況について」https://www.npa.go.jp/bureau/safetylife/stalker/R5_STDVRPCAkouhousiryou.pdf

奥山明良『職場のセクシュアル・ハラスメント』（有斐閣，1999）

キャサリン・マッキノン『セクシュアル・ハラスメント・オブ・ワーキング・ウィメン』（こうち書房，1999）

小島妙子『職場のセクハラ——使用者責任と法』（信山社，2008）

中下裕子・福島瑞穂・金子雅臣・鈴木まり子『セクシュアル・ハラスメント——性はどう裁かれてきたか』（有斐閣，1991）

水谷秀夫『セクシュアル・ハラスメントの実態と法理——タブーから権利へ』（信山社，2001）

14 ポルノグラフィ，買売春

14 ポルノグラフィ，買売春

1 ポルノグラフィ

(1) ポルノグラフィとわいせつ物

ポルノグラフィ（ポルノ）とは，性的な姿態を表現した写真，動画，アニメ，ゲーム，漫画，小説等を意味するものと一般的に解されているが，刑法上は175条わいせつ物頒布等罪にいうわいせつ物の問題となり得る。日本では小説における性的表現が問題となったチャタレー事件（最高裁判決1957年3月13日刑集11巻3号997頁）により，わいせつ文書に該当するのは，①いたずらに性欲を興奮または刺激させ，②普通人の正常な性的羞恥心を害し，③善良な性的道義観念に反するものとされている。

わいせつ物犯罪の保護法益は社会の性秩序，性的風俗とされるが，「被害者なき犯罪」といわれることもある。たとえば，金銭を受け取りポルノの被写体となった女性，それを撮影・販売して利益を得る写真家，その写真を性的好奇心を満たすために購入した男性のいずれもが，自らの意思で何らかの利益を得ており被害者が存在しないにもかかわらず成立する犯罪という意味である。しかし，女性に対する暴力という概念に照らすと，ポルノグラフィには後述の通り多くの被害者が複雑に交差しながら存在していると考えられる。

(2) アメリカでの論争：被害女性の救済と表現の自由

アメリカでは1970年代に，ハードコアポルノと呼ばれるいわゆる過激なポルノが大流行した。それらのポルノ雑誌・映画を撮影する際に，出演女性には深刻な性暴力が振るわれ，それらの記録が「作品」として流通していた。被害女性たちはフェミニスト法学者のキャサリン・マッキノンらに相談した。マッキノンはこれまでに弁護士としてセクシュアル・ハラスメントを理論化して法廷闘争を行い，ラディカル・フェミニストの旗手としてポルノグラフィや性暴力の問題を通じて第2波フェミニズムを牽引し，ミシガン大学ロースクール教授として多くの論争を巻き起こす理論を提供してきた人物である。

264

1 ポルノグラフィ

　相談を受けたマッキノンらは被害女性救済のための条例案を起草した。そこではポルノグラフィを，「画像であれ文章であれ，性的に露骨な形で女性が従属する様子を写実的に描いたもの」であり，「性差別行為である」と定義した。性的に露骨な形で女性が従属する様子の具体例としては「人間性を奪われた形で性的なモノとして提示されている女性」「強姦されることが快楽として提示されている女性」等が示された。

　しばしば誤解されるが，マッキノンの条例案は「女性の裸体表現をすべて禁止しようとした」ものではない。そうではなく，特定の性的表現を「性差別」と定義したうえで，ポルノの制作現場で性暴力を受けた女性たちが，事後的に民事裁判を通じて損害賠償や流通差し止め等を求めることを可能にしようとした，性暴力を受けた被害者の保護を目的とした条例案であった。

　条例案は1983年にミネソタ州ミネアポリス市議会で初めて可決され，そこではポルノを通じた4種類の行為を禁じた。すなわち，ポルノへの出演を強要すること，ポルノ類似行為を強制すること，ポルノ行為により傷害を負わせること，そしてポルノのために人身売買をすることであった。しかし，市長の2度にわたる拒否権により施行はされなかった。その後，インディアナポリス市でも同様の条例が成立し，施行された。連邦下院議会においてもポルノ被害者保護法案（Pornography Victims' Protection Act of 1984）が用意されるなど，マッキノンの条例案は広がりを見せた。

　その一方で，この条例案に対して連邦憲法修正第1条が保障する表現の自由を侵害するというリベラリズムからの批判が猛烈に巻き起こり，表現の自由かポルノ規制か，リベラリズムかフェミニズムかという論争が繰り広げられた。はたして条例反対派からインディアナポリス市条例に対して訴訟が提起され，1985年に第7巡回控訴裁判所が違憲判決を下し，1986年に連邦最高裁が上告を棄却したことにより，インディアナポリス市条例は否定された（American Booksellers Inc. v. Hudnut, 771 F.2d 323 (1985), 475 U.S. 1001 (1986)）。アメリカの違憲審査基準では表現の自由は厳格審査の対象とされており，表現の自由を規制することが合憲とされるためには，立法目的が必要不可欠であり，かつ，その手段は必要最小限度と判断される必要があった。インディアナポリス市条例の一部用語には定義が明確でない等の指摘があった。

　しかし，マッキノンが起草した条例案の本質は，ポルノグラフィを表現の自

由の問題としてではなく，女性の性を暴力で搾取し，女性をモノ化する性差別行為，すなわち女性に対する暴力の問題として捉えていた点にある。今日の日本でもアダルトビデオ（AV）出演強要被害は知られており，被害女性を救済する判決が存在し，被害防止と救済のための法律も制定されたが（後述），それらは表現の自由の制限とは切り離して理解できるものである。

（3）　女性に対する暴力としてのポルノグラフィによる被害

　性差別的・暴力的なポルノグラフィによる被害として，①制作被害，②消費被害，③社会的被害があるとされている。

　①の制作被害とは，不十分な説明で得た形式的同意を根拠として，出演女性への性暴力・性的拷問を行い，その記録をアダルトビデオとして販売・流通させることにより，出演女性の生命，身体，自由，名誉を害することである。撮影を拒否すれば親・学校にばらす，さらには高額な違約金を払えとの脅迫等を行い，被害者は逃げられないように孤立させられる。被害者には18歳から20歳代前半の若年層が多く，社会経験が少ない，危険性に対する判断力や対応の未熟さ，法律を知らない，困窮に付け込まれる等して被害を受け，恥ずかしさや後ろめたさ，周囲からの誤解を恐れる，制作側から孤立させられる，被害を直視せず問題を長引かせる等により被害が潜在化しやすく，公的支援につながりにくいという特徴がある。民間団体の調査では出演強要を苦にした自殺者もおり，2010年代に大きな社会問題となった。

　アダルトビデオ出演拒否に対する違約金について，制作会社が高額な違約金の支払いを拒否した女性を訴えた事案において，2015年9月9日東京地裁判決は出演者側の違約金負担を否定した。判決は，アダルトビデオの出演は本人の意思に反して従事させることができない性質の業務であり，即時解除が可能であって，出演拒否に対する違約金支払い契約は無効であるとした。この問題に対処するため2022年6月にAV出演被害防止・救済法が成立し，施行された。

　②の消費被害とは，家庭や職場でポルノ視聴を強制すること，ポルノ類似行為を強要すること，学校・職場・公共の場で不意打ち的に目撃させられること（ネット上の広告でポルノを目撃させられる，授業中に教員のパソコン操作の誤りで生徒がポルノ映像を視聴させられる，家庭に配達される新聞の広告・満員電車の中

1　ポルノグラフィ

吊り広告・店に並ぶ雑誌等で目撃を強要される）等をいう。消費被害はポルノが
消費される際にポルノ消費を望まない人々を巻き込むことであり，タバコが消
費される際に副流煙被害を受けることと似ている。

　③の社会的被害とは，ポルノ視聴者による女性蔑視の強化（女性を対等な人
間としてではなく男性の性欲を処理するモノとして見る視線の強化），女性差別の
実践（実際に女性を性的なモノとして扱う言動，セクシュアル・ハラスメント），女
性に対する性暴力の実行動機の強化（性犯罪者の一部は犯罪の動機をポルノ視聴
による刺激のためとする）等をいう。

（4）　性をめぐる個人の尊厳が重んぜられる社会の形成に資するため
　　　に性行為映像制作物への出演に係る被害の防止を図り及び出演者
　　　の救済に資するための出演契約等に関する特則等に関する法律
　　　（AV 出演被害防止・救済法）

　成人年齢は 2022 年 4 月に施行された改正民法により 18 歳に引き下げられた
が，その施行直前に AV 出演強要被害に取り組んできた民間団体が，新たに
成人となり未成年者取消権（民法 5 条 2 項，保護者の同意の無い法律行為は取り
消すことができる）の保護から外れる 18 歳，19 歳の AV 出演強要被害が増え
るのではないかとの懸念を表明した。このことを契機として多くの国会議員の
関心を集め，議員立法によりわずか 2 カ月余りで急遽制定され，同年 6 月に施
行されたのが AV 出演被害防止・救済法である。ポルノの制作被害を防止し，
救済する内容となっており，被害者の年齢，性別を問わない。同法の目的は以
下の通りである（1 条）。

　「性行為映像制作物の制作公表により出演者の心身及び私生活に将来にわ
たって取り返しの付かない重大な被害が生ずるおそれがあり，また，現に生じ
ていることに鑑み，性行為映像制作物への出演に係る被害の発生及び拡大の防
止を図り，並びにその被害を受けた出演者の救済に資するために徹底した対策
を講ずることが出演者の個人としての人格を尊重し，あわせてその心身の健康
及び私生活の平穏その他の利益を保護するために不可欠であるとの認識の下に，
性行為の強制の禁止並びに他の法令による契約の無効及び性行為その他の行為
の禁止又は制限をいささかも変更するものではないとのこの法律の実施及び解
釈の基本原則を明らかにした上で，出演契約の締結及び履行等に当たっての制

14 ポルノグラフィ，買売春

作公表者等の義務，出演契約の効力の制限及び解除並びに差止請求権の創設等の厳格な規制を定める特則並びに特定電気通信役務提供者の損害賠償責任の制限及び発信者情報の開示に関する法律（略）の特例を定めるとともに，出演者等のための相談体制の整備等について定め，もって出演者の性をめぐる個人の尊厳が重んぜられる社会の形成に資すること」。

　具体的には，制作者側に対し，契約締結時には契約書等を交付し，契約内容について説明書面等を交付して説明する義務があること（5条，6条，また21条により違反には6月以下の懲役又は100万円以下の罰金），契約書等及び説明書面等の交付から1カ月は撮影してはいけないこと（7条1項），撮影時には出演者の安全を確保すること（7条3項），すべての撮影終了から4カ月は公表してはいけないこと（9条）等を義務付ける。

　そして出演者側には，撮影や嫌な行為は断ることができること（7条2項），公表前に撮影された映像を確認できること（8条），契約していても，撮影前，撮影後・公表までの期間や，公表から1年間（経過措置として施行後2年は2年間）は性別・年齢を問わず，無条件に契約を解除（任意解除）できること（13条，また20条により制作者側が任意解除を妨げれば3年以下の懲役若しくは300万円以下の罰金），契約がないのに公表されている場合や，契約の取消・解除をした場合は，販売や配信の停止等を請求できること（15条）等を明示した。これらの被害については性暴力被害者のためのワンストップ支援センター（本書第12章）に相談することができる。

　AV出演被害防止・救済法はマッキノン条例案から約40年後に日本で制定されたものであり直接の関連性は無いが，被害者の事後的な救済のために契約解除を認め，映像公開の差止請求を可能にする等の点に類似性が認められる。また，AV出演被害防止・救済法におけるポルノに相当する用語は「性行為映像制作物」であり，その定義は「性行為に係る人の姿態を撮影した映像並びにこれに関連する映像及び音声によって構成され，社会通念上一体の内容を有するものとして制作された電磁的記録（電子的方式，磁気的方式その他人の知覚によっては認識することができない方式で作られる記録であって，電子計算機による情報処理の用に供されるものをいう。以下同じ。）又はこれに係る記録媒体であって，その全体として専ら性欲を興奮させ又は刺激するもの」である（2条2項）。また，「性行為」とは「性交若しくは性交類似行為又は他人が人の露出された

性器等（性器又は肛門をいう。以下この項において同じ。）を触る行為若しくは人が自己若しくは他人の露出された性器等を触る行為をいう」と定義された（2条1項）。

これは，マッキノン条例案が想定したポルノグラフィよりもはるかに広く，およそ性行為であれば該当する。しかし，立法形式が出演契約の適正化に絞られているためか，本法制定時に表現の自由の観点からの議論はほぼ行われなかった。その一方で，AV制作時には実際に性交が行われることがあるため，本法により，売春防止法が禁じる「対価を得て行う性交」を国が認めることになるとの批判が強くなされた。最終的に，1条及び3条に，「法令において禁止され又は制限されている性行為その他の行為を行うことができることとなるものではない」ことが盛り込まれた。

（5） ポルノグラフィが男性にもたらす被害

ポルノによる被害は男性に対しても当然に存在する。制作被害については，アダルトビデオへの出演強要には男性被害者もいる。消費被害についても，ポルノを見たくないときに視聴を強制させられる被害は男女不問である。

社会的被害についてはどうか。女性蔑視が強化・実践されるだけなので男性に被害は無い，と解することはできない。ポルノが描く女性蔑視とは，裏返せば，「同意を得ることなしに，女を性的なモノとして扱うのが男」というメッセージでもある。それは男性の人間性を否定し，男性全体への侮辱的なメッセージであり，男性蔑視を強化するものであろう。

さらに，そのようなメッセージを受け取るために，わざわざポルノ業者に金を払い，儲けさせている消費者としての男性は，じつは経済的被害が生じているともいえる。

また，ポルノはあくまでも男性に都合よく作られたファンタジーであると理解していたとしても，頻回に接していれば女性を性的にモノ化する（尊厳ある人間として扱わない，対等な人として尊重しない）視点をどうしても内在化してしまう。さらに進めば，一部ストーカー加害者に見られるような認知の歪みを強化してしまうことも懸念される。また，精神疾患としてはまだ知見の蓄積が十分とされておらずDSM等の精神医学マニュアルに依存症として登載されるには至っていないが，刺激の強いポルノを大量に視聴することでポルノ依存と

14 ポルノグラフィ，買売春

なり，日常生活や身体の健康に支障が出ることも知られるようになってきた。これらはポルノによる心身の健康被害といえるだろう。

このように考えるとき，性的好奇心を満たすためにポルノを消費している，消費者としての自覚しかない男性であるとしても，実際にはさまざまな被害が生じている可能性がある。

(6) 被害者が交差する犯罪としてのポルノグラフィ

ポルノグラフィは「被害者無き犯罪」ではなく，むしろ被害者が多方面に，かつ複雑に交差して存在する問題であり，ポルノグラフィを制作する場ではとりわけ出演者の意思に反する行為，犯罪が起こりやすいことが懸念される。このため，近年映画制作の現場ではインティマシー・コーディネーターが配置されるようになり，性的場面の撮影において出演者に負担がかかりすぎないよう，制作側と交渉する役割を担うようになってきた。各種のポルノ被害のなかで最も深刻な制作被害を根絶するためには，AV 被害防止・救済法による撮影前の契約の適正化と撮影後の任意解除だけではなく，現実の権力関係により性暴力被害を受ける危険性が最も高まる性的行為の撮影現場における措置こそ必要である。同法を見直す際には，出演者に寄り添うインティマシー・コーディネーターの配置義務を撮影現場に課すことも検討に値するだろう。

2 買 売 春

(1) 売春防止法と買春

1956 年に制定された売春防止法は，買春（かいしゅん）という言葉が存在しなかった時代に，買う側ではなく売る側に問題があるという視点で作られた法律である。売春は，「対価を受け，又は受ける約束で，不特定の相手方と性交すること」であると定義されている（2条）。本法の目的は，制定から 60 年以上の間，「売春が人としての尊厳を害し，性道徳に反し，社会の善良の風俗をみだすものであることにかんがみ，売春を助長する行為等を処罰する<u>とともに，性行又は環境に照して売春を行うおそれのある女子に対する補導処分及び保護更生の措置を講ずる</u>ことによって，売春の防止を図ること」（1条，下線は引用者）とされてきた。売春助長行為の処罰と，売春を行う女性への補導処分及び保護更生措置という二本柱により，売春を防止しようとした法律であった。し

2 買 売 春

かし，2022 年に制定後初となる抜本的な改正がなされ，二本柱の一つである売春女性への補導処分及び保護更生措置（上記 1 条下線部）は削除された（2024年 4 月 1 日施行）。

売春防止法が処罰する行為は，売春者による客引き等の勧誘等（5条），売春者以外による周旋等（6条），困惑・脅迫等により売春させること（7条），それにより売春の対価を収受すること（8条）等であり，売春それ自体には処罰規定が設けられていない。ただし，第 3 条で「何人も，売春をし，又はその相手方となってはならない」とされているため，売春は，処罰はされない行為であっても，違法行為となる。したがって，たとえば売春の対価を客に踏み倒されたとしても，買売春契約自体が無効となるため（民法 90 条），売春者が裁判所に訴えて買春者から代金を回収することはできない。

2024 年に削除されるまで設けられていた補導処分は，同法第 3 章（旧 17 条以下）に規定されていた。補導処分とは，第 5 条の罪を犯した 20 歳以上の女性に対して有罪判決で執行猶予を言い渡す際に，6 月間の補導処分に付することを可能とするものであった。被告人の女性にとっては，執行猶予という身体拘束を免れる判決を言い渡されて安堵した次の瞬間，婦人補導院への収容を言い渡されるという，残酷な制度でもあった。婦人補導院では「本人の持つ問題点に焦点を当てながら健全な社会人として必要な知識や態度を養う」として，問題別指導（売春，薬物等），就労支援，保健指導，マナー講座，買物訓練，奉仕作業等，園芸，手芸，パソコン，調理実習等の指導が行われていたが，近年は婦人補導院への収容が年間 1 人未満であることも多く，その存在意義が問われていた。

同じく削除された第 4 章保護更生（旧 34 条以下）では，都道府県は婦人相談所を設置すること，要保護女子の相談に応じ，必要な調査や指導を行い，要保護女子の一時保護を行うこと，一時保護施設を設けること等が定められていた。婦人相談所は，DV 被害者，ストーカー被害者，人身取引の被害者保護も行ってきたが，その根拠は売春防止法の「売春を行うおそれのある女子」を保護するためであったことから，婦人保護事業の見直しが長らく指摘されていた。

このように売春防止法は，売春女性の身体を拘束して婦人補導院に収容し，女性の保護更生措置を講ずることで売春を防止しようしてきたが，買春する者として想定されている男性に対しては，制定からこれまでに何の措置も用意し

⑭　ポルノグラフィ，買売春

たことがない。そもそも売春防止法では買春という言葉も使われておらず，「売春の相手方」（3条）として登場するに過ぎない。買売春が成立するために不可欠な存在でありながら，買う男性の違法性をほぼ完全に無視するという，性のダブルスタンダードを内在化した法律であり続けている。

買春という言葉は，1970年代，経済的に豊かになった日本から社員旅行等で男性集団が大挙して東南アジアや韓国等に貧しい少女らを買いに行くようになり，これを批判するため「買春ツアー」という語が用いられたことが嚆矢であった。売春防止法がそうであるように，売春という語を用いると売る側にしか焦点が合わせられないが，買春という用語により買う側こそが問題であるという，視点の逆転が可能になった。その後，1999年に成立した児童買春・児童ポルノ処罰法（後述）により，買春は法的にも用いられる語となった。

（2）　さまざまな売春規制

世界的に売春規制は，①処罰主義，②廃止主義，③規制主義，④非犯罪化に分類されてきた。①処罰主義は，犯罪として買売春の両当事者を処罰する（アメリカ，韓国等）。②廃止主義は将来の廃止に向けて性業者を処罰する（日本等）。③規制主義は，一定の条件下で売春を公認ないし規制するものであり，売春女性を管理し，検診等を義務付ける（公娼制）。④非犯罪化はセックスワーカー論とも呼ばれ，売春を合法な職業として労働権や社会保障給付を認めるとともに衛生管理の対象とする（オランダ等）。これら②③④で規制・管理される対象は，いずれも売春する側のみであり，ほとんどが女性となる。

（3）　児童買春・児童ポルノ処罰法

1996年にスウェーデンのストックホルムで「児童の商業的性的搾取に反対する世界会議」が初めて開かれ，日本は「児童に対する性的搾取の規制を怠っている」との強い非難を浴びた。当時はインターネットが普及し始めた頃であり，ネットで閲覧可能な児童ポルノの多くが日本のプロバイダーによるものといわれていた。

1999年に議員立法で児童（18歳未満）を性的に買うことを処罰する「児童買春，児童ポルノに係る行為等の処罰並びに児童の保護等に関する法律」（児童買春・児童ポルノ処罰法）が成立し，日本は初めて「買春」を処罰する法律を擁することとなった。2014年改正により名称が「児童買春，児童ポルノに係

る行為等の規制及び処罰並びに児童の保護等に関する法律」に改められた。

本法の目的は，「児童に対する性的搾取及び性的虐待が児童の権利を著しく侵害することの重大性に鑑み，あわせて児童の権利の擁護に関する国際的動向を踏まえ，児童買春，児童ポルノに係る行為等を規制し，及びこれらの行為等を処罰するとともに，これらの行為等により心身に有害な影響を受けた児童の保護のための措置等を定めることにより，児童の権利を擁護すること」である（1条）。児童とは18歳未満であり，性別を問わない（2条1項）。

児童買春とは，「対償を供与し，又はその供与の約束をして，当該児童に対し，性交等（性交若しくは性交類似行為をし，又は自己の性的好奇心を満たす目的で，児童の性器等（性器，肛門又は乳首をいう。以下同じ。）を触り，若しくは児童に自己の性器等を触らせることをいう。以下同じ。）をすること」である（2条2項）。児童買春罪は5年以下の懲役又は300万円以下の罰金に処される。

児童ポルノとは，「写真，電磁的記録（電子的方式，磁気的方式その他人の知覚によっては認識することができない方式で作られる記録であって，電子計算機による情報処理の用に供されるものをいう。以下同じ。）に係る記録媒体その他の物」であって，①児童を相手方とする又は児童による性交又は性交類似行為に係る児童の姿態，②他人が児童の性器等を触る行為又は児童が他人の性器等を触る行為に係る児童の姿態であって性欲を興奮させ又は刺激するもの，③衣服の全部又は一部を着けない児童の姿態であって，殊更に児童の性的な部位（性器等若しくはその周辺部，臀でん部又は胸部をいう。）が露出され又は強調されているものであり，かつ，性欲を興奮させ又は刺激するもののいずれかを，「視覚により認識することができる方法により描写したもの」をいう（2条3項）。児童ポルノの犯罪となるのは，自己の性的好奇心を満たす目的で児童ポルノを所持する単純所持，児童ポルノの提供，製造，運搬，輸出入，公然陳列等である（7条）。刑罰は，軽いものでは単純所持罪で1年以下の懲役又は100万円以下の罰金，重いものでは公然陳列罪で5年以下の懲役若しくは500万円以下の罰金，又は懲役と罰金が併科される。

児童ポルノについては，漫画やゲーム，ポルノアニメの中で児童を性的に虐待する表現が問題となる。児童買春・児童ポルノ処罰法は生身の児童が被害にあうことを防止するものであり，児童ポルノアニメ等には「被害者が存在しない」ため処罰の対象とならない。しかし，直接の被害者は存在しなくとも，先

14　ポルノグラフィ，買売春

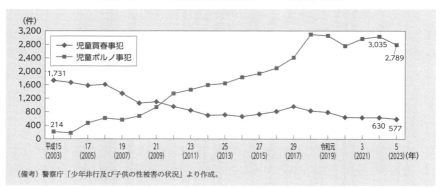

図表14－1　児童買春と児童ポルノの検挙件数

（備考）警察庁「少年非行及び子供の性被害の状況」より作成。

男女共同参画白書 2024 年版 148 頁

に見た消費被害及び社会的被害は同様に存在しており，また，アニメ等の製作過程で実写版の児童ポルノが参考にされていれば制作被害の二次利用となり，間接的な制作被害が生じていると評価することもできる。

　児童ポルノアニメ等への規制には賛否があるが，日本も批准した国連子どもの権利条約 34 条は，「締約国はあらゆる形態の性的搾取及び性的虐待から子どもを保護することを約束する」としている。何の規制もないために児童ポルノアニメ等が蔓延する社会で，子どもを性的搾取から保護するとの約束を果たしているといえるのか，疑問である。日本では「援助交際」「パパ活」「JKビジネス」等の言葉の下で，大人が子どもを性的に買う（子どもに売らせる）児童買春が，法で禁じられているにもかかわらず，なかば公然と行われており，児童ポルノアニメ等を放置することはその土壌を肥やすことに繋がるのではないだろうか。

　また，児童買春が発覚すると，「売る子どもも悪い」「そんな子どもは性被害を受けても自業自得」のように子どもが非難されやすい。しかし，子どもは大人に比べて知識，判断力，危険探知，危機回避等，あらゆる力が対等ではないがゆえに保護される存在であるのに，性売買に関わった途端に大人と対等な存在に引き上げられて非難されることは，大人の責任転嫁にほかならず，完全な誤りといわなければならない。

（4） 性を売る「自己決定」は誰を利するのか

しばしば売春については，「成人が自分の意思で行っているなら問題は無い」といわれる。しかし，売春防止法により「売春は違法」であるため，通常のサービス労働や売買契約のようには法的権利が保護されない。そのような状況で，売る側は何について「自己決定」したといえるのだろうか。たとえば，売る側は，どのような性行為を行うか，事前に自分で決めることができたのか。客が約束を守らなかったら，代金を得てその場から離れられるのか。妊娠させられたら中絶費用を客に請求できるのか。性感染症をうつされたら治療費や慰謝料を請求できるのか。現実にはそのようなことができない，リスクが大きい仕事だからこそ，間に業者がいる管理売春なら安全といえるのか。あるいは，危険を察知したらいつでも辞められる，失業手当も受けられるよう，セックスワーカーとして法的権利を認めればよいのだろうか。

1987 年に起きた池袋買春客死亡事件（東京地判 1987 年 12 月 18 日判時 1279 号 41 頁，東京高判 1988 年 6 月 9 日判時 1283 号 54 頁）は，ホテルに派遣された売春女性 X が，入室直後に買春男性 Y からナイフで手を切られ，脅迫され，屈辱的な行為を強いられ続けたことから，ナイフを取って Y の腹を刺して逃げようとしたところ乱闘となり，結果的に Y が死亡した事案であった。Y は当初から X に無断で室内にカメラを設置しており，事件のすべてが録画されていた。検察官は，Y から性暴力を受けた X の抵抗感は「通常の女性の抵抗感とはまったく異なる」と主張して，屈辱的な行為を強いた客ではなく，客に抵抗した X を批判した。裁判所は一審判決では過剰防衛として懲役 3 年を言い渡すとともに，売春する X が受けた被害については「いわば自ら招いた被害」と非難した。控訴審では直前に弁護団に加わった角田由紀子弁護士の尽力もあり，過剰防衛ではあったが懲役 2 年執行猶予 3 年の判決が確定した。

この事件における検察官の主張や裁判所の判断は，売春とは性的自己決定権の放棄であって何をしようと客の自由であると言っているようにすら見える。そこでは買売春契約とは，売春者にはそのつもりはなくとも，買春者が性奴隷を買ったつもりになればそれが通用してしまう，片面的奴隷契約のようである。性を売る側にいる者は，このような状況で何を自己決定できるといえるのだろうか。

JK ビジネス等の被害に巻き込まれる女性が性を売る背景には，経済的困窮

⑭　ポルノグラフィ，買売春

のみならず，孤立，軽度の発達障害，心身障害等の困難を抱えている状況があるともいわれる。また，だれにも相談できないまま出産せざるを得ない女性を受け入れ，内密出産を行う熊本の病院でも，制度を利用する女性の8－9割に発達障害，知的障害，被虐待歴等があるといわれている。そして，性暴力の被害者支援団体からは自尊感情が低い被害者や，被虐待経験を持つ被害者が多いとも聞く。障害等により，されていることがよく理解できない，断れない，優しい性格につけこまれる，自己肯定感が低いために性を売るときだけ自分が必要とされていると感じられる，被虐待経験から怒鳴られると固まってしまい抵抗できない等，何かしらの困難を抱えているために性を売る者が多いともいわれる。2023年刑法改正の条文にも「虐待に起因する心理的反応を生じさせること」が加えられており（刑法176条1項），性被害に巻き込まれる被害者側の抱える困難が少しずつ理解されるようになってきたとはいえる。しかし，これらの困難の結果であっても，それを売る側の自己決定といえるのだろうか。

いまだ女性の平均賃金は男性の7割ほどであり，「まともに生活できる対価」を得られる仕事は多くない。世帯単位でなければ生活保護を受給できないため，家族から虐待を受けている女性やどこにも居場所がない女性，あるいは頼れる先がなく収入・住居・子どもの預け先を即時に確保したいシングルマザー等にとっては，風俗の仕事に就くことがほぼ唯一の選択肢となってしまうことがあり，しばしば風俗営業は女性の最後のセイフティー・ネットといわれる（実際には性的搾取の網にからめとられてゆくに他ならないのだが）。また，近年は，自己肯定感の低さからホストクラブで遊び，高額な売掛金を背負い，これを返済するために客であった女性が売春で稼ぐことを余儀なくされていることが社会問題化している。

このようにさまざまな困難を抱えているがゆえに性を売ることを「選んだ」女性たちを想起するとき，それを自己決定と呼ぶことは，その困難を「自己責任」「自業自得」として切り捨てることであり，女性たちが抱える困難の上で利益を得ている者を見えなくさせる。性売買で中間搾取を得る業者や，ポルノ制作で利益を得る者，後ろめたさを消したい買春客やポルノ購入者等の「罪悪感」と引き換えに，困難を抱える女性の自己決定が持ち出され，責任転嫁されてよいはずがない。

2　買　売　春

（5）　困難な問題を抱える女性への支援に関する法律

2022 年 6 月，長年にわたる民間団体の粘り強い活動を受けて，「困難な問題を抱える女性への支援に関する法律」（以下，女性支援法という）が議員立法で成立した。同時に売春防止法が抜本的に見直され，第 3 章補導処分は廃止され，第 4 章保護更生（婦人保護事業）は女性支援法に移された。上述の通り売春防止法は，売春女性を犯罪者扱いしたうえでの婦人保護事業であったが，新法では，彼女たちに必要なのは処罰ではなく福祉的支援であることを明確にしたうえで，女性支援事業へと転換した。婦人相談所は女性相談支援センターに改められ，「性行又は環境に照して売春を行うおそれのある女子」だから保護するとの考え方から脱却し，先駆的な女性支援を実践する民間団体との協働といった視点も取り入れ，新たな支援の枠組みを構築した。

背景には，1956 年の売春防止法制定時から比べ，女性をめぐる困難が多様化，複雑化，複合化してきたことがある。この間，新法として 1999 年児童買春・児童ポルノ処罰法，2000 年ストーカー規制法，2001 年 DV 防止法が制定され，2004 年 12 月には国際的な組織犯罪である人身取引（性的搾取目的の人身売買を中心とする）に対し総合的・包括的な対策を推進するための人身取引対策行動計画が策定され，2017 年 7 月には明治の制定以来初となる刑法強姦罪の構成要件が改正されたように，女性の困難を反映した法や施策が整備されてきた。2020 年からのコロナ禍では，男性の自殺者数が前年より減少した一方で女性は増加したことに象徴されるように，女性の生活困窮，家庭環境破綻，孤立等も顕在化した。

女性支援法は，困難を抱える女性には心理的，医療的側面からの支援が重要であり，そのために，支援を必要とする者に確実に支援が届く体制をつくること，そして民間団体による支援活動の特長を生かし，行政と民間団体の協働が必要であるとの認識に立つ。法の目的は「女性が日常生活又は社会生活を営むにあたり女性であることにより様々な困難な問題に直面することが多いことに鑑み，困難な問題を抱える女性の福祉の増進を図るため，困難な問題を抱える女性への支援に関する必要な事項を定めることにより，困難な問題を抱える女性への支援のための施策を推進し，もって人権が尊重され，及び女性が安心して，かつ，自立して暮らせる社会の実現に寄与すること」である（1 条）。困難を抱える女性とは，「性的な被害，家庭の状況，地域社会との関係性その他

⑭　ポルノグラフィ，買売春

の様々な事情により日常生活又は社会生活を円滑に営む上で困難な問題を抱える女性（そのおそれのある女性を含む。）」をいう（2条）。第3条では基本理念として，①繋ぐ支援・繋がり続ける支援であること，②包括的かつ切れ目なく，どこでも必要十分な支援を受けられる体制を整備すること，そして，③女性の人権擁護，男女の平等の実現に資することを掲げる。国は支援のための基本方針を定め，都道府県はそれに則した基本計画を定める責務があり，市町村には基本計画を定める努力義務がある（7条，8条）。

　支援の基本的な考え方は，個々の女性の状況や希望，意思に応じて，必要な福祉的サービスも活用しながら，安定的に日常生活や社会生活を営めることを含む自立を支援するものであるが，女性の「意向を踏まえながら，最適な支援を行うもの」（9条4項）としており，本人の自己決定や自己選択を重視している。その際には，困難な問題を抱える女性への支援に関する活動を行う民間団体と連携し，その自主性を尊重しながら協働することが明記され（9条10項，13条），民間団体への援助や費用の支弁も規定された（19条，20条）。女性支援ポータルサイトも構築された（https://anata-no-mikata.jp/）。

　民間団体の長年にわたる支援活動では，行政の支援からこぼれ落ちている（とくに若年の）女性たちに対して，ネットによるアプローチ，夜間街頭での見回り活動，移動式カフェ等における相談場所の設置のように，支援する側から支援が必要な側を発見しようとするアウトリーチが行われてきた。女性たちは自身の被害や困難を「自己責任」とする社会の視線を内面化してもいるため，被害と認識していない，支援を求めるという発想に結びつかないことも多い。相談対応方法では同世代の相談員の配置，SNSを活用した365日対応や，一時保護施設の提供，医療機関・弁護士等との連携により，支援を必要とする側が相談しやすい体制が築かれてきた。同時に，民間団体のこれらきめ細やかな対応にかかる人手と多額の費用は善意と寄付金頼みという課題もあった。一方，従来の行政による支援は当事者にとっては「上から目線」で「怖い」，「わかりにくい」ものであって，支援を求めにくいとされていた。

　女性支援法が制定された意義は大きいが，課題もある。当事者としては行政から必要なときに必要な支援を得られることが望ましいが，行政は医療が必要となるようなリスクの高い当事者ほど受け入れないともいわれてきた。女性支援法は売春防止法の婦人保護事業から措置制度（国家の判断で支援を行う）も引

き継いでおり，個人の権利としての「支援を受ける権利」は保障されていない。その制度設計は今後の検討課題とされているが，民間団体と行政の適切な連携により当事者に切れ目なく必要な支援が届けられることが求められる。

（6） 買春処罰法

1999年，世界で最初にスウェーデンで買春処罰法が成立した。買春者に罰金または1年以下の拘禁刑を科すものであり，売春者への処罰規定は無い。買春処罰法に対しては「国外の買春ツアーが活発化するだけであり，国内の被害が潜在化する」ともいわれたが，スウェーデンでは本法制定後に被害が悪化したとの事実は確認されておらず，売春から離脱する女性が増加し，女性全体の安全向上に寄与したといわれる。ノルウェー，アイスランド，カナダ，北アイルランド（イギリス），アイルランドでも制定された。

フランスでは2016年4月に制定され，性関連サービスに対価を払った者には罰金の支払いと，性労働者の窮状について学ぶ講習会への出席が義務付けられた。性労働者に対する罰金や禁錮などの刑罰は廃止された。売春産業から抜け出したい外国人の性労働者には半年間の在留許可を与え，売春防止のために補助金を拠出し，身分証明書も提供するとした。フランス国内にいる売春者の大半は人身売買の被害者と見られていた。また，フランスでは，売春をする状況は「性的健康が傷ついている状況」ととらえられている。

買売春には，性を売る側はほぼ女，買うのはほぼ男という，性の非対称性がある。そのうえで，売る女は悪だが買うことは男の文化であり甲斐性であるとする性のダブルスタンダードが長く続いてきた。日本を含め，世界的にいまなお売春する側のみを非難し，処罰する制度を持つ国は多い。売る側は経済的困窮や，精神的・心理的困難を抱え，処罰の対象にされながら，性売買の場で暴力を受けることもある。買売春はジェンダー不平等が凝縮した問題といえる。

［参考文献］

Catharine A. MacKinnon, *Sex Equality* (2001), Foundation Press.
キャサリン・マッキノン，アンドレア・ドウォーキン『ポルノグラフィと性差別』
（青木書店，2002）
戒能民江・堀千鶴子編著『困難を抱える女性を支える Q&A：女性支援法をどう活かすか』（解放出版社，2024）

14 ポルノグラフィ，買売春

戒能民江・堀千鶴子『婦人保護事業から女性支援法へ——困難に直面する女性を支える』（信山社，2020）

厚生労働省社会・援護局総務課女性支援室「困難な問題を抱える女性への支援について」（2024 年 5 月）https://www.mhlw.go.jp/content/001296638.pdf

白岩玄「『息子には同じ道を辿ってほしくない』自分本位の性欲と罪悪感」https://www.asahi.com/and/article/20200819/12517191/

辻村みよ子『憲法とジェンダー法学——男女共同参画の課題』（信山社，2022）

角田由紀子『性の法律学』（有斐閣，1991）

三成美保・笹沼朋子・立石直子・谷田川知恵『ジェンダー法学入門〔第 3 版〕』（法律文化社，2019）

15 教育・学術とジェンダー

世界経済フォーラムの教育分野におけるジェンダー・ギャップ指数（Gender Gap Index，以下 GGI という）は，識字率と初等，中等，高等教育の各在学率から算出される。2024 年 6 月に世界経済フォーラムが公表した日本の教育分野の GGI によると，スコアは 99.3% で総合順位は世界 72 位である。具体的には，識字率 100 % で 1 位，中等教育の在学率は 100 % で 1 位，高等教育の在学率は96.9% で 107 位である（本書 58 頁）。大学，大学院等への進学率において男女間に格差が存在し，進学後の専攻分野にも大きな偏差が認められる。これが日本の教育，ひいては学術におけるジェンダー平等の実現に向けた大きな課題となっている。

1　教育を受ける権利と教育制度

（1）　自律した個人と「教育」

日本国憲法は 26 条で「教育を受ける権利」を定めている。この権利は，現代憲法の段階で登場した社会権に分類されるが，近代憲法確立期より，「教育」は国家にとって重要な関心事であった。教育は，子どもが「自由かつ独立した人格」として成長するために不可欠なサービスであり，また，市民として民主政治を動かすために必要な資質を育む。

最高裁は，旭川学力テスト事件判決（以下「旭川学テ事件判決」，最大判 1976〈昭和 51〉年 5 月 21 日刑集 30 巻 5 号 615 頁）の中で，「国民各自が，一個の人間として，また，一市民として，成長，発達し，自己の人格を完成，実現するために必要な学習をする固有の権利を有する」と判断し，「特に，みずから学習することのできない子どもは，その学習要求を充足するための教育を自己に施すことを大人一般に対して要求する権利を有する」として，憲法 26 条の背後に「学習権」という観念を読み取った。

近代立憲主義の下では，知識・思想の取得や流通に関わる活動は個人の自由な活動に委ねられている。しかし，社会生活が円滑に営まれるためには，必要

15 教育・学術とジェンダー

な知識や教養が社会の構成員全体にいきわたる必要がある。また，近代立憲主義思想を根底から覆す思想や通念が社会にまん延すると，近代立憲主義を担う次世代市民の成長が望めなくなる。こうした理由から，近代以降，国家は教育に積極的に関与し，「公教育制度」を展開してきた。

このような「教育」の特性から，その遂行には強制と規律という要素が含まれる。そこで，強制・規律される「教育」の内容を決定するのは誰なのかが問題となる。日本では，旭川学テ事件判決によって，子どもの親，教師，私立学校は，それぞれ子どもの学習権を充足する責務に応じて一定の「教育の自由」を有する一方，国も「国政の一部として広く適切な教育政策を樹立，実施すべく，また，しうる者として，憲法上は，あるいは子ども自身の利益の擁護のため，あるいは子どもの成長に対する社会公共の利益と関心にこたえるため，必要かつ相当と認められる範囲において，教育内容についてもこれを決定する権能を有する」ことが確認された。ただし，「子どもが自由かつ独立の人格として成長することを妨げるような国家的介入」や「誤った知識や一方的な観念を子どもに植えつけるような内容の教育」は憲法 26 条，13 条に反する。

「教育」の意義は，本来性別にかかわりなく追求されるべきである。しかし，啓蒙の時代のルソーの『エミール』にみるように，男性と女性では，異なる内容の「教育」を受けていた。日本の近・現代の歩みも例外ではない。

（2）　女性に対する「教育」の展開

1）　明治期〜戦前

幕末維新期から，欧米の学術文化を迅速に取り入れるため，海外へ留学生を派遣する必要性が認識されていた。津田梅子を含む 5 人の少女がアメリカに渡ったのも，将来の女子教育を見据えてのことであった。1872 年に発布された学制序文（明治 5 年 8 月 2 日太政官布告第 214 号）は，全国に学校を設立する目的と学問の意義を示し，学制がすべての国民を対象とする制度であることを強調した。学制は，男女の区別なく，一律に小学校の教育を受けることを定めた。しかし，初期の就学率は低く，特に女子の就学率は顕著に低かった。1873 年には男子の就学率が 39.9 ％であったが，女子は 15.1 ％にとどまり，1879 年でも男子が 58.2 ％，女子が 22.6 ％だった。この当時の女子教育は，「女子は女子としての心得を学べばよい」との考えが根強く，家庭内やお屋敷奉公，

女中奉公を通じて行儀作法などを学ぶことが重視されていた。

学制制定の年に官立東京女学校が開設された。入学資格を小学校卒業の女子で年齢14歳以上17歳以下とされ，修業年限を6年，1日の課程を4時間半と定められていた。教科内容には，「女子ヲシテ外国人ト語ヲ通シ博学明識ノモノト相交リ見聞ヲ広大ナラシムルヲ要スルナリ」と記されていた。1874年に東京女子師範学校が設立され，1877年2月には附属小学校，1882年7月に附属高等女学校が発足し，生徒の実地研修の場としての附属学校の制度も順次整備されていった。この付属高等女学校は，1877年に廃止された東京女学校を事実上継承し，全国初の高等女学校として，その後各道府県に設置された女子中等教育機関のモデルケースとなった。

1879年，学制が教育令（明治12年9月29日太政官布告第40号）に変わり，小学校以外は男女別学を原則とした。小学校卒業後の中等教育機関は，男子は中学校，女子は高等女学校となった。女子中等教育は，中流以上の女子のための教育として性格づけられ，主に良妻賢母の育成を狙いとした。1899年の高等女学校令（明治32年2月8日勅令第31号）により，各道府県に最低1校の女学校の設置が義務付けられた。一方，男子には，中学校の後に高等学校，大学といった上級の学校が用意され，能力と努力によって「立身出世」を果たし，国家に貢献することが期待された。

1900年の小学校令改正（明治33年8月20日勅令第344号）により就学義務の規定が厳密に定められ，授業料も原則として廃止された。これにより義務教育制度が確立され，小学校就学率が上昇し，ほぼ100％に達した。また，高等女学校への進学率も上昇した。

1913〈大正2〉年，東北帝国大学が，3人の女子の入学を認めるという「事件」が発生した。女子の大学入学を歓迎しない文部省は「事件」を黙殺したが，他の大学でもまず女子を聴講生や選科生として，やがて少数ながら学部生として受け入れるようになった。女子の高等教育門戸開放の要求が高まる中，政府の審議会は，1939年に女子高等学校設立，1940年に女子大学設立を答申した。その実現は，1945年の敗戦を待たなければならなかった。

2）日本国憲法下での展開

第二次世界大戦終了後，GHQの方針により，日本の学校制度は「6→3→3→4制」に再編され，男女共学が導入された。また，中学校の義務教育化や女

⑮　教育・学術とジェンダー

子への高等教育の門戸開放が進められた。1947 年制定当時の教育基本法 5 条は，憲法 14 条 1 項の精神を踏まえ，「男女は，互いに敬重し，協力し合わなければならないものであつて，教育上男女の共学は，認められなければならない」（男女共学規定）と定めた。文部科学省は，本条の趣旨として，以下の点を挙げている。

①　教育における男女平等については，教育基本法 3 条の「教育の機会均等」条項に規定されていたが，女性の社会的地位の向上を図るため女子教育の向上が特に必要と考えられ，本条が企図された。

②　「男女は，互いに敬重し，協力し合わなければならない」とは，男女が相互に人格を尊重し，価値を認め，理解し，その相互敬重の念の上に，社会のあらゆる活動において相互の特性を発揮し相補うことを意味する。

③　「教育上男女の共学は，認められなければならない」とは，(i)法律において男女共学の真価を認め，男女共学を推奨すること，(ii)男女共学を国及びその機関が禁止しないこと，(iii)同時に，男女共学を強制するものではないこと，とされている。

④　この規定は，教育は原則として男女共学で行われることが本来の在り方であるという視点も含まれている。

「男女共学」の意義は，日本が女性差別撤廃条約を批准する際に問われることになった。同条約 10 条は，教育の分野における男女平等を目指し，男女に対する「同一の教育課程」を享受する機会の確保を求めている。しかし，当時の家庭科は「男女別修」であり，これが障害となった。GHQ の政策により，「家庭科」は男女が共に学び，民主的な家庭を築くこと目的とした教科だったが，1958 年以降，中学校では男女別の「技術・家庭科」となり，1973 年以降の高校では「家庭一般」が女子の必修，男子の選択科目となった。これは，高度経済成長期に「男は仕事，女は家庭」という性別役割分業意識が強まったことを背景にしている。

1989 年，教育指導要領が改訂され，中学校で家庭科が男女共修となり，高校でも家庭科は男女ともに複数の領域から選択する必修科目に変更された。これにより，形式的には「男女別修」が解消されたと言える。「家庭科はジェンダーと向き合える科目」と評価され，家庭科の役割が「性別役割分業を推進する科目から，それを解きほぐせる教科に変わった」との意見がある（小平陽一，

2021 年 2 月 28 日朝日新聞「家庭科は女子『呪縛』はいま」）。しかし一方で，なぜ「同一の教育課程」が求められるのか，条約の基本理念がどこまで理解されていたかについては疑問も示されている（竹内 2011，240 頁）。

　2006 年の改正教育基本法（平成 18 年法律第 120 号）は，「男女の平等」を「重んじる」「態度を養う」ことを教育の目標に掲げている（2 条 3 号）が，「男女共学規定」が削除された。その理由として，中央教育審議会答申「新しい時代にふさわしい教育基本法と教育振興基本計画の在り方について」（2003 年 3 月 20 日）は，「男女共学の趣旨が広く浸透するとともに，性別による制度的な教育機会の差異もなくなって」いると説明していた。しかし同時に，「社会における男女共同参画は，まだ十分には実現しておらず，男女が互いにその人権を尊重しつつ責任も分かち合い，その個性と能力を十分に発揮することができる男女共同参画社会を実現するためには，このような［男女共学規定にいう］現行法の理念は今日においてより重要である」とも指摘されている。これにより，「男女共学」の趣旨が形式的・制度的側面では定着したが，実質的な運用面で課題が残されていることが示唆されている。

2　教育における男女共同参画

（1）進　学　率

　ジェンダー平等原則に従って設計された新制度の下で，義務教育以降の段階への女子の進学率は飛躍的に向上した（図表 15 - 1 参照）。新制の高等学校進学率は，男女ほぼ同等となった。高等学校多様化路線に伴い，女子向き職業学科（商業・家庭・厚生（看護））と男子向きの職業学科（農業・水産・工業・商船）が分化し，卒業後の男女の進路に影響を与えている。また，高等教育機関への進学を見据えた理系・文系のコース選択を設ける高校が増え，これが高等教育での専攻選択に影響を与える要因になっている（木村 2022，72 頁）。

　短期大学は女子向けの高等教育機関という位置づけがあったが，進学率は 1994 年の 24.9 ％をピークに低下傾向にある。一方大学学部への女子の進学率は長期的に上昇傾向にあるが，大学院に進学する者の割合は，2010 年以降，低下傾向にある。大学院進学率は，2021 年度で男子は 14.6 ％，女子は 5.9 ％にとどまっている。

15 教育・学術とジェンダー

（2） 高等教育における専攻分野のジェンダー格差

　2023年度における専攻分野計で大学（学部），大学院（修士課程）及び大学院（博士課程）における女子学生の割合は，それぞれ45.7％，31.7％，34.6％である。専攻分野別に見ると，人文科学や薬学・看護学等及び教育の大学（学部）及び大学院（修士課程）では女子学生の割合が高い一方，理学及び工学分野等では全課程で女子学生の割合が極めて低く，専攻分野による男女の偏りが見られる（図表15－2参照）。特に理系女子の割合は，OECD諸国の中で最低であり（図表15－3参照），医・薬・看護系を除く，理工系（STEM：Science, Technology,

図表15－1　学校種類別進学率の推移

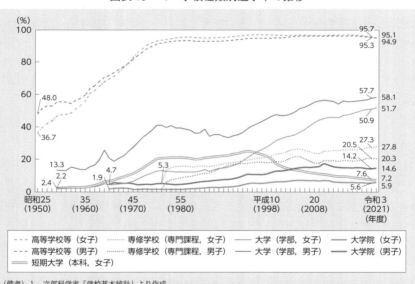

（備考）1．文部科学省「学校基本統計」より作成。
　　　2．高等学校等への進学率は，「高等学校，中等教育学校後期課程及び特別支援学校高等部の本科・別科並びに高等専門学校に進学した者（就職進学した者を含み，過年度中卒者等は含まない。）」／「中学校・義務教育学校卒業者及び中等教育学校前期課程修了者」×100により算出。ただし，進学者には，高等学校の通信制課程（本科）への進学者を含まない。
　　　3．専修学校（専門課程）進学率は，「専修学校（専門課程）入学者数（過年度高卒者等を含む。）」／「3年前の中学校・義務教育学校卒業者及び中等教育学校前期課程修了者」×100により算出。
　　　4．大学（学部）及び短期大学（本科）進学率は，「大学学部（短期大学本科）入学者数（過年度高卒者等を含む。）」／「3年前の中学校・義務教育学校卒業者及び中等教育学校前期課程修了者数」×100により算出。ただし，入学者には，大学又は短期大学の通信制への入学者を含まない。
　　　5．大学院進学率は，「大学学部卒業後直ちに大学院に進学した者の数」／「大学学部卒業者数」×100により算出（医学部，歯学部は博士課程への進学者）。ただし，進学者には，大学院の通信制への進学者を含まない。

（男女共同参画白書令和4年版172頁）

2 教育における男女共同参画

Engineering and Mathematics）分野においては女子学生が極端に少ない。これは，薬剤師などの資格があれば復職が可能な職業を目指す傾向が強いことが一因となっている。

共学環境に身を置いて，進路の選択について基本的に「自由」を保障されているにもかかわらず，STEM 分野での女子の進学が少ないのはなぜだろうか。その要素として，①好きな科目や成績の傾向といった主観的要素，②おかれた状況，親や教師からの影響といった環境的要素が考えられる。中学生を対象にした調査によると，自身を「文系タイプ／どちらかというと文系タイプ」と回答する生徒の割合は，男子に比べて女子の方が多くなっている。しかし好きな科目について尋ねると，若年層になるほど，「理科が好き」と答える女子が増えている。OECD（経済協力開発機構）が2015年に実施したPISA調査（生徒の学習到達度調査）によると，科学的リテラシーおよび数学的リテラシーは，男子が得点，正答率とも女子より高いが，女子の点数が国際的に見て低いわけではない（図表15－4参照）。大学等における理系分野の女子割合が低いのは，

図表15－2　大学（学部）及び大学院（修士課程・博士課程）学生に占める女子学生の割合（専攻分野別，2023年）

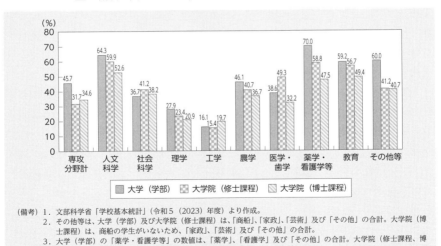

(備考) 1. 文部科学省「学校基本統計」（令和5（2023）年度）より作成。
2. その他等は、大学（学部）及び大学院（修士課程）は、「商船」、「家政」、「芸術」及び「その他」の合計。大学院（博士課程）は、商船の学生がいないため、「家政」、「芸術」及び「その他」の合計。
3. 大学（学部）の「薬学・看護学等」の数値は、「薬学」、「看護学」及び「その他」の合計。大学院（修士課程、博士課程）の「薬学・看護学等」の数値は、「薬学」及び「その他」の合計。

（男女共同参画白書令和6年版137頁）

⑮　教育・学術とジェンダー

女子の理系科目の学力不足というより，環境の影響の方が大きいと考えられる（内閣府 2019，20-23 頁）。

（3）　ジェンダー・ステレオタイプと性別進路分化

　学校制度は，建前上，男女平等を原則としているが，ジェンダーの視点からみると，明文化されていないインフォーマルな「隠れたカリキュラム」（hidden curriculum）が存在すると言われている。「隠れたカリキュラムと」とは，「生徒としてのふるまいや，良い成績をとることの社会的価値など，慣習・制度や教育実践を通じて子どもたちに伝達されるメッセージの束」を指す。特に教師のアンコンシャス・バイアス（無意識の思い込み）が，進路指導の場面などで，生徒の性別によって異なる判断や対応をすることにつながっているとの見方がある（木村 2022，73 頁）。

　こうした環境で助長されているアンコンシャス・バイアスの一例として，「数学は生まれながらにして男子のほうが優れている」という「数学ステレオタイプ」がある。この思い込みは，さらに「物理は女子に向かない」というステレオタイプにつながり，高校で女子生徒の物理選択率を下げ，結果として，女子の工学部進学が困難となっている（横山 2022，76-77 頁，147-149 頁）。母親が数学ステレオタイプを否定しない場合，娘の理系進学率は低くなる傾向があり，母親の最終学歴が理系の場合は，娘の理系進学率は高くなる（内閣府 2019，29 頁）。

　教員組織のジェンダー不均衡も見逃せない要因である。教育段階が上がるほど，職階が上がるほど，女性教員の割合は減少し，管理職では男性の比率が圧倒的に高い（図表15－5参照）。このような組織体制は，学校を社会の縮図として映し出し，ジェンダー差別的なイデオロギーを再生産している。また中学校以上では，教科による教員の男女比率に偏りがあり，これが教科の性別イメージを強化している。特に，理数科目における女性教員の存在は，女子生徒の身近なロールモデルとなり，女子生徒の進路選択に影響を与えていると考えられる（図表15－6参照）。

2 教育における男女共同参画

図表 15 － 3　専門分野別にみた大学等入学者女性割合（国際比較）

自然科学系 (Natural sciences, mathematics and statistics)	工学系 (Engineering, manufacturing and construction)	ICT（情報通信技術）系 (Information and Communication Technologies)
スロバキア 65	アイスランド 39	ギリシャ 30
ポーランド 63	ポーランド 36	イスラエル 30
チェコ 60	ギリシャ 33	スウェーデン 29
リトアニア 60	イスラエル 32	ニュージーランド 28
アイスランド 59	チェコ 32	韓国 27
イタリア 58	コロンビア 31	エストニア 25
フィンランド 58	スウェーデン 31	オーストラリア 25
エストニア 58	ニュージーランド 30	トルコ 25
ラトビア 58	メキシコ 29	デンマーク 24
英国 57	ポルトガル 29	メキシコ 24
ポルトガル 57	デンマーク 29	ドイツ 23
ニュージーランド 57	エストニア 28	フィンランド 22
カナダ 56	トルコ 28	アイルランド 22
スロベニア 54	イタリア 27	アイスランド 22
スウェーデン 54	ハンガリー 27	英国 21
デンマーク 53	英国 25	コロンビア 20
アイルランド 53	オランダ 25	カナダ 20
トルコ 52	オーストラリア 25	ラトビア 20
コロンビア 52	フランス 25	ノルウェー 20
オーストリア 52	アイルランド 24	フランス 18
ノルウェー 51	スペイン 24	オーストリア 18
オーストラリア 51	スロバキア 24	ルクセンブルク 18
ギリシャ 50	オーストリア 23	ポルトガル 17
ルクセンブルク 50	ラトビア 23	チェコ 17
ハンガリー 50	スロベニア 23	スロベニア 16
チリ 49	ルクセンブルク 23	ハンガリー 16
ドイツ 49	ノルウェー 23	オランダ 15
メキシコ 49	リトアニア 23	ポーランド 15
スペイン 48	フィンランド 22	リトアニア 14
韓国 48	ベルギー 21	イタリア 14
オランダ 47	カナダ 21	スイス 13
スイス 46	ドイツ 21	スロバキア 13
フランス 45	韓国 21	スペイン 13
イスラエル 43	スイス 19	チリ 12
ベルギー 40	チリ 18	ベルギー 11
日本 27	日本 16	日本 ※データなし

（備考）　1．OECD Statisticsより作成。（令和4（2022）年3月現在）
　　　　　2．各国の最新データによる。

（男女共同参画白書令和4年版，148頁）

　STEM系に女性が少ないのは，ジェンダー・ステレオタイプが女性の
STEM系進路選択の障壁となっていることが一因である。児童・生徒・学生，
保護者および教員に対し，STEM系選択のメリットに関する意識啓発，理工
系分野の仕事内容，働き方やSTEM系出身者のキャリアに関する理解を促す
とともに，アンコンシャス・バイアスの払拭に取組むことが重要である。

289

15 教育・学術とジェンダー

図表 15 － 4　OECD 生徒の学習到達度調査（PISA）2015 年度の結果

	日本			OECD平均		
	全体	男性	女性	全体	男性	女性
科学的リテラシー平均得点	538点	545点	532点	493点	495点	491点
科学的リテラシー正答率	58%	60%	57%	—	—	—
数学的リテラシー平均得点	532点	539点	525点	490点	494点	486点
数学的リテラシー正答率	54%	56%	53%	—	—	—
読解力平均得点	516点	509点	523点	493点	479点	506点
読解力正答率	63%	62%	65%	—	—	—

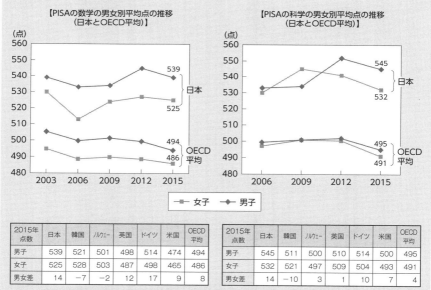

2015年点数	日本	韓国	ノルウェー	英国	ドイツ	米国	OECD平均
男子	539	521	501	498	514	474	494
女子	525	528	503	487	498	465	486
男女差	14	-7	-2	12	17	9	8

2015年点数	日本	韓国	ノルウェー	英国	ドイツ	米国	OECD平均
男子	545	511	500	510	514	500	495
女子	532	521	497	509	504	493	491
男女差	14	-10	3	1	10	7	4

（備考）1．国立教育政策研究所「生きるための知識と技能　OECD生徒の学習到達度調査（PISA）2015年調査国際結果報告書」（平成28年12月）及び「理工系分野における女性活躍の推進を目的とした関係国の社会制度・人材育成等に関する比較・分析調査報告書」（平成28年度内閣府委託調査・公益財団法人未来工学研究所）より作成。
2．表の平均得点及び差は整数値に丸めた値であり、表中のそれぞれの得点差とは必ずしも一致しない。

（男女共同参画白書令和元年版 24 頁）

図表 15 − 5　本務教員総数に占める女性の割合（教育段階別，2023 年度）

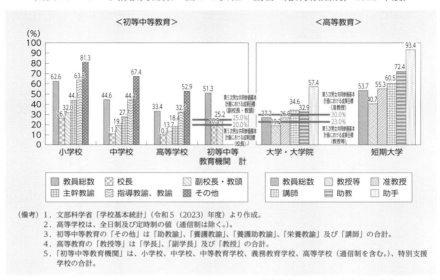

（男女共同参画白書令和 6 年版 159 頁）

3　学術と男女共同参画

（1）　女性研究者比率と学術の性別役割分業

　女性の大学院への進学率が男性の半分以下であり，大学・大学院における専攻分野に男女の偏りは，次の二つの問題を反映している。第 1 は，日本における研究者に占める女性割合の少ないことである（図表 15 − 7，15 − 8 参照）。日本の女性研究者比率は 2020 年 3 月末時点で 16.9 ％，OECD 諸国で最下位である（図表 15 − 10 参照）。また，企業等の女性研究者の割合は，アカデミア（大学等）よりかなり低い（図表 15 − 11 参照）。技術や製品開発に女性のかかわりが少ないことが推測される。

　第 2 の問題は，学術界に存在する性別役割分業体質である（図表 15 − 7，15 − 9 参照）。例えば，専門分野別に大学等の研究本務者に占める女性の割合をみると，2021 年度は，薬学・看護等の分野では女性が半数以上を占める一方，工学分野は 12.5 ％，理学分野は 15.4 ％にとどまっている（男女共同参画白書

15　教育・学術とジェンダー

図表 15 － 6　理数教員の性別と女子生徒の文理傾向

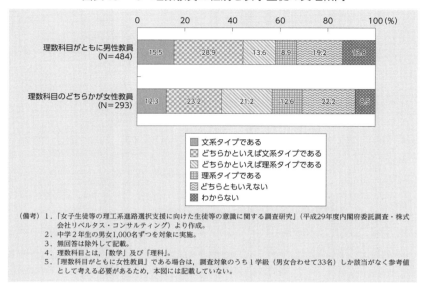

（男女共同参画白書令和元年版 28 頁）

図表 15 － 7　大学の研究者の採用に占める女性の割合の推移（学部ごと）

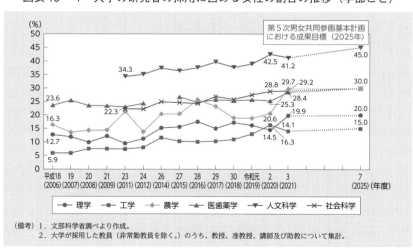

（男女共同参画白書令和 6 年版 138 頁）

3　学術と男女共同参画

図表 15 − 8　女性研究者数及び研究者に占める女性割合の推移

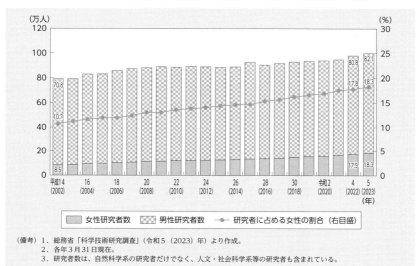

（備考）1．総務省「科学技術研究調査」（令和 5 (2023) 年）より作成。
　　　　2．各年 3 月 31 日現在。
　　　　3．研究者数は、自然科学系の研究者だけでなく、人文・社会科学系等の研究者も含まれている。

（男女共同参画白書令和 6 年版 139 頁）

図表 15 − 9　大学等における専門分野別教員の女性の割合（令和 4 (2022) 年度）

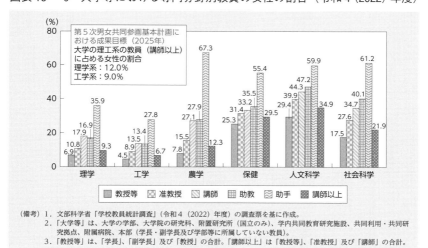

（備考）1．文部科学省「学校教員統計調査」（令和 4 (2022) 年度）の調査票を基に作成。
　　　　2．「大学等」は、大学の学部、大学院の研究科、附置研究所（国立のみ）、学内共同教育研究施設、共同利用・共同研究拠点、附属病院、本部（学長・副学長及び学部等に所属していない教員）。
　　　　3．「教授等」は、「学長」、「副学長」及び「教授」の合計。「講師以上」は「教授等」、「准教授」及び「講師」の合計。

（男女共同参画白書令和 6 年版 138 頁）

15 教育・学術とジェンダー

図表 15 − 10 研究者に占める女性割合（国際比較）

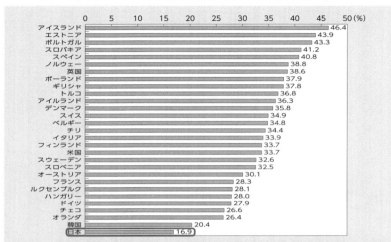

(備考) 1. 総務省「科学技術研究調査」（令和2年）、OECD"Main Science and Technology Indicators"、米国国立科学財団 (National Science Foundation: NSF)"Science and Engineering Indicators"より作成。
2. 日本の数値は、令和2（2020）年3月31日現在の値。アイスランド、ギリシャ、アイルランド、デンマーク、スイス、ベルギー、米国、スウェーデン、オーストリア、フランス、ルクセンブルク、ドイツ及びオランダは平成29（2017）年値、その他の国は、平成30（2018）年値。推定値及び暫定値を含む。
3. 米国の数値は、雇用されている科学者（Scientists）における女性の割合（人文科学の一部及び社会科学を含む）。技術者（Engineers）を含んだ場合、全体に占める女性科学者・技術者の割合は29.0%。

（男女共同参画白書令和3年版130頁）

図表 15 − 11 所属機関別研究者に占める女性の割合（国際比較）

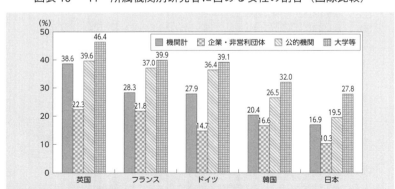

(備考) 1. 総務省「科学技術研究調査」（令和2年）、OECD"Research and Development Statistics"より作成。
2. 日本の値は令和2（2020）年3月31日現在の値。英国、韓国は平成30（2018）年の値、フランス、ドイツは平成29（2017）年の値。

（男女共同参画白書令和3年版130頁）

令和 4 年度版 147 頁）。また，研究者の職階が上がるほど，女性の研究者の数は減少する傾向にある（図表 15 - 9 参照）。

（2） 科学技術分野における新局面

日本の学術分野には依然としてジェンダー不均衡が存在し，特に STEM 系分野において女性の参画が少ないことは明白である。これはジェンダーに基づく役割分担が学術分野においても強固であることを示している。女性研究者の増加とジェンダー平等の実現に向けてのさらなる取り組みが必要である。女性の STEM 系選択の障壁をなくすことは，女性個人の選択を広げるだけではない。社会的にメリットがあることが認識されている。

2020 年 12 月 25 日に閣議決定された第 5 次男女共同参画基本計画は，第 4 分野として「科学技術・学術における男女共同参画の推進」を掲げている。この計画は，将来の持続可能な発展のために「最先端の技術開発及びその技術を活用した製品やサービス提供等においても，男女が共に参画し，その恩恵を享受できること」を重視している。「男性の視点で行われてきた研究や開発プロセスを経た研究成果は，女性には必ずしも当てはまらず，社会に悪影響を及ぼす場合もある」という認識に基づき，性差等を考慮した研究・技術開発の重要性を強調している。このように，男女共同参画の推進と学問研究・技術開発の発展が相互に依存する関係にあることを計画の基軸としている。

第 4 分野の基本的施策は，①科学技術・学術分野における女性の参画拡大，②男女共同参画と性差の視点を踏まえた研究の促進，③男女の研究者・技術者が共に働き続け易い研究環境の整備，④女子学生・生徒の理工系分野の選択促進及び理工系人材の育成，の四つに分類される。

特に，第 2 の「男女共同参画によるイノベーションの促進」および第 3 の「女性研究者の片務的育児・介護からの自覚的転換」に新しさがある。また，第 1 の「科学技術・学術分野への女性の参画拡大」については，ポジティブ・アクション（positive action，以下 PA という）の取り組みがカギとなる。これをうけて，2021 年 3 月 26 日に閣議決定された第 6 期科学技術・イノベーション計画には，「ジェンダード・イノベーション（Gendered Innovations，以下 GI）」の創出が，研究のダイバーシティの確保とともに，今後の方向性として示された（内閣 2021，50 頁）。GI については，同計画で「科学や技術に性差の

⑮　教育・学術とジェンダー

視点を取り込むことによって創造されるイノベーション」と注記されている。

2016年公表のデータ分析によると，権利有効な特許では，男性だけが発明者の特許より男女が発明者の特許は44％も経済的価値が高いとされ，その2年後のデータでは54％高いという結果が出ている。これにより，女性が参画することで研究開発の企業パフォーマンスが向上することが示されたのである（日本学術会議2022，19頁）。したがって，STEM分野への女性の進出は，産業界にとってもイノベーション創出の重要なカギとなっている。

この方向性を進めるためには，STEM系の博士後期課程への女性の進学率の向上が目指されている。その促進策として，①男性・女性研究者双方が育児・介護と研究を両立するための環境整備やサポート制度等の充実，②大学，公的機関において，機関の特性に応じて，女性の採用割合や指導的立場への登用割合などについて，戦略的な数値目標を設定・公表，③国立大学における女性研究者との多様な人材による教員組織，女子学生の理工学部進学を促進する取組等のマネジメント評価を反映する運営費交付金の配分，④小中高生，保護者，教員に対する，女性研究者のキャリアパスやロールモデルの提示を推進，が挙げられている（内閣2021，53-54頁）。

性差医学や，フェムテックと呼ばれる女性の身体のウェルビーイングに関する技術開発では，研究対象が女性の身体及び生活であるため，女性であることが研究のアドバンテージとなる場合がある。しかし，科学技術全般が同様であるとは限らない。女性科学者や技術者に「女性ならではの何か」を期待することは，性別役割分業意識に基づくジェンダー差別の再生産につながる可能性があることに留意が必要である。

4　学術・教育分野のポジティブ・アクション

（1）　国立大学の男女共同参画推進

国立大学協会は，2021年に国立大学における男女共同推進を促すための「アクションプラン（2021年度〜2025年度）」を策定した。第5次男女共同参画基本計画を踏まえ，2025年までの達成目標を以下のように設定した。

国立大学全体として，2025年までに女性教員比率を24％以上に引き上げるとの達成目標を設定する。大学の特性により事情が異なることを考慮して，大

学の特性別区分に合わせた女性教員比率の達成目標も併せて設定し，2025 年までに総合大学は 24 ％以上，理工系大学は 14 ％以上，文科系・医科系・教育系大学は 31 ％以上を目指す。

学長・理事・副学長については 20 ％以上，大学の意思決定機関等は 20 ％以上，教授は 20 ％以上，准教授は 30 ％以上，課長相当職以上は 25 ％以上の女性比率を目指している。この目標を達成するために，①大学運営における意思決定過程への女性の参画の拡大，②女性教員・研究者・女子学生の増加，③就業環境の整備・充実，④男女の固定的な性別役割分担意識の解消に取り組むとしている。また，毎年の追跡調査の実施により，フォローアップを行う，としている。

これらは，タイム・アンド・ゴール方式と呼ばれる PA の一手法で，中庸な効力にとどまり強制力がないことから，いくつかの大学では，実効性を高めるための措置を別途用意している。具体例としては，①東京農工大方式：女性常勤教員を採用すれば助教 1 人分の人件費を 2 年間保証する「1 プラス 1」，②北海道大学方式：女性教員採用の人件費の 4 分の 1 を大学が負担する「ポジティブ・アクション北大方式」，③名古屋大学「教員採用におけるポジティブ・アクション」方式（公募人事 HP の冒頭に，「業績（研究業績，教育業績，社会的貢献，人物を含む）の評価において同等と認められた場合には，女性を積極的に採用します」との文言を掲示することを決定（2005 年 12 月 28 日））などがある（辻村 2022，190 頁）。

これらの取り組みの他にも，2021 年 4 月に発足した東京大学の執行部体制において，理事 9 人のうち 5 人を女性とし，総長の任命権を活用した女性の積極的登用を行った（2021 年 4 月 12 日東大新聞ウェブ版）。

女子学生を増やす施策としては，女子に受験を促すことを狙った東京大学の方式が注目される。東京大学では，女子学生の割合が 20 ％をなかなか超えない状況が続いていた。入学者の多数を占めるのは，都会の中高一貫私立出身者である。地方では，「女子は家を出てまで大学に進学する必要がない」「子ども全員を自宅から離れた大学に通わせる経済的余裕がないから，女子は家から通える大学にしてほしい」という話が珍しくなく，そもそも地方の女子学生には東大受験の機会が少ない。2010 年に女子寮が廃寮されて以降代替寮もなく，地方自治体の県人寮は男子限定が多いことから，2017 年より，女子学生に対

して月３万円の家賃補助の制度が実施された（四本2017）。こうした女子を対象とした地域間格差への配慮との因果関係は即断できないが，2021年の入試で，東京大学の女子学生の割合が過去最高の２割に達した。

（2）　医学部女性差別入試問題

2018年，東京医科大学医学部医学科の入試で女性と多浪の男性が不利に扱われていたことが発覚した。文科省の調査から，順天堂大学医学部，聖マリアンナ医科大学医学部などの入試についても，同様の女性差別の可能性が指摘された。東京医科大学医学部医学科入試では，400点満点のマークシートの１次試験（この段階での点数の水増し操作もあったという）のあと，２次試験で小論文と面接が行われる。２次試験では，すべての受験者の小論文に「0.8」の係数を掛けて一律に減点した上で，３浪までの男性には10点から20点を加算する一方，女性と４浪以上の男性には一切加算せず合格者を抑えていた。結果，2018年の男性の合格者が141人だったのに対し，女性は30人だった。

大学には附属の３つの病院があり，多くの卒業生はここで働く。女性医師は出産や育児で勤務に制約が生じるとの判断から，医師不足への危機感から病院を運営するための人材を入試の段階で選別していたことが疑われた。入試なのに，事実上の「就職試験」だったことになる。背景に医師の働き方の問題がある。

この問題の発覚以前から，設立母体を問わず，医学部の合格率に男女差があるという指摘があった。国公立では女性の合格比率が約１割低く，私立大学では男女の差がないものの，東京女子医科大学の合格者も含まれることから，合格率に差があると考えられた。「女性の方が男性より入試の点数で劣っているからではないか」という見方もありえるが，「一定レベルに達しない人を落とす」医師国家試験における合格率が男性と同等か，むしろ女性の方がやや高いことから考慮すると，「数を絞るために落とす」入学試験の仕組み自体に問題があるのではないかという疑問が提起されていた（種部2017）。

この問題をめぐる集団訴訟では，東京医科大学を相手取った１審判決（東京地判2022（令和4）年9月9日裁判所ウェブサイト），控訴審判決（東京高判2023（令和5）年5月30日裁判所ウェブサイト）において，裁判所は，大学が入試に際して属性による調整を行っていたことを公表していなかったことから，「そ

のことを認識していればそもそも受験していなかった」し、「属性調整がなければ合格していた者」については、属性による調整は「性別による不合理な差別的な取扱いとして不法行為に該当する」と判断して、大学側に慰謝料等の支払いを命じた。2024年10月10日付の最高裁第一小法廷決定は、元受験生9人の上告を退け、大学への賠償命令が確定し、集団訴訟は終結した（2024年10月12日朝日新聞）。

　学校教育法上の学校である以上、私立大学も、公の性質を有する教育機関として、入試選抜に関し、憲法およびこれを受けた公法上の諸規定の趣旨を尊重する義務を負う。憲法14条1項にいう性別による不合理な差別禁止の原則に従い、大学設置基準2条の2が定める「公正かつ妥当な方法」による入学者の選抜を行わなければならない。この立場からすれば、属性による調整はそもそも許されない。しかし、東京地裁および東京高裁の判決は、属性による調整が事前に告知されていれば違法性はなかったかのようにも読み取れるため、疑問が残る。

（3）　入試における理工系の「女子枠」制度

　国立大学法人九州大学は、2012年度の後期日程の入学試験において、「女性研究者増は喫緊の課題、まずは女子入学者を増やすことが必要」という意図で、理学部数学科の募集人員9人のうち4人を「一般枠」（試験科目は数学のみ）、5人を「女子枠」（試験科目は数学と英語）にしようとしたことがあった（2010年3月に公表）。この制度が導入され、仮に「一般枠」と「女子枠」で数学の点数に明らかな開きが生じた場合、「数学科の女子学生は能力がない」という不当なスティグマ（劣性の烙印）が女子学生全体に広がる可能性があった。制度導入に対して「男子に対する逆差別」「法の下の平等に反する」という批判があり、九州大学は2011年5月にこの試みを撤回した（辻村2022、190頁）。

　2022年6月の文科省通知『令和5年度大学入学者選抜実施要項』では、一般選抜に加え、「多様な背景を持った者を対象とする選抜」の工夫が奨励され、その中で「理工系分野における女子」への言及があった。このような政策誘導を受けて、理工系学部の入試に一般入試枠とは別に、学校推薦型・総合型選抜の枠を活用して「女子枠」を設ける大学が急増した。東京工業大学は、2022年11月に、ダイバーシティ＆インクルージョンの取り組みの一環として、段

⑮ 教育・学術とジェンダー

階的に拡大し最終的に全募集人員の約 14 ％相当の 143 名の「女子枠」を総合型・学校推薦型選抜に導入することを発表し，注目を集めた。

理工系分野のジェンダー・ギャップを解消するには，「女子枠」は有効な手段である一方，平等原則との間で緊張が生じる。「多様性の確保」を目的に掲げることで正当化されているが，多様性の指標は性別だけではないため，とりわけ「性別」に着目して取り上げる理由を明確に示す必要がある。現在のジェンダー・ギャップは先行世代によって形成されてきたにもかかわらず，「女子枠」の設定により，従来の入試方法であれば合格したかもしれない現世代の男子が不合格の不利益を被る可能性があるため，「逆差別」の懸念が生じる。アメリカでは「多様性」を根拠に正当化されていたアファーマティブ・アクションが，その効果が見られないとして違憲とされた（本書 96 頁）例もあることから，状況の変化に応じて，将来的に見直すことも含め，丁寧かつ慎重な説明が必要である。

日本社会には「理工系は女子に不向き」という根強いステレオタイプが存在し，「女子枠」の導入はこの偏見を強化し，「女子だから入学できた」というスティグマを女子枠で入学した女子学生に与える可能性も考慮しなければならない。

一方，今回導入された「女子枠」は，大学側の裁量がある程度まで認められる学校推薦型選抜・総合型選抜の枠内で設けられており，実質的に男子学生に大きく門戸を閉ざすものではないため，社会的に構造化されたジェンダー・バイアスを克服する PA としての合理性があると考えられる。とはいえ，選抜方法の難易度に明らかな差が生じないように制度設計を行うことが求められる。

[参考文献]

川野銀子「科学技術政策とジェンダー――学校教育への注目」学術の動向 26 巻 7 号（2021）

木村涼子「日本の教育におけるジェンダー平等の過去・現在・未来――中等教育に着目して」学術の動向 27 巻 10 号（2022）

総合科学技術・イノベーション会議「Society 5.0 の実現に向けた教育・人材育成に関する政策パッケージ」（https://www8.cao.go.jp/cstp/tyousakai/kyouikujinzai/saishu_print.pdf）

竹内俊子「第 10 条　教育を受ける平等な権利」国際女性の地位協会編『コンメン

［参考文献］

タール 女性差別撤廃条約』（尚学社，2010）

種部恭子「女性医師を『増やさない』というガラス天井──医師・医学生の女性比率に関する分析①②──」（2017）（https://drkazue.jp/JAMP/topics/topics07.html）

中央教育審議会答申「新しい時代にふさわしい教育基本法と教育振興基本計画の在り方について」（2003年3月20日）（https://www.mext.go.jp/b_menu/shingi/chukyo/chukyo0/toushin/030301.htm）

辻村みよ子『著作集第4巻 憲法とジェンダー法学──男女共同参画の課題──』（信山社，2022）

内閣「第5次男女共同参画基本計画～すべての女性が輝く令和の社会へ」（令和2年12月25日閣議決定）（2020）（https://www.gender.go.jp/about_danjo/basic_plans/5th/index.html）

内閣「（第6期）科学技術・イノベーション基本計画」（令和3年3月26日閣議決定）（2021）（https://www.mext.go.jp/kaigisiryo/content/000106542.pdf）

内閣府「特集 多様な選択を可能にする学びの充実」『男女共同参画白書令和元年版』（2019年）（https://www.gender.go.jp/about_danjo/whitepaper/r01/zentai/pdf/r01_tokusyu.pdf）

内閣府『男女共同参画白書令和6年版』（2024）（https://www.gender.go.jp/about_danjo/whitepaper/r06/zentai/pdf/r06_07.pdf）

日本学術会議科学者委員会男女共同参画分科会「見解 性差研究に基づく科学技術・イノベーションの推進」（2022）（https://www.scj.go.jp/ja/info/kohyo/pdf/kohyo-25-k221110.pdf）

文部科学省『学制百年史』（1981）（https://www.mext.go.jp/b_menu/hakusho/html/others/detail/1317552.htm）

文部科学省「昭和22年教育基本法制定時の規定の概要」（https://www.mext.go.jp/b_menu/kihon/about/004/index.htm）

横山広美『なぜ理系に女性が少ないのか』（幻冬舎，2022）

四本裕子「家賃補助は女性優遇か？」教養学部報第592号（2017）（https://www.c.u-tokyo.ac.jp/info/about/booklet-gazette/bulletin/592/open/592-1-2.html）

資料編

資 料 編

① 女性差別撤廃条約　　　　　　　　1979 年 12 月 18 日国連第 34 総会採択

この条約の締約国は，

国際連合憲章が基本的人権，人間の尊厳及び価値並びに男女の権利の平等に関する信念を改めて確認していることに留意し，

世界人権宣言が，差別は容認することができないものであるとの原則を確認していること，並びにすべての人間は生まれながらにして自由であり，かつ，尊厳及び権利について平等であること並びにすべての人は性による差別その他のいかなる差別もなしに同宣言に掲げるすべての権利及び自由を享有することができることを宣明していることに留意し，

人権に関する国際規約の締約国がすべての経済的，社会的，文化的，市民的及び政治的権利の享有について男女に平等の権利を確保する義務を負っていることに留意し，

国際連合及び専門機関の主催の下に各国が締結した男女の権利の平等を促進するための国際条約を考慮し，

更に，国際連合及び専門機関が採択した男女の権利の平等を促進するための決議，宣言及び勧告に留意し，

しかしながら，これらの種々の文書にもかかわらず女子に対する差別が依然として広範に存在していることを憂慮し，

女子に対する差別は，権利の平等の原則及び人間の尊厳の尊重の原則に反するものであり，女子が男子と平等の条件で自国の政治的，社会的，経済的及び文化的活動に参加する上で障害となるものであり，社会及び家族の繁栄の増進を阻害するものであり，また，女子の潜在能力を自国及び人類に役立てるために完全に開発することを一層困難にするものであることを想起し，

窮乏の状況においては，女子が食糧，健康，教育，雇用のための訓練及び機会並びに他の必要とするものを享受する機会が最も少ないことを憂慮し，

衡平及び正義に基づく新たな国際経済秩序の確立が男女の平等の促進に大きく貢献することを確信し，

アパルトヘイト，あらゆる形態の人種主義，人種差別，植民地主義，新植民地主義，侵略，外国による占領及び支配並びに内政干渉の根絶が男女の権利の完全な享有に不可欠であることを強調し，

国際の平和及び安全を強化し，国際緊張を緩和し，すべての国（社会体制及び経済体制のいかんを問わない。）の間で相互に協力し，全面的かつ完全な軍備縮小を達成し，特に厳重かつ効果的な国際管理の下での核軍備の縮小を達成し，諸国間の関係における正義，平等及び互恵の原則を確認し，外国の支配の下，植民地支配の下又は外国の占領の下にある人民

302

① 女性差別撤廃条約

の自決の権利及び人民の独立の権利を実現し並びに国の主権及び領土保全を尊重することが，社会の進歩及び発展を促進し，ひいては，男女の完全な平等の達成に貢献することを確認し，

国の完全な発展，世界の福祉及び理想とする平和は，あらゆる分野において女子が男子と平等の条件で最大限に参加することを必要としていることを確信し，

家族の福祉及び社会の発展に対する従来完全には認められていなかった女子の大きな貢献，母性の社会的重要性並びに家庭及び子の養育における両親の役割に留意し，また，出産における女子の役割が差別の根拠となるべきではなく，子の養育には男女及び社会全体が共に責任を負うことが必要であることを認識し，

社会及び家庭における男子の伝統的役割を女子の役割とともに変更することが男女の完全な平等の達成に必要であることを認識し，

女子に対する差別の撤廃に関する宣言に掲げられている諸原則を実施すること及びこのために女子に対するあらゆる形態の差別を撤廃するための必要な措置をとることを決意して，

次のとおり協定した。

第1部

第1条　この条約の適用上，「女子に対する差別」とは，性に基づく区別，排除又は制限であつて，政治的，経済的，社会的，文化的，市民的その他のいかなる分野においても，女子（婚姻をしているかいないかを問わない。）が男女の平等を基礎として人権及び基本的自由を認識し，享有し又は行使することを害し又は無効にする効果又は目的を有するものをいう。

第2条　締約国は，女子に対するあらゆる形態の差別を非難し，女子に対する差別を撤廃する政策をすべての適当な手段により，かつ，遅滞なく追求することに合意し，及びこのため次のことを約束する。

　(a)　男女の平等の原則が自国の憲法その他の適当な法令に組み入れられていない場合にはこれを定め，かつ，男女の平等の原則の実際的な実現を法律その他の適当な手段により確保すること。

　(b)　女子に対するすべての差別を禁止する適当な立法その他の措置（適当な場合には制裁を含む。）をとること。

　(c)　女子の権利の法的な保護を男子との平等を基礎として確立し，かつ，権限のある自国の裁判所その他の公の機関を通じて差別となるいかなる行為からも女子を効果的に保護することを確保すること。

　(d)　女子に対する差別となるいかなる行為又は慣行も差し控え，かつ，公の当局及び機関がこの義務に従って行動することを確保すること。

　(e)　個人，団体又は企業による女子に対する差別を撤廃するためのすべての適当な措置をとること。

　(f)　女子に対する差別となる既存の法律，規則，慣習及び慣行を修正し又は廃止するためのすべての適当な措置（立法を含む。）をとること。

　(g)　女子に対する差別となる自国のすべての刑罰規定を廃止すること。

第3条　締約国は，あらゆる分野，特に，政治的，社会的，経済的及び文化的分野において，

資料編

女子に対して男子との平等を基礎として人権及び基本的自由を行使し及び享有することを
保障することを目的として，女子の完全な能力開発及び向上を確保するためのすべての適
当な措置（立法を含む。）をとる。
第4条　締約国が男女の事実上の平等を促進することを目的とする暫定的な特別措置をとる
ことは，この条約に定義する差別と解してはならない。ただし，その結果としていかなる
意味においても不平等な又は別個の基準を維持し続けることとなってはならず，これらの
措置は，機会及び待遇の平等の目的が達成された時に廃止されなければならない。
　2　締約国が母性を保護することを目的とする特別措置（この条約に規定する措置を含む。）
をとることは，差別と解してはならない。
第5条　締約国は，次の目的のためのすべての適当な措置をとる。
　(a)　両性いずれかの劣等性若しくは優越性の観念又は男女の定型化された役割に基づく偏
見及び慣行の撤廃を実現するため，男女の社会的及び文化的な行動
様式を修正すること。
　(b)　家庭についての教育に，社会的機能としての母性についての適正な理解並びに子の養
育及び発育における男女の共同責任についての認識を含めることを確保すること。あら
ゆる場合において，子の利益は最初に考慮するものとする。
第6条　締約国は，あらゆる形態の女子の売買及び女子の売春からの搾取を禁止するための
すべての適当な措置（立法を含む。）をとる。
　第2部
第7条　締約国は，自国の政治的及び公的活動における女子に対する差別を撤廃するための
すべての適当な措置をとるものとし，特に，女子に対して男子と平等の条件で次の権利を
確保する。
　(a)　あらゆる選挙及び国民投票において投票する権利並びにすべての公選による機関に選
挙される資格を有する権利
　(b)　政府の政策の策定及び実施に参加する権利並びに政府のすべての段階において公職に
就き及びすべての公務を遂行する権利
　(c)　自国の公的又は政治的活動に関係のある非政府機関及び非政府団体に参加する権利
第8条　締約国は，国際的に自国政府を代表し及び国際機関の活動に参加する機会を，女子
に対して男子と平等の条件でかついかなる差別もなく確保するためのすべての適当な措置
をとる。
第9条　締約国は，国籍の取得，変更及び保持に関し，女子に対して男子と平等の権利を与
える。締約国は，特に，外国人との婚姻又は婚姻中の夫の国籍の変更が，自動的に妻の国
籍を変更し，妻を無国籍にし又は夫の国籍を妻に強制することとならないことを確保する。
　2　締約国は，子の国籍に関し，女子に対して男子と平等の権利を与える。
　第3部
第10条　締約国は，教育の分野において，女子に対して男子と平等の権利を確保すること
を目的として，特に，男女の平等を基礎として次のことを確保することを目的として，女
子に対する差別を撤廃するためのすべての適当な措置をとる。

１　女性差別撤廃条約

(a)　農村及び都市のあらゆる種類の教育施設における職業指導，修学の機会及び資格証書の取得のための同一の条件。このような平等は，就学前教育，普通教育，技術教育，専門教育及び高等技術教育並びにあらゆる種類の職業訓練において確保されなければならない。

(b)　同一の教育課程，同一の試験，同一の水準の資格を有する教育職員並びに同一の質の学校施設及び設備を享受する機会

(c)　すべての段階及びあらゆる形態の教育における男女の役割についての定型化された概念の撤廃を，この目的の達成を助長する男女共学その他の種類の教育を奨励することにより，また，特に，教材用図書及び指導計画を改訂すること並びに指導方法を調整することにより行うこと。

(d)　奨学金その他の修学援助を享受する同一の機会

(e)　継続教育計画（成人向けの及び実用的な識字計画を含む。）特に，男女間に存在する教育上の格差をできる限り早期に減少させることを目的とした継続教育計画を利用する同一の機会

(f)　女子の中途退学率を減少させること及び早期に退学した女子のための計画を策定すること。

(g)　スポーツ及び体育に積極的に参加する同一の機会

(h)　家族の健康及び福祉の確保に役立つ特定の教育的情報（家族計画に関する情報及び助言を含む。）を享受する機会

第11条　締約国は，男女の平等を基礎として同一の権利，特に次の権利を確保することを目的として，雇用の分野における女子に対する差別を撤廃するためのすべての適当な措置をとる。

(a)　すべての人間の奪い得ない権利としての労働の権利

(b)　同一の雇用機会（雇用に関する同一の選考基準の適用を含む。）についての権利

(c)　職業を自由に選択する権利，昇進，雇用の保障並びに労働に係るすべての給付及び条件についての権利並びに職業訓練及び再訓練（見習，上級職業訓練及び継続的訓練を含む。）を受ける権利

(d)　同一価値の労働についての同一報酬（手当を含む。）及び同一待遇についての権利並びに労働の質の評価に関する取扱いの平等についての権利

(e)　社会保障（特に，退職，失業，傷病，障害，老齢その他の労働不能の場合における社会保障）についての権利及び有給休暇についての権利

(f)　作業条件に係る健康の保護及び安全（生殖機能の保護を含む。）についての権利

2　締約国は，婚姻又は母性を理由とする女子に対する差別を防止し，かつ，女子に対して実効的な労働の権利を確保するため，次のことを目的とする適当な措置をとる。

(a)　妊娠又は母性休暇を理由とする解雇及び婚姻をしているかいないかに基づく差別的解雇を制裁を課して禁止すること。

(b)　給料又はこれに準ずる社会的給付を伴い，かつ，従前の雇用関係，先任及び社会保障上の利益の喪失を伴わない母性休暇を導入すること。

305

資料編

(c) 親が家庭責任と職業上の責務及び社会的活動への参加とを両立させることを可能とするために必要な補助的な社会的サービスの提供を，特に保育施設網の設置及び充実を促進することにより奨励すること。

(d) 妊娠中の女子に有害であることが証明されている種類の作業においては，当該女子に対して特別の保護を与えること。

3 この条に規定する事項に関する保護法令は，科学上及び技術上の知識に基づき定期的に検討するものとし，必要に応じて，修正し，廃止し，又はその適用を拡大する。

第12条 締約国は，男女の平等を基礎として保健サービス（家族計画に関連するものを含む。）を享受する機会を確保することを目的として，保健の分野における女子に対する差別を撤廃するためのすべての適当な措置をとる。

2 1の規定にかかわらず，締約国は，女子に対し，妊娠，分べん及び産後の期間中の適当なサービス（必要な場合には無料にする。）並びに妊娠及び授乳の期間中の適当な栄養を確保する。

第13条 締約国は，男女の平等を基礎として同一の権利，特に次の権利を確保することを目的として，他の経済的及び社会的活動の分野における女子に対する差別を撤廃するためのすべての適当な措置をとる。

(a) 家族給付についての権利

(b) 銀行貸付け，抵当その他の形態の金融上の信用についての権利

(c) レクリエーション，スポーツ及びあらゆる側面における文化的活動に参加する権利

第14条 締約国は，農村の女子が直面する特別の問題及び家族の経済的生存のために果たしている重要な役割（貨幣化されていない経済の部門における労働を含む。）を考慮に入れるものとし，農村の女子に対するこの条約の適用を確保するためのすべての適当な措置をとる。

2 締約国は，男女の平等を基礎として農村の女子が農村の開発に参加すること及びその開発から生ずる利益を受けることを確保することを目的として，農村の女子に対する差別を撤廃するためのすべての適当な措置をとるものとし，特に，これらの女子に対して次の権利を確保する。

(a) すべての段階における開発計画の作成及び実施に参加する権利

(b) 適当な保健サービス（家族計画に関する情報，カウンセリング及びサービスを含む。）を享受する権利

(c) 社会保障制度から直接に利益を享受する権利

(d) 技術的な能力を高めるために，あらゆる種類（正規であるかないかを問わない。）の訓練及び教育（実用的な識字に関するものを含む。）並びに，特に，すべての地域サービス及び普及サービスからの利益を享受する権利

(e) 経済分野における平等な機会を雇用又は自営を通じて得るために，自助的集団及び協同組合を組織する権利

(f) あらゆる地域活動に参加する権利

(g) 農業信用及び貸付け，流通機構並びに適当な技術を利用する権利並びに土地及び農地

① 女性差別撤廃条約

の改革並びに入植計画において平等な待遇を享受する権利

(h) 適当な生活条件(特に,住居,衛生,電力及び水の供給,運輸並びに通信に関する条件)を享受する権利

第4部

第15条 締約国は,女子に対し,法律の前の男子との平等を認める。

2 締約国は,女子に対し,民事に関して男子と同一の法的能力を与えるものとし,また,この能力を行使する同一の機会を与える。特に,締約国は,契約を締結し及び財産を管理することにつき女子に対して男子と平等の権利を与えるものとし,裁判所における手続のすべての段階において女子を男子と平等に取り扱う。

3 締約国は,女子の法的能力を制限するような法的効果を有するすべての契約及び他のすべての私的文書(種類のいかんを問わない。)を無効とすることに同意する。

4 締約国は,個人の移動並びに居所及び住所の選択の自由に関する法律において男女に同一の権利を与える。

第16条 締約国は,婚姻及び家族関係に係るすべての事項について女子に対する差別を撤廃するためのすべての適当な措置をとるものとし,特に,男女の平等を基礎として次のことを確保する。

(a) 婚姻をする同一の権利

(b) 自由に配偶者を選択し及び自由かつ完全な合意のみにより婚姻をする同一の権利

(c) 婚姻中及び婚姻の解消の際の同一の権利及び責任

(d) 子に関する事項についての親(婚姻をしているかいないかを問わない。)としての同一の権利及び責任。あらゆる場合において,子の利益は至上である。

(e) 子の数及び出産の間隔を自由にかつ責任をもって決定する同一の権利並びにこれらの権利の行使を可能にする情報,教育及び手段を享受する同一の権利

(f) 子の後見及び養子縁組又は国内法令にこれらに類する制度が存在する場合にはその制度に係る同一の権利及び責任。あらゆる場合において,子の利益は至上である。

(g) 夫及び妻の同一の個人的権利(姓及び職業を選択する権利を含む。)

(h) 無償であるか有償であるかを問わず,財産を所有し,取得し,運用し,管理し,利用し及び処分することに関する配偶者双方の同一の権利

2 児童の婚約及び婚姻は,法的効果を有しないものとし,また,婚姻最低年齢を定め及び公の登録所への婚姻の登録を義務付けるためのすべての必要な措置(立法を含む。)がとられなければならない。

第5部

第17条 この条約の実施に関する進捗状況を検討するために,女子に対する差別の撤廃に関する委員会(以下「委員会」という。)を設置する。委員会は,この条約の効力発生の時は18人の,35番目の締約国による批准又は加入の後は23人の徳望が高く,かつ,この条約が対象とする分野において十分な能力を有する専門家で構成する。委員は,締約国の国民の中から締約国により選出するものとし,個人の資格で職務を遂行する。その選出に当たっては,委員の配分が地理的に衡平に行われること並びに異なる文明形態及び主要な

307

資料編

法体系が代表されることを考慮に入れる。

2 委員会の委員は，締約国により指名された者の名簿の中から秘密投票により選出される。各締約国は，自国民の中から1人を指名することができる。

3 委員会の委員の最初の選挙は，この条約の効力発生の日の後6箇月を経過した時に行う。国際連合事務総長は，委員会の委員の選挙の日の遅くとも3箇月前までに，締約国に対し，自国が指名する者の氏名を2箇月以内に提出するよう書簡で要請する。同事務総長は，指名された者のアルファベット順による名簿（これらの者を指名した締約国名を表示した名簿とする。）を作成し，締約国に送付する。

4 委員会の委員の選挙は，国際連合事務総長により国際連合本部に招集される締約国の会合において行う。この会合は，締約国の3分の2をもって定足数とする。この会合においては，出席し，かつ投票する締約国の代表によって投じられた票の最多数で，かつ，過半数の票を得た指名された者をもって委員会に選出された委員とする。

5 委員会の委員は，4年の任期で選出される。ただし，最初の選挙において選出された委員のうち9人の委員の任期は，2年で終了するものとし，これらの9人の委員は，最初の選挙の後直ちに，委員会の委員長によりくじ引で選ばれる。

6 委員会の5人の追加的な委員の選挙は，35番目の批准又は加入の後，2から4までの規定に従って行う。この時に選出された追加的な委員のうち2人の委員の任期は，2年で終了するものとし，これらの2人の委員は，委員会の委員長によりくじ引で選ばれる。

7 締約国は，自国の専門家が委員会の委員としての職務を遂行することができなくなった場合には，その空席を補充するため，委員会の承認を条件として自国民の中から他の専門家を任命する。

8 委員会の委員は，国際連合総会が委員会の任務の重要性を考慮して決定する条件に従い，同総会の承認を得て，国際連合の財源から報酬を受ける。

9 国際連合事務総長は，委員会がこの条約に定める任務を効果的に遂行するために必要な職員及び便益を提供する。

第18条 締約国は，次の場合に，この条約の実施のためにとった立法上，司法上，行政上その他の措置及びこれらの措置によりもたらされた進歩に関する報告を，委員会による検討のため，国際連合事務総長に提出することを約束する。

(a) 当該締約国についてこの条約が効力を生ずる時から1年以内

(b) その後は少なくとも4年ごと，更には委員会が要請するとき。

2 報告には，この条約に基づく義務の履行の程度に影響を及ぼす要因及び障害を記載することができる。

第19条 委員会は，手続規則を採択する。

2 委員会は，役員を2年の任期で選出する。

第20条 委員会は，第18条の規定により提出される報告を検討するために原則として毎年2週間を超えない期間会合する。

2 委員会の会合は，原則として，国際連合本部又は委員会が決定する他の適当な場所において開催する。

[1] 女性差別撤廃条約

第21条　委員会は，その活動につき経済社会理事会を通じて毎年国際連合総会に報告する
ものとし，また，締約国から得た報告及び情報の検討に基づく提案及び一般的な性格を有
する勧告を行うことができる。これらの提案及び一般的な性格を有する勧告は，締約国か
ら意見がある場合にはその意見とともに，委員会の報告に記載する。

2　国際連合事務総長は，委員会の報告を，情報用として，婦人の地位委員会に送付する。

第22条　専門機関は，その任務の範囲内にある事項に関するこの条約の規定の実施につい
ての検討に際し，代表を出す権利を有する。委員会は，専門機関に対し，その任務の範囲
内にある事項に関するこの条約の実施について報告を提出するよう要請することができる。

　第6部

第23条　この条約のいかなる規定も，次のものに含まれる規定であって男女の平等の達成
に一層貢献するものに影響を及ぼすものではない。

(a)　締約国の法令

(b)　締約国について効力を有する他の国際条約又は国際協定

第24条　締約国は，自国においてこの条約の認める権利の完全な実現を達成するためのす
べての必要な措置をとることを約束する。

第25条　この条約は，すべての国による署名のために開放しておく。

2　国際連合事務総長は，この条約の寄託者として指定される。

3　この条約は，批准されなければならない。批准書は，国際連合事務総長に寄託する。

4　この条約は，すべての国による加入のために開放しておく。加入は，加入書を国際連
合事務総長に寄託することによって行う。

第26条　いずれの締約国も，国際連合事務総長にあてた書面による通告により，いつでも
この条約の改正を要請することができる。

2　国際連合総会は，1の要請に関してとるべき措置があるときは，その措置を決定する。

第27条　この条約は，20番目の批准書又は加入書が国際連合事務総長に寄託された日の後
30日目の日に効力を生ずる。

2　この条約は，20番目の批准書又は加入書が寄託された後に批准し又は加入する国につ
いては，その批准書又は加入書が寄託された日の後30日目の日に効力を生ずる。

第28条　国際連合事務総長は，批准又は加入の際に行われた留保の書面を受領し，かつ，
すべての国に送付する。

2　この条約の趣旨及び目的と両立しない留保は，認められない。

3　留保は，国際連合事務総長にあてた通告によりいつでも撤回することができるものと
し，同事務総長は，その撤回をすべての国に通報する。このようにして通報された通告は，
受領された日に効力を生ずる。

第29条　この条約の解釈又は適用に関する締約国間の紛争で交渉によって解決されないも
のは，いずれかの紛争当事国の要請により，仲裁に付される。仲裁の要請の日から6箇月
以内に仲裁の組織について紛争当事国が合意に達しない場合には，いずれの紛争当事国も，
国際司法裁判所規程に従って国際司法裁判所に紛争を付託することができる。

2　各締約国は，この条約の署名若しくは批准又はこの条約への加入の際に，1の規定に

309

資料編

拘束されない旨を宣言することができる。他の締約国は，そのような留保を付した締約国
との関係において1の規定に拘束されない。

　3　2の規定に基づいて留保を付した締約国は，国際連合事務総長にあてた通告により，
いつでもその留保を撤回することができる。

第30条　この条約は，アラビア語，中国語，英語，フランス語，ロシア語及びスペイン語
をひとしく正文とし，国際連合事務総長に寄託する。以上の証拠として，下名は，正当に
委任を受けてこの条約に署名した。

---

② 男女共同参画社会基本法　　　　平成11(1999)年6月23日法律第78号
（最終改正：平成11年12月22日法律第160号）

　我が国においては，日本国憲法に個人の尊重と法の下の平等がうたわれ，男女平等の実現
に向けた様々な取組が，国際社会における取組とも連動しつつ，着実に進められてきたが，
なお一層の努力が必要とされている。

　一方，少子高齢化の進展，国内経済活動の成熟化等我が国の社会経済情勢の急速な変化に
対応していく上で，男女が，互いにその人権を尊重しつつ責任も分かち合い，性別にかかわ
りなく，その個性と能力を十分に発揮することができる男女共同参画社会の実現は，緊要な
課題となっている。

　このような状況にかんがみ，男女共同参画社会の実現を21世紀の我が国社会を決定する
最重要課題と位置付け，社会のあらゆる分野において，男女共同参画社会の形成の促進に関
する施策の推進を図っていくことが重要である。

ここに，男女共同参画社会の形成についての基本理念を明らかにしてその方向を示し，将来
に向かって国，地方公共団体及び国民の男女共同参画社会の形成に関する取組を総合的かつ
計画的に推進するため，この法律を制定する。

第1章　総　則
（目　的）

第1条　この法律は，男女の人権が尊重され，かつ，社会経済情勢の変化に対応できる豊か
　で活力ある社会を実現することの緊要性にかんがみ，男女共同参画社会の形成に関し，基
　本理念を定め，並びに国，地方公共団体及び国民の責務を明らかにするとともに，男女共
　同参画社会の形成の促進に関する施策の基本となる事項を定めることにより，男女共同参
　画社会の形成を総合的かつ計画的に推進することを目的とする。

（定　義）

第2条　この法律において，次の各号に掲げる用語の意義は，当該各号に定めるところによ
　る。

　一　男女共同参画社会の形成　男女が，社会の対等な構成員として，自らの意思によって社
　　会のあらゆる分野における活動に参画する機会が確保され，もって男女が均等に政治的，
　　経済的，社会的及び文化的利益を享受することができ，かつ，共に責任を担うべき社会

②　男女共同参画社会基本法

を形成することをいう。

二　積極的改善措置　前号に規定する機会に係る男女間の格差を改善するため必要な範囲内において，男女のいずれか一方に対し，当該機会を積極的に提供することをいう。

（男女の人権の尊重）

第3条　男女共同参画社会の形成は，男女の個人としての尊厳が重んぜられること，男女が性別による差別的取扱いを受けないこと，男女が個人として能力を発揮する機会が確保されることその他の男女の人権が尊重されることを旨として，行われなければならない。

（社会における制度又は慣行についての配慮）

第4条　男女共同参画社会の形成に当たっては，社会における制度又は慣行が，性別による固定的な役割分担等を反映して，男女の社会における活動の選択に対して中立でない影響を及ぼすことにより，男女共同参画社会の形成を阻害する要因となるおそれがあることにかんがみ，社会における制度又は慣行が男女の社会における活動の選択に対して及ぼす影響をできる限り中立なものとするように配慮されなければならない。

（政策等の立案及び決定への共同参画）

第5条　男女共同参画社会の形成は，男女が，社会の対等な構成員として，国若しくは地方公共団体における政策又は民間の団体における方針の立案及び決定に共同して参画する機会が確保されることを旨として，行われなければならない。

（家庭生活における活動と他の活動の両立）

第6条　男女共同参画社会の形成は，家族を構成する男女が，相互の協力と社会の支援の下に，子の養育，家族の介護その他の家庭生活における活動について家族の一員としての役割を円滑に果たし，かつ，当該活動以外の活動を行うことができるようにすることを旨として，行われなければならない。

（国際的協調）

第7条　男女共同参画社会の形成の促進が国際社会における取組と密接な関係を有していることにかんがみ，男女共同参画社会の形成は，国際的協調の下に行われなければならない。

（国の責務）

第8条　国は，第3条から前条までに定める男女共同参画社会の形成についての基本理念（以下「基本理念」という。）にのっとり，男女共同参画社会の形成の促進に関する施策（積極的改善措置を含む。以下同じ。）を総合的に策定し，及び実施する責務を有する。

（地方公共団体の責務）

第9条　地方公共団体は，基本理念にのっとり，男女共同参画社会の形成の促進に関し，国の施策に準じた施策及びその他のその地方公共団体の区域の特性に応じた施策を策定し，及び実施する責務を有する。

（国民の責務）

第10条　国民は，職域，学校，地域，家庭その他の社会のあらゆる分野において，基本理念にのっとり，男女共同参画社会の形成に寄与するように努めなければならない。

（法制上の措置等）

第11条　政府は，男女共同参画社会の形成の促進に関する施策を実施するため必要な法制

311

資料編

上又は財政上の措置その他の措置を講じなければならない。

（年次報告等）

第12条　政府は，毎年，国会に，男女共同参画社会の形成の状況及び政府が講じた男女共同参画社会の形成の促進に関する施策についての報告を提出しなければならない。

2　政府は，毎年，前項の報告に係る男女共同参画社会の形成の状況を考慮して講じようとする男女共同参画社会の形成の促進に関する施策を明らかにした文書を作成し，これを国会に提出しなければならない。

第2章　男女共同参画社会の形成の促進に関する基本的施策

（男女共同参画基本計画）

第13条　政府は，男女共同参画社会の形成の促進に関する施策の総合的かつ計画的な推進を図るため，男女共同参画社会の形成の促進に関する基本的な計画（以下「男女共同参画基本計画」という。）を定めなければならない。

2　男女共同参画基本計画は，次に掲げる事項について定めるものとする。

一　総合的かつ長期的に講ずべき男女共同参画社会の形成の促進に関する施策の大綱

二　前号に掲げるもののほか，男女共同参画社会の形成の促進に関する施策を総合的かつ計画的に推進するために必要な事項

3　内閣総理大臣は，男女共同参画会議の意見を聴いて，男女共同参画基本計画の案を作成し，閣議の決定を求めなければならない。

4　内閣総理大臣は，前項の規定による閣議の決定があったときは，遅滞なく，男女共同参画基本計画を公表しなければならない。

5　前2項の規定は，男女共同参画基本計画の変更について準用する。

（都道府県男女共同参画計画等）

第14条　都道府県は，男女共同参画基本計画を勘案して，当該都道府県の区域における男女共同参画社会の形成の促進に関する施策についての基本的な計画（以下「都道府県男女共同参画計画」という。）を定めなければならない。

2　都道府県男女共同参画計画は，次に掲げる事項について定めるものとする。

一　都道府県の区域において総合的かつ長期的に講ずべき男女共同参画社会の形成の促進に関する施策の大綱

二　前号に掲げるもののほか，都道府県の区域における男女共同参画社会の形成の促進に関する施策を総合的かつ計画的に推進するために必要な事項

3　市町村は，男女共同参画基本計画及び都道府県男女共同参画計画を勘案して，当該市町村の区域における男女共同参画社会の形成の促進に関する施策についての基本的な計画（以下「市町村男女共同参画計画」という。）を定めるように努めなければならない。

4　都道府県又は市町村は，都道府県男女共同参画計画又は市町村男女共同参画計画を定め，又は変更したときは，遅滞なく，これを公表しなければならない。

（施策の策定等に当たっての配慮）

第15条　国及び地方公共団体は，男女共同参画社会の形成に影響を及ぼすと認められる施策を策定し，及び実施するに当たっては，男女共同参画社会の形成に配慮しなければなら

②　男女共同参画社会基本法

ない。
（国民の理解を深めるための措置）
第16条　国及び地方公共団体は，広報活動等を通じて，基本理念に関する国民の理解を深めるよう適切な措置を講じなければならない。
（苦情の処理等）
第17条　国は，政府が実施する男女共同参画社会の形成の促進に関する施策又は男女共同参画社会の形成に影響を及ぼすと認められる施策についての苦情の処理のために必要な措置及び性別による差別的取扱いその他の男女共同参画社会の形成を阻害する要因によって人権が侵害された場合における被害者の救済を図るために必要な措置を講じなければならない。
（調査研究）
第18条　国は，社会における制度又は慣行が男女共同参画社会の形成に及ぼす影響に関する調査研究その他の男女共同参画社会の形成の促進に関する施策の策定に必要な調査研究を推進するように努めるものとする。
（国際的協調のための措置）
第19条　国は，男女共同参画社会の形成を国際的協調の下に促進するため，外国政府又は国際機関との情報の交換その他男女共同参画社会の形成に関する国際的な相互協力の円滑な推進を図るために必要な措置を講ずるように努めるものとする。
（地方公共団体及び民間の団体に対する支援）
第20条　国は，地方公共団体が実施する男女共同参画社会の形成の促進に関する施策及び民間の団体が男女共同参画社会の形成の促進に関して行う活動を支援するため，情報の提供その他の必要な措置を講ずるように努めるものとする。

第3章　男女共同参画会議
（設　置）
第21条　内閣府に，男女共同参画会議（以下「会議」という。）を置く。
（所掌事務）
第22条　会議は，次に掲げる事務をつかさどる。
　一　男女共同参画基本計画に関し，第13条第3項に規定する事項を処理すること。
　二　前号に掲げるもののほか，内閣総理大臣又は関係各大臣の諮問に応じ，男女共同参画社会の形成の促進に関する基本的な方針，基本的な政策及び重要事項を調査審議すること。
　三　前2号に規定する事項に関し，調査審議し，必要があると認めるときは，内閣総理大臣及び関係各大臣に対し，意見を述べること。
　四　政府が実施する男女共同参画社会の形成の促進に関する施策の実施状況を監視し，及び政府の施策が男女共同参画社会の形成に及ぼす影響を調査し，必要があると認めるときは，内閣総理大臣及び関係各大臣に対し，意見を述べること。
（組　織）
第23条　会議は，議長及び議員24人以内をもって組織する。

資 料 編

（議　長）

第24条　議長は，内閣官房長官をもって充てる。

2　議長は，会務を総理する。

（議　員）

第25条　議員は，次に掲げる者をもって充てる。

一　内閣官房長官以外の国務大臣のうちから，内閣総理大臣が指定する者

二　男女共同参画社会の形成に関し優れた識見を有する者のうちから，内閣総理大臣が任命する者

2　前項第2号の議員の数は，同項に規定する議員の総数の10分の5未満であってはならない。

3　第1項第2号の議員のうち，男女のいずれか一方の議員の数は，同号に規定する議員の総数の10分の4未満であってはならない。

4　第1項第2号の議員は，非常勤とする。

（議員の任期）

第26条　前条第1項第2号の議員の任期は，2年とする。ただし，補欠の議員の任期は，前任者の残任期間とする。

2　前条第1項第2号の議員は，再任されることができる。

（資料提出の要求等）

第27条　会議は，その所掌事務を遂行するために必要があると認めるときは，関係行政機関の長に対し，監視又は調査に必要な資料その他の資料の提出，意見の開陳，説明その他必要な協力を求めることができる。

2　会議は，その所掌事務を遂行するために特に必要があると認めるときは，前項に規定する者以外の者に対しても，必要な協力を依頼することができる。

（政令への委任）

第28条　この章に定めるもののほか，会議の組織及び議員その他の職員その他会議に関し必要な事項は，政令で定める。

附　則　抄

（施行期日）

第1条　この法律は，公布の日から施行する。

（男女共同参画審議会設置法の廃止）

第2条　男女共同参画審議会設置法（平成9年法律第7号）は，廃止する。

（経過措置）

第3条　前条の規定による廃止前の男女共同参画審議会設置法（以下「旧審議会設置法」という。）第1条の規定により置かれた男女共同参画審議会は，第21条第1項の規定により置かれた審議会となり，同一性をもって存続するものとする。

2　この法律の施行の際現に旧審議会設置法第4条第1項の規定により任命された男女共同参画審議会の委員である者は，この法律の施行の日に，第23条第1項の規定により，

2 男女共同参画社会基本法

審議会の委員として任命されたものとみなす。この場合において，その任命されたものとみなされる者の任期は，同条第2項の規定にかかわらず，同日における旧審議会設置法第4条第2項の規定により任命された男女共同参画審議会の委員としての任期の残任期間と同一の期間とする。

3 この法律の施行の際現に旧審議会設置法第5条第1項の規定により定められた男女共同参画審議会の会長である者又は同条第3項の規定により指名された委員である者は，それぞれ，この法律の施行の日に，第24条第1項の規定により審議会の会長として定められ，又は同条第3項の規定により審議会の会長の職務を代理する委員として指名されたものとみなす。

附　則（平成11年7月16日法律第102号）抄

（施行期日）

第1条　この法律は，内閣法の一部を改正する法律（平成11年法律第88号）の施行の日から施行する。ただし，次の各号に掲げる規定は，当該各号に定める日から施行する。

一　略

二　附則第10条第1項及び第5項，第14条第3項，第23条，第28条並びに第30条の規定　公布の日

（委員等の任期に関する経過措置）

第28条　この法律の施行の日の前日において次に掲げる従前の審議会その他の機関の会長，委員その他の職員である者（任期の定めのない者を除く。）の任期は，当該会長，委員その他の職員の任期を定めたそれぞれの法律の規定にかかわらず，その日に満了する。

一から十まで　略

十一　男女共同参画審議会

（別に定める経過措置）

第30条　第2条から前条までに規定するもののほか，この法律の施行に伴い必要となる経過措置は，別に法律で定める。

附　則（平成11年12月22日法律第160号）抄

（施行期日）

第1条　この法律（第2条及び第3条を除く。）は，平成13年1月6日から施行する。ただし，次の各号に掲げる規定は，当該各号に定める日から施行する。

（以下略）　出典 http://www.gender.go.jp/about_danjo/law/kihon/9906kihonhou.html

資 料 編

略年表（『概説ジェンダーと人権〔第2版〕』関連年表）

(1) 諸外国の動き

イギリス	アメリカ
1215　マグナ・カルタ	1607　ジェームズタウン建設
1628　権利の請願	1617　女性の新大陸上陸
1642　清教徒革命（49）	
1688　名誉革命（89）	1776　独立革命・独立宣言
1689　権利の章典	ヴァージニア州人権宣言
1690　ロック『市民政府論』	1787　合衆国憲法
1790　バーク『フランス革命の省察』	1791　合衆国憲法第1－11修正
1792　ウルストンクラフト『女性の権利の	1837　奴隷制反対女性協会
擁護』	1848　セネカフォールズ大会「女性の所信
1832　第1次選挙法改正	宣言」
1848　工場法（労働時間制限）	1864　憲法第13修正（奴隷廃止）
1857　離婚法（裁判離婚承認）	1868　憲法第14修正
1866　J. S. ミル請願	1869　ワイオミング准州女性選挙権
1867　第2次選挙法改正	1870　憲法第15修正
1869　J. S. ミル『女性の隷従』	1890　全国アメリカ女性参政権協会
1870　女性参政権協会	
1884　第3次選挙法改正	
1894　女性の地方選挙権確立	
〔第1次世界大戦 1914－1918〕	
1918　第4次選挙法改正，男子普選・30歳	1919　憲法第19修正女性参政権承認
以上の女性選挙権	1920　憲法第19修正施行
1919　性差別排除法（公職の平等）	
1927　第5次選挙法改正（男女普選）	
1928　男女普通選挙法施行	
〔第2次世界大戦 1939－1945〕	
1945　家族手当法	1951　大統領命令10925号（アファーマティ
	ブ・アクション：AA）
1967　妊娠中絶法	1963　同一賃金法
1969　離婚法改正	1963　フリーダン『新しい女性の創造』
1970　同一賃金法	1964　公民権法第7編（雇用の平等）〔雇用
1975　性差別禁止法（雇用・教育等での差	機会均等法と改称〕
別禁止）・雇用保護法	1965　大統領命令11246号（AA）

略年表（『概説ジェンダーと人権〔第2版〕』関連年表）

1976	家庭内暴力法	1967	大統領行政命令
1979	サッチャー首相（1991）	1972	ERA 選択
1984	同一賃金法改正	1973	連邦最高裁ロウ判決
1986	性差別禁止法改正	1977	全米女性会議宣言
1988	教育改革法	1978	バッキー判決（AA）
1989	男女雇用平等法	1982	ERA 批准不成立
1997	労働党政権	1989	連邦最高裁ウェブスター判決
	総選挙で女性議員倍増（60→120名）	1991	公民権法改正
	女性候補者リスト政策（All Women	1992	連邦最高裁ケイシー判決
	Short Lists）違法判決	1993	家族・医療休暇法成立
2002	性差別禁止法改正（PA 合法化）	1994	女性に対する暴力防止法成立
2003	フレキシブル・ワーク法	2000	女性に対する暴力防止法改正
2004	子育て支援 10 年戦略	2003	連邦最高裁ミシガン大学 AA 判決
2005	雇用平等規則	2003	「部分的出生」中絶禁止法
2006	平等法（Equality Act）制定	2007	女性初の下院議長
	平等と人権委員会設立	2007	ハーバード大学初の女性学長
2007	ジェンダー平等義務行動指針	2008	オバマ大統領，ヒラリー・クリント
2013	王位継承法改正（女性差別撤廃）		ン国務長官就任
2016	保守党 テリーザ・メイ首相	2013	連邦最高裁同性婚容認判決
2017	ヨーロッパ連合（脱退通告）法	2016	ヒラリー・クリントン大統選指名
2017	総選挙，労働党の女性 45.2 ％当選	2017	トランプ大統領選出，内閣女性比率
2019	総選挙女性議員 220 人当選		17.4 ％，世界 104 位
2019	ジョンソン首相任命	2017	＃Me Too 運動，世界に拡大
2020	ヨーロッパ連合（脱退協定）法・EU	2020	下院選挙で女性 27.3 ％，上院 25.0 ％
	離脱		当選（史上最高）
		2021	民主党バイデン大統領，カマラ・ハ
			リス副大統領就任（女性初の黒人副
			大統領）
		2021	女性閣僚比率 46.2 ％，世界 16 位
2022	ジョンソン首相辞任	2022	黒人女性初の連邦最高裁判事
2022	トラス首相任命（45 日で辞任）	2022	連邦最高裁ドブス判決，ロウ判決を
2022	エリザベス女王崩御		無効化
2022	チャールズ国王即位	2023	連邦最高裁入試人種 AA 違憲判決
2024	下院解散総選挙，労働党政権，女性	2024	民主党カマラ・ハリス大統領候補（ト
	議員率 40.5 ％（史上最高）		ランプ氏に敗退）

資 料 編

フランス	その他の諸国
AD 6 世紀　サリカ法典	BC 18 世紀頃　ハムラビ法典 BC 6 世紀頃　　十二表法（ローマ）
1789　フランス革命勃発・人権宣言 1791　オランプ・ドゥ・グージュ『女性お 　　　　よび女性市民の権利宣言』 1793　女性結社禁止，グージュ処刑 1795　家庭復帰令 1804　ナポレオン法典 1816　離婚の全面禁止 1848　2 月革命・男子普通選挙制 1867　女子初等教育制確立 1881　女性選挙権協会 1884　裁判離婚制度復活 1901　女性参政権法案下院通過 1914　女性参政権拡大全国キャンペーン	 1844　マルクス『ユダヤ人問題』 1865　ドイツ女性総同盟結成 1879　ベーベル『婦人論』 1879　イプセン『人形の家』（ノルウェー） 1893　ニュージーランド 1902　オーストラリア女性参政権 1906　フィンランド 1913　ノルウェー 1911　エレン・ケイ『恋愛と結婚』（スウェー 　　　　デン）
〔第 1 次世界大戦 1914 − 1918〕 1938　夫権の廃止	1917　ロシア革命・女性参政権 1919　ワイマール憲法（独）
〔第 2 次世界大戦 1939 − 1945〕 1944　女性参政権確立 1945　国民議会選挙 1946　第 4 共和制憲法・社会権保障 1949　ボーヴォワール『第二の性』 1958　第 5 共和制憲法 1971　343 人宣言（中絶自由化要求） 1972　同一賃金法 1973　国籍法改正 1975　離婚法改正（協議離婚承認），中絶自 　　　　由化法 1981　女性の権利省 1983　女性差別撤廃条約批准 1983　労働法改正・雇用平等法 1984　育児休業法 1985　民法改正・夫婦財産制の平等 1986　女性の権利省，庁に格下げ	 1950　インド憲法 1954　中華人民共和国憲法 1971　スイス女性参政権確立 1974　スウェーデン育児休暇法成立 1980　中華人民共和国婚姻法（一人っ子政 　　　　策） 1983　韓国女性開発院設置 1984　リヒテンシュタイン女性参政権確立 1985　韓国第 1 回女性大会（「女性宣言」） 1986　スウェーデン男女雇用平等法成立 1990　ドイツ胚保護法成立 1991　スウェーデン機会均等法成立 1991　ソ連邦崩壊 1993　インド憲法改正，地方議会 33 ％ク 　　　　オータ制

略年表（『概説ジェンダーと人権〔第2版〕』関連年表）

1991	クレッソン首相（1992）	1993	ドイツ連邦憲法裁判所中絶判決
1994	生命倫理法成立	1994	ドイツ（第2次）男女同権法成立
1999	パスク（連帯市民契約）法成立	1994	第1回東アジア女性フォーラム開催
1999	憲法改正（公職の男女平等参画）	1995	韓国女性発展基本法制定
2000	パリテ法成立	1996	第2回東アジア女性フォーラム開催
2001	改正男女職業平等法	1996	デンマーク，クオータ制廃止
2002	下院議員選挙	2001	韓国女性省設置
2002	社会保障財政法（父親休暇制度）	2002	韓国地方議員選挙50％・国会議員選
2004	民法改正（再婚禁止期間規定廃止）		挙30％クオータ制導入
2004	生命倫理法改正	2004	韓国国会議員選挙50％クオータ制
2005	公立学校でのスカーフ禁止法	2005	クウェート女性参政権実現
2006	合計特殊出生率2.00に回復	2005	中国「女性の権利・利益法」
2008	憲法改正（パリテ規定拡大）	2005	韓国民法改正（戸主制廃止）
2010	ブルカ禁止法	2005	ドイツ初の女性首相（-2021）
2011	女性取締役クオータ制導入	2007	インド初の女性大統領
2011	生命倫理法再改正	2008	ルワンダ総選挙女性議員56.3％
2012	オランド政権（初のパリテ政府）	2010	インド国会議員33％クオータ制上院
2013	「男女ペア立候補制（パリテ2人組小		可決
	選挙区2回投票制）」導入		
2013	同性婚法制定（同性カップルの養子		
	縁組合法化）		
2015	県議会選挙で女性議員比率50％達成		
2015	同時多発テロ，排外主義高揚		
2017	マクロン大統領就任，「共和国前進」		
	結成（女性大臣19人），女性議員		
	38.8％		
2021	生命倫理法改正法（女性カップル，		
	単身女性の生殖補助医療利用）		
2022	氏の選択に関する法律制定	2022	イタリア初の女性首相任命
2022	マクロン大統領再選，ボルヌ首相任		
	命（女性首相2人目），下院女性議員	2023	台湾同性婚カップルに特別養子縁組
	率37.3％		承認の法改正
2022	女性初の下院議長（2024 再選）	2024	タイ，同性婚（婚姻平等）法制定
2024	女性の中絶の権利憲法化の憲法改正	2024	ルワンダ総選挙，女性議員比率63.8％
2024	下院解散総選挙，女性議員率36.1％		（世界1位）

資 料 編

(2) 国連と日本の動き

国　　　　連	日　　　　本
	3世紀前半　邪馬台国・卑弥呼 6 - 8世紀　女性天皇の続出
	1603　江戸幕府 1603　武家諸法度（大名の私婚禁止） 1649　慶安御触書 1742　公事方御定書 1866　福沢諭吉『西洋事情』 1868　明治維新 1876　シブスケ『佛蘭西憲法』 1874-1884頃　自由民権運動 1888　植木枝盛『男女平等論』 1889　大日本帝国憲法 1890　集会及政社法（女性の政治活動禁止） 1898　明治民法（身分法） 1900　治安警察法 1911　平塚らいてう『青鞜』創刊
〔第1次世界大戦 1914 - 1918〕 1920　国際連盟 〔第2次世界大戦 1939 - 1945〕	1918-19　母性保護論争 1919　新婦人協会（-婦選運動） 1925　男子普通選挙制 1932　大日本国防婦人会 1937　国家総動員法
1945　国際連合 1948　世界人権宣言 1951　同一価値労働についての男女同一報 　　　酬条約（ILO100号） 1952　女性の政治的権利に関する条約 1957　既婚女性の国籍に関する条約業にお 　　　ける差別に関する条約(ILO111号) 1960　教育における差別禁止に関する条約 1962　婚姻の合意，最低年齢，婚姻の登録 　　　に関する条約 1965　家庭責任をもつ女性の雇用に関する 　　　勧告（ILO123号） 1966　経済的・社会的・文化的権利に関する	1945　女性参政権確立 1946　日本国憲法制定 1947　民法改正，労働基準法制定 1955　女性の政治的権利に関する条約批准 1956　売春防止法制定 1958　人身売買禁止条約加盟 1960　高等学校での女子のみ家庭科必修導 　　　入 1961　児童扶養手当法制定 1966　婚姻退職制無効判決（東京地裁）

略年表（『概説ジェンダーと人権〔第2版〕』関連年表）

	国際規約（社会権規約），市民的・政治的権利に関する国際規約（自由権規約）		
1967	女性差別撤廃宣言	1971	児童手当法制定
1975	女性労働者の機会・待遇均等に関する宣言	1972	勤労婦人福祉法制定
1975	世界行動計画（メキシコ世界会議）	1975	婦人問題企画推進本部設置
1976	EC男女均等待遇指令	1977	国内行動計画策定
1979	女子に対するあらゆる形態の差別の撤廃に関する条約（女性差別撤廃条約）採択	1978	労働基準法研究会報告
		1980	女性差別撤廃条約署名
1980	国連婦人の10年後半期行動計画（コペンハーゲン世界会議）	1981	国内行動計画後期重点目標策定，定年差別制無効判決（最高裁）
1981	家族責任をもつ男女労働者に関する条約（ILO156号）	1984	国籍法改正
		1985	女性差別撤廃条約批准
1985	女性の地位向上のための将来戦略（ナイロビ世界会議）	1986	男女雇用機会均等法施行
		1986	土井たか子社会党委員長（-91）
		1987	西暦2000年に向けての新国内行動計画策定，夫婦間の強姦有罪判決（広島高裁）
		1989	参議院選挙・マドンナ旋風
1993	国連世界人権会議（ウィーン）	1991	新国内行動計画第1次改定，武蔵野市住民票記載事件判決（東京高裁）
1993	女性に対する暴力撤廃宣言		
1994	世界人口開発会議（カイロ）	1991	「従軍慰安婦」訴訟提起（東京地裁）
		1992	福岡セクハラ訴訟判決（福岡地裁）
1995	第4回世界女性会議（北京）	1992	育児休業法施行
1995	欧州司法裁判所カランケ判決	1993	土井たか子衆議院議長就任
1997	欧州司法裁判所マーシャル判決	1994	子どもの権利条約批准
998	国際刑事裁判所規程	1994	法務省「婚姻制度等に関する民法改正要綱試案」発表
1999	女性差別撤廃条約選択議定書採択	1994	総理府に男女共同参画審議会設置
		1994	小選挙区比例代表並立制導入
2000	国連女性2000年会議（ニューヨーク会議）	1995	ILO156号条約批准
		1995	育児休業法一部改正1995　非嫡出子差別訴訟最高裁決定（合憲）
2000	欧州司法裁判所バデック判決		
2003	国連女性差別撤廃委員会日本政府レポートに関する勧告	1995	沖縄少女強姦事件，抗議行動
		1996	民法改正要綱成立
2004	暫定的特別措置に関する一般的勧告25号	1996	男女共同参画審議会ビジョン答申

資　料　編

		1997	男女雇用機会均等法・労基法改正成立
		1999	男女共同参画社会基本法公布
2007	国連副事務総長に女性	2000	児童虐待防止法,ストーカー規制法公布「男女共同参画基本計画」閣議決定
2007	イスラム女性初の国連総会議長		
2008	自由権規約委員会勧告	2001	配偶者暴力防止法（DV防止法）公布内閣府男女共同参画局設置
2009	国連女性差別撤廃委員会，日本政府第6回報告に対する最終見解		
		2003	ジェンダー法学会創立
2010	UN Women 設立	2004	DV防止法，育児・介護休業法改正
2013	「女性への暴力撤廃」宣言	2005	日本学術会議女性会員20％に増加
2015	「国連ウイメン日本協会」認定	2005	合計特殊出生率1.26に低下
2015	国連女性差別撤廃委員会委員長林陽子氏就任	2005	「第2次男女共同参画基本計画」
		2006	東アジア男女共同参画担当大臣会合
2015	国連SDGs：Sustainable Development Goals（持続可能な開発目標）採択	2008	国籍法違憲判決（最高裁）
		2009	衆議院選挙女性54人当選（11.3％）
2016	国連女性差別撤廃委員会，日本政府第7・8回報告に対する最終見解	2010	「第3次男女共同参画基本計画」
		2013	婚外子相続差別違憲決定（最高裁）
		2015	再婚禁止期間一部違憲判決（最高裁）
2017	一般勧告第35号（19号改訂）女性に対するジェンダーに基づく暴力	2015	「第4次男女共同参画基本計画」
		2015	女性活躍推進法制定
		2016	民法733条改正（再婚禁止期間短縮）
		2016	参議院選挙女性28人当選（23.1％）
2018	国連女性差別撤廃委員会，日本政府第7回及び第8回報告審査に対する見解	2017	刑法性犯罪規定等改正・施行
		2018	政治分野の男女共同参画推進法制定
		2019	参議院選挙女性28人当選（22.6％）
2020	国連女性機関（UNWomen），各国政府に向け『新型コロナ対策のためのチェックリスト』（3月20日）』を発表。	2020	「第5次男女共同参画基本計画」
		2021	政治分野の男女共同参画推進法改正
		2022	民法改正（再婚禁止期間廃止，嫡出推定制度見直し）
2024	国連女性差別撤廃委員会，一般勧告40号（意思決定のパリテ）	2023	刑法性犯罪規定等の再改正・施行
		2023	性別変更手術要件違憲決定（最高裁）
2024	国連女性差別撤廃委員会，日本政府第9回報告に対する最終見解	2024	旧優生保護法による強制不妊手術違憲判決（最高裁），被害者救済法制定
		2024	衆議院選挙過去最多女性73人当選

〔辻村みよ子『概説ジェンダーと法〔第2版〕』（信山社，2016年）巻末略年表をもとに辻村作成〕

事 項 索 引

あ 行

ICD ··· 80
アウティング ······································ 75
アウトリーチ ······································ 278
秋田相互銀行賃金差別事件判決 ········· 144
アセクシュアル ··································· 75
アダルトビデオ（AV）出演強要被害 ··· 266, 267
アファーマティブ・アクション ······· 29, 34, 96, 300
アライ ··· 75
アンコンシャス・バイアス ··········· 288, 289
安全配慮義務 ······································ 86
アンペイド・ワーク ··························· 163
「家」制度 ····························· 99, 164-166
育児介護休業法 ··································· 140
池袋買春客死亡事件 ··························· 275
イスタンブール条約 ··························· 224
遺族年金制度 ······································ 160
一般勧告第 12 号 ······························· 211
一般勧告第 19 号 ······························· 211
一般勧告第 35 号 ······························· 212
一般事業主行動計画 ··························· 140
一般的勧告 ································ 40-42, 53
岩手銀行家族手当差別事件判決 ········· 144
インターセックス ······························ 74
インティマシー・コーディネーター ····· 270
ウーマン・リブ ··································· 29
宇部市男女共同参画推進条例 ············ 65
AID ··· 79
AV 出演被害防止・救済法 ··········· 267-269
SDGs ··· 46
NIPT ··· 199

M字カーブ ···

M字カーブ ·· 131
エリザベス・スタントン ····················· 14
えるぼしマーク ··································· 85
親指のルール ······································ 210
オランプ・ドゥ・グージュ ············ 12, 13

か 行

買　春 ··· 270
改正男女雇用機会均等法 ····················· 99
カイロ行動計画 ·············· 45, 187, 190, 197
カイロ行動宣言 ··································· 188
加害者連絡 ··· 254
隠れたカリキュラム ··························· 288
家長個人主義 ······································ 163
学校設置者等及び民間教育保育等事業
　者による児童対象性暴力等の防止等
　のための措置に関する法律 ············ 262
家庭科 ··· 284
兼松事件判決 ······································ 145
寡婦殉死 ··· 213
家父長［制］［型］家族 ···· 162, 164, 165, 190
家父長制 ··· 32
カミングアウト ··································· 75
カランケ判決 ·· 36
環境型 ··· 256
間接差別禁止［の］法理 ····· 24, 99, 148-150
議席割当（リザーブ）···················· 117, 118
逆差別 ··· 300
キャサリン・マッキノン ··················· 264
教育職員等による児童生徒性暴力等の
　防止等に関する法律 ······················· 262
強制不妊手術 ······························ 200, 201
緊急避妊薬 ··· 192
禁止命令 ··· 252

事項索引

近代家族 ·········· 163
近代市民法 ·········· 210
クイア ·········· 74
クエスチョニング ·········· 74
クオータ ·········· 98, 116, 119, 121, 127
グルーミング ·········· 246, 262
グローバリゼーション ·········· 151
ケア労働 ·········· 163
ゲイ ·········· 74
警告 ·········· 252
ケイシー判決 ·········· 193
形式的平等 ·········· 95
結婚退職制 ·········· 143
顕微授精（ICSI） ·········· 203
権力と支配 ·········· 216
強姦神話 ·········· 233
公私区分 ·········· 162
皇室典範の男系主義 ·········· 106
公序良俗 ·········· 144-147
公訴時効 ·········· 246
公的扶助 ·········· 155
候補者男女均等法 ·········· 62, 125
公民権法 ·········· 29
コース別雇用 ·········· 145
コース別雇用・昇格差別管理 ·········· 145
国際刑事裁判所 ·········· 242
国民年金法改正 ·········· 159
国立女子大学 ·········· 106
個人通報制度 ·········· 42, 53-55
個人の尊厳 ·········· 95
戸籍制度 ·········· 167
国家報告制度 ·········· 40
子ども性暴力防止法 ·········· 262
子ども手当 ·········· 156
婚姻家族 ·········· 176
婚姻適齢 ·········· 168
婚姻（結婚）の自由 ·········· 166, 182-184
婚外子相続分差別 ·········· 168, 176

コンドルセ ·········· 12

さ 行

再婚禁止期間 ·········· 48, 51, 168, 177, 178
債務不履行責任 ·········· 260
SACHICO ·········· 230
サロゲートマザー ·········· 205
サン＝シモン ·········· 16
暫定的特別措置 ·········· 35, 97
ジェンダー・アイデンティティ ·········· 75
ジェンダー・ウォッシング ·········· 118
ジェンダー・エクスプレッション ·········· 75
ジェンダー・ギャップ指数 ·········· 109, 281
ジェンダー・ステレオタイプ ·········· 288, 289
ジェンダー・バイアス ·········· 2, 4, 6, 126
ジェンダー［の］主流化 ·········· 32, 59
ジェンダー人権論 ·········· 2
ジェンダード・イノベーション ·········· 295
ジェンダーに配慮した議会 ·········· 129
ジェンダー平等 ·········· 59
ジェンダー法学 ·········· 1
自己決定 ·········· 275
自殺総合対策大綱 ·········· 72
持参金暴力 ·········· 213
私人間効力 ·········· 146
シスジェンダー ·········· 75, 82
次世代育成支援対策推進法 ·········· 140
実質的平等 ·········· 95
シティズンシップ論 ·········· 21
児童買春 ·········· 273
児童買春・児童ポルノ処罰法 ·········· 272
児童扶養手当 ·········· 156
児童ポルノ ·········· 273
児童ポルノアニメ ·········· 273
社会保障制度 ·········· 155
社会保障制度改革推進法 ·········· 160
シャルル・フーリエ ·········· 16
重点方針専門調査会 ·········· 61

事項索引

出自を知る権利 …………………… 204, 205
出生届 ………………………………………… 77
出生前検査 ………………………………… 199
ジュディス・バトラー ……………………… 21
少子化対策基本法 ………………… 140, 202
使用者責任 ………………………………… 260
昇進差別 …………………………………… 143
ジョグジャカルタ原則 …………………… 83
女子枠 ……………………………… 299, 300
女性および女性市民の権利宣言 ………… 12
女性活躍推進法 …………………………… 62
女性差別撤廃委員会 ………… 40, 42, 43, 47,
51, 52, 55
女性差別撤廃条約 …… 35, 38-40, 42, 44, 45,
47-52, 54, 55, 66, 97,
115, 166, 168, 211, 284
女性差別撤廃宣言 ………………………… 44
女性支援法 ………………………………… 277
女性指定選挙区制 ………………………… 23
女性性器切除 ……………………………… 213
女性に対する暴力に関する専門調査会 …… 61
女性に対する暴力の撤廃［に関する］
宣言 …………………………… 45, 212
女性の権利の擁護 ………………………… 14
女性の所信宣言 ……………………… 14, 15
女性の地位委員会 ……………………… 38, 45
女性発展基本法 …………………………… 32
所得控除 …………………………………… 157
ジョン・スチュワート・ミル …………… 15
新型コロナウイルス ……………………… 69
シングル・マザー ………………………… 149
人工授精 …………………………………… 203
人工妊娠中絶 …………… 191-195, 197, 198
人事院規則10-10 ………………………… 258
身体への侵襲を受けない自由 ………… 201
スティグマ ………………… 103, 198, 299, 300
ステレオタイプ …………………………… 2
住友セメント結婚退職制事件判決 ……… 143

住友電工事件 ……………………………… 145
住友電工事件判決 ………………………… 147
性教育 ……………………………………… 190
性　差 ……………………………………… 1
性差医学 …………………………………… 296
性差別 ……………………………………… 105
性差別禁止法 ………………………… 23, 24
政治分野における男女共同参画の推進
に関する法律（候補者男女均等法）
……………………………… 62-63, 125-127
生殖補助医療 ………………… 203, 204, 207
性的指向 …………………………………… 183
性的指向及びジェンダーアイデンティ
ティの多様性に関する国民の理解の
増進に関する法律 ……………………… 91
性的自己決定権 …………………………… 275
性同一性障害 ……………………………… 77
政党候補者クオータ …………………… 117
性と生殖に関する健康と権利 ……… 188, 189
生物学的性差 ……………………………… 2
生物学的な性別・性差 …………………… 1
性　別 ……………………………………… 2
性別役割（分担）［論］…………… 2, 39, 58,
162, 167, 291
SANE ……………………………………… 263
世界女性会議 ………………………… 44, 45
世界人権会議 ……………………………… 44
セクシュアリティ ………………………… 2
セクシュアル・オリエンテーション …… 75
セクシュアル・ハラスメント ………… 126
セクシュアル・ハラスメントの防止措
置義務 …………………………………… 256
セクシュアル・ライツ …………………… 187
セクシュアル・リプロダクティブ・ヘ
ルス ……………………………………… 188
積極的改善措置 ……………………… 66, 97
接近禁止命令 ……………………………… 219
セックスワーカー ………………………… 275

325

事項索引

専業主婦 ······················· 158
選択的夫婦別氏（姓）制［度］··· 48, 49, 168, 180, 181
相対的平等 ······················· 100
尊属殺人 ························· 216

た 行

第1次人口転換 ················ 163, 163
第2次人口転換 ················ 164, 169
第2次男女共同参画基本計画 ········ 60
第3次男女共同参画基本計画 ········ 60
第4次男女共同参画基本計画 ········ 60
第5次男女共同参画基本計画 ···· 60, 295, 296
第3号被保険者［制度］·········· 159
第5次基本計画 ···················· 68
第6期科学技術・イノベーション計画·· 295
第一波フェミニズム ················ 16
第二波フェミニズム ·········· 18, 73, 211
第三波フェミニズム ·············· 21, 22
第四波フェミニズム ················ 22
体外受精（IVF）················· 203
対価型（代償型）················· 256
退去命令 ························· 219
タイム・アンド・ゴール方式 ········ 297
代理懐胎 ······················ 205-208
堕胎罪 ······················· 194, 197
男女共学 ····················· 284, 285
男女共同参画基本計画 ······· 48, 53, 60
男女共同参画社会基本法 ········ 57, 97, 148
男女共同参画推進条例 ·········· 64, 67
男女二元論 ····················· 91, 122
男性中心ジェンダー構造 ········· 72, 74
男性の性被害 ···················· 236
痴漢冤罪 ························· 235
調査制度 ·······················42-44
賃金差別 ····················· 144, 145
通称使用 ························· 180
妻に対する懲戒権 ················ 210

DSM ···························· 80
DBS ··························· 262
DV 罪 ························· 222
定年差別 ························· 143
凍結胚移植（FET）············· 203
同性婚 ····················· 181-184
ドゥルース・モデル ·············· 216
戸主制 ··························· 32
トランスジェンダー ··············· 74
トランスセクシュアル ·············· 74

な 行

ナイロビ将来戦略 ··············· 40, 44
日産自動車男女別定年制事件 ······ 143
日本型家族 ······················· 167
日本版パリテ法 ·················· 125
年金制度改革法 ·················· 159

は 行

パートナーシップ条例 ·············· 182
胚移植 ························· 203
配偶者間人工授精（AIH）········· 203
配偶者控除 ······················· 157
配偶者控除制度 ·················· 157
配偶者殺人 ······················· 216
戸主制廃止（韓国）················ 32
売春規制 ························· 272
売春防止法 ······················· 270
バイセクシュアル ················· 74
バックラッシュ ·················· 65, 190
パパ・クオータ制 ················· 27
ハラスメント ············· 114, 115, 127
パリテ ······················· 120-125
パリテ法 ························· 25
被害者なき犯罪 ·················· 264
被害者をモノ化 ·················· 247
非正規雇用者 ····················· 131
一人っ子政策 ····················· 31

事項索引

非配偶者間人工授精（AID）………… 203
130 万円の壁 …………………………… 159
110 番通報者登録制度 ………………… 254
票ハラ …………………………………… 114
夫婦間強姦 ……………………………… 213
夫婦同氏強制 …………………… 167, 178
夫婦同氏制 ……………………………… 52
フェミニスト・ジュリスプルーデンス … 3
フェミニズム法学 ………………………… 3
フェムテック …………………………… 296
福岡セクシュアル・ハラスメント事件 … 258
複合差別 ………………………… 22, 30
婦人相談所 ……………………………… 271
婦人補導院 ……………………………… 271
不　妊 …………………………………… 202
不法行為責任 …………………………… 260
フラワーデモ …………………………… 241
ブルーボーイ事件 ……………………… 78
分娩者＝母ルール ……………………… 204
ベアテ・シロタ・ゴードン …………… 165
ヘイトスピーチ ………………………… 73
北京行動綱領 ………… 47, 115, 188, 190, 197
ベティ・フリーダン …………………… 18
法定候補者クオータ …………………… 117
保護命令 ………………………………… 217
ポジティブ・アクション …… 34, 35, 39, 61,
　　　　　　　　　　　 62, 91, 97, 296
ポスト・フェミニズム ………………… 22
ホストマザー …………………………… 205
ポストモダン・フェミニズム ………… 20, 21
母性保護 ………………………… 39, 106
母体保護法 …………………… 195-197
補導処分 ………………………………… 271
ポルノ依存 ……………………………… 269
ポルノグラフィによる被害 …………… 266
BOND プロジェクト …………………… 232

ま 行

マーシャル判決 ………………………… 36
マタニティ・ハラスメント ………… 126, 146
マルクス主義フェミニズム …………… 19
＃MeToo 運動 ………………………… v, 22, 30
ミソジニー ……………………………… 115
メアリ・ウルストンクラフト ………… 14
名誉殺人 ………………………………… 213
モノ化 …………………………… 267, 269

や 行

優　生 …………………………………… 194
優生思想 ………………………………… 199
優生保護法 ……… 194, 195, 198, 199, 200, 201
要保護女子 ……………………………… 271

ら 行

ラディカル・フェミニスト …………… 264
ラディカル・フェミニズム ………… 19, 29
リプロダクティブ・ヘルス …………… 187
リプロダクティブ・ヘルス／ライツ … 187, 197
リプロダクティブ・ライツ …… 186, 188, 197
ルイーズ・ミッシェル …………………… 16
ルクレシア・モット …………………… 14
レイプ・カルチャー …………………… 236
レイプ・クライシス・センター ……… 232
レイプ・シールド法 …………………… 242
レズビアン ……………………………… 74
労働契約法改正 ………………………… 140
労働者派遣法改正 ……………………… 140
労働力率 ………………………………… 131
ロウ判決 ………………………………… 193

わ 行

ワーク・ライフ・バランス ………… 61, 140
ワンストップセンター ……………… 226, 230

判例索引

判 例 索 引

◇最高裁判所◇

最二判 1962〈昭和 37〉年 4 月 27 日民集 16 巻 7 号 1247 頁 ……………………… 204
最大判 1964〈昭和 39〉年 5 月 27 日民集 18 巻 4 号 676 頁〔待命処分判決〕……… 100
最大判 1973〈昭和 48〉年 4 月 4 日刑集 27 巻 3 号 265 頁〔尊属殺重罰規定判決〕…… 100, 264
最一判 1974〈昭和 49〉年 9 月 26 日刑集 28 巻 6 号 329 頁〔尊属傷害致死重罰規定判決〕‥ 101
最三判 1975〈昭和 50〉年 8 月 29 日労判 233 号 45 頁〔伊豆シャボテン公園事件〕……… 143
最大判 1976〈昭和 51〉年 5 月 21 日刑集 30 巻 5 号 615 頁〔旭川学テ訴訟〕……… 281
最三判 1981〈昭和 56〉年 3 月 24 日民集 35 巻 2 号 300 頁〔日産自動車男女別定年制事
件〕……………………………………………………………………………………… 144
最大決 1995〈平成 7 〉年 7 月 5 日民集 49 巻 7 号 1789 頁〔婚外子法定相続分合憲決定〕‥ 176
最三判 1995〈平成 7 〉年 12 月 5 日判時 1563 号 81 頁〔再婚禁止期間合憲判決〕………… 178
最二判 2000〈平成 18〉年 3 月 17 日民集 60 巻 3 号 773 頁〔沖縄入会権事件〕………… 107
最二判 2006〈平成 18〉年 9 月 4 民集 60 巻 7 号 2563 頁 ………………………………… 203
最三決 2007〈平成 19〉年 3 月 23 日民集 61 巻 2 号 619 頁 ……………………………… 207
最大判 2008〈平成 20〉年 6 月 4 日民集 62 巻 6 号 1367 頁〔国籍法違憲判決〕………… 102
最三判 2009〈平成 21〉年 4 月 14 日刑集 63 巻 4 号 331 頁〔痴漢冤罪事件〕………… 237
最三決 2009〈平成 21〉年 10 月 20 日〔兼松事件〕……………………………………… 145
最二判 2011〈平成 23〉年 7 月 25 日裁判集刑 304 号 139 頁〔強姦逆転無罪事件〕……… 238
最大決 2013〈平成 25〉年 9 月 4 日民集 67 巻 6 号 1320 頁〔婚外子法定相続分違憲決定〕
…………………………………………………………………………………… 102, 177
最三決 2013〈平成 25〉年 12 月 10 日民集 67 巻 9 号 1847 頁 ……………………… 79, 204
最一判 2014〈平成 26〉年 10 月 23 日民集 68 巻 3 号 1270 頁 …………………………… 146
最大判 2015〈平成 27〉年 12 月 16 日民集 69 巻 8 号 2427 頁〔第一次夫婦別姓訴訟〕……… 51,
178, 179
最一判 2015〈平成 27〉年 2 月 26 日判時 2253 号 107 頁〔懲戒処分無効確認等請求事件
判決（セクハラ訴訟）〕…………………………………………………………………… 146
最二決 2020〈令和 2 〉年 3 月 11 日裁判所ウェブサイト ……………………………… 79
最大決 2021〈令和 3 〉年 6 月 23 日裁時 1770 号 3 頁，判時 2501 号 3 頁〔第二次夫婦別
姓訴訟〕……………………………………………………………………………… 52, 180
最三判 2023〈令和 5 〉年 7 月 11 日民集 77 巻 5 号 1171 頁 …………………………… 85
最大決 2023〈令和 5 〉年 10 月 25 日民集 77 巻 7 号 1792 頁〔性同一性障害特例法違憲
決定〕………………………………………………………………………………… 80, 201
最三判 2024〈令和 6 〉年 3 月 26 日裁判所ウェブサイト ……………………………… 184
最大判 2024〈令和 6 〉年 7 月 3 日裁判所ウェブサイト〔旧優生保護法訴訟〕………… 201
最一判 2024〈令和 6 〉年 10 月 10 日 ……………………………………………………… 299

判例索引

◇高等裁判所◇

東京高判 1979〈昭和 54〉年 3 月 12 日労働民集 30 巻 2 号 283 頁〔日産自動車男女別定年制事件控訴審〕··· 143

東京高判 1988〈昭和 63〉年 6 月 9 日判時 1283 号 54 頁〔池袋買春客刺殺事件〕············· 275

仙台高判 1992〈平成 4 〉年 1 月 10 日判時 1410 号 36 頁〔岩手銀行事件控訴審〕············· 144

東京高判 1997〈平成 9 〉年 9 月 16 日判タ 986 号 206 頁〔東京都青年の家事件〕··········· 87

仙台高判 1998〈平成 10〉年 12 月 10 日判時 1681 号 112 頁 ···································· 261

東京高判 2000〈平成 12〉年 12 月 22 日労働判例 796 号 5 頁〔芝信用金庫事件控訴審〕···· 145

東京高決 2006〈平成 18〉年 9 月 29 日判時 1957 号 20 頁〔タレント M 事件〕··········· 207

東京高判 2008〈平成 20〉年 1 月 31 日判時 2005 号 92 頁〔兼松事件控訴審〕··············· 145

東京高判 2014〈平成 26〉年 3 月 28 日民集 69 巻 8 号 2741 頁 ································· 50

広島高判 2015〈平成 27〉年 11 月 17 日判時 2284 号 120 頁 ································· 146

大阪高判 2020〈令和 2 〉年 11 月 27 日判時 2497 号 33 頁 ·································· 203

大阪高判 2022〈令和 4 〉年 2 月 22 日裁判所ウェブサイト〔旧優生保護法訴訟〕·········· 201

東京高判 2023〈令和 5 〉年 5 月 30 日裁判所ウェブサイト〔医学部入試女性差別集団訴訟〕·· 298

札幌高判 2024〈令和 6 〉年 3 月 14 日判タ 1524 号 51 頁〔札幌同性婚訴訟〕·········· 89, 184

東京高判 2024〈令和 6 〉年 10 月 30 日〔東京同性婚訴訟〕······························· 89, 184

◇地方裁判所◇

東京地判 1966〈昭和 41〉年 12 月 20 日労民 17 巻 6 号 1406 頁〔住友セメント事件〕······· 143

東京地判 1973〈昭和 48〉年 3 月 23 日判時 596 号 36 頁〔日産自動車男女別定年制事件〕·· 143

秋田地判 1975〈昭和 50〉年 4 月 10 日労働民集 26 巻 2 号 388 頁〔秋田相互銀行事件〕···· 144

盛岡地判 1985〈昭和 60〉年 3 月 28 日判時 1149 号 79 頁〔岩手銀行事件 1 審〕·············· 144

東京地判 1987〈昭和 62〉年 12 月 18 日判時 1279 号 41 頁〔池袋買春客刺殺事件〕········· 275

東京地判 1989〈平成元〉年 1 月 26 日労民 40 巻 1 号 1 頁〔日産自動車家族手当事件〕····· 150

福岡地判 1992〈平成 4 〉年 4 月 16 日判時 1426 号 49 頁〔福岡セクハラ訴訟〕··········· 260

東京地判 1994〈平成 6 〉年 6 月 16 日判時 1502 号 33 頁〔三陽物産事件〕··············· 150

名古屋地判 1995〈平成 7 〉年 7 月 11 日判時 1539 号 143 頁〔DV 判決〕·················· 216

秋田地判 1997〈平成 9 〉年 1 月 28 日判時 1629 号 121 頁〔秋田県立農業短期大学事件 1 審〕·· 261

大阪地判 2000〈平成 12〉年 7 月 31 日判時 1746 号 94 頁〔住友電工事件 1 審〕············· 146

東京地判 2000〈令和 12〉年 11 月 16 日〔新木場強盗殺人事件〕···························· 87

東京地判 2002〈平成 14〉年 2 月 20 日判時 1781 号 34 頁〔住友電工事件〕··············· 145

京都地判 2010〈平成 22〉年 5 月 27 日判時 2093 号 72 頁〔労災保険男女差別訴訟法〕······ 107

福岡地裁久留米支判 2019〈平成 31〉年 3 月 12 日〔強制性交等致傷無罪事件〕············· 241

静岡地裁浜松支判 2019〈平成 31〉年 3 月 19 日判時 2437 号 107 頁〔強制性交等致傷無罪事件〕·· 241

名古屋地裁岡崎支判 2019〈平成 31〉年 3 月 26 日判時 2437 号 100 頁〔準強制性交等無

329

判 例 索 引

罪事件〕 ……………………………………………………………………………… 241
仙台地判 2019〈平成 31〉年 5 月 28 日判時 2413・2414 号 3 頁〔旧優生保護法訴訟〕……… 201
札幌地判 2021〈令和 3〉年 3 月 17 日判時 2487 号 3 頁〔札幌同性婚訴訟〕……………… 182
大阪地判 2022〈令和 4〉年 6 月 20 日判時 2537 号 40 頁〔大阪同性婚訴訟〕……………… 182
東京地判 2022〈令和 4〉年 9 月 9 日裁判所ウェブサイト〔医学部入試女性差別集団訴
　訟〕………………………………………………………………………………………298
東京地判 2022〈令和 4〉年 11 月 30 日判時 2547 号 45 頁〔東京同性婚訴訟〕……………… 182
名古屋地判 2023〈令和 5〉年 5 月 30 日裁判所ウェブサイト〔名古屋同性婚訴訟〕……… 182
福岡地判 2023〈令和 5〉年 6 月 8 日裁判所ウェブサイト〔福岡同性婚訴訟〕……………… 182
東京地判 2024〈令和 6〉年 3 月 14 日〔東京同性婚訴訟〕………………………………… 182

〔判例の略記〕

最大判（決）最高裁判所大法廷判決（決定）

最一判（決）最高裁判所第一小法廷判決（決定）

高　判（決）高等裁判所判決（決定）

地　判（決）地方裁判所判決（決定）

民　集　　　最高裁判所民事判例集

刑　集　　　最高裁判所刑事判例集

家　月　　　家庭裁判所月報

集　民　　　最高裁判所裁判集民事

集　刑　　　最高裁判所裁判集刑事

労　民　　　労働関係民事裁判例集

判　タ　　　判例タイムズ（判例タイムズ社）

判　時　　　判例時報（判例時報社）

労　判　　　労働判例（産労総合研究所）

著者紹介

辻村 みよ子（つじむら みよこ） [1], [2], [4], [8]担当

東北大学名誉教授・元明治大学法科大学院教授・弁護士
憲法学・比較憲法・ジェンダー法学専攻（法学博士（一橋大学））
日本学術会議（第19・20・21・22期）会員，内閣府男女共同参画会議員，ジェンダー法学会理事長，全国憲法研究会代表，21世紀COE［男女共同参画社会の法と政策］・グローバルCOE［グローバル時代の男女共同参画と多文化共生］拠点リーダー（2003-2013）を歴任。

〈主著〉『ジェンダーと人権――歴史と理論から学ぶ』（日本評論社，2008），『憲法とジェンダー――男女共同参画と多文化共生への展望』（有斐閣，2009），『オランプ・ドゥ・グージュ――フランス革命と女性の権利宣言』（信山社，2010）（監訳・解説，O. ブラン著），『ポジティヴ・アクション――「法による平等」の技法』（岩波書店，2011），『辻村みよ子著作集全8巻』（信山社，2020～2024），『憲法〔第7版〕』（日本評論社，2021）

糠塚 康江（ぬかつか やすえ） [6], [7], [9], [10], [15]担当

東北大学名誉教授，憲法学専攻（法学博士（一橋大学））
日本学術会議（第23・24期）会員

〈主著〉『パリテの論理――男女共同参画の技法』（信山社，2005），『現代代表制と民主主義』（日本評論社，2010），『フランス憲法入門』共著（三省堂，2012），『代表制民主主義を再考する――選挙をめぐる三つの問い』編著（ナカニシヤ出版，2017），『女性の参画が政治を変える――候補者均等法の活かし方』共編著（信山社，2020），『議会制民主主義の活かし方――未来を選ぶために』（岩波書店，2020）

髙佐 智美（たかさ　ともみ） [3]担当

青山学院大学法学部教授
一橋大学大学院法学研究科博士後期課程満期退学，一橋大学博士（法学）

〈主著〉「国籍の現代的理解に向けて」浦田一郎古希『憲法の思想と発展』（信山社，2017），『新憲法四重奏（第2版）』（共著，有信堂，2017），「国籍法11条1項の憲法及び国際法規適合性について」青山ローフォーラム12巻1号（2023），「総括 グローバル化社会における国籍の意義と日本の特異性」エトランデュテ5号（2024）

谷田川 知恵（やたがわ ともえ） [5], [11]～[14]担当

一橋大学，早稲田大学ほか非常勤講師
ジェンダー法学，刑事法学専攻

〈主著〉「強姦罪の暴行と同意」浅倉むつ子他編『比較判例ジェンダー法』（不磨書房，2007），「性暴力と刑法」ジェンダー法学会編『講座ジェンダーと法　第3巻』（加除出版，2012），「ヘイトスピーチ解消法と在日コリアン女性をめぐる課題」ジェンダー法研究3号（2016），『ジェンダー法学入門〔第3版〕』三成美保＝笹沼朋子＝立石直子＝谷田川知恵（法律文化社，2019），「被害者が裁かれない社会へ」世界968号（2023）

概説ジェンダーと人権〔第2版〕

2021（令和3）年 8月30日　第1版第1刷発行
2025（令和7）年 1月10日　第2版第1刷発行

28653：P344　¥3200-012-012-003

著　者	辻 村 み よ 子
	糠 塚 康 江
	谷 田 川 知 恵
	髙 佐 智 美
発行者	今井 貴・稲葉文子
発行所	株式会社 信山社

〒113-0033　東京都文京区本郷 6-2-9-102
Tel 03-3818-1019　Fax 03-3818-0344
henshu@shinzansha.co.jp
笠間才木支店　〒309-1611 茨城県笠間市笠間 515-3
Tel 0296-71-9081　Fax 0296-71-9082
笠間来栖支店　〒309-1625 茨城県笠間市来栖 2345-1
Tel 0296-71-0215　Fax 0296-72-5410
出版契約 2025-28653-02012 Printed in Japan

©辻村みよ子・糠塚康江・谷田川知恵・髙佐智美, 2025
印刷・製本／ワイズ書籍(M)・渋谷文泉閣
ISBN978-4-7972-8653-3 C3332　分類321.400-c105

JCOPY 《(社)出版者著作権管理機構 委託出版物》
本書の無断複写は著作権法上での例外を除き禁じられています。複写される場合は、
そのつど事前に、(社)出版者著作権管理機構(電話03-5244-5088, FAX03-5244-5089,
e-mail: info@jcopy.or.jp)の許諾を得てください。

女性の参画が政治を変える ── 候補者均等法の活かし方
辻村みよ子・三浦まり・糠塚康江 編著

パリテの論理 ── 男女共同参画の技法
糠塚康江 著

オランプ・ドゥ・グージュ ── フランス革命と女性の権利宣言
オリヴィエ・ブラン 著／辻村みよ子 監訳

性暴力被害の実態と刑事裁判
日本弁護士連合会 両性の平等に関する委員会 編（角田由紀子 編集代表）

森美術館問題と性暴力表現
ポルノ被害と性暴力を考える会 編

性暴力と刑事司法
大阪弁護士会人権擁護委員会性暴力被害検討プロジェクトチーム 編

婦人保護事業から女性支援法へ
── 困難に直面する女性を支える ──
戒能民江・堀千鶴子 著

林 陽子 編著 ◎国際社会の法的センシビリティー
女性差別撤廃条約と私たち

谷口洋幸・齊藤笑美子・大島梨沙 編著
◎法的視点から、国内外の事例を紹介・解説
性的マイノリティ判例解説

山下泰子・辻村みよ子・浅倉むつ子
二宮周平・戒能民江 編集
ジェンダー六法（第2版）
学習・実務に必携のジェンダー法令集

ジェンダー法研究
浅倉むつ子・二宮周平・三成美保 責任編集

憲法研究 1～15号 続刊
辻村みよ子 責任編集

辻村みよ子著作集 全8巻

─── 信山社 ───